高职高专"十三五"

物流管理专业

物流信息技术应用

(第二版)

主 编 高连周 程晓栋
副主编 宋 晗 杨建成

微信扫描
获取课件等资源

南京大学出版社

图书在版编目(CIP)数据

物流信息技术应用/高连周,程晓栋主编. — 2版. — 南京:南京大学出版社,2019.3
 ISBN 978-7-305-21534-6

Ⅰ. ①物… Ⅱ. ①高… ②程… Ⅲ. ①物流—信息技术 Ⅳ. ①F253.9

中国版本图书馆 CIP 数据核字(2019)第 012241 号

内容简介

物流信息技术是现代物流的核心内容。本书是以工作过程为导向,围绕培养企业需要的高技能型、操作型人才的目标,采用任务引领模式开发编写的特色教材。全书共分 8 个项目,23 个学习型任务,涵盖了物流信息技术与应用认知、物流信息采集、物流信息传输和交换技术、物流信息存储和处理、物流动态跟踪、典型物流业务信息管理、公共物流信息平台、物流信息安全的保护等内容。

本书模拟工作岗位的设置,以完成企业真实任务为载体展开教学内容,既能提高学生的参与性和学习兴趣,又能锻炼学生的动手能力和配合协调能力,突出知识的实用性和可操作性强。此外,为提高教学效果,配备有形式多样的习题和案例分析。

本书既可作为高等职业学校物流管理专业学生的专业教材,也可以作为物流及相关领域工作人员的参考用书。

出版发行	南京大学出版社
社　　址	南京市汉口路 22 号　　邮编　210093
出 版 人	金鑫荣
书　　名	**物流信息技术应用(第二版)**
主　编	高连周　程晓栋
责任编辑	吕家慧　钱梦菊　　编辑热线　025-83597482
照　　排	南京理工大学资产经营有限公司
印　　刷	南京人民印刷厂有限责任公司
开　　本	787×1092　1/16　印张 19.5　字数 487 千
版　　次	2019 年 3 月第 2 版　2019 年 3 月第 1 次印刷
ISBN	978-7-305-21534-6
定　　价	48.00 元

网　　址:http://www.njupco.com
官方微博:http://weibo.com/njupco
微信服务号:njuyuexue
销售咨询热线:025-83594756

* 版权所有,侵权必究
* 凡购买南大版图书,如有印装质量问题,请与所购图书销售部门联系调换

前 言

物流信息化是现代物流企业的核心，是现代物流企业发展的必然要求和基石。物流企业只有提升企业信息化的层次，才能提高自身的核心竞争力。体现物流现代化程度的一个重要的衡量标志就是成熟的物流信息技术，这也是目前我国物流技术中发展最快的一个领域，从数据采集的条形码系统，到非接触式自动识别技术的射频识别技术，再到能提供多种空间的和动态的地理信息系统（GIS）技术，以及标准化的物流数据传输和交换的 EDI 技术，自动化立体仓库管理系统、物联网技术等都在日新月异地发展。同时，随着现代物流信息技术的不断发展，还产生了一系列新的物流理念和新的物流经营方式，推进了中国物流业的变革。

本书是为了满足高职院校物流信息技术的新型人才培养的需求，为了培养既掌握物流信息技术的基础知识，又具有解决实际问题能力的物流人才而编写。本书依照人类自身获取信息、处理信息、存储信息、传输信息等特点，基于工作过程为导向，将培养目标与岗位需求结合起来，深入浅出地全面地介绍了物流业务过程中常用关键技术的基本原理及其应用，本书内容丰富、实用性强，既有对基本概念和原理的阐述，又有相关任务、案例，深入浅出，易学易懂。本书的特色主要体现在以下几个方面：

（1）打乱原有的学科体系，采用项目引领，任务驱动为课程主体结构，按照实际工作过程与信息流相结合的原则组织课程内容，将学生的知与行统一起来，在做中学，学中做，教学做一体化；

（2）以项目描述引入，以完成实际工作任务为过程，让学生身临工作岗位情境，在学习知识的同时锻炼技能；

（3）每项任务后，设有任务目标、任务实施、任务评价、相关知识点和综合练习，使任务更具有可操作性；

（4）为提高教学效果，本书除了论述深入浅出、文字通俗易懂外，还引用了大量的插图，力求图文并茂，引起读者的学习兴趣，同时注重突出职业教育特点和强化物流信息技能型人才培养。

本书的第一版完成于 2011 年，距今已过去近十年，十年间，我国物流业取得了举世瞩目的巨大进步，物流信息技术也有了新的发展。为了顺应物流管理信息技术的发展，也使物流管理专业、电子商务专业的学生能够更好地学习最新、最完善的理论知识，本书在第一版的基础上进行了大幅度的修改。首先，删去了过时、陈旧的知识，进行了知识点、数据的更新；其次，增加了近年来出现的物流信息新技术、新发展,完善了物流管理信息技术的整个知识体系;最后,调整了部分章节的顺序,使知识点之间的逻辑性更强,也更有助于于学生学习、理解。

本书由河南交通职业技术学院高连周、程晓栋担任主编,河南广播电视大学、郑州信息科技职业学院宋晗、河南工学院杨建成担任副主编,全书由河南交通职业技术学院高连周负责统稿。

在本书交稿之际,非常感谢为本书的编写提供大力支持和帮助的有关单位和物流企业,他们为本书提供了包括应用案例、平台软件、技术支持及图片等资料,特别是北京易通交通信息发展有限公司提供的"第三方物流管理系统";在编写过程中,我们参考了大量的国内外有关研究成果,在此对所涉及文献的作者表示衷心感谢;本书的编写还得到了南京大学出版社编辑的全力支持与指导,在此表示衷心的感谢。

由于编写时间仓促、作者水平有限,书中难免有不足之处,敬请各位专家与读者批评指正。

编 者
2018 年 12 月

目 录

前言 …………………………………………………………………………………… 1

项目一　物流信息技术概述 …………………………………………………………… 1
  任务1　信息技术与物流信息技术 ……………………………………………… 2
  任务2　物流信息系统认知 ……………………………………………………… 18

项目二　物流信息的自动识别与采集技术 …………………………………………… 28
  任务1　物流信息标准体系 ……………………………………………………… 29
  任务2　条码技术的认知 ………………………………………………………… 39
  任务3　条码的生成与打印 ……………………………………………………… 58
  任务4　RFID技术及应用 ……………………………………………………… 76
  任务5　RFID技术与物联网 …………………………………………………… 88
  任务6　POS机在商品销售管理中的应用 …………………………………… 100

项目三　物流信息传输和交换 ……………………………………………………… 109
  任务1　EDI技术认知 ………………………………………………………… 110
  任务2　电子订货系统(EOS) ………………………………………………… 125

项目四　物流动态跟踪系统 ………………………………………………………… 141
  任务1　地理信息系统(GIS)在物流中的应用 ……………………………… 142
  任务2　全球定位系统(GPS)在物流中的应用 ……………………………… 152

项目五　物流信息存储和处理技术 ………………………………………………… 166
  任务1　物流信息存储技术——数据库技术 ………………………………… 167
  任务2　数据挖掘技术 ………………………………………………………… 189

项目六　第三方物流管理信息系统 ………………………………………………… 208
  任务1　仓储管理信息系统 …………………………………………………… 209
  任务2　运输管理信息系统 …………………………………………………… 218

任务3　配送管理信息系统 ··· 226

项目七　物流信息平台的应用 ··· 235
　　任务1　生产物流信息系统（ERP） ··· 236
　　任务2　物流决策支持系统 ··· 246
　　任务3　电子商务下的物流信息系统 ··· 252
　　任务4　物流公共信息平台 ··· 257

项目八　物流信息安全保护体系的构建 ·· 276
　　任务1　物流信息安全保护技术 ··· 277
　　任务2　物流信息网络安全管理与前沿技术 ···································· 299

参考文献 ··· 306

项目一 物流信息技术概述

项目描述

物流信息技术是指现代信息技术在物流各个作业环节中的综合应用,是物流现代化的基础、灵魂和重要标志,是提高物流运作效率,降低物流总成本,提供物流优质服务的重要工具和保障。

本项目的目的是通过调研、查阅资料和认识第三方物流管理系统,让学生理解物流信息、物流信息技术、物流信息系统的概念,了解物流信息技术在物流企业中的应用以及它的重要性等。

项目目标

1. 掌握信息、物流信息、物流信息技术、物流信息系统的相关概念;
2. 掌握信息的含义与特征;
3. 了解物流信息技术的种类。

任务1　信息技术与物流信息技术

【任务描述】

1. 学生以小组为单位,选择2~3家大中型物流企业进行调研,了解物流信息的作用、物流企业信息化程度和物流信息技术的应用情况;
2. 撰写调研报告,制作PPT演示文稿。

【任务目标】

1. 理解数据与信息的区别;
2. 掌握信息的含义与特征;
3. 了解物流信息技术的种类。

【任务实施】

1. 教师讲清该任务实施的目标;
2. 根据任务安排,对学生进行分组,5~10人一组,设组长一名;
3. 以小组为单位制订调研计划,确定调查的对象、地点、时间、方式以及要搜集的资料;
4. 调查之前,学生根据任务目标通过网络搜集相关资料并做好知识准备;
5. 以小组为单位到企业实地调研;
6. 以小组为单位整理认知和搜集相关材料,撰写调研报告和制作PPT演示文稿;
7. 小组间进行调研报告交流互评;
8. 教师讲评。

【学习评价】

被考评人			考评组调查对象			
考评时间			考评地点			
考评内容	物流信息技术应用调研					
考评标准	内容	分值	自评	小组评议	教师评议	考评得分
	调研过程中遵守纪律,礼仪符合要求,团队合作好	20				
	调研记录内容全面、真实、准确,PPT制作规范,表达正确	25				
	调研报告格式正确,能正确总结出调研企业的物流信息化程度、物流信息技术应用现状	30				
	调研报告能提出合理化建议	25				

【相关知识点】

1.1 信息与决策

1. 数据

在信息系统的概念中，数据是一组表示数量、行动和目标的非随机的可鉴别的符号。它可以是字母、数字或其他符号，也可以是图像、声音或味道。数据是人们用来反映客观事物而记录下来的可以鉴别的符号，是客观事物的基本表达。注意：数据的本质是可以鉴别的符号，而不仅仅是数。

2. 信息

信息是普遍存在于人类社会的现象，在现代社会，信息已经成为人们所共知的流行词，人们每时每刻都在信息的海洋里工作和生活。人们在日常生活中，都在不假思索地使用着信息这个词语。例如，在新闻和报纸提要中获取政治、经济、军事、文化信息，从天气预报中获得未来的天气信息等。

自从香农创立狭义信息论至今，信息的应用已经非常广泛，而关于信息的定义还没有统一的认识，往往都带有所研究领域的特定意义。例如，在管理学家眼中，信息是与物质、能量相提并论的客观世界三大要素之一，是为管理和决策提供依据的有效数据；对于心理学家而言，信息是存在于意识之外的东西，存在于自然界、印刷品、硬盘及空气之中；在社会科学中，日常生活中所讲的信息大多是指消息、情报；哲学家们从产生信息的客体来定义信息，认为事物的特征通过一定媒介或传递形式使其他事物感知等。

1948年，美国数学家香农发表了《通信的数学理论》的论文，文中以概率论为工具，深刻阐述通信工程的一系列基本理论问题，给出计算信源信息量和信道容量的方法和一般公式，得到一组表征信息传递重要关系的编码定理。香农在进行信息的定量计算时，明确地把信息量定义为随机不定性程度的减少，也就是说，他对信息的理解为："信息是用来减少不定性的东西。"随机不定性系统是由于随机因素所造成的不能肯定的情形，在数值上可以用概率"熵"计量。

美国科学家维纳提出，信息是在人们适应外部世界，并且使这种适应为外部世界感觉到的过程中，同外部世界进行交换的内容的名称。信息概念是从信息发送、传输、接收的过程中，客体和接收主体之间的相互作用来定义的。他在1948年发表的《控制论——动物和机器中的通信与控制问题》一书中指出："信息既不是物质，又不是能量，信息就是信息。"根据维纳的说法，物质、能量和信息之间是有区别的，是人类社会赖以生存和发展的三大基础。世界由物质组成，能量是一切物质运动的动力，信息是人类了解自然及人类社会的凭据。

信息是由客观事物发生的能被接收者接收的数据，在这些数据被接收的过程中，经过了接收者的过滤分析，达到了对事物了解和认识的目的，不同的学科（决策、控制、通信、计算机等），由于其研究的内容不同，对信息有不同的定义。西蒙从决策的角度出发，认为信息是影响人改变对于决策方案的期待或评价的外界刺激；维纳从控制的要求，认为信息是使不确定因素减少的有用知识，他在一本关于控制论的书中提到："信息是人和外界相互作用过程中互相交换内容的表述。"而从抽象来看，信息可以定义为由实体、属性、值构成的三元组。

(1) 信息的定义

信息是由客观事物发生的能被接收者接收的数据,在这些数据被接收的过程中,接收者对所接收的信息要进行分析和过滤,以达到对事物了解认识的目的。信息也可称之为情报,是经过加工后的各种数据(数字、符号、声、光、图像等)的集合。数据是原料,信息是产品。一个系统的产品可能是另一个系统的原料,也就是说,一个系统的信息可能成为另一个系统的数据。例如,派车单对司机来说可能是信息,而对企业决策人员来说,它只是数据。信息与数据的关系如图1-1所示。

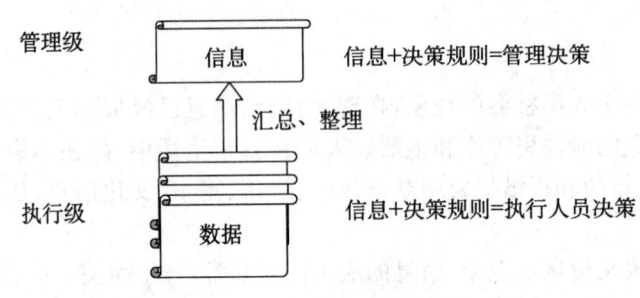

图1-1 信息与数据的关系

从抽象概念的角度看,信息的概念为:由实体、属性、值构成的三元组。其具体形式为:实体(属性1,值1;……;属性n,值n)。例如,卡车(品牌,"东风";载重,"10t")表示一条有关一辆载重10t的东风卡车信息。实体是卡车,"品牌""载重"是描述卡车这个实体的两个属性,其值分别为"东风""10t"。

西蒙的定义强调信息的效用和价值,维纳的定义强调信息的事中作用,而信息的三元组定义则是从技术上给出信息的定义。

由以上描述可知,信息具有以下几层含义:

① 信息来源于物质,来源于物质的运动。

② 信息是一种知识与消息,是由事物传达出的,经接收者加工处理的数据,可以存储和传递。

③ 信息具有价值,通过信息的接收和传递,有助于对运动事物的认识与了解,并能反馈于事物。

(2) 信息的特征

从企业管理的角度看,信息具有以下重要特征:

① 真实性

信息是能被接收者接收,并经过加工处理而获取的数据,不符合事实的信息是虚假的,是没有价值的,因而真实性是信息的基本特性。

② 价值性

信息的价值性指人们通过利用信息,可以获得效益,因此信息也是一种资源。例如,现在开通许多购书的电子商务网站,若要购买一本最新版的专业性较强的图书,只需了解网站相关的购书信息,就可以通过搜索获得图书信息,进行在线订购,不仅方便快捷,还可以享受折扣。又如,我国对高新技术产业制定了优惠政策,欲投资高新技术产业的投资者若能及时掌握国家政策,则有可能获得更高的收益。

③ 不对称性

由于人们的认知程度受文化水平、实践经验、获得途径等因素的限制,造成了对事物认识的不对称性。在市场中,交易的双方所掌握的信息是不相等的,不同的企业掌握信息的程度各有不同,这就形成了信息的不对称性。企业掌握的信息越充分,对其决策越有利。随着新技术的发展和应用,这种不对称性的表现将是很短暂的。

④ 滞后性

信息滞后于数据,信息的滞后时间,包括信息的间隔时间和加工时间。信息的间隔时间是指获取同一信息的必要间隔时间。例如,企业"每年的物流运输成本"信息,必须在每年结束时才能获取,因此"每年的物流运输成本"信息的间隔时间是一年。企业的月度储存、支出信息的间隔时间是一个月。因此,对于每个信息,由于其自身的特点,各有特定的信息间隔时间,少于信息间隔时间加工的信息是没有意义的。因此,应根据工作的需要,确定下一个合理的数据处理间隔时间,这样才能得到比较全面地反映整个活动过程的有效信息。例如,企业的统计报表分为月报、季报、半年报和年报。

⑤ 有效性

信息的价值是有时间性的,在一定的时间内,利用信息能产生效益,但过了这个时期,信息就不会产生效益。例如,企业得到用户的需求信息,如果不及时进行处理和利用,就可能丢失商机,失去用户,造成损失。信息的生命周期是指信息从产生、搜集、加工、传输、使用到失效的全过程。

⑥ 可传输性

信息的价值还表现在可传播性,有效的信息传播,可产生更大的价值。利用现代信息技术,信息以比特的形式存储,可以更快、更便利地在世界范围内传输。

⑦ 可共享性

信息在同一时间可以为多人所掌握,可以共享信息而共同受益。但是这种共享是一种"非零和"的共享,即共享的诸方受益、受损是不确定的,各方因共享同一信息而获得的价值并不等于少数方独占该信息所获得的价值。

⑧ 可扩散性

由于信息的传输性,信息可以通过各种介质向外扩散。信息的扩散具有正负两种效应。正效应有利于知识的扩散,降低人力、资金等资源的消耗,如同我们从前人那里获取的知识。负效应造成信息的贬值,不利于信息的保密。对于某个企业或个人来说,当其所掌握的信息失密后,可能意味着这种信息给他带来的价值减少。因此,要注重信息的保密性,减少信息扩散的负效应。在企业内部,要充分利用信息的共享性,在信息有效的时间内,在内部快速扩散,对外部则应该抑制信息扩散的负效应。

(3) 信息的属性(并非三元组中所指的属性)

① 结构化程度

② 准确度

③ 信息量

④ 使用频率

⑤ 信息的提供者和使用者

3. 信息系统

信息系统是对信息进行采集、加工处理、存储和传输,并向有关人员提供有用信息的系统。

信息系统的基本结构如图1-2所示。

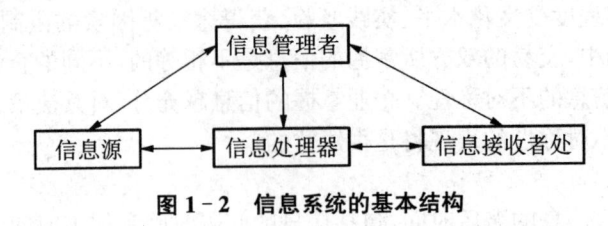

图1-2 信息系统的基本结构

信息系统的工作包括如下几个方面：收集数据、传输数据、存储数据、处理数据、输出信息、人机交互。

4．信息与决策

决策，是决策者根据相关的信息，针对问题做出选择的过程。

企业的经营决策是一个复杂的过程，根据信息完整的程度，可将决策分为确定型决策、不确定型决策、风险型决策。

一般而言，在企业的经营决策中，事务性决策掌握的信息充分，决策难度小；而战略性决策掌握的信息相对较少，决策难度大。

决策的类型、管理者（决策者）所处的层次，以及管理者占有确定信息的数量之间的关系参如图1-3所示。

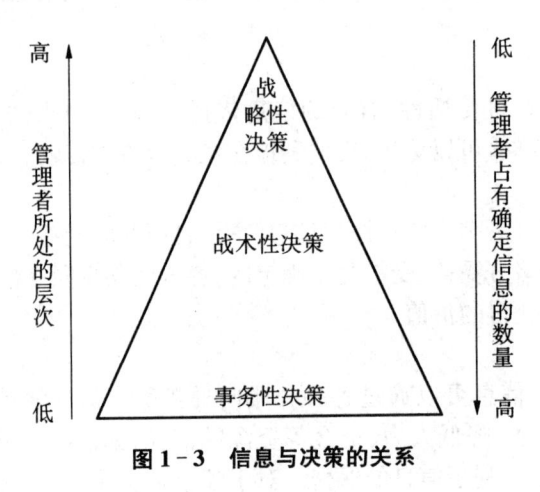

图1-3 信息与决策的关系

1.2 物流信息

1．物流信息的定义

物流信息（Logistics Information）是反映物流各种活动内容的知识、资料、图像、数据、文件的总称。物流信息是物流活动中各个环节生成的信息，一般是随着从生产到消费的物流活动的产生而产生的信息流，与物流过程中的运输、保管、装卸、包装等各种职能有机结合在一起，是整个物流活动顺利进行所不可缺少的。

商流、物流、信息流是从流通内部结构描述流通过程的"三流"概念。"三流"之间的关系极为密切，可以说，失去其中任何"一流"，其他"两流"都不会长久存在。但是，从其本身的结构、性质、作用及操作方法来看，"三流"各有其特殊性，又各有其运动的规律，物流信息在物流系统中，既同其他的物流职能一样被称为子系统，但又不同于其他物流职能，它总是伴随其他物流职能的运行而产生,不断地对其他物流职能及整个物流起到支持保障的作用。

物流信息所包含的内容可以从狭义和广义两个方面考察。从狭义范围来看,物流信息来源于客观物流活动的各个环节,是与物流活动有关的信息。在物流活动的管理与决策中,如运输工具的选择、运输路线的确定、仓库的有效利用、最佳库存数量的确定等,都需要详细和准确的物流信息。这些信息与物流过程中的运输、仓储、装卸、包装等各种职能有机结合在一起,保障整个物流活动的顺利进行。

从广义范围来看,物流信息不仅包括与物流活动相关的信息,还包括大量与其他流通活动有关的信息,如商品交易信息和市场信息等。商品交易信息是指与买卖双方的交易过程有关的信息,如销售、购买、订货、发货、收款信息等;市场信息是指与市场活动有关的信息,如消费者的需求信息、竞争者或竞争性商品的信息、促销活动信息等。

广义的物流信息不仅对物流活动具有支持保证的功能,而且能起到连接整合从生产厂家、经过批发商和零售商最后到消费者的整个供应链的作用,并且通过应用现代信息技术实现整个供应链活动的效率化。例如,零售商根据市场需求预测和库存情况制订订货计划,向批发商或生产厂家发出订货信息。批发商收到订货信息后,在确认现有库存水平满足订单要求后,向物流部门发出配送信息;如果发现库存不足,则马上向生产厂家发出订单。生产厂家视库存情况决定是否组织生产,并按订单上的数量和时间要求向物流部门发出发货配送信息。

总之,物流信息不仅对物流活动具有支持保证的功能,而且具有连接、整合整个供应链和使整个供应链活动效率化的功能,正因物流信息具有这些功能,使得物流信息在现代企业经营战略中占有越来越重要的地位。建立物流信息系统,提供迅速、准确,及时、全面的物流信息是现代企业获得竞争优势的必要条件。

2. 物流信息的特点

物流信息除具有信息的一般特点外,还具有其自身的特殊性,具体表现在以下5个方面。

(1) 物流信息趋于标准化

随着信息处理手段的电子化,物流信息标准化越来越重要。物流信息标准化体系主要由基础标准、工作标准、管理标准、技术标准和单项标准组成。其中基础标准为第一层,工作标准、管理标准和技术标准处于第二层,各单项标准处于第三层。

(2) 物流信息具有极强的时效性

信息都具有生命周期,在一定的时间内才具有价值。绝大多数物流信息动态性强、时效性强,信息价值的衰减速度很快,这对信息管理的及时性和灵活性提出更高的要求。

(3) 物流信息量大、分布广

物流连接生产和消费,在整条供应链上产生的信息都属于物流信息的组成部分。这些信息从产生到加工、传输和应用,在时间、空间上存在不一致,这需要性能较高的信息处理机构与功能强大的信息采集、传输和存储能力。

(4) 物流信息种类多

物流信息不仅涉及物流系统内部各个环节不同种类的信息,还涉及与物流系统紧密联系的其他系统,如生产系统、销售系统、供应系统等,这使物流信息的采集、分类、筛选、统计、研究等工作的难度增加。

(5) 物流信息更新速度快

现代物流的特点之一是物流服务供应商满足客户个性化的服务需求,多品种小批量生产、多额度小数量配送。由此产生大量的新信息,原有的数据需要不断更新,并且更新速度越来越快。

3. 物流信息的分类

(1) 按信息产生的领域分类

物流信息可以分为物流内部信息和物流外部信息。物流内部信息是在物流内部活动中产生的信息,用于管理和指导当前的和下一个物流循环;物流外部信息是在物流活动以外发生的,但与物流活动有一定相关性的信息。例如,基本经济信息、交通通信信息等。

(2) 按信息活动领域分类

按信息活动领域分类,有运输信息、仓储信息、装卸信息等。甚至更细化分成集装箱信息、托盘交换信息、库存量信息、火车运输信息、汽车运输信息等。按物流不同领域分类的信息是具体指导物流各个领域活动,使物流管理细化所必不可少的信息。

(3) 按信息功能不同分类

按信息所承担的功能,可以分为计划信息、控制及作业信息和支持信息三类。

① 计划信息,指尚未实现但已当作目标确认的信息。如物流量计划、仓库吞吐计划、车皮计划、与物流活动有关的基础设施建设计划等信息,只要尚未进入具体业务操作的,都可归入计划信息之中。这种信息的特点是带有相对稳定性,信息更新速度较慢。计划信息往往是战略决策或大的业务决策不可缺少的依据。

② 控制及作业信息,指物流活动过程中产生的信息,具有很强的动态性,是掌握物流现实活动状况必不可少的信息。如库存种类、库存量、在运量、运输工具状况、物价、运费、投资在建情况、港口发运情况等。这种信息更新速度很快,时效性很强,是掌握物流活动实时运动情况的重要信息,这种信息的主要作用,是用以控制和调整正在发生的物流活动和指导下一次即将发生的物流活动,以实现对过程的控制和对业务活动的微调控制及作业信息,是管理工作不可缺少的信息。统计信息,是物流活动结束后,对整个物流活动一种总结归纳性的信息。例如上一年度发生的物流量、物流种类、运输方式、运输工具使用量、装卸量以及与物流有关的工农业产品产量、国内外贸易数量等。这种信息是一种恒定不变的信息,有很强的资料性,用以正确掌握过去的物流活动规律,指导未来物流发展和制订计划,是经济活动中非常重要的一类信息。

③ 支持信息,指能对物流计划、业务、操作产生影响的有关文化、科技、产品、法律、教育、民俗等方面的信息。例如物流技术的革新、物流人才需求等。这些信息不仅对物流战略发展有价值,而且也对控制、操作起指导和启发的作用。

4. 物流信息的作用

(1) 与物流管理活动共同作用,使物流真正成为一个有机的整体系统。

(2) 帮助企业进行有效规划,达到企业内部系统整体优化的目标。

(3) 有助于提高物流企业科学管理和决策水平,辅助管理人员进行如下决策:位置决策、生产决策、库存决策、采购决策、运输配送决策。

物流信息的总体目标是将企业涉及物流的各种具体活动综合起来,加强企业的整体综合能力。

5. 物流管理决策

信息是决策的依据,没有信息就无从决策。另一方面,信息本身不能决定决策,决策最终依靠于决策者的判断,决策实施后又得到新的信息,在获得新的信息后,人们对客观世界就有了进一步了解,在此基础上的决策就更加合理、科学,采取的行动也更富有成效。

在物流管理中不同的决策所需要的信息不同,以物流企业管理为例,决策层次与信息的特点及其关系如图1-4所示。

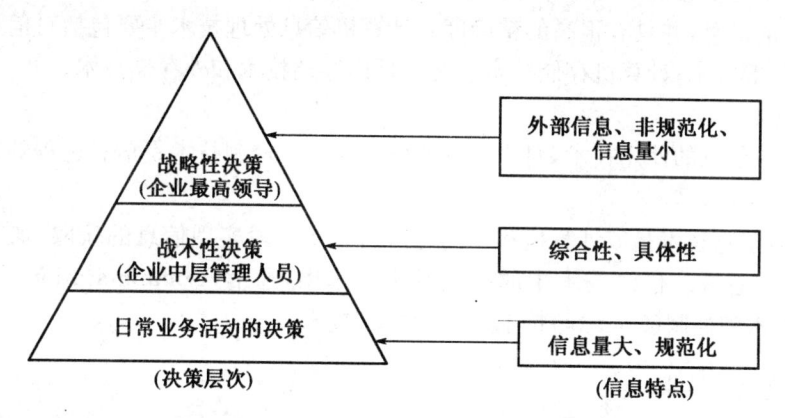

图 1-4　决策层次与信息的特点及其关系

战略性决策,主要包括企业目标战略,计划制订以及资源分配等决策。战略性决策要求对大量的概括性数据进行加工处理,不仅需要内部的信息,还需要外部的相关信息加以支撑,以做出正确全面的判断和决策。例如,决定开辟某种物流运输服务新产品,就需要该条线路每季和全年的载货数、市场需求估计、企业投资风险推算等信息。战术性决策,主要解决资源的利用、人事调动、现金周转等问题的决策,大多发生在战术管理层,其主要活动是对经营管理中的数据进行各种分析,并用于衡量物流企业的绩效,控制物流企业的经营活动。例如,对车辆管理部门调整车辆来说,为了做出战术性的决策,需要收集每天各段时间中每辆汽车的平均载货量,有关计划指标,预算及有关同行业经营状况、价格、成本等信息。日常业务活动的决策,主要解决经常性的问题,多发生在操作管理层,如进货合同、出入库、统计数据汇总、各种台账报表、各种查询活动、物流企业各部门的业绩等。这些活动通过计算机实时形成日常业务活动的管理信息系统,主要功能是处理基础数据,包括对数据进行简单的加工。

1.3　信息技术

信息技术是在信息科学的基本原理和方法的指导下扩展人类信息处理能力的技术。人的信息器官及其功能主要包括四大类:一是感觉器官(视觉、听觉、嗅觉、味觉、触觉),承担获取信息的功能;二是遍布全身的神经系统,承担传递信息的功能;三是思维器官(记忆、分析、推理等器官),承担处理信息的功能;四是效应器官(行走器官:脚,操作器官:手,语言器官:口等),承担执行信息的功能。人的这些器官功能通过信息技术得以延伸。

按扩展人的信息器官功能不同,信息技术可以分为以下4个方面的技术。

1. 传感技术

传感技术是信息的采集技术,对应于人的感觉器官,作用是扩展人类获取信息的感觉器官功能。传感技术包括遥感、遥测及各种高性能的传感器,如卫星遥感技术、红外遥感技术、热敏、光敏传感器及各种智能传感系统等。传感技术的应用极大地增强了人类收集信息的能力。

2. 通信技术

通信技术是信息的传递技术,对应于人的神经系统,主要功能是实现信息的迅速、准确、安全的传递。通信技术的出现使人类社会信息传播发生深刻的变化。

3. 计算机技术

计算机技术是信息的处理和存储技术,对应于人的思维器官。计算机运行速度非常快,能自动处理大量的信息,并具有很高的精确度。计算机信息处理技术主要包括对信息的编码、压缩、加密和再生等技术;计算机存储技术主要包括内存储技术和外存储技术。

4. 控制技术

控制技术是信息的使用技术,对应于人的效应器官。控制技术是信息过程的最后环节,包括调控技术、显示技术等。

综上所述,信息技术是以计算机和现代通信为主要手段实现信息的获取、加工、传递和利用等功能的技术总和。信息技术中的四大基本技术中,通信(Communication)技术、计算机(Computer)技术和控制(Control)技术又称为"3C"技术。

1.4 现代物流信息技术

1. 物流信息技术的概念

物流信息技术是指运用于物流领域的信息技术。物流信息技术是物流现代化的重要标志,也是物流技术中发展最快的领域之一,从物流数据自动识别与采集的条码系统到物流运输设备的自动跟踪;从企业资源的计划优化到各企业单位间的电子数据交换;从办公自动化系统中的微型计算机互联网的各种终端设备等硬件到各种物流信息系统软件都在日新月异地发展。

物流信息技术在现代企业的经营战略中占有越来越重要的地位,建立物流信息系统,充分利用各种现代信息技术,提供迅速、及时、准确、全面的物流信息是现代企业获得竞争优势的必要条件。

2. 物流信息技术的组成

根据物流的功能以及特点,现代物流信息技术主要包括自动识别类技术如条码技术与射频智能标签技术等;自动跟踪与定位类技术,如全球卫星定位技术、地理信息技术等;物流信息接口技术如电子数据交换;企业资源信息技术,如物料需求计划、制造资源计划、企业资源计划、分销资源计划、物流资源计划等;数据管理技术如数据库技术,数据仓库技术 和计算机网络技术等现代高端信息科技。在这些高端技术的支撑下,形成由移动通信、资源管理、监控调度管理、自动化仓储管理、运输配送管理、客户服务管理、财务管理等多种业务集成的现代物流一体化信息管理体系。其结构框图如图1-5所示。

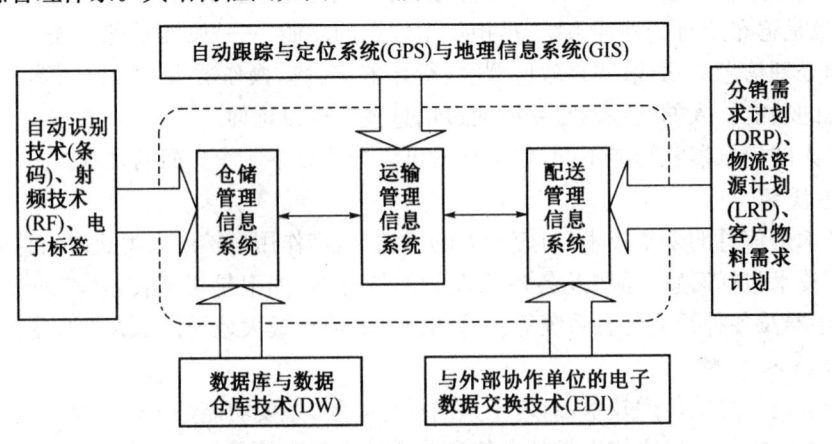

图1-5 现代物流一体化信息管理体系

3. 典型物流信息技术
(1) 自动识别技术（图1-6）

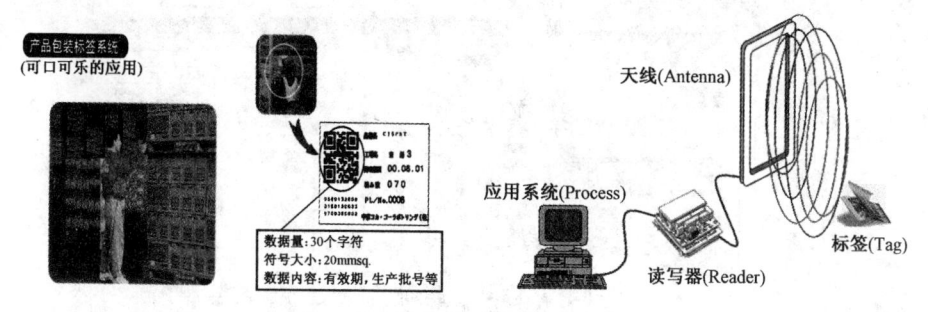

图1-6 自动识别技术

(2) 数据传输与数据交换技术（图1-7）

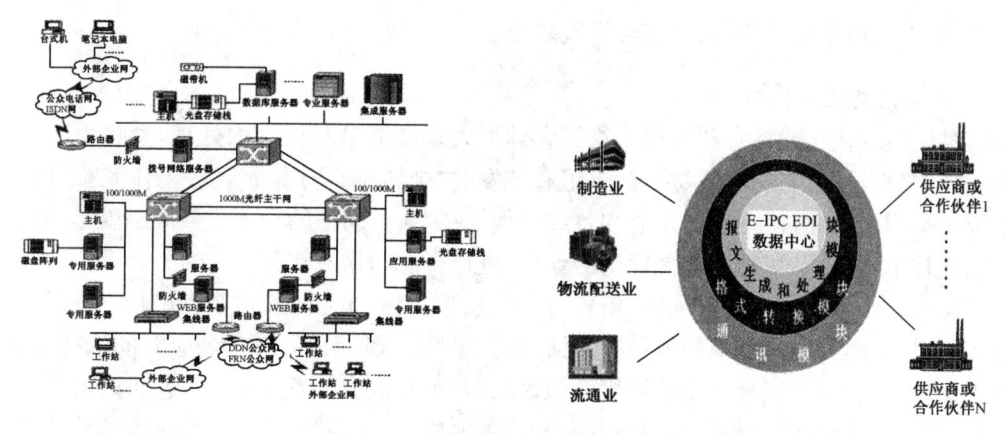

图1-7 数据传输与数据交换技术

(3) 自动跟踪与定位技术（图1-8）

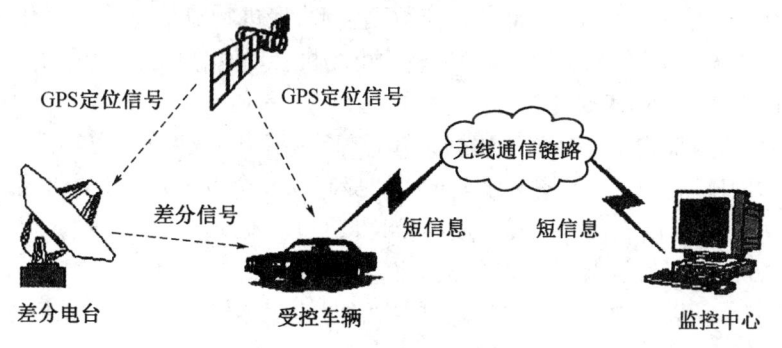

图1-8 自动跟踪与定位技术

(4) 数据库技术(图1-9)

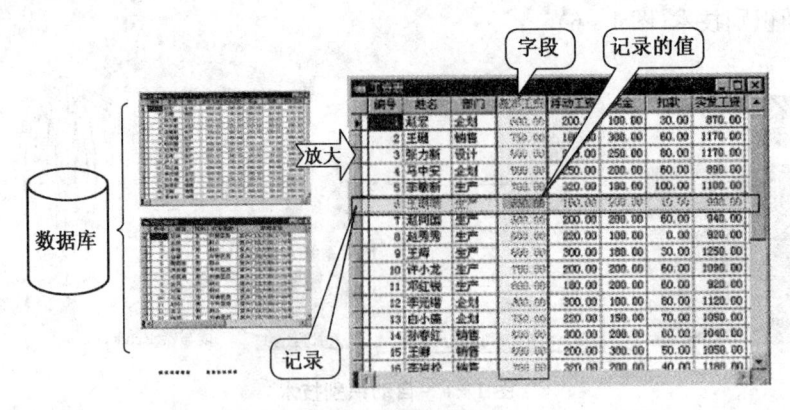

图 1-9　数据库技术

1.5　我国物流信息化的任务、现状与发展趋势

1. 物流信息化的任务

信息化是现代化的标志和关键。物流管理很大程度上是对信息的处理,管理组织中存在的大量岗位只发挥信息的收集、挑选、重组和转发的"中转站"作用,而这些工作完全可以由信息系统来承担。因此,摆在物流企业和各级管理、决策人员面前的一个重要问题就是如何利用物流信息技术,充分发挥物流管理理论的作用,进行企业的物流实践。

物流信息化不仅包括物资采购、销售、存储、运输、流通加工等物流活动的信息管理和信息传送,还包括了对物流过程中的各种决策活动,如采购计划、销售计划、供应商的选择、顾客分析等提供决策支持,并充分利用计算机的强大功能,汇总和分析物流数据,进而做出更好的进销存决策,从而使企业充分利用各种资源,降低流通成本,提高服务质量,增强竞争优势。

物流企业信息化的任务就是要根据企业当前物流过程和可预见的发展,按照对信息采集、处理、存储和流通的要求,选购和构建由信息设备、通信网络、数据库和支持软件等组成的环境,充分利用物流企业系统内部、外部的物流数据资源,促进物流信息的数字化、网络化、市场化,改进现有的物流管理,选取、分析和发现新的市场机会,做出更好的物流决策。

2. 我国物流信息化的现状

依据中国物流与采购联合会统计数据可知,2017年全国社会物流总额252.8万亿元,按可比价格计算,同比增长6.7%,增速比上年同期提高0.6个百分点。分季度看,一季度56.7万亿元,增长7.1%,提高1.1个百分点;上半年118.9万亿元,增长7.1%,提高0.9个百分点;前三季度184.8万亿元,增长6.9%,提高0.8个百分点。全年社会物流总需求呈现稳中有升的发展态势。从以上数据可以看出,我国物流业的整体规模在扩大,发展速度加快,运行效率不断提高。

物流信息化的建设也在稳步前进。在信息通信方面,目前我国已拥有电信网络干线光缆超过30万km,并基本形成以光缆为主体,以数字微波和卫星通信为辅助手段的大容量数字骨干线传输网络;四大骨干网络的覆盖范围包括全国地市以上的城市并连通世界主要国际网络;EDI、GPS、GIS、RF等围绕物流信息交流、管理和控制的技术得到广泛应用;越来越多的功能强大的物流软件被开发,物流信息系统的应用促使传统物流企业向现代物流企业转变。

尽管我国物流信息化发展成绩骄人,但仍有一些亟待完善的方面。

(1)绝大部分企业的物流信息化建设还处于起步阶段

据统计,目前我国一般工业品,从出厂经装卸、储存、运输等各个物流环节,最终到消费者手中的流通费用,约占商品价格的50%。汽车零配件的生产更为典型,90%以上的时间是储存、装卸和搬运。目前我国的物流成本占GDP的比重超过20%,比发达国家的平均水平高出1倍。因此,通过物流信息化建设优化管理成为一个新的利润增长点,物流信息化建设也是提高物流效率的关键,而目前我国上千万的中小企业中,实现信息化的比例不到10%,中小型物流企业的信息化更是亟待起步和发展。

(2)物流信息系统的建设中严重缺失供应链管理系统

我国物流成本过高主要体现在运输和仓储方面,因此物流信息化的核心应该是以仓储管理和运输管理为主要内容,向外延伸到电子商务和供应链管理。通过与客户的信息系统对接,形成以供应链为基础的、高效快捷便利的信息平台,使信息化成为提高整个供应链效率和竞争能力的关键工具。目前,70%的物流企业只是应用了一些标准的编码、协议、网络等基础设施建设和以内部整合资源和流程为目的的信息采集和交换技术,主要目标是实现信息通畅、低成本和标准化。这个层面的信息化只解决了信息的采集、传输、加工、共享,从而提高决策水平,为企业带来效益,但并不是严格意义上从供应链管理角度定义的真正的物流信息化。

(3)条码技术的应用不能满足现代物流发展的要求

我国企业很早就在商品标识方面应用条码,其普及水平相对较高。目前约60%的制造企业产品采用条码标识,大中型企业的普及程度更高。但值得注意的是,38.8%的零售企业并没有完全实现条码化。这不仅对零售企业利用POS系统提高销售效率有较大影响,而且还影响整个物流流程的信息采集与反馈、物流企业与工商企业之间的信息共享和相互合作及物流作业自动化的开展。

除商品条码标识外,高效的物流活动需要对由销售单元组成的储运单元、货运单元及其在物流流程中的位置进行条码标识。调查显示,我国75%的企业的储运单元和货运单元都没有条码标识,93.6%的制造企业、100%的批发企业和97%的零售企业都没有采用位置码。可见,货运单元条码、储运单元条码及位置码在我国企业中的应用水平还非常低。这种现状直接造成的结果:一是影响计算机管理的物流系统的运作;二是限制了仓库管理自动化的实现。

(4)企业之间尚未形成物流信息的共享机制

企业之间要进行信息共享,可以利用的技术主要有EDI技术和网络技术。但EDI技术目前主要集中在进出口企业与海关、商检等管理部门之间的使用。就国内大多数企业而言,真正意义上的EDI技术应用还远未开展。网络技术应用更是停留在初级水平上。局域网、增值网(VAN)及互联网是目前国际上物流领域中应用比较普遍的网络技术。据调查显示,我国建有局域网的企业中,制造企业为44.7%,批发企业为31.3%,零售企业为62.7%。从以上数据可以看出,局域网在我国企业中的普及水平还不高,只有零售企业的使用情况比较好。而在实际应用中,企业局域网目前主要应用在信息共享、管理决策和打印服务等方面。

(5)企业对各种系统集成软件技术的利用不够

从发达国家的物流实践来看,信息技术在物流领域广泛应用的另外一个主要标志就是普遍使用针对物流活动需要开发的、依赖信息技术支持的管理软件。这些管理软件不仅使企业实现了物流功能和业务流程的集成,而且可以将供应厂商、协作企业、用户及竞争对手的资源纳入企业的管理系统之中,有利于实现各种物流资源的合理配置。

目前应用十分广泛的物流系统集成软件,有制造资源计划(MRP Ⅱ)、企业资源计划(ERP)、供应商管理库存系统(VMI)、供应链管理(SCM)等。据调查显示,ERP、VMI及SCM等集成系统软件在我国企业中实施的尚不足1/10,其中制造企业应用情况略好于流通企业,如流通企业中实施ERP的比例仅为3%左右,这种状况严重制约了我国物流业的发展。

3. 物流信息化的发展趋势

2006年中国物流业全面开放,国内众多物流企业受到明显冲击。在此背景下,国内的物流市场或物流信息化市场将呈现出二元化的结构,高端市场以跨国公司和国内少数先进企业为主,低端市场以国内中小型企业为主。

对于国内企业来说,基础信息化仍然是物流信息化建设的主要内容。此外,信息化建设仍将遵循循序渐进的规律,我国大部分企业还处于初级阶段,不可能在短时间内对供应链管理系统产生太大的需求。现阶段,制造业仍将以ERP为主,再逐步扩展到物流的一些主要环节上去。

随着第三方物流(3PL)在中国物流发展中起到越来越重要的作用,综合物流管理信息系统成为物流信息化的新趋势。综合物流管理信息系统强调从供应链角度优化企业物流,针对第三方物流业典型用户开发,支持现代第四方物流业务,蕴涵了先进的物流管理理念。这种新型系统以仓储配送为核心,同时可挂接车队管理、货物跟踪等其他管理模块,实现多仓库、多客户、跨地域管理,强调仓储配送服务的灵活性、及时性、准确性。

物流行业涉及的面非常广,除了仓储及配送、货运代理、火车公路航空轮船运输、报关代理外,还有物流管理信息平台、物流解决方案、物流咨询、公共信息平台等物流服务中高附加值的部分。国内有少数企业开始逐步向现代物流靠拢,提供高附加值的服务,如中储物流总公司、西南物流中心等。

单元小结

信息在现代物流中起着非常重要的作用,信息化是物流现代化的重要标志。通过在物流领域中应用信息技术,可以使企业降低物流成本,提高物流运作效率和对市场反应的灵敏度,从而更好地满足客户的需求,增强企业的核心竞争力。虽然我国的物流信息化建设还处于初级阶段,但是有广阔的发展空间,随着企业信息化基础设施的不断完善,物流信息化将进入高速发展的时期。

【综合练习】

1. 选择题

(1) 与材料、能源一起被称为现代社会三大支柱的是(   )。
   A. 知识   B. 科技   C. 信息   D. 情报

(2) 传感技术是信息的采集技术,对应于人的(   )。
   A. 感觉器官   B. 思维器官   C. 神经系统   D. 效应器官

(3) 物流信息按管理层次可以分为战略管理信息、战术管理信息、操作管理信息和(   )。
   A. 控制及作业信息 B. 知识管理信息 C. 支持信息   D. 统计管理信息

(4) 在信息传递的过程中,同时也在进行物质和(   )的传递。

A. 能量   B. 动作   C. 语言   D. 表情

(5) 由于各种原因,在市场中交易的各方所掌握的信息是不相等的,这形成了信息的(　　)。

A. 价值性   B. 共享性   C. 不对称性   D. 可扩散性

(6) 条形码技术属于(　　)。

A. 信息交换技术   B. 信息采集技术
C. 动态跟踪技术   D. 基础技术

2. 简答题

(1) 什么是信息?
(2) 简述信息和数据的关系。
(3) 什么是物流信息?
(4) 简述物流信息的特点。
(5) 简述物流信息的作用。
(6) 现代物流的特点是什么?
(7) 物流信息技术包括哪些内容?
(8) 什么是物流信息技术?

3. 判断题

(1) 信息会随数据的不同形式而改变。　　　　　　　　　　　　　　　(　　)
(2) 数据就是信息。　　　　　　　　　　　　　　　　　　　　　　　(　　)
(3) 纸张是信息载体。　　　　　　　　　　　　　　　　　　　　　　(　　)
(4) 直接识别是通过各种测试手段对信息进行识别。　　　　　　　　　(　　)
(5) 信息的扩散具有正负两种效应。　　　　　　　　　　　　　　　　(　　)
(6) 计算机技术是信息的处理和存储技术,对应于人的感觉器官。　　　(　　)
(7) 通信技术、计算机技术和控制技术又称"3C"技术。　　　　　　　(　　)
(8) 物流信息只包括与物流活动相关的信息。　　　　　　　　　　　　(　　)

4. 思考题

(1) 物流信息技术怎样提高了企业的科学管理和决策水平?
(2) 我国物流信息化现状如何?
(3) 物流信息化的发展趋势是什么?

5. 案例分析

UPS 核心竞争优势 ——现代物流信息技术

成立于 1907 年的美国联合包裹服务公司(United Parcel Service,UPS)是世界上最大的快递公司。2000 年,联合包裹服务公司年收入接近 300 亿美元,其中包裹和单证流量大约 35 亿件,平均每天向遍布全球的顾客递送 1 320 万件包裹。公司向制造商、批发商、零售商、服务公司以及个人提供各种范围的陆路和空运的包裹和单证的递送服务,以及大量的增值服务。表面上联合包裹服务公司的核心竞争优势来源于其由 15.25 万辆卡车和 560 架飞机组成的运输队伍,而实际上联合包裹服务公司今天的成功并非仅仅如此。

20 世纪 80 年代初,联合包裹服务公司以其大型的棕色卡车车队和及时的递送服务,控制了美国路面和陆路的包裹速递市场。然而,到了80年代后期,随着竞争对手利用不同的定价策略以及跟踪和开单的创新技术对联合包裹服务的市场进行蚕食,联合包裹服务的收入开始下滑。许多大型托运人希望通过单一服务来源提供全程的配送服务,进一步,顾客们希望通过掌握更多的物流信息,以利于自身控制成本和提高效率。随着竞争的白热化,这种服务需求变得越来越迫切。正是基于这种服务需求联合包裹服务公司从20世纪90年代初开始了致力于物流信息技术的广泛利用和不断升级。今天,提供全面物流信息服务已经成为包裹速递业务中的一个至关重要的核心竞争要素。

联合包裹服务公司通过应用三项以物流信息技术为基础的服务提高了竞争能力:

第一,条形码和扫描仪使联合包裹服务公司能够有选择地每周7天、每天24小时地跟踪和报告装运状况,顾客只需拨个免费电话号码,即可获得"地面跟踪"和航空递送这样的增值服务。

第二,联合包裹服务公司的递送驾驶员现在携带着以数控技术为基础的笔记本电脑到排好顺序的线路上收集递送信息。这种笔记本电脑使驾驶员能够用数字记录装运接受者的签字,以提供收货核实。通过电脑协调驾驶员信息,减少了递送差错,加快了递送速度。

第三,联合包裹服务公司最先进的信息技术应用是创建于1993年的一个全美无线通信网络,该网络使用了55个蜂窝状载波电话。蜂窝状载波电话技术使驾驶员能够把实时跟踪的信息从卡车上传送到联合包裹服务公司的中央电脑。无线移动技术和系统能够提供电子数据储存,并能恢复跟踪公司在全球范围内的数百万笔递送业务。通过安装卫星地面站和扩大系统,到1997年实时包裹跟踪成为现实。

以联合包裹服务为代表的企业应用和推广的物流信息技术是现代物流的核心,是物流现代化的标志。尤其是飞速发展的计算机网络技术的应用使物流信息技术达到新的水平,物流信息技术也是物流技术中发展最快的领域,从数据采集的条形码系统,到办公自动化系统中的计算机、互联网,各种终端设备等硬件以及计算机软件等都在日新月异地发展。同时,随着物流信息技术的不断发展,产生了一系列新的物流理念和新的物流经营方式,推进了物流的变革。物流信息技术主要由通信、软件、面向行业的业务管理系统三大部分组成。包括基于各种通信方式的移动通信手段、全球卫星定位(GPS)技术、地理信息系统(GIS)技术、计算机网络技术、自动化仓库管理技术、智能标签技术、条形码及射频技术、信息交换技术等现代尖端科技。在这些尖端技术的支撑下,形成以移动通信、资源管理、监控调度管理、自动化仓储管理、业务管理、客户服务管理、财务处理等多种信息技术集成的一体化现代物流管理体系。比如,运用卫星定位技术,用户可以随时"看到"自己的货物状态,包括运输货物车辆所在的位置(某座城市的某条道路上)、货物名称、数量、重量等,不仅大大提高了监控的"透明度",降低了货物的空载率,从而做到资源的最佳配置;而且有利于顾客通过掌握更多的物流信息,以控制成本和提高效率。

联合包裹服务公司通过在三方面推广物流信息技术发挥了核心竞争优势:

在信息技术上,联合包裹服务公司已经配备了第三代速递资料收集器III型DIAD,这是业界最先进的手提式计算机,可几乎同时收集和传输实时包裹传递信息,也可让客户及时了解包裹的传送现状。这台DIAD配置了一个内部无线装置,可在所有传递信息输入后立即向联合包裹服务公司的数据中心发送信息。司机只需扫描包裹上的条形码,获得收件人的签字,输入收件人的姓名,并按动一个键,就可同时完成交易并送出数据。III型DIAD的内部无线装置还在送货车司机和发货人之间建立了双向文本通信。专门负责某个办公大楼或商业中心的司机可缩短约30分钟的上门收货时间。每当接收到一个信息，DIAD上的指示灯就会闪动，提醒司机注意。这对消费者来说，不仅意味着所寄送的物品能很快发送，还可随时"跟踪"到包裹的行踪。通过这一过程，速递业真正实现了从点到点、户对户的单一速递模式，向除为客户提供传统速递服务外，还包括库房、运输及守候服务等全方位物流服务的发展，大大拓展了传统物流概念。

在信息系统上，联合包裹服务公司将应用在美国国内运输货物的物流信息系统，扩展到了所有国际运输货物上。这些物流信息系统包括署名追踪系统和比率运算系统等，其解决方案包括：自动仓库、指纹扫描、光拣技术、产品跟踪和决策软件工具等。这些解决方案从商品原起点流向市场或者最终消费者的供应链上帮助客户改进了业绩，真正实现了双赢。

在信息管理上，最典型的应用是联合包裹服务公司在美国国家半导体公司（National Semiconductor）位于新加坡仓库的物流信息管理系统，该系统有效地减少了仓储量及节省货品运送时间。今天我们可以看到，在联合包裹服务公司的物流管理体系中的美国国家半导体公司新加坡仓库，一位管理员像挥动树枝一样将一台扫描仪扫过一箱新制造的电脑芯片。随着这个简单的举动，他启动了高效和自动化、几乎像魔术般的送货程序。这座巨大仓库是由联合包裹服务的运输奇才们设计建造的。联合包裹服务的物流信息管理系统将这箱芯片发往码头，而后送上卡车和飞机，接着又是卡车，在短短的12小时内，这些芯片就会送到国家半导体公司的客户——远在万里之外硅谷的个人电脑制造商手中。在整个递送途中，芯片中嵌入的电子标签将让客户以高达三英尺的精确度跟踪订货。

由此可见，物流信息技术通过切入物流企业的业务流程来实现对物流企业各生产要素（车、仓、驾等）进行合理组合和高效利用，降低了经营成本，直接产生明显的经营效益。它有效地把各种零散数据变为商业智慧，赋予物流企业新型的生产要素——信息，大大提高了物流企业的业务预测和管理能力，通过"点、线、面"的立体式综合管理，实现了物流企业内部一体化和外部供应链的统一管理，有效地帮助物流企业提高了服务质量，提升了物流企业的整体效益。具体地说，它有效地为物流企业解决了单点管理和网络化业务之间的矛盾、成本和客户服务质量之间的矛盾、有限的静态资源和动态市场之间的矛盾，现在和未来预测之间的矛盾等等。

以现代物流信息技术为核心竞争力基础的联合包裹服务公司已经在我国北京、上海、广州开办了代表处。1996年6月，联合包裹服务公司与中方合作伙伴——中国外运集团共同在北京成立在中国的第一家合资企业。目前该公司在中国有130多名员工，有60多辆带有UPS的车辆奔驰在国内的大街小巷，业务范围已覆盖了190多个城市。2001年1月，联合包裹服务公司的飞机被允许直飞中国，自从其首班飞机飞抵上海后，目前联合包裹服务公司在北京、上海、深圳都建立了自己的航空基地，每星期有10个货运航班飞往中国。现在联合包裹服务公司中国区员工已经增加到530人，预计在未来的6～12个月还将再增一倍。就此，世界物流业巨头联合包裹服务公司参与到了中国快递行业正方兴未艾的激烈竞争中来。

案例思考：
（1）联合包裹服务公司是如何通过现代物流信息技术打造自己的核心竞争优势的？
（2）简述联合包裹服务公司的物流信息技术应用情况。

任务 2　物流信息系统认知

【任务描述】
1. 参观校物流实训中心软件实训室，操作第三方物流管理系统；
2. 撰写信息系统认知报告，制作 PPT 演示文稿。

【任务目标】
1. 理解物流信息系统、物流管理信息系统的相关概念；
2. 了解物流管理系统在企业中的运用现状和发展趋势；
3. 认知几种典型物流管理系统；
4. 提高学生的调查研究和分析问题的能力。

【任务实施】
1. 教师讲清该任务实施的目标；
2. 学生参观软件室并进行第三方物流管理系统操作；
3. 撰写认知报告和制作 PPT 演示文稿；
4. 教师讲评。

【学习评价】

被考评人		考评组调查对象				
考评时间		考评地点				
考评内容	物流信息系统应用调研					
考评标准	内容	分值	自评	小组评议	教师评议	考评得分
	调研过程中遵守纪律，礼仪符合要求	20				
	认知记录内容全面、真实、准确，PPT 制作规范，表达正确	25				
	认知报告格式正确，能正确总结出第三方物流信息系统的特点、作用和操作	30				
	认知报告能提出合理化建议	25				

【相关知识点】

　　随着现代科学技术的迅猛发展，全球经济一体化的趋势加强，各国都面临前所未有的机遇和挑战。现代物流作为一种先进的组织方式和管理技术，被广泛认为是除降低物资消耗、提高劳动生产率以外的又一个重要利润源泉，在国民经济和社会发展中发挥着重要的作用。那么，如何理解物流信息系统的概念及物流系统的设计理念等问题是十分重要的，为此，不同国家的学者对物流理论以及实践进行广泛的研究，试图从不同的角度认识物流系统的本质，从而推进物流管理和物流技术的创新，以适应经济发展的需要。

　　1. 物流管理信息系统概述

　　系统思想由来已久，系统论是一种应用广泛的科学方法论，它为解决复杂的社会经济问题和提高系统的工作效率提供科学的分析方法。现代物流是一个系统,物流系统又由物流作业系统和支持物流系统的信息流动系统(物流信息系统)组成。

"系统"一词最早出现于古希腊语中,原意是指事物中的共性部分和每一事物应占据的位置,也就是部分组成整体的意思。一般系统论的创始人、美籍奥地利的理论生物学家冯·贝塔朗菲(Ludwig Von Bertalanffy)于1937年第一次提出系统的概念,他认为系统是"相互作用的诸多要素的综合体"。

虽然人们对"系统"的理解基本上没有什么异议,但定义起来却百花齐放、各有千秋。按照系统论的观点,可将其定义为"系统是由两个或两个以上相互区别并相互联系的要素,为了达到一定目的,以一定方式结合起来而形成的整体"。这也是我国系统科学界对系统通用的定义。

(1) 系统的特点

根据系统的定义,可以归纳出系统的五个特性。

① 目的性

任何系统都是为完成一定目标而存在的。例如,企业的经营管理系统的目的就是在限定的资源、现有职能机构的配合下,完成或超额完成生产经营计划,实现规定的质量、品种、成本、利润等指标。

② 整体性

系统是由若干从属于它的要素构成的整体,每个要素都具有独立的功能,它们只有逻辑地统一和协调于系统的整体之中,才能发挥系统的整体功能。

③ 相关性

系统的相关性是指系统内各要素之间是相互联系、相互作用、相互影响和相互制约的,任何一个要素的变化都会引起其他要素的变化,乃至整个系统的变化。

④ 层次性

要素与系统处于不同的层次,系统包含要素,要素又包含于这个系统,要素是相对于它所处的系统而言的。例如,"运输"是物流系统中的一个职能要素,而它又是由公路、铁路、水路、航空和管道运输诸要素组成的系统,因此要素也称为子系统。

⑤ 适应性

系统存在于一定的环境中,系统必然要与外部环境产生物质、能量和信息的交换,不能适应环境变化的系统是难以存在的。

任何事物都具有系统性,每一个系统既从属于自己的一些小系统,又从属于更大的系统。例如,在社会领域中,整个人类社会是由经济系统、政治系统、文化系统、军事系统等构成的大系统,而经济系统又是由农业、工业、商业、运输业等系统构成的。根据生成的原因和反映的属性不同,可将系统分为自然系统和人造系统,实物系统和概念系统,封闭系统和开放系统,静态系统和动态系统等。

物流系统是指在一定的时间和空间里,由所需位移的物资与包装设备、装卸搬运机械、运输工具、仓储设施、人员和通信联系等若干相互制约、相互依赖的动态要素构成的具有特定功能的有机整体。物流系统的目的是实现物资的空间和时间效益,在保证社会再生产顺利进行的前提条件下,实现各种物流环节的合理衔接,并取得最佳的经济效益。

物流系统的要素很多,根据不同的研究目的,可以将其分成不同的要素(图1-10),常见的有物流基础要素、功能要素和结构要素。何明珂教授从物"流"的流动角度,定义了物流的流体、流向、流量、流程、流速、流效要素,并按物流系统的要素分成流动要素、资源要素和网络要素三个方面。

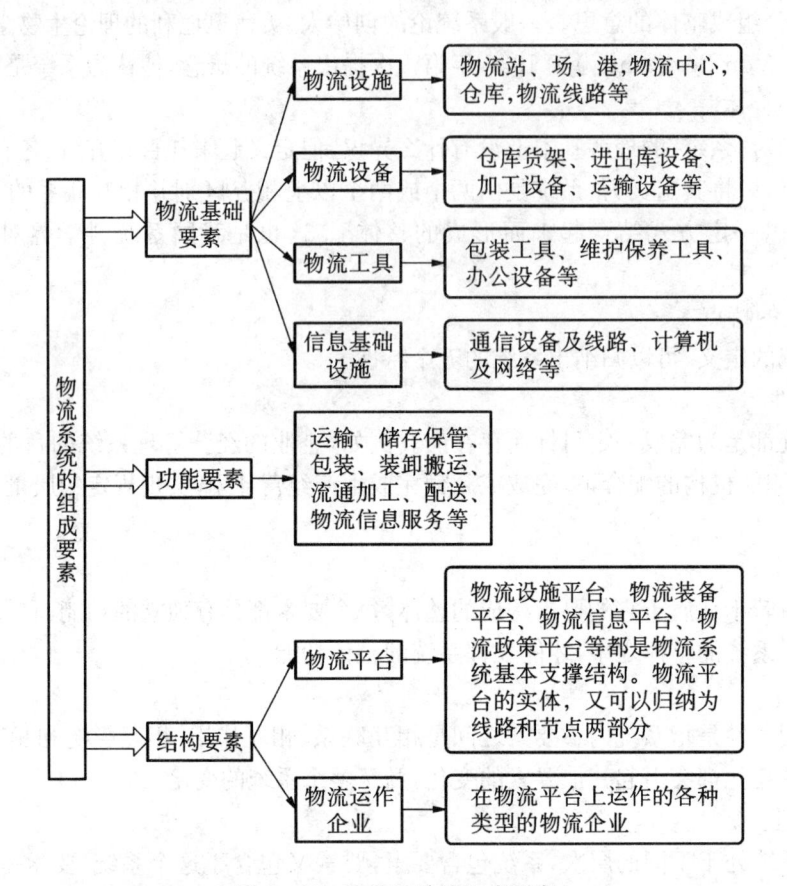

```
                                  ┌─物流设施──物流站、场、港,物流中心,
                                  │          仓库,物流线路等
                     ┌─物流基础──┤─物流设备──仓库货架、进出库设备、
                     │  要素      │          加工设备、运输设备等
                     │            ├─物流工具──包装工具、维护保养工具、
                     │            │          办公设备等
                     │            └─信息基础──通信设备及线路、计算机
                     │               设施      及网络等
     物流系统的      │
     组成要素    ────┼─功能要素────运输、储存保管、
                     │              包装、装卸搬运、
                     │              流通加工、配送、
                     │              物流信息服务等
                     │
                     │            ┌─物流平台──物流设施平台、物流装备
                     │            │          平台、物流信息平台、物
                     └─结构要素──┤          流政策平台等都是物流系
                                  │          统基本支撑结构。物流平
                                  │          台的实体,又可以归纳为
                                  │          线路和节点两部分
                                  └─物流运作──在物流平台上运作的各种
                                     企业      类型的物流企业
```

图 1-10　物流系统的组成要素

组织中的各种活动都通过物流、资金流、事务流(商流)和信息流体现出来,物流是组织中存在的最基本的实物流动过程,而伴随着组织中实物的流动,相应的管理活动产生了一系列的单据、合同、验收报告等,记录物流活动过程中如价格表、催款单、付款单等与资金相关的数据,还有为安排这些基本实物活动过程而进行的事务活动,如下发通知、会议安排等。信息流伴随以上各种流的流动而流动,既是其他各种流的表现和描述,又是用于掌握、指挥和控制其他流运行的软资源。

(2) 信息系统

新系统是一个人造系统,由人、硬件、软件和数据资源组成,目的是及时、正确地收集、加工、存储、传递和提供信息,实现组织中各项活动的管理、调节和控制。

信息系统包括信息处理系统和信息传输系统两个方面。信息处理系统对数据进行各种处理,使其获得新的结构与形态,或者产生新数据。例如,计算机系统就是一种信息处理系统,通过对输入数据进行处理获得不同形态的新数据。信息传输系统不改变信息本身的内容,而是把信息从一处传输到另一处。在经济全球化的今天,信息传输系统变得越来越重要,尤其是互联网的普及,使得信息传输变得更为容易和廉价。

信息系统的基本功能可以归纳为信息采集、信息传输、信息处理、信息存储和信息输出5个方面,如图1-11所示。

信息采集 → 信息传输 → 信息处理 → 信息输出
                        ↓
                      信息存储

图1-11 信息系统的基本功能

2. 物流管理信息系统的概念

物流管理信息系统(Logistics Management Information System,LMIS)是一个以人为主导,以物流企业战略优化、提高效益和效率为目的,利用计算机硬件、软件、网络通信设备以及其他办公设备进行物流信息的收集、传输、加工、存储、更新和维护,支持物流企业高层决策、中层控制、基层运作的集成化的人机系统。

物流管理信息系统是企业信息化的基础,也是企业物流信息系统中与企业业务层关系最密切的一个基础组成部分。物流信息系统通常包括物流管理信息系统、决策支持系统、专家系统、企业内部网、办公自动化系统等一系列的信息系统。

从20世纪60年代至今,物流管理信息系统的模式经历了4个阶段,见表1-1。

表1-1 物流管理信息系统模式演变

类型	特征	举例
以作业为中心	把控制成品运输和仓储管理等单个物流作业作为目标,对作业进行局部改进,没有进行整体系统分析	成品运输管理系统 成品仓库管理系统
以成品流通为中心	将成品流通作为一个整体来进行计划和控制,寻找改进的机会	成品流通管理系统(包括成品运输管理系统、成品仓库管理系统及流通一体化管理系统等)
企业物流一体化	将原材料、在制品和成品的物流管理结合起来,形成企业物流一体化管理模式。从整个企业系统高度进行物流系统分析与设计,保证整个系统内物流效益最佳、成本最低、服务最好	物料需求计划管理系统 制造资源计划管理系统
供应链物流一体化	在企业物流一体化管理模式的基础上,管理功能向企业上下游延伸	企业资源计划管理系统

3. 物流管理信息系统的特征

(1) 服务性

物流管理信息系统的目的是辅助物流企业进行事务处理,为管理决策提供信息支持。为了满足管理方面提出的各种要求,系统必须具备大量的基础数据(当前数据和历史数据、内部数据和外部数据等)和管理功能模型(如预测、计划、决策、控制模型等)。

(2) 动态性

物流活动是一个动态的过程,随着时空的变化而变化。物流管理信息系统要能根据环境的变化及时调整,适应新变化的要求,保证对物流过程的有效跟踪和控制。

（3）易用性

物流管理信息系统要便于用户使用。要实现这一点,友好的用户界面是一个基本条件。易用性是物流管理信息系统推广的重要因素。

（4）网络化

物流活动不再是运行于单机上的,而是运行在网络环境下的。因此,物流管理信息系统是网络化的系统,通过互联网实现上下游企业间的有效沟通,从而能够更好地为用户服务。物流企业内部也可以通过企业内部网与互联网进行物流活动的跟踪与管理,提高物流活动的运作效率。

（5）实时化

物流管理信息系统利用自动识别技术、GPS 技术、GIS 技术、网络通信技术等现代信息技术对物流活动进行准确实时的跟踪和信息采集,并通过网络完成实时的信息处理,帮助企业对物流活动进行管理,满足顾客的要求。

4. 物流管理信息系统的结构和功能

（1）物流管理信息系统的结构

物流管理信息系统的结构是指组成系统各部件的构成框架。对部件的不同理解,就产生了物流管理信息系统的各种结构,其中最重要的是概念结构、系统结构和功能结构。

① 概念结构

从概念上来看,物流管理信息系统由四大部分组成:物流信息源、物流信息处理器、物流信息用户和物流信息管理者,如图 1-12 所示。物流信息源是信息的产生地;物流信息处理器担负信息的保存、处理任务;物流信息用户是信息的使用者,应用信息进行管理和决策工作;物流信息管理者负责信息系统的设计实现,并在实现以后负责信息系统的运行和协调。

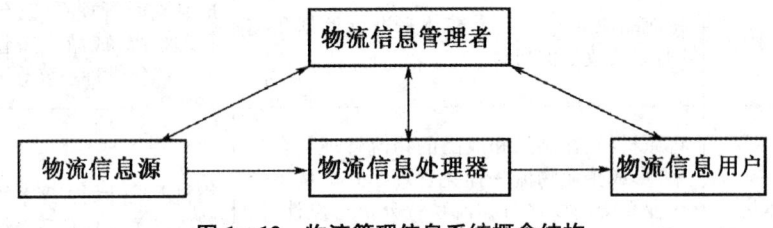

图 1-12 物流管理信息系统概念结构

② 系统结构

系统结构由硬件、软件和人员组成。硬件包括计算机及输入/输出设备、存储设备、网络通信设备等。这些设备是物流管理信息系统构建的基础,也是系统运行的平台。软件是物流管理信息系统应用的核心,与物流活动相对应,各个活动都有软件的支持。物流管理信息系统为管理服务,是人机交互的系统,从系统的规划、分析、设计到系统的实施、维护,都有大量的人员参与其中。建设物流管理信息系统必须重视各类人员在其中的作用。

③ 功能结构

物流管理信息系统的功能结构可以分为日常业务管理系统、管理控制系统、辅助决策系统和战略管理系统,如图 1-13 所示。

```
            战略
           管理系统
         ─────────────
          辅助决策系统
        ─────────────────
          管理控制系统
       ───────────────────
         日常业务管理系统
     ─────────────────────────
```

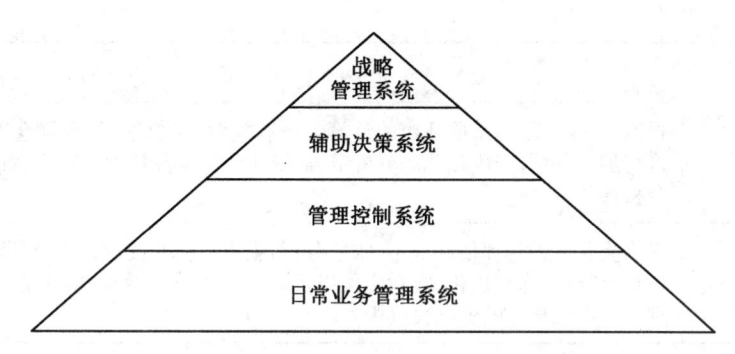

图 1-13 物流管理信息系统的功能结构

a. 日常业务管理系统记录物流活动最基本的交易内容,从订单开始到存货、装卸、运输、交货以及财务结算等各个环节,保证物流活动过程中信息收集质量和及时准确性。

b. 管理控制系统是根据客户需求,制订合理的采购计划、库存计划和运输计划等,并对与这些计划相关联的流程进行控制,保证物流活动的正常进行。管理控制系统是与管理理论相对应的战术管理的部分,在物流企业的正常管理中起到主要作用。特别是对于业务量很大的物流企业,功能强大的管理控制系统可以有效利用企业资源,提高业务处理的效率。

c. 辅助决策系统的主要作用是帮助管理人员完成决策的制订,既包括战术方面的支持,也包括战略方面的支持。在管理控制方面辅助决策系统可以帮助管理人员进行车辆日常运用情况的分析、库存管理的分析等。在战略管理方面,辅助决策系统可以帮助高层管理者进行选址分析、客户分析、市场分析等。

d. 战略管理系统是利用日常业务管理系统和管理控制系统获得的信息,在辅助决策系统的支持下对关系企业发展的长远计划进行决策。这些信息相对抽象和广泛,不仅包括企业内部经过提炼的信息,还包括外部的大量信息。战略管理系统根据收集到的信息帮助企业高层管理人员完成企业战略方面的决策。

(2) 物流管理信息系统的功能

物流管理信息系统主要实现物流业务处理层、信息查询层的功能,同时实现部分信息分析层的功能,以及结构化决策问题的建模与求解。具体功能见表 1-2。

表 1-2 物流管理信息系统的功能对应层次

层　　次	功　　能
物流业务处理层	(1) 完成原始数据的收集,提供相应的合同、票据、报表,实现订单管理及输入/输出的功能; (2) 及时处理订单管理、配货管理、运输管理、仓储管理、采购管理、流通加工和财务管理等企业相关业务,反馈和控制企业基层的日常生产和经营工作的信息; (3) 将收集、加工后的物流信息存储在数据库中,满足信息查询与分析的需求。
信息查询层	(1) 检索数据库中的现存信息或简单加工后的信息,满足企业和客户对相关物流信息的查询需求; (2) 提供对物流系统状况和货物、车辆的监视与跟踪功能; (3) 为顾客提供所需的网上查询和信息服务手段。

(续表)

层次	功能
信息分析层	根据用户的要求,采取适当的计算方法和模型,对数据库、数据仓库中存储的数据进行加工分析,产生相关的分析报告,帮助企业经营管理者对企业的运行状况进行分析评估。
决策支持层	对物流业务进行评估和成本-收益分析,主要包括业务量分析、经营成本分析、利润增长点分析、库存优化、配载优化以及客户行为分析等功能,为企业高层领导及管理人员提供相应的辅助决策服务。

5. 物流管理信息系统的分类

根据分类方法的不同,物流管理信息系统可以从以下几个角度分类。

(1) 按系统的结构分类

按这种分类标准,物流管理信息系统分成单功能系统和多功能系统。

① 单功能系统指只能完成一种职能的系统,如物流财务系统、合同管理系统、物资分配系统等。

② 多功能系统指能够完成一个部门或一个企业所包括的物流管理职能的系统,如仓库管理系统、某个企业的经营管理决策系统等。

(2) 按系统功能的性质分类

按这种分类标准,物流管理信息系统被分成操作型系统和决策型系统。

① 操作型系统指为管理者处理日常业务的系统,其主要工作是进行数据处理,如记账、汇总、统计、打印报表等。

② 决策型系统是在处理日常业务的基础上,运用现代化管理方法,进一步加工计算,为管理人员或领导者提供决策方案的定量依据。这类系统通常又被称为辅助决策系统或决策支持系统。

(3) 按系统所采用的设备和技术分类

按这种分类标准,物流管理信息系统被分成单机系统和网络系统。

① 单机系统只使用一台计算机,这台机器可以只有一个终端,也可以有多个终端,通常对数据采用批处理方式。如果采用分时处理方式,就必须配有多个终端。

② 网络系统使用多台计算机,相互间以通信网连接,实行资源共享。

(4) 按系统作用的对象分类

对于涉及产品流通的企业来讲,可以分为生产型企业、流通型企业和以物流生产为主业的第三方物流企业,因此物流管理信息系统也被分为三类。

① 面向生产企业的物流管理信息系统。生产型企业从原材料或者半成品生产厂家购买原材料或者半成品,运用技术和设备生产出产品,然后投放市场,获取产品的销售利润。从这个过程中可以看出,生产型企业获取的利润存在于产品中的劳动增值和技术增值。就采购来看,生产型企业采购的很可能是多种原材料,采购完毕后进入生产环节,产生废弃物和可回收物,最后进行销售。就涉及的物流作业看,包括供应采购、原材料仓储、生产配送(含领料)、产品仓储与销售运输(配送),此外,还包含废弃物物流与回收物流。

② 面向流通企业的物流管理信息系统。流通型企业的主要生产方式是向生产型企业采购产品,通过适当的销售渠道销售给顾客,赚取进销的差价利润。在这种生产过程中,针对销

售企业不同的销售模式,可能会存在如下的物流过程,即订货采购、仓储与配货(含配送、店面及仓库存储)以及销售送货(包括退货、补货、销售送货等)等。

③ 面向第三方物流企业的物流管理信息系统。第三方物流企业服务于生产企业与流通企业以及消费者,以提供第三方物流服务为主业。在第三方物流的整个生产过程中,商品本身价值不发生任何变化,但是由于物流成本的存在,商品的价格会发生一定程度的变化。

单元小结

现代物流是物流实体流通与信息流通的结合,最重要的特征是物流的信息化。物流信息化可以提高物流效率、降低物流成本、保障物流安全、提升物流品质,因此物流信息技术得到企业的高度重视。在信息技术的支撑下,形成了以自动化仓储管理、客户服务管理、财务管理等多种业务集成的一体化的现代物流管理信息系统。本章主要介绍物流管理信息系统的基本概念、开发方法、开发过程以及几种典型的物流业务信息系统。

【综合练习】

1. 简答题

(1) 简述物流管理信息系统的定义和特点。

(2) 物流管理信息系统包括哪些部分?

(3) 常见的物流管理信息系统有哪些?

2. 案例分析

宝供物流:以信息化带动供应链一体化

1997年,宝供物流开创性地建立了国内物流行业首家基于互联网的物流信息管理系统之后,以业务为导向,每年办一件实事,到2004年已基本建成宝供第三方物流信息集成平台,有效集成了订单管理、仓储管理、运输管理和财务管理模块,实现了物流、信息流和资金流的一体化管理;通过EDI等技术,实现了与客户信息系统的有效信息交换与共享,在国内处于领先水平。从2002年开始,宝供连续三年荣获中国物流与采购联合会信息化优秀案例,2004年更荣获中国物流与采购联合会科技进步一等奖。

(1) 考虑客户潜在需求

1997年宝供第一套基于互联网的物流信息管理系统是委托一家软件公司帮助开发的,当时互联网刚刚在国内兴起,公司内部的业务部门还习惯使用电话、传真结合笔记本来跟踪管理客户的每个订单,因此在需求分析阶段并没有提出太多的具体要求,甚至当时推广使用电子邮件还需要IT部出面对各分公司进行考核。面对这种情况,我们采取的对策是站在用户的角度思考问题,对内通过实地调研业务操作流程,提出开发包含28种查询选项的订单综合查询功能的需求,方便用户查询;对外前瞻性的考虑到系统将来开放给外部客户使用的潜在需求,要求软件公司开发外部客户通过密码登录上网查询自身业务信息的查询模块。

结果,系统开发完成后首先被宝供的市场部相中,他们大力向客户推荐宝供基于互联网的新的信息化管理模式,赢得对系统非常重视的跨国公司的认可。业务部门使用综合查询功能尝到甜头后马上提出了更多的报表查询需求,促成了宝供IT走上自主消化和完善的技术研发道路。

(2) 将客观阻力变成创新机遇

企业信息化过程中难免会遇到各种各样的问题,包括外部环境造成的难题,这种情况下实际上孕育着新的创新业务模式。

例如,宝供在 1999 年推广基于互联网的仓储管理系统时就遇到国内很多城市因网络带宽不够造成网上录入和查询仓储订单速度非常慢的瓶颈,而这又不是宝供自己能够控制的。我们创造性地开发离线订单处理程序,采用本地终端离线录入仓储订单,将离线订单由运作点 MAIL 到总部人工导入和更新数据库数据,再从数据库中提取最新数据 MAIL 给客户和运作点更新用户本地数据库的模式。

虽然增加了人工控制的环节,但对于客户,只要每天通过邮件接收最新的业务数据包更新本地电脑数据库,不用上网就能随时查询截止到昨天的最新仓储数据,使用起来相当方便。宝供的几个客户使用这种模式实现了坐在办公室里自主查询各仓库进出存数据,以至于后来带宽问题解决后有些客户习惯了这种模式还不想恢复网上查询方式。

(3) 与客户供应链一体化合作

从 2001 年开始,宝供 IT 在充分消化原系统基础上开始与客户合作进行系统对接。简单地讲系统对接就是实现订单通过数据交换平台与客户系统实现自动导入和导出,实现订单无纸化传递,但技术上对接成功只是第一步,客户真正需要的是长期稳定、可靠和准确的系统对接。例如,2001 年某跨国家电公司和宝供实现系统对接后就提出了每个运作点每月只允许一次数据错误以及每周订单及时录入率的考核指标。为了保障系统数据准确和及时,我们开发了多种辅助系统监控程序,包括开发订单收发网上监控程序,实现运作点自己上网查询每张订单何时接收和返回;开发订单超期录入预警程序,实现网上查询即将超期录入和已超期的订单;开发网上条码扫描监控程序自动计算等,依靠自成体系的系统监控程序有力地保障了系统对接的稳定性和准确率,从而赢得了客户的信赖。根据不同客户的实际需求,与客户的系统合作也可以有多种模式,例如可以通过 FTP、表 1.2-Mail,或通过第三方公用对接平台等方式与客户系统进行对接;有些客户希望完全采用自己的系统,愿意将自己系统的终端开放给宝供办事处员工使用也没有问题;还有客户以自己的 ERP 系统为主,但对 ERP 系统未能处理的订单,宝供 IT 又针对性地为其开发了辅助网上订单管理系统作为补充。

(4) 优化供应链管理流程

企业信息化的高级阶段是通过为客户定制供应链管理系统优化供应链管理流程。首先要像企业管理咨询师一样调研和分析客户现有的业务管理模式,特别是订单管理流程,有针对性地提出基于信息化支持的优化流程。我们为客户定制的订单管理系统支持客户销售流程,实现与客户分销管理的供应链的集成。

(5) 订单状态全程跟踪

① 实时库存管理。实时查询当前宝供仓库的库存情况,确切知道某仓库当前的实际库存、可发库存、在途库存、未运作库存、残损库存。

② 辅助销售管理。系统可按日期、营业单位、产品类型、产品、经销商、销售类型、订单、要货情况等提供及时数据,并进行分类汇总或累计求和,为销售人员科学合理地制定、调整销售计划提供必要的参考数据。

③ 经销商管理。系统可实时提供任意经销商在某一时间范围内的要货汇总及要货明细

情况,可提供某一销售区域内的经销商要货情况,使得客户总部可以更有效地掌握全国经销商要货情况。

例如,2004年我们为某客户提出使用宝供网上订单管理系统代替该客户原来的手工订单管理方式,将该客户原手工开具的三类单证("客户订单""客户送货单""供应商送货单")合并为一份系统打印的"客户订单",将订单的录入、审核、打印、确认都在系统中完成,实现了如下流程:客户办事处员工在系统中录入订单—客户总部审核确认订单—宝供办事处打印有效订单并运作—运作结果录入系统—客户随时上网查询最新的订单执行结果和库存情况。最终,通过系统与客户结成供应链一体化合作伙伴。

(6) 专业系统与核心系统对接

宝供于2003年根据业务发展需求自主研发了全面订单管理系统代替从1997年一直使用的信息系统,并在此基础上构建了宝供物流信息平台,当年根据业务需求和IBM合作引进了国外先进的WMS系统,实现物流基地的货架仓管理,并且自主实现了该系统和宝供全面订单管理系统的对接。

宝供第三方物流信息集成平台将物流各相关环节(订单管理、运输、仓储、财务以及基础数据)作为一个整体进行流程重组优化:以客户为中心,以订单为主线,对业务流程进行梳理。

通过构建宝供第三方物流信息集成平台,进一步提升了宝供物流服务的核心竞争力,使宝供与客户、供应商结成更紧密的战略联盟,实现更大范围的信息共享、节约成本,创造宝供与客户、供应商在物流供应链上三赢的局面。

宝供目前所从事的主要还是供应链管理中的分销和第三方物流,借助信息化纽带已经初步实现了将制造企业和分销商、零售商以至最终用户的供应链一体化管理,为客户带来成本降低、订单完成周期缩短、准时交货率提升、企业应变和反应能力提高等诸多优势。

今后我们将继续以顾客为中心,以市场需求为导向,将信息化拓展到生产和采购物流,实现供应链全面管理,并为客户提供更多的增值信息服务。

案例思考:
(1) 宝供物流是如何通过现代物流信息技术打造自己的核心竞争优势的?
(2) 简述宝供物流信息系统的主要特色。

项目二 物流信息的自动识别与采集技术

项目描述

全球化发展、产品生命周期的缩短和用户交货期的缩短等都对物流服务的可得性与可控性提出要求,实时物流理念也由此诞生。如何保证对物流过程的完全掌控,物流动态信息采集应用技术成为必需的要素。动态的货物或移动载体本身具有很多有用的信息,例如货物的名称,数量、重量、质量、出产地,或者移动载体(如车辆、轮船等)的名称、牌号、位置、状态等一系列信息。这些信息可能在物流中反复使用,因此,正确、快速读取动态货物或载体的信息并加以利用可以明显地提高物流的效率。在目前流行的物流动态信息采集技术应用中,一维条码、二维条码技术应用范围最广,其次还有磁条(卡)、语音识别、便携式数据终端、射频识别(RFID)等技术。

本项目学习目的使学生掌握一维条码和二维条码的概念、特点及射频识别技术特点;理解条码和射频识读原理;了解POS机(结算终端)的使用环境和条件,设备的选择和安装要求;通过实际的操作,明确POS机的前台使用和后台信息处理的关系,熟练进行前台结算和后台销售管理的各项操作,掌握射频识别技术识读设备的应用环境,以及安装和操作。

项目目标

1. 掌握条码技术;
2. 掌握无线射频技术;
3. 掌握条码技术和射频识别技术在物流活动中的应用。

任务 1　物流信息标准体系

【任务描述】

　　物流信息标准体系是物流系统得以建立和顺畅运行的基础,它既包括物流实体的标准化,也包括物流虚拟信息的标准化。本节将重点学习物流信息的标准化,只有实现物流信息标准化,才能在国际经济一体化的条件下,有效实施物流系统的科学管理,加快物流系统建设,促进物流系统与国际系统和其他系统的衔接,有效降低物流费用,提高物流系统的经济效益和社会效益。

【任务目标】

1. 理解和掌握物流信息标准化的内容和种类;
2. 理解物流信息标准化的重要性;
3. 了解物流术语标准。

【任务实施】

1. 教师讲清该学习任务的目标;
2. 根据任务安排,对学生进行分组,5~10人一组,设组长一名;
3. 以小组为单位制订资料搜集计划,确定搜集的对象、地点、时间、方式;
4. 搜集资料之前,明确小组各成员的任务;
5. 组长在资料搜集过程中,及时跟进,记录各成员的表现,并及时向教师反馈。

【学习评价】

被考评人						
考评时间		考评组调查对象				
考评内容		考评地点				
考评内容	物流信息标准化体系的相关标准					
考评标准	内容	分值	自评	小组评议	教师评议	考评得分
	调研过程中遵守纪律,礼仪符合要求,团队合作好	20				
	调研记录内容全面、真实、准确,PPT 制作规范,表达正确	25				
	调研报告格式正确,能正确总结出调研企业的物流信息化程度、物流信息技术应用现状	30				
	调研报告能提出合理化建议	25				

【相关知识点】

1.1　物流信息标准化

　　信息化是现代物流的基础,依靠物流信息系统的支撑,商品的流通不仅可以降低库存,提高效率，还可以实现全程监控，可视化管理，为流通方式的创新提供条件。作为一个物流大国，我国应参与物流信息标准化的制定，因此，确定我国物流信息标准的战略非常重要。

1. 物流标准化

（1）物流标准化的内容

实际上就是经过优选之后的共同规则，为了推行这种公共规则，世界上大多数国家都有标准化组织，如英国的标准化协会（BSI）、我国的国家技术监督局等。

在日内瓦的国际标准化组织（ISO）负责协调世界范围的标准化问题。

目前，标准化工作开展较普遍的领域是产品标准，这也是标准化的核心，围绕产品标准，工程标准、工作标准、环境标准、服务标准等也出现发展的势头。

物流标准化是指以物流为一个大系统，制定系统内部设施、机械设备，包括专用工具等的技术标准，包装、仓储、装卸、运输等各类作业标准，以及作为实现现代化物流突出特征的物流信息标准，并形成全国以及和国际接轨的标准化体系。

物流标准化的主要特点有以下几个方面：

① 与一般标准化系统不同，物流系统的标准化涉及面更为广泛，其对象也不像一般性标准化系统那样单一，而是包括机电、建筑、工具、工作方法等许多种类。虽然处于一个大系统中，但缺乏共性，从而造成标准种类繁多，标准内容复杂，也给标准的统一性及配合性带来很大困难。

② 物流标准化系统属于二次系统，这是由于物流及物流管理思想诞生较晚，组成物流大系统的各个分系统，过去在没有归入物流系统之前，早已分别实现了本系统的标准化，并且经过多年的应用，不断发展和巩固，已很难改变。在推行物流标准化时，必须以此为依据，个别情况固然可将有关旧标准化体系推翻，按物流系统所提出的要求重建新的标准化体系，但通常是在各个分系统标准化的基础上建立物流标准化系统。这就必然从适应协调角度建立新的物流标准化系统，而不可能全部创新。

③ 物流标准化更要求体现科学性、民主性和经济性。科学性、民主性和经济性是标准的"三性"，由于物流标准化的特殊性，必须突出地体现这"三性"才能搞好这一标准化。科学性是要体现现代科技成果，以科学实验为基础，在物流中则还要求与物流的现代化（包括现代技术及管理）相适应，要求能将现代科技成果联结物流大系统。虽然各种具体的硬技术标准化要求颇高，十分先进，但如果不能与系统协调，单项技术再高也是空谈，甚至还起到相反作用。所以，科学性不仅反映本身的科学技术水平，而且表现在协调与适应的能力方面，使综合的科技水平最优。

④ 物流标准化有非常强的国际性。由于经济全球化的趋势带来国际交往的大幅度增加，而所有的国际贸易又最终依靠国际物流完成。各个国家都很重视本国物流与国际物流的衔接，在本国物流管理发展初期就力求使物流标准与国际物流标准化体系一致，否则，不但会加大国际交往的技术难度，更重要的是在本来就很高的关税和运费基础上，又增加了因标准化系统不统一而造成的效益损失，增加外贸成本。因此，物流标准化的国际性也是其不同于一般产品标准的重要特点。

⑤ 贯彻安全与保险原则。物流安全问题也是近年来非常突出的问题，往往是一个安全事故会使一个公司损失殆尽，几十万吨的超级油轮、货轮遭受"灭顶"损失的事例并不少见。当然，除了经济方面的损失，人身伤害也是物流中经常出现的，如交通事故的伤害，物品对人的碰

撞伤害,危险品的爆炸、腐蚀、有毒物质的伤害等。所以,物流标准化的另一个特点是在物流标准中对物流安全性、可靠性的规定,安全性、可靠性统一的技术标准、工作标准。

物流保险的规定也是与安全性、可靠性标准有关的标准化内涵。在物流中,尤其是在国际物流中,都有世界公认的保险险别与保险条款,虽然许多规定并不是以标准化形式出现,而是以立法形式出现的,但是,其共同约定、共同遵守的性质是通用的,是具有标准化内涵的,其中不少手续、申报、文件等都有具体的标准化规定,保险费用等的计算也受标准规定的约束。因此,物流保险的相关标准化工作也是物流标准化的重要内容。

（2）物流标准化的种类

① 基础编码标准

基础编码标准是对物流对象物编码,并且按物流过程的要求转化成条形码。这是物流大系统能够实现衔接、配合的最基本的标准,也是采用信息技术对物流进行管理、组织、控制的技术标准。在这个标准之上才可能实现电子信息传递、远程数据交换、统计核算等物流活动。

② 物流基础模数尺寸标准

物流基础模数尺寸是指标准化的共同单位尺寸,或系统各标准尺寸的最小公约尺寸。在确定基础模数尺寸之后,各个具体的尺寸标准都要以基础模数尺寸为依据,选取其整数倍数为规定的尺寸标准,由于基础模数尺寸已确定,只需在倍数系列的标准尺寸中选择其他尺寸标准,这就大大减少了尺寸的复杂性。物流基础模数尺寸的确定,不但要考虑国内物流系统,而且要考虑与国际物流系统的衔接,具有一定的难度和复杂性。

③ 物流建筑基础模数尺寸

物流建筑基础模数尺寸主要是物流系统中各个建筑物使用的基础模数,是以物流基础模数尺寸为依据确定的,也可选择共同的模数尺寸。该尺寸是设计建筑物长、宽、高的尺寸,门窗尺寸,建筑物柱间距、跨度及进深等尺寸的依据。

④ 集装模数尺寸

集装模数尺寸是在物流基础模数尺寸的基础上,推导出的各种集装设备的基础尺寸,以此尺寸作为设计集装设备三向尺寸的依据。在物流系统中,由于集装是起贯穿作用的,集装尺寸必须与各环节物流设施、设备、机具相配合。因此,整个物流系统设计时往往以集装尺寸为核心,然后在满足其他要求的前提下确定各设计尺寸。因此,集装模数尺寸影响和确定与其有关各环节的标准化。

⑤ 物流专业名词标准

为了使大系统有效配合和统一,尤其在建立系统的情报信息网络之后,要求信息传递异常准确,首先要求专用语言及其所代表的含义实现标准化。如果同一个指令在不同环节有不同的理解,这不仅会造成工作的混乱,而且容易出现大的损失。物流专业名词标准,不仅包括物流用语的统一化及定义的统一解释,还包括专业名词的统一编码。

⑥ 物流单据、票证的标准化

物流单据、票证的标准化可以实现信息的录入和采集,将管理工作规范化和标准化,也是应用计算机和通信网络进行数据交换和传递的基础标准。统计的规范化是建立系统情报网对系统进行统一管理的重要前提条件,也是对系统进行宏观控制与微观监测的必备前提。

⑦ 标志、图示和识别标准

物流中的物品、工具、机具都是处于不断运动中的,因此,识别和区分便十分重要,对于物流中的物流对象,需要有既易于识别又易于区分的标识,有时需要自动识别,这就可以用复杂的条形码来代替用肉眼识别的标识。

⑧ 专业计量单位标准

除国家公布的统一计量标准外,物流系统还有许多专业的计量问题,必须在国家及国际标准的基础上,确定自身专门的标准。同时,由于物流的国际性突出,专业计量标准还需考虑国际计量方式的不一致性和国际习惯用法,不能完全以国家统一计量标准为唯一的依据。

2. 物流信息标准化的含义及形式

物流信息标准化包括以下三个方面的含义:

(1) 从物流系统的整体出发,制定其各个子系统的设施、设备、专用工具等的技术标准以及业务工作标准。

(2) 研究各子系统技术标准和业务工作标准的配合性,按配合性要求,统一整个物流系统的标准。

(3) 研究物流系统与相关其他系统的配合性,谋求物流大系统的标准统一。

以上三个方面分别从不同的物流层次上将物流实现标准化。要实现物流系统与其他相关系统的沟通和交流,在物流系统和其他系统之间建立通用的标准,首先要在物流系统内部建立物流系统自身的标准,而整个物流系统标准的建立,又必然包括物流各个子系统的标准。因此,物流要实现最终的标准化,必然要实现以上三个方面的标准化。

制定物流信息标准化要通过以下几个形式:

(1) 简化

简化是指在一定范围内缩减物流信息标准化对象的类型数目,使之在一定时间内满足一般需要。如果对产品生产的多样化趋势不加限制地任其发展,就会出现多余、无用和低功能产品,造成社会资源和生产力的极大浪费。

(2) 统一化

统一化是指把同类事物的若干表现形式归并为一种或限定在一个范围内。统一化的目的是消除混乱。物流信息标准化要求对各种编码、符号、代号、标志、名称、单位、包装运输中机具的品种、规格、系列和使用特性等实现统一。

(3) 系列化

系列化是指按照用途和结构把同类型产品归并在一起,使产品品种典型化;又把同类型产品的主要参数、尺寸,按优先理论合理分级,以协调同类产品和配套产品与包装之间的关系。系列化是使某一类产品的系统结构、功能标准化形成最佳形式。系列化是改善物流、促进物流技术发展最为明智而有效的方法。例如,按 ISO 标准制造的集装箱系列,可广泛适用于各类货物,大大提高了运输能力,还为计算船舶载运量、港口码头吞吐量和公路与桥梁的载荷能力等提供依据。

(4) 通用化

通用化是指在互相独立的系统中,选择与确定具有功能互换性或尺寸互换性的子系统或功能单元的标准化形式。互换性是通用化的前提,通用程度越高,对市场的适应性越强。

(5) 组合化

组合化是按照标准化原则,设计制造若干组通用性较强的单元,再根据需要进行合拼的标准化形式。对于物品编码系统和相应的计算机程序同样可通过组合化使其更加合理。

根据物流系统的构成要素和功能,物流信息标准大致可分为三大类:

(1) 物流作为一个整体系统,其间的配合应有统一的标准。

这些标准主要有:专业计量单位标准;物流基础模数尺寸标准;物流建筑基础模数尺寸;集装模数尺寸;物流专业名词标准;物流核算、统计标准等。

(2) 大的物流系统又分为许多子系统,子系统中也要制定一定的技术标准。

这些技术标准主要有:运输车船标准;作业车辆(指叉车、台车、手车等)标准;传输机具(如起重机、传送机、提升机等)标准;仓库技术标准;战场技术标准;包装、托盘、集装箱标准;货架、储罐标准等。

(3) 工作标准及作业规范是指对各项工作制定的统一要求及规范化规定。

其内容很多,如岗位责任及权限范围,岗位交接程序及作业流程,车船运行时刻表,物流设施、建筑等检查验收规范等。

【微信扫码】小知识

3. 物流信息标准化的意义

只有实现了物流信息标准化,才能在国际经济一体化的条件下,有效地实施物流系统的科学管理,加快物流系统建设,促进物流系统与国际系统和其他系统的衔接,有效地降低物流费用,提高物流系统的经济效益和社会效益。

物流信息标准化的重要性具体体现在以下几个方面:

(1) 物流信息标准化是实现物流管理现代化的重要手段和必要条件。物流从厂商的原料供应、产品生产,市场流通到消费环节,再到回收再生,是一个综合的大系统。由于社会分工日益细化,物流系统的高度社会化显得更加重要。为了实现整个物流标准的高度协调统一,提高物流系统管理水平,必须在物流系统的各个环节制定标准,并严格贯彻执行。在我国,以往同一物品在生产领域和流通领域的名称和计算方法互不统一,严重影响了中国的物资流通,国家标准《全国工农业产品(商品、物资)分类与代码》的发布,使全国物品名称及其标识代码有了统一依据标准,有利于建立全国性的经济联系,为物流系统的信息交换提供了便利条件。2001年出版发行的《物流术语》一书,这是我国物流的第一个基础性的标准。

(2) 物流信息标准化是物流产品的质量保证。物流活动的根本任务是将工厂生产的合格产品保质、保量并及时地送到用户手中。物流信息标准化对运输、保管、配送、包装、装卸等各个子系统都制订相应标准,形成了物流质量标准体系,只要严格执行这些标准,就能将合格的物品送到用户手中。

(3) 物流信息标准化是降低物流成本、提高物流效益的有效措施。物流的高度标准化可以加快物流过程中运输、装卸的速度,降低保管费用,减少中间损失,提高工作效率,因而可获得直接或间接的物流效益,否则就会造成经济损失。中国铁路与公路在使用集装箱统一标准之前,运输转换时要"倒箱",全国"倒箱"数量很高,为此损失巨大。

(4) 物流信息标准化是中国物流企业进军国际物流市场的通行证。物流信息标准化已是全球物流企业提高国际竞争力的有力武器。中国物流企业在物流信息标准化方面仍十分落后,面临加入WTO带来的物流国际化挑战,实现物流标准的国际化已成为中国物流企业开展国际竞争的必备资格和条件。

(5)物流信息标准化是消除贸易壁垒、促进国际贸易发展的重要保障。在国际经济交往中,各国或地区标准不统一是重要的技术贸易壁垒,严重影响了国家进出口贸易的发展,因此,要使国际贸易更快发展,就必须在运输、保管、配送、包装、装卸、信息,甚至资金结算等方面采用国际标准,实现国际物流标准统一化。

4. 物流信息标准化发展的主要困难

物流从20世纪50年代发展至今,在标准化方面存在很大困难和很多问题。物流信息标准化工作复杂,难度大。其主要原因如下:

(1)涉及面广,物流包含从运输、保管到搬运、包装、信息处理等多方面的内容,因此要实现物流的标准化,将涉及很多方面的问题。

(2)物流信息标准化系统属于二次系统,或称后标准化系统(物流系统思想形成晚,各子系统已出现了各自的标准化),由于在不同国家、地区,不同行业之间已经存在多年的经营标准,要连接这些方面的物流,就要将这些标准统一起来,因此存在很大的困难。

(3)要求更高地体现科学性、民主性和经济性。

(4)有非常强的国际性,要求与国际物流信息标准化体系相一致,因为随着世界经济一体化的到来,物流涉及的必然是整个国际的流通。因此,实现物流的标准化最终要实现国际物流的标准化。

尽管物流信息标准化存在着许多困难,但物流信息标准化必然推动物流业的发展和世界经济的进步,因而意义重大。

1.2 物流信息标准体系认证

物流信息标准旨在汇集与物流信息系统相关的现有国家标准,提出待制定的相关国家标准,一方面明确标准制定工作的需求,另一方面反映现有标准化状况,为物流信息系统设计人员提供参考,为进一步采用国际标准和国外先进标准提供支撑。物流信息标准促进物流活动的社会化、现代化和合理化。

1. 物流信息标准体系表的编制

(1)编制目的

《规划》是以"物流标准体系表"为核心,力求达到下列目标:

① 解决我国物流标准化基础薄弱,物流标准总体水平不高、严重老化问题;

② 加强物流标准的统一性、关联度,促进物流标准化的协调发展;

③ 促进我国物流与国际物流接轨,适应国际市场的竞争;

④ 为各产业物流的创新发展提供技术、管理与服务规范;

⑤ 指导各类企业实现自身的科学和规范管理;

⑥ 为国家统计数据的采集和政府部门对物流行业的管理提供依据。

(2)编制原则

① 科学性、系统性、完整性。科学、系统地表示物流各系统、行业、技术领域的内容在有机联系,全面涵盖相关行业、专业与技术领域。

② 以现代物流为特征。体现物流整体化运作规律和供应链管理理念,摈弃独立、分段、自成体系的传统运作方式,将少量的原传统作业标准予以修订。

③ 以市场需求为导向。体现物流市场对物流技术、服务、管理、信息的实际需求。

④ 实用性、可操作性。能够表明物流标准化的发展趋势与重点,指导各部门、行业的具体工作,不改变现行标准管理体制,充分发挥各部门、各行业的作用。

⑤ 良好的拓展性。借鉴、汲取其他行业标准体系研究的经验,为今后物流标准吸收物流科学新的研究成果留出余地。

⑥ 推进企业创新。通过科学系统的通用性、基础性国家标准的贯彻实施,推动企业制订适合其发展的技术及服务规范。

(3) 编制依据

《规划》依据下列法律、法规和政策性文件:

《中华人民共和国标准化法》;

《国民经济"十五"发展计划纲要》;

《印发关于促进我国现代物流业发展的意见的通知》(发改运行[2004]1617号);

《关于下达"物流标准体系"研究课题的通知》(标委计划函[2004]1号)。

《规划》依据下列技术文件:

《标准体系表编制原则和要求》GB/T 13016—2009;

《服务标准化工作指南》GB/T 1524.1—2011;

《物流术语》GB/T 18354—2006。

2. 物流信息标准化体系的组成

现代物流运作是跨企业、跨行业、跨地区的,需要在不同的物流系统之间实现信息的交流,如企业内部各部门之间的物流信息数据的交流、供应链系统之间信息的交流,不同行业之间的物流信息的交流、不同物流软件系统之间数据的交流等。如果没有统一的标准、格式,系统间在交换数据时就可能出现不兼容,不能识别信息,则需要做特别的转换,或需要重新输出打印,再人工录入信息等情况,从而使物流的效率降低,信息的准确性较差。

物流标准化是指以物流为一个大系统,制定系统内部设施、机械装备、专用工具等技术标准,包装、仓储、装卸、运输等各类作业标准和管理标准,以及作为现代物流突出特征的物流信息标准,并形成国家及其与国际接轨的标准化体系。物流的标准化分为硬件标准和软件标准。硬件标准包括托盘标准化、集装箱和叉车标准化、拖车载重标准化、保管设施标准化、其他物流设备标准化等;软件标准则是指物流用语的统一、应用条形码、包装尺寸、使用单位、钱票收据等的标准化。

物流信息标准化是物流标准化的重要组成部分,主要由基础标准、工作标准、管理标准、技术标准及单项标准组成。

(1) 物流术语标准

我国于2001年颁布的《物流术语》中包括145条术语及其定义。

(2) 物流信息分类编码标准

物流信息分类编码标准的核心就是将大量物流信息进行合理化的统一分类,并用代码表示,该标准分为三层,即门类、类别和项目。物流信息分类编码标准尚处于建设和开发中。

(3) 物流信息采集标准

物流信息采集标准是对物流信息的采集方法、手段、格式等进行统一规定。例如,对使用条形码的种类、范围及条码的排列规则等参数进行规定,并统一条码的阅读和处理程序标准等。

(4) 物流信息传递与交换标准

物流信息传递与交换标准,对物流信息的通信协议、传输方式、传递速度、数据格式、安全保密、交换程序等进行统一规定。

(5) 物流信息记录与存储标准

物流信息记录与存储标准是对物流信息的记录、存储和检索模式等进行规定。

(6) 物流信息系统开发标准

物流信息系统开发标准包括物流信息系统的需求分析、系统分析与设计、实现、测试、运行与维护等方面的标准或规范。

(7) 物流信息安全标准

物流信息安全标准是为了防止或杜绝物流信息系统的非法访问而制定的一系列技术标准。常用的用户验证、加密解密、防火墙技术等都是信息安全标准的体现。

(8) 物流信息设备标准

物流信息设备标准包括对交换机、路由器、条码打印机、存储器、数据终端等物流信息设备所制定的通用标准和技术规范。

(9) 物流信息系统评价标准

物流信息系统评价标准是对物流信息系统产品进行测试、评价的统一规定和要求。

(10) 物流信息系统开发管理标准

物流信息系统开发管理标准是对物流信息系统开发的质量控制、过程管理、文档管理、软件维护等一系列管理工作所制定的统一标准。

3. 物流信息分类编码标准

(1) 物流信息分类编码标准的定义

随着电子商务的发展,物流系统的信息化要求日益迫切,与电子商务相配套的物流信息系统建设必须加大力度。在物流信息系统建设中,通过标准化实现系统间的数据交换与共享已经成为电子商务的必然要求。因此,采用现代化的信息技术支撑现代物流活动具有重要意义。

物流信息分类编码标准化是信息分类标准化工作的专业领域和部分,其核心是将信息分类编码标准化技术应用到现代物流系统中,实现物流信息系统的数据自动采集和系统间的数据交换与资源,促进物流活动的社会化、现代化和合理化,在实践中做到"货畅其流"。

所谓信息分类编码,就是对大量的信息进行合理分类,然后用代码加以表示。将信息分类编码以标准的形式发布,构成标准信息分类编码,或称标准信息分类代码。人们通常借助代码进行手工方式或计算机方式的信息检索和查询,特别是在使用计算机方式进行信息处理时,标准信息分类编码显得尤为重要。统一的信息分类编码是信息系统正常运转的前提。美国从1945年就开始研究标准信息分类编码,1952年正式着手物资编码标准化工作,经过6年的时间,完成了国家物资分类编码。我国从1979年开始制定有关标准,到现在已经发布了几十个信息分类编码标准,特别是干部人事管理信息系统指标体系分类与代码,基本做到数据元与分类代码齐备,构建了一个较为完整的代码体系。

(2) 层次划分

物流信息分类编码标准体系总表分为三个层次:第一层次为门类,第二层次为类别,第三层次为项目。整个标准体系分为三个门类:第一门类为基础标准,这是制定标准时所必须遵循的全国统一的标准,是全国所有标准的技术基础和方法指南,具有较长时期的稳定性和指导性;第二门类为业务标准,是针对物流活动(装卸、搬运、仓储、运输、包装和流通加工)的技术标准,对物流信息系统建设具有指导意义;第三门类为相关标准,是随着人类社会技术进步(特别是通信和信息处理技术进步)而产生的专门领域标准,其中 EDI(电子数据交换)应用与物流活动密切相关,而 GPS(全球定位系统)则是提供对运输工具(含运输物品)的动态实时跟踪和导航的工具系统,也与物流活动密切相关。

(3) 基础标准

基础标准主要包括:《标准体系表编制原则和要求》GB/T 13016—2009、《标编化工作导则信息分类编码的编写规定》(GB/T 7026—1986)、《信息分类编码的维护方法和规定》《信息分类编码的管理规定》《信息分类编码标准的注册规定》、《标准化工作导则信息分类编码的基本原则和方法》(GB/T 7027—1986)、《文件格式分类与代码编制方法》(GB/T 13959—1992)、《国家标准制定程序的阶段划分及代码》(GB/T 16733—1997)、《事务特性表、定义和原理》(GB/T 10091.1—1995)、《数据处理校验码系统》(GB/T 7710—1999)和 ISO 7064—1983、《信息分类编码通用术语》(GB/T 10113—2003)。

(4) 业务标准

业务标准分为六个类别:201,物品分类编码标准是描述和表征物品的分类代码,其中不同的分类代码标准适用于不同的场合;202,参与方分类编码标准用来标识物流活动参与各方(如发货人、收货人和保险人等);203,位置分类编码标准可实现对物理位置和地理位置的唯一标识,如位置码可标识出仓库、货位等具体详细物理位置;204,运输分类编码标准主要针对车辆、船舶和集装箱等进行标识;205,单证分类编码标准规定标准单证,包括单证格式、单证指标和编码等;206,时间和计量分类编码标准规定时间表示法和标准计量单位系统,是物流的基础。

(5) 相关标准

① EDI 相关代码标准

EDI 相关代码标准主要有:EDI 基础标准(主要包括 EDIFACT 基础标准和开放式 EDI 基础标准)、EDI 代码标准(主要包括管理、贸易、运输、海关、银行、保险和检验等各行业的代码标准)、EDI 报文标准(主要包括海关报文标准、账户报文标准、退休金、卫生、社会保障、统计、通用运输、集装箱运输、危险品、转运及各种商业报文标准等)、EDI 单证标准(主要包括各式各样的贸易单证标准,如管理、贸易、运输、海关、银行、保险、检验等单证标准)、EDI 网络通信标准(主要包括用于 EDI 的各种通信规程和网络协议)、EDI 管理标准、EDI 应用标准及安全保密标准等。

② 条码技术标准

把表示信息的数字化代码按特定规则排列的黑白相间的条形符号表示,就是条码。条码的应用范围非常广泛,几乎可以应用在所有的自动识别领域,应用最广泛的领域还是商业,目前中国已经有 4 万多家企业申请使用条码,有 50 多万种产品使用条码标识。在工业发达国家,条码在电子商务中的应用已经相当普及。

单元小结

物流标准化是以物流为一个大系统,制定系统内部设施、机械设备、包括专用工具等的技术标准,包装、仓储、装卸、运输等各类作业标准,以及作为实现现代化物流突出特征的物流信息标准,并形成全国以及和国际接轨的标准化体系。

【综合练习】

简答题

(1)物流标准化的含义是什么?

(2)物流标准化包含哪些内容?

(3)为什么要进行物流标准化?

任务 2 条码技术的认知

【任务描述】

1. 以小组为单位,选择 2~3 家大中型超市进行实地参观和调研,了解条码技术的应用情况;
2. 撰写调研报告,制作 PPT 演示文稿。

【任务目标】

1. 了解条码的起源与发展,以及物流条码在物流领域中的应用;
2. 掌握一维条码和二维条码的概念、特点、条码的基础知识和识读原理;
3. 结合模拟软件通过条码识读完成入库业务,通过实践提高学生对条码的操作能力。

【任务实施】

1. 教师讲清该学习任务的目标;
2. 根据任务安排,对学生进行分组,5~10 人一组,设组长一名;
3. 以小组为单位制订调研计划,确定调查的对象、地点、时间、方式,确定要搜集的资料;
4. 调查之前,学生根据任务目标通过互联网搜集相关资料并做好知识准备;
5. 以小组为单位到企业实地调研;
6. 以小组为单位整理认知和搜集相关材料,撰写调研报告和制作 PPT 演示文稿;
7. 小组间进行调研报告交流互评;
8. 教师讲评。

【学习评价】

被考评人			考评组调查对象			
考评时间			考评地点			
考评内容			条码技术的认知			
考评标准	内容	分值	自评	小组评议	教师评议	考评得分
	调研过程中遵守纪律,礼仪符合要求,团队合作好	20				
	调研记录内容全面、真实、准确,PPT 制作规范,表达正确	25				
	调研报告格式正确,能正确总结出调研企业的物流信息化程度、物流信息技术应用现状	30				
	调研报告能提出合理化建议	25				

【相关知识点】

2.1 条码技术的认知

条码技术是价廉实用的基础信息技术,是在计算机的应用实践中产生和发展起来的一种自动识别技术,是为实现对信息的自动扫描而设计的,是实现快速、准确而可靠地采集数据的有效手段。条码技术的应用解决了数据录入和数据采集的瓶颈问题,为供应链管理提供了有力的技术支持。条码技术为我们提供了一种对物流中的物品进行标识和描述的方法,借助自动识别技术、POS系统、EDI等现代技术手段,企业可以随时了解有关产品在供应链上的位置,并及时做出反应。

条码(barcode)是将宽度不等的多个黑条和空白,按照一定的编码规则排列,用以表达一组信息的图形标识符,如图2-1所示。常见的条码是由反射率相差很大的黑条(简称条)和白条(简称空)排成的平行线图案。条码可以标出物品的生产国家、制造厂家、商品名称、生产日期、图书分类号、邮件起止地点、类别、日期等许多信息,因而在商品流通、图书管理、邮政管理、银行系统等许多领域都得到广泛应用。

图2-1 条码

【微信扫码】小知识

1. 条码的分类
(1) 条码按维数不同分类
按照维数不同,条码可以分为一维条码和二维条码。
① 普通的一维条码
一维条码只在一个方向(一般是水平方向)表达信息,而在垂直方向不表达任何信息,其一定的高度通常是为了便于阅读器的对准。一维条码(图2-2)由宽度不同、反射率不同的"条"和"空",按照一定的编码规则(码制)编制而成,条码信息靠"条"和"空"的不同宽度和位置来传递,信息量的大小由条码的宽度和印刷的精度来确定,条码越宽,包容的"条"和"空"越多,信息量越大;条码的印刷精度越高,单位长度内可容纳的"条"和"空"越多,传递的信息量也就越大。

图2-2 一维条码

编码中的"条"指对光线反射率较低的部分,"空"指对光线反射率较高的部分。这种用"条"和"空"组成的数据编码很容易译成二进制数,因为计算机只能识读二进制数据,所以条码符号作为一种为计算机信息处理而提供的光电扫描信息图形符号,也应满足计算机二进制的要求。世界上约有 225 种以上的一维条码,每种一维条码都有自己的一套编码规格,一般较流行的一维条码有 39 码、EAN 码、UPC 码、128 码,以及专门用于书刊管理的 ISBN、ISSN 等。

一维条码的应用可以提高信息录入的速度,减少差错率,但是一维条码也存在一些不足之处:

a. 数据容量较小,30 个字符左右;

b. 只能包含字母和数字;

c. 保密性能不高;

d. 条码尺寸相对较大(空间利用率较低);

e. 条码遭到损坏后便不能阅读。

随着资料自动收集技术的发展,用条码符号表示更多资讯的要求与日俱增,而一维条码最大数据长度通常不超过 30 个字符,故多用于存放关键索引值(Key),作为一种信息标识。不能用其对产品进行描述,要想获取更多的信息只能通过网络到数据库中寻找,因此在缺乏网络或数据库的状况下,一维条码便失去意义。

② 二维条码

在水平和垂直方向的二维空间存储信息的条码,称为二维条码。二维条码可以直接显示英文、中文、数字、符号、图形;储存数据容量大,可存放 1 KB 字符;可用扫描仪直接读取内容,无须另接数据库;数据可加密,保密性高;安全级别最高时,损污 50% 仍可读取完整信息。使用二维条码可以解决以下问题:

a. 可表示包括汉字、照片、指纹、签字在内的小型数据文件;

b. 在有限的面积上表示大量信息;

c. 对"物品"进行精确描述;

d. 防止各种证件、卡片及单证的伪造;

e. 在远离数据库和不便联网的地方实现数据采集。

二维条码可以分为堆叠式/行排式二维条码和矩阵式二维条码。堆叠式/行排式二维条码形态上是由多行短截的一维条码堆叠而成,它在编码设计、校验原理、识读方式等方面继承了一维条码的特点,识读设备与条码印刷与一维条码技术相兼容。但由于行数的增加,需要对行进行判定,其译码算法与软件不同于一维条码。有代表性的行排式二维条码有:Code 16K、Code 49、PDF417 等。矩阵式二维条码是以矩阵的形式组成,在矩阵相应元素位置上用"点"表示二进制"1",用"空"表示二进制"0",由"点"和"空"的排列组成代码,点可以是方点、圆点或其他形状的点。矩阵式二维条码是建立在计算机图像处理技术、组合编码原理等基础上的一种新型图形符号自动识读处理码制。具有代表性的矩阵式二维条码有:Code one、Maxicode、Data Matrix 等。

目前二维条码主要的码制有 PDF417 码、49 码、16K 码、Data Matrix 码和 Maxicode 等,如图 2-3 所示。其中以 PDF417 码应用范围最广,从生产、运货、行销到存货管理等,故 PDF417 码特别适用于流通业者;Maxicode 通常用于邮包的自动分类和追踪;Data Matrix 码则适用于小零件的标识。

41

PDF417　　　　　　　　　　　　Code 49

Maxi Code　　　　　　　　　　Data Matrix

图 2-3　二维条码

(2) 条码按码制不同分类

目前常用的一维条码的码制有 UPC 码、EAN 码、25 码、交叉 25 码、39 码、库德巴码和 128 码等,而商品上最常使用的是 EAN 码。

① UPC 码

UPC 码(Universal Product Code)是美国统一代码委员会制定的一种商品用条码,主要用在美国和加拿大地区,在美国进口的商品上可以看到。UPC 码是最早大规模应用的条码,其特性是一种长度固定、连续性的条码,由于其应用范围广泛,又被称万用条码。UPC 码仅可用来表示数字,其字码集为数字 0～9。UPC 码共有 A、B、C、D、E 五种版本,常用的商品条码版本为 UPC-A 码和 UPC-E 码如图 2-4 所示。UPC-A 码是标准的 UPC 通用商品条码版本,UPC-E 码为 UPC-A 的压缩版。

UPC-A 码供人识读的数字代码只有 12 位,它的代码结构由厂商识别代码(6 位,包括系统字符 1 位)、商品项目代码(5 位)和校验码(1 位)共三部分组成,如图 2-4 所示。UPC-A 码的代码结构中没有前缀码,它的系统字符为 1 位数字,用以标识商品类别。UPC-E 码是 UPC-A 码的压缩版,是 UPC-A 码系统字符为 0 时,通过一定规则销 0 压缩而得到的。

UPCA　　　　　　　　　　　UPCE

0　89600 12456　9　　　　　0 896007

图 2-4　UPC-A 码和 UPC-E 码

② EAN 码

1977 年,欧洲经济共同体各国按照 UPC 码的标准制订欧洲物品编码——EAN 码(European Article Numbering),与 UPC 码相兼容,而且两者具有相同的符号体系。EAN 码目前已成为一种国际性的条码系统。EAN 条码系统的管理是由国际商品条码总会(International Article Numbering Association)负责各会员国的国家代表号码的分配与授权,再由各会员国的商品条码专责机构对其国内的制造商、批发商、零售商等授予厂商代表号码。

EAN 码的字符编号结构与 UPC 码相同,也是长度固定的、连续型的数字式码制,其字符集是数字 0～9。它采用 4 种元素宽度,每个条或空是 1、2、3 或 4 倍单位元素宽度。EAN 码有两种类型,即标准版 EAN-13 码和缩短版 EAN-8 码,如图 2-5 所示。

标准版 EAN-13 码由 13 位数字组成,由国家代码(3 位)、厂商代码(4 位)、产品代码(5 位),以及校验码(1 位)组成。EAN 分配给我国物品编码中心的国家代码为 690~695,厂商代码由我国物品编码中心负责分配和管理,编码中心负责确保每个厂商识别代码在全球范围内的唯一性。产品代码占 5 位,代表单项产品的号码,由厂商根据规定自己编制,必须保证产品编码的唯一性原则。校验码占 1 位,由一定的规则计算得出,用于校验厂商识别代码和产品代码的正确性。

缩短版 EAN-8 码由 8 位数字组成,包括国家代码(2 位)、产品代码(5 位),以及校验码(1 位)。其中,每一项产品的产品代码均需逐一申请个别号码,校验码的计算方式与标准版类似。在中国,凡需使用 EAN-8 码的产品生产厂家,需将本企业欲使用 EAN-8 码的商品目录及其外包装报至中国物品编码中心或其分支机构,由中国物品编码中心统一赋码。

图 2-5　EAN 码

③ 25 码(标准 25 码)

25 码是根据宽度调节法进行编码,并且只有条表示信息的非连续型条码,如图 2-6 所示。每一个条码字符由规则的 5 个条组成,其中有 2 个宽单元,3 个是窄单元,故称为"25 条码"。它的字符集为数字字符 0~9。

图 2-6　25 码

④ 交叉 25 码

交叉 25 码(Interleaved Two of Five,ITF 码)是一种长度可变的连续型自校验数字式码制,其字符集为数字 0~9,如图 2-7 所示。采用两种元素宽度,每个条和空是宽或窄元素。编码字符个数为偶数,所有奇数位置上的数据以"条"编码,偶数位置上的数据以"空"编码。如果为奇数个数据编码,则在数据前补 1 位 0,以使数据为偶数个数位。交叉 25 码应用于商品批发、仓库、生产/包装识别、运输以及国际航空系统的机票顺序编号等,条码的识读率高,可适用于固定扫描器可靠扫描。

图 2-7　交叉 25 码

⑤ 39码

39码(Code 3 of 9)是1974年由美国Intermec公司研制的第一个字母数字式码制,如图2-8所示。它是可双向扫描的离散型自校验字母数字式码制。其字符集为数字0~9,26个大写字母和7个特殊字符("－""、"空格"/""＋""％"和"＄"),共43个字符。每个字符由9个元素组成,其中有5个条(2个宽条,3个窄条)和4个空(1个宽空,3个窄空),是一种离散码。

在39码供人识别的字符中,以星号"＊"表示起始字符和终止字符,该字符不能在符号的其他位置作为数据的一部分,而且译码器不应将它输出。39码是离散码,符号之间的两个相邻字符用一个位空分隔开,此位空不包含任何信息。

39码具有误读率低等优点,首先被应用于美国国防部,目前广泛应用于汽车行业、经济管理、材料管理、储运单位、邮政和医疗卫生等领域。我国于1991年研究制定了39码标准(GB/T 12908—1991),推荐使用的领域包含运输、仓储、工业生产线、图书信息和医疗卫生等。

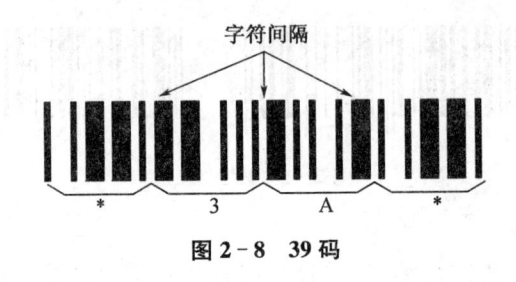

图2-8 39码

⑥ 库德巴码

库德巴码(Code Bar)出现于1972年,是一种非连续型、非定长、具有自校验功能的双向条码,如图2-9所示。其字符集为数字0~9和6个特殊字符("－"":""/"". ""＋""＄"),共16个字符。

库德巴码每一个字符由7个单元构成,4个条单元和3个空单元,其中2个或3个是宽单元(用二进制"1"表示),其余是窄单元(用二进制"0"表示)。库德巴条码具有双向可读性,在阅读库德巴条码符号时,扫描方向的判定是通过终止符和起始符来实现的。库德巴条码是一种具有强自校验功能的条码,适用于配送系统的货物追踪、供应链管理过程中的显示板系统(丰田生产模式的"看板")、邮电系统挂号邮件、图书馆图书管理、医疗卫生等场合。美国输血协会还将库德巴码规定为血袋标识代码,我国于1991年研制了库德巴码国家标准(GB/T 12907—1991)。

图2-9 库德巴码

⑦ 128码

128码出现于1981年,是一种长度可变、连续型的字母数字条码,如图2-10所示。与其他一维条码比较起来,128码是较为复杂的条码系统,具有A、B、C三种不同的编码类型,可提供标准ASCII中128个字符的编码使用。因此,其所能支持的字符也相对比其他一维条码多,又有不同的编码方式可供交互运用,使用弹性较大。128码的内容大致也分为起始码、资料码、终止码、检查码这四部分,其中检查码的精度极高,且记录密度高。128 码可表示从 ASCII 0 到 ASCII 127 共 128 个字符,故称 128 码。

UCC/EAN-128

图 2-10　128 码

目前所推行的 128 码是 EAN-128 码,它是根据 EAN/UCC-128 码作为标准将数据转变成条码符号,并采用 128 码逻辑,具有完整性、紧密性、连接性和高可靠度的特性。可运用于货运标签、携带式数据库、连续性数据段、流通配送标签等。

⑧ 93 码

93 码是一种长度可变的连续型字母数字式码制,如图 2-11 所示。其字符集是数字 0~9,26 个英文大写字母和 7 个特殊字符("—"":""/"". ""%""+""$")及 4 个控制字符。每个字符有 3 个"条"和 3 个"空"。

BJ100080

图 2-11　93 码

2. 条码的结构

一个完整的一维条码(图 2-12)的组成次序依次为:静区(前)、起始符、数据符、中间分割符(主要用于 EAN 码)、校验符、终止符、静区(后)。

图 2-12　一维条码的结构

(1) 静区

静区没有任何印刷符或条形码信息,通常是白的,位于条形码符号的两侧。静区是条码左右两端外侧与空的反射率相同的限定区域,能使阅读器进入准备阅读的状态,当两个条码相距距离较近时,静区则有助于对它们加以区分,其宽度通常应不小于 6 mm(或 10 倍模块宽度)。

(2) 起始/终止符

起始/终止符是指位于条码开始/结束的若干条与空,标志条码的开始和结束,同时提供码制识别信息和阅读方向的信息。

(3) 数据符

数据符位于条码中间的条、空结构,包含条码所表达的特定信息。

(4) 中间分割符

中间分割符位于条码中间位置的若干条与空。

(5) 校验符

有些码制的校验字符是必需的,有些码制的校验字符则是可选的。校验字符是通过对数据字符进行一种算术运算而确定的。当符号中的各字符被解码时,译码器将对其进行同一种算术运算,并将结果与校验字符比较。若两者一致时,说明读入的信息有效。

构成条码的基本单位是模块,模块是指条码中最窄的条或空,模块的宽度通常以 mm 为单位。构成条码的一个条或空称为一个单元,一个单元包含的模块数是由编码方式确定的,有些码制中,如 EAN 码,所有单元由一个或多个模块组成;而另一些码制,如 39 码中,所有单元只有两种宽度,即宽单元和窄单元,其中的窄单元即为一个模块。

3. 条码识别技术工作原理

在计算机技术与信息技术基础上发展起来的条码技术,集编码、印刷、识别、数据采集和处理于一身,其核心内容是利用光电扫描设备识读条码符号,从而实现机器的自动识别,并快速准确地将信息录入到计算机进行数据处理,以达到自动化管理的目的。

(1) 条码识读系统组成

从系统结构和功能上讲,条码识读系统由扫描系统、信号整形、译码等部分组成。扫描系统由光学系统和探测器,即光电转换器件组成,可完成对条码符号的光学扫描,并通过光电探测器,将条码图案的光信号转换成电信号。条码扫描系统可采取不同光源、扫描形式、光路设计实现其功能,如图 2-13 所示。

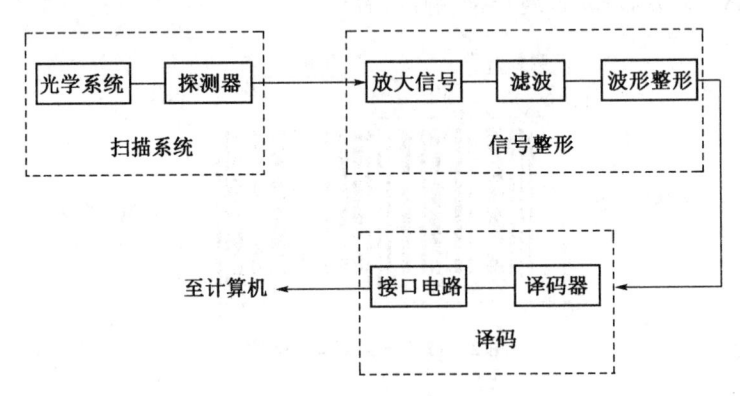

图 2-13 系统结构

信号整形部分由信号放大、滤波、波形整形组成,它的功能在于将条码的光电扫描信号处理成为标准电位的矩形波信号,其高低电平的宽度和条码符号的条空尺寸相对应。各种条码识读设备都有自己的条码信号处理方法,随着条码识读设备的发展,判断条码符号条空边界的信号整形方法日趋科学、合理和准确。

译码部分由计算机方面的软硬件组成,其功能是对得到的条码矩形波信号进行译码,并将结果输出到条码应用系统中的数据采集终端。各种条码符号的标准译码算法来自各个条码符号的标准,不同的扫描方式对译码器的性能要求也不同。

(2) 条码识读系统工作过程

条码是由宽度不同、反射率不同的条(黑条)和空(白条)按照一定的编码规则(码制)编制成的。由于白色物体能反射各种波长的可见光,黑色物体则吸收各种波长的可见光,所以当条形码扫描器光源发出的光经凸透镜照射到黑白相间的条形码上时,反射光经凸透镜聚焦后,照射到光电转换器上,于是光电转换器接收到与白条和黑条相应的强弱不同的反射光信号,并转换成相应的电信号输出到放大整形电路,白条、黑条的宽度不同,相应的电信号持续时间长短也不同。

但是,由光电转换器输出的与条形码的条和空相应的电信号一般仅 10mV 左右,不能直接使用,因此先要将光电转换器输出的电信号送至放大器放大,放大后的电信号仍然是一个模拟电信号,为了避免因条形码中的疵点和污点导致信号错误,在放大电路后需加一整形电路,把模拟信号转换成数字信号,数字信号经译码器译成数字、字符信息,它通过识别起始、终止字符来判别条形码符号的码制和扫描方向;通过测量脉冲数字电信号 0、1 的数目来判别条和空的数目,通过测量 0、1 信号持续的时间来判别条和空的宽度。这样便得到被辨读的条形码符号条和空的数目以及相应的宽度和所用码制,根据码制对应的编码规则,便可将条形码符号换成相应的数字、字符信息,通过接口电路送给计算机系统进行数据处理与管理,便完成条形码识别的全过程,如图 2-14 所示。

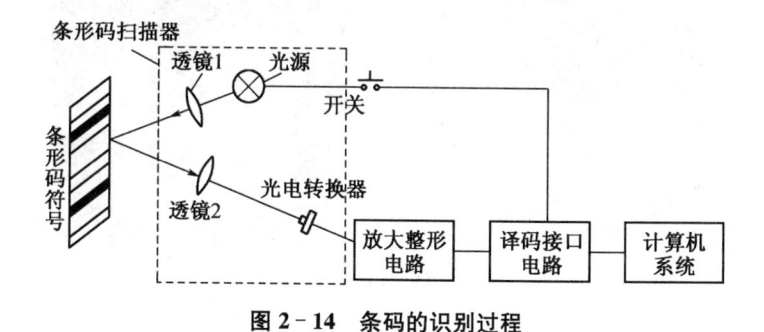

图 2-14 条码的识别过程

4. 常见条码识读设备

条码识读设备是用于读取条码信息的设备。它使用一个光学装置将条码的条、空信息转换成电平信息,再由专用译码器翻译成相应的数据信息。条码识读设备一般不需要驱动程序,接上后可直接使用,如同键盘一样。

条码识别设备由条码扫描和译码两部分组成。现在绝大部分条码识读器都将扫描器和译码器集成为一体。人们根据不同的用途和需要设计各种类型的扫描器。下面按条码识读器的扫描方式、操作方式、识读码制能力和扫描方向对各类条码识读器进行分类。

(1) 光笔扫描器

光笔扫描器是最先出现的一种手持接触式条码识读设备,也是最为经济的一种条码识读设备,如图 2-15 所示。其工作原理:使用时,操作者需将光笔接触到条码表面,通过光笔的镜头发出一个很小的光点,当这个光点从左到右划过条码时,在"空"部分,光线被反射,"条"的部分,光线将被吸收,因在光笔内部产生一个变化的电压,这个电压通过放大、整形后用于译码。

图 2-15　光笔扫描器

(2) CCD 扫描器

CCD 扫描器主要采用 CCD(Charge Coupled Device)——电荷耦合装置,比较适用于近距离和非接触阅读。依据形状和操作方式的不同有手持式 CCD 扫描器和固定式 CCD 扫描器两种类型,如图 2-16 所示。这两种扫描器的扫描机理和主要元器件完全相同。其工作原理:CCD 条码识读设备使用一个或多个 LED,发出的光线能够覆盖整个条码,条码的图像被传到一排光探测器上,被每个单独的光电二极管采样,由邻近的探测器的探测结果为"黑"或"白"区分每一个条或空,从而确定条码的字符,换言之,CCD 条码识读设备阅读的不是每一个"条"或"空",而是条码的整个部分,并转换成可以译码的电信号。

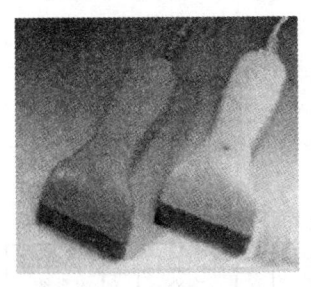

图 2-16　CCD 扫描器

(3) 激光扫描器

激光扫描器是各种扫描器中价格相对较高的,但它所能提供的各项功能指标最高,因此在各个行业中广泛采用。依据形状和操作方式的不同激光扫描器也分为手持式与固定式两种类型,如图 2-17 所示。其工作原理:激光扫描器通过一个激光二极管发出一束光线,照射到一个旋转的棱镜或来回摆动的镜子上,反射后的光线穿过阅读窗照射到条码表面,光线经过条或空的反射后返回阅读器,由一个镜子进行采集、聚焦,通过光电转换器转换成电信号,该信号将通过扫描器或终端上的译码软件进行译码。

图 2-17　激光扫描器

（4）便携式数据采集器

便携式数据采集器是为了适应现场数据采集,如扫描笨重物体的条码符号而设计的,适合于脱机使用的场合,也称为便携式阅读器,如图 2-18 所示。它是将扫描器带到物体的条码符号前扫描,因此又称为手持终端机或盘点机。

CASIO DT-X5　　　　CASIO DT-900　　　　SYMBOL PPT8846

图 2-18　便携式数据采集器

5. 条码识读设备的选择

不同的应用场合对条码识读设备有不同的要求,用户必须综合考虑,以达到最佳的应用效果。在选择条码识读设备时,应考虑以下几个方面。

（1）与条码符号相匹配

条码扫描器的识读对象是条码符号,所以在条码符号的密度、尺寸等已确定的应用系统中,必须考虑扫描器与条码符号的匹配问题。例如,对于高密度条码符号,必须选择高分辨率的扫描器。当条码符号的长度尺寸较大时,必须考虑扫描器的最大扫描尺寸,否则可能出现无法识读的现象;当条码符号的高度与长度尺寸比较小时,最好不选用光笔,以避免人工扫描的困难。如果条码符号是彩色的,一定要考虑扫描器的光源,最好选用波长为 633 nm 的红光,否则可能出现对比度不足的问题而给识读带来困难。

（2）首读率

首读率是条码应用系统的一个综合指标,要提高首读率,除了提高条码符号的质量外,还要考虑扫描设备的扫描方式等因素。当手动操作时,首读率并非特别重要,因为重复扫描会补偿首读率低的缺点。但对于一些无人操作的应用环境,要求首读率为 100%,否则会出现数据丢失现象。为此,最好是选择移动光束式扫描器,以便在短时间内有多次扫描机会。

（3）工作空间

不同的应用系统都有特定的工作空间,所以对扫描器的工作距离和扫描景深有不同的要求。对于一些日常办公条码应用系统,对工作距离和扫描景深的要求不高,选用光笔、CCD 扫描器这两种扫描景深和工作距离较小的设备即可满足要求。对于一些仓库、储运系统,一般要求离开一段距离扫描条码符号,所以要求扫描器的工作距离较大,选择有一定工作距离的扫描器,如激光枪等。对于某些扫描距离变化的场合,则需要扫描景深大的扫描设备。

（4）接口要求

应用系统的开发,首先是确定硬件系统环境,而后才涉及条码识读器的选择问题,这就要求所选识读器的接口要符合该系统的整体要求。通用条码识读器的接口方式有串行通信接口和键盘接口两种。

（5）性价比

条码识读器由于品牌不同,功能不同,其价格也存在很大差别,因此在选择条码识读器时,一定要注意产品的性价比,应本着满足应用系统的要求且价格较低的原则选购。扫描设备的选择不能只考虑单一指标,而应根据实际情况全面考虑。

【微信扫码】小知识

2.2　常用的物流一维条码码制

1. EAN-13 码

EAN 码是国际物品编码协会在全球推广应用的一种商品条码,是定长的纯数字型条码,它表示的字符集为数字 0～9。在实际应用中,EAN 码符号有标准版(EAN-13)和缩短版(EAN-8)两种。

物流条码应用的是 EAN 码制中的 EAN-13 条码,它是一种定长的、连续型的 4 种单元宽度的一维条码,由 13 位数字组成,其结构见表 2-1。

厂商识别代码:由 7～9 个数字组成,用于对厂商的唯一标识。厂商识别代码是 EAN 在分配前缀码($X_{13}X_{12}X_{11}$)的基础上分配给厂商的代码。$X_{13}X_{12}X_{11}$ 是国际物品编码协会(EAN)统一分配给各国或各地区的前缀码。目前,EAN 已将 690、691、692 分配给中国的物品编码中心使用,当 $X_{13}X_{12}X_{11}$ 为 690,691 时,其代码结构同结构一;当 $X_{13}X_{12}X_{11}$ 为 692 时,其代码结构同结构二。

商品项目代码:由 3～5 个数字组成,商品项目代码由厂商自行编码,厂商必须遵循商品编码的基本原则的唯一性(即对同一商品项目的商品应分配相同的商品标识代码)和无含义性(即商品项目代码中的每一位数字不表示任何与商品有关的特定信息)。

校验码:1 位数字,用于检验厂商识别代码和商品项目代码的正确性。

表 2-1　EAN-13 码的结构

结构种类	厂商识别代码	商品项目代码	校验码
结构一	X_{13} X_{12} X_{11} X_{10} X_9 X_8 X_7	X_6 X_5 X_4 X_3 X_2	X_1
结构二	X_{13} X_{12} X_{11} X_{10} X_9 X_8 X_7 X_6	X_5 X_4 X_3 X_2	X_1
结构三	X_{13} X_{12} X_{11} X_{10} X_9 X_8 X_7 X_6 X_5	X_4 X_3 X_2	X_1

【微信扫码】小知识

2. 储运单元条码

储运单元条码是专门表示储运单元编码的一种条码,这种条码常用于搬运、仓储、订货和运输过程中,一般由消费单元组成的商品包装单元构成。

在储运单元条码中,又分为定量储运单元和变量储运单元。

定量储运单元一般采用13位或14位数字编码。其编码的结构见表2-2。定量储运单元包装指示符(V)用于指示定量储运单元的不同包装,取值范围为V=1,2,……,8。定量消费单元代码是指包含在定量储运单元内的定量消费单元代码去掉校验字符后的12位数字代码。

表2-2 储运单元条码编码的结构

定量储运单元包装指示符	定量消费单元代码(不包含校验字符)	校验字符
V	X_1 X_2 X_3 X_4 X_5 X_6 X_7 X_8 X_9 X_{10} X_{11} X_{12}	C

变量储运单元编码由14位数字的主代码和6位数字的附加代码组成,代码结构见表2-3。

变量储运单元包装指示字符(LI)指在主代码后面有附加代码,取值为LI=9。

厂商识别代码和商品项目代码有2种结构。当$X_1X_2X_3$为690,691时,厂商识别代码为$X_1 \sim X_7$,商品项目代码结构为$X_8 \sim X_{12}$;否则,厂商识别代码为$X_1 \sim X_8$,商品项目代码结构为$X_9 \sim X_{12}$。

附加代码($Q_1 \sim Q_5$)是指包含在变量储运单元内,按确定的基本计量单位(如千克,米等)计量取得的商品数量。

表2-3 变量储运单元编码代码结构

主代码			附加代码	
变量储运单元包装指示符	厂商识别代码及商品项目代码	校验符	商品数量	校验符
LI	X_1 X_2 X_3 X_4 X_5 X_6 X_7 X_8 X_9 X_{10} X_{11} X_{12}	C_1	Q_1 Q_2 Q_3 Q_4 Q_5	C_2

3. EAN/UCC-128条码

EAN/UCC-128条码是由双字符起始符号、数据符、校验符、终止符及左、右侧空白区组成。它可表示物流信息也可表示位置码。

(1) 以EAN/UCC-128条码表示物流信息

商品条码与储运单元条码都属于不携带信息的标识码,而在物流作业中,需要更多的标识贸易单元的信息,如产品批号、数量、规格、生产日期、有效期、交货地等,可应用EAN/UCC-128条码。

(2) 以EAN/UCC-128条码标识位置码

位置码是对法律实体、功能实体、物理实体进行标识的代码。位置码由13位数字组成,具体结构见表2-4。

前缀码:3位数字,国际物品编码协会分配给中国物品编码中心的标识码为692。

位置参考代码:9位数字,范围为900000000~999999999,由中国物品编码中心统一分配。

校验码:1位数字。

表 2 - 4   EAN／UCC - 128 条码编码结构

前缀码	位置参考代码(不包含校验字符)	校验码
$P_1P_2P_3$	$N_1\ N_2\ N_3\ N_4\ N_5\ N_6\ N_7\ N_8\ N_9$	C

2.3 条码的特点

条码技术目前已被广泛应用于商业、邮政、图书馆、仓储、工业生产、过程控制、交通等领域,在当今的自动识别技术中占有重要的地位。条码识读系统的应用具有如下突出的优越性:

(1) 可靠准确

有资料可查,键盘输入平均每 300 个字符就有一个错误,而条码识读系统输入平均每 15 000 个字符,只有一个错误。

(2) 数据输入速度快

键盘输入,一个每分钟打 90 个字的打字员 1.6 s 可输入 12 个字符或字符串,而使用条码识读系统做同样的工作,只需要 0.3 s。

(3) 经济便宜

与其他自动化识别技术相比,推广应用条码识别技术所需费用较低。

(4) 灵活实用

条码符号作为一种识别手段,可以单独使用,也可以与有关设备组成识别系统实现自动化识别,还可与其他控制设备联系起来实现整个系统的自动化管理。同时,在没有自动识别设备时,也可实现手工键盘输入。

(5) 自由度大

识别装置与条码标签相对位置的自由度要比 OCR 大得多。条码通常只在一维方向上表达信息,而同一条码所表示的信息完全相同,并且连续,这样,即使标签有部分欠缺,仍可以从正常部分输入正确的信息。

(6) 设备简单

条码符号识别设备的结构简单,操作容易,无须专门训练。

(7) 易于制作

条码标签易于制作,对印刷技术设备和材料无特殊要求。

对商品进行编码时,应遵循以下基本原则:

(1) 唯一性

唯一性原则是商品编码的基本原则。指同一商品项目的商品应分配相同的商品标识代码,不同商品项目的商品必须分配不同的商品标识代码。基本特征相同的商品应视为同一商品项目,基本特征不同的商品应视为不同的商品项目。通常商品的基本特征包括商品名称、商标、种类、规格、数量和包装类型等。商品的基本特征一旦确定,只要商品的一项基本特征发生变化,就必须分配一个不同的商品标识代码。

(2) 稳定性

稳定性原则是指商品标识代码一旦分配,只要商品的基本特征没有发生变化,就应保持不变。同一商品项目,无论是长期连续生产,还是间断式生产,都必须采用相同的标识代码。即使该商品项目停止生产,其标识代码至少在四年之内不能用于其他商品项目。另外,即使商品已不在供应链中流通,由于要保存历史记录,需要在数据库中较长期的保留其标识代码。因此,在重新启用商品标识代码时,还需要考虑此因素。

(3) 无含义性原则

无含义性原则是指商品标识代码中的每一位数字不表示任何与商品有关的特定信息。有含义的编码,通常会导致编码容量的损失。厂商在编制商品项目代码时,最好使用无含义的流水号。

(4) 全数字性

在 EAN 和 UPC 系统中,商品编码全部采用阿拉伯数字。

一维条码的应用可以提高信息录入的速度,减少差错率,但是一维条码也存在以下一些不足之处:

① 数据容量较小,通常为 30 个字符左右。
② 只能包含字母和数字。
③ 条形码尺寸相对较大(空间利用率较低,条码遭到破坏后,便不能阅读)。

2.4 二维条码技术

1. 二维条码的产生

二维条码技术是在一维条码无法满足实际应用需求的前提下产生的。由于受信息容量的限制,一维条码通常是对物品的标识,而不是对物品的描述。所谓对物品的标识,就是给某物品分配一个代码,代码以条码的形式标识在物品上,用来标识该物品以便自动扫描设备的识读,代码或一维条码本身不表示该产品的描述性信息。

因此,在通用商品条码的应用系统中,对商品信息,如生产日期、价格等的描述必须依赖数据库的支持。在没有预先建立商品数据库或不便联网的地方,一维条码表示汉字和图像信息几乎是不可能的,即使可以表示,也显得十分不便且效率很低。随着现代高新技术的发展,迫切需要用条码在有限的几何空间内表示更多的信息,以满足千变万化的信息表示的需要。

二维条形码最早发明于日本。它是用某种特定的几何图形按一定规律在平面(二维方向上)分布的黑白相间的图形记录数据符号信息的;在代码编制上巧妙地利用构成计算机内部逻辑基础的"0""1"比特流的概念,使用若干个与二进制相对应的几何形体来表示文字数值信息,通过图像输入设备或光电扫描设备自动识读以实现信息自动处理。二维条形码能够在横向和纵向两个方位同时表达信息,因此能在很小的面积内表达大量的信息,信息容量接近 2000 字节,通过压缩技术能将凡是可以数字化的信息,包括字符、照片、指纹、声音等进行编码,在远离数据库和不便联网的地方实现信息的携带、传递和防伪。

2. 二维条码的特点

二维条码具有条码技术的一些共性:每种码制有其特定的字符集,每个字符占有一定的宽度,具有一定的校验功能等,同时还具有以下特点。

(1) 信息容量大

根据不同的条空比例每平方英寸可以容纳 250～1100 个字符,比普通条码信息容量约高几十倍。

(2) 容错能力强

二维条码因穿孔、污损等引起局部损坏时,照样可以正确得到识读,损毁面积达 50%仍可恢复信息,比普通条码译码错误率低得多,误码率不超过 1/10000000。

（3）引入加密措施

引入加密措施后保密性、防伪性好。

（4）印刷多样

二维条码不仅可以在白纸上印刷黑字，还可以进行彩色印刷，而且印刷机器和印刷对象都不受限制，印刷方便。

（5）可影印及传真

二维条码经传真和影印后仍然可以使用，而一维条码在经过传真和影印后机器就无法识读。

3. 常见的二维条形码（图2-19）

(a) PDF417码　　(b) Code 49 条码　　(c) Code 16K 条码

(d) Code one　　(e) Data Matrix　　(f) QR Code条码

图2-19　常见的二维条形码

（1）PDF417 码（Protable Data File 417）

PDF 为 Protable Data File 的缩写，意为便携数据文件。由于组成条码的每个符号的字符均由4个条和4个空，共17个模块组成，故称为 PDF417 码，如图2-19(a)所示。PDF417 码是一种多层、非定长、具有高容量和纠错能力的二维条码。每个 PDF417 码符号可表示1100字节，或1800个 ASCII 字符或2700个数字的信息。PDF417 码最大的优势在于其庞大的数据容量和极强的纠错能力。

由于 PDF417 的容量较大，除了可将人的姓名、单位、地址、电话等基本资料进行编码外，还可将人体的特征如指纹、视网膜及照片等个人记录存储在其中，这样不但可以实现证件资料的自动输入，而且可以防止证件的伪造，减少犯罪。PDF417 码已在美国、加拿大、新西兰的交通部门的执照年审、车辆违规登记、罚款及定期检验上开始应用。美国同时将 PDF417 码应用在身份证、驾照、军人证上。此外，墨西哥也将 PDF417 码应用在报关单据与证件上，从而防止仿造和犯罪。另外，PDF417 码是一个公开码，任何人皆可用其演算法而不必付费，因此是一个开放的条码系统。我国目前已制定了 PDF417 码的国家标准（GB/T 17172—1997）。

（2）Code 49 条码

Code 49 条码是一种多层、连续型、可变长度的条码符号，可以表示全部的128个 ASCII 字符。每个 Code 49 条码符号由2～8层组成，每层有18个条和17个空。层与层之间由一个层分隔条分开。每层包含一个层标识符，最后一层包含表示符号层数的信息。

(3) Code 16K 条码

Code 16K 条码是一种多层、连续型可变长度的条码符号,可以表示全 ASCII 字符集的 128 个字符及扩展 ASCII 字符。它采用 UPC 及 Code128 字符。一个 16 层的 Code 16K 符号,可以表示 77 个 ASCII 字符或 154 个数字字符。Code 16K 条码通过唯一的起始符/终止符标识层号,通过字符自校验及两个模 107 的校验字符进行错误校验。

(4) QR Code 条码

QR Code 条码是由日本 Denso 公司于 1994 年 9 月研制的一种矩阵式二维条码,它除具有二维条码所具有的信息容量大、可靠性高、可表示汉字及图像多种信息、保密防伪性强等优点外,还具有以下特点:

① 超高速识读。QR Code 条码具有超高速识读特性,适用于工业自动化生产线管理等领域。

② 全方位识读。QR Code 具有全方位(360°)识读特点。

③ 能够有效地表示。

单元小结

通过本次任务了解条码的起源与发展,以及物流条码在物流领域中的应用;掌握一维条码和二维条码的概念、特点、条码的基础知识和识读原理;通过调研和模拟软件加深学生对条码的认识。

【综合练习】

1. 单项选择

(1) 以下具有自校检功能的条码是(   )。
A. EAN 条码　　　　B. 交叉 25 条码　　　C. UPC 条码　　　　D. 39 条码

(2) 条码扫描译码过程是(   )。
A. 光信号—数字信号—模拟电信号　　　B. 光信号
C. 模拟电信号—光信号—数字信号　　　D. 数字信号—光信号—模拟电信号

(3) (   )是商品条码。
A. 39 码　　　　　B. 库德巴码　　　　C. ITF 码　　　　　D. EAN 码

(4) 厂商应选择适宜的代码结构,遵循三项基本的编码原则,以下(   )不是?
A. 唯一性原则　　B. 可替代原则　　　C. 无含义性原则　　D. 稳定性原则

(5) EAN/UCC-13 厂商识别代码由(   )位数字组成,由中国物品编码中心负责分配和管理。
A. 4~6　　　　　　　　　　　　　　B. 7~9
C. 8~10(EAN/UCC-8)　　　　　　　　D. 9~11

(6) 条、空的(   )颜色搭配可获得最大对比度,所以是最安全的条码符号颜色设计。
A. 红白　　　　　B. 黑白　　　　　　C. 蓝黑　　　　　　D. 蓝白

(7) 以下(   )一项不是贸易项目 4 种编码结构的 GTIN?
A. EAN/UCC-8　　　　　　　　　　B. UCC-12
C. CODE39　　　　　　　　　　　　D. EAN-13 以及 EAN/UCC14

2. 名词解释

(1) 条码。

(2) EAN、UCC 条码标识系统。

3. 简答题

(1) 简要说明扫描器的扫描译码过程。

(2) 条码作为一种图形识别技术与其他识别技术相比有什么特点？

(3) 简述二维条码技术应用。

(4) 行排式二维条码与矩阵式二维条码的编码原理有何不同？

(5) 简述二维条码与一维条码的特点。

4. 案例分析

罗蒙 K3 条码应用案例

应用条码技术可以为加强企业管理提供有效的基础。这里有个例子：宁波罗蒙集团创立于 1984 年，是一家著名的大型服装企业，目前已名列中国十大名牌西服，年产销量已突破百万套，在全国设立了 30 个销售公司和 400 余间专卖店。2002 年罗蒙集团采用了金蝶 K3 ERP 系统，但业务数据的采集传输仍停留于手工状态，差点导致 ERP 系统的失败。罗蒙西服有 200 多个款式，每种款式有二十几个尺码。仓库运作模式是由各地专卖店或经销商发订单到总部，在 K3 系统中处理后打出出库单，由仓库工人去拣货发运。手工操作中，款式基本不会拣错，但经常会拣错尺码，这导致两个问题：一是发错货品，影响专卖店的销售和公司的信誉（很多货品是顾客预定的）；二是发错货品后，仓库的实际库存和 K3 系统中的数据发生偏差，日积月累，账实严重不符，影响 K3 系统的运作。而且，手工核对拣货的效率低下，劳动强度也高。为了加强仓库管理，罗蒙集团采购了条码打印机和数据采集器，配备在宁波总部仓库，在西服吊牌上打印与款式和尺码关联的条码。仓库拣货时，从 K3 系统中下载出库指令到数据采集器中，仓库工人拣货时扫描吊牌上的条码以核对款式和尺码，不是出库指令中的货品采集器都会提示，多拣或漏拣，采集器也会提示。工作完毕后将采集器中的数据提交到 K3 系统中，打印出库单。这样，工作差错大大降低，劳动效率也大大提高，同时保证了 K3 系统的数据准确率。下一步，罗蒙集团准备为全国所有专卖店购置数据采集器，建立一个销售自动化系统，加强终端销售的管理，加快零售信息反馈速度，为企业进一步发展奠定基础。

罗蒙集团的事例正是说明条码技术为企业的制造、库存管理等执行层提供了最佳数据采集手段，通过条码技术对有关数据进行采集和处理，代替了原来人工记录信息的操作，避免了由于重复、繁琐的人工操作所造成的信息错录，同时提高工作效率，保障了信息采集的准确性，使之能准确、及时地采集到过程信息，帮助企业极大地提高生产作业效率和管理水平。

条码技术涉及标签技术、编码技术、识别技术和印刷技术等 4 个方面的内容。通常一个条码应用系统中应该包括：条码扫描、条码信息采集处理及信息反馈回中央数据库等 3 大模块。

物料及库存管理：物料在企业信息系统中扮演主角，计划、采购、制造、库存、成本计算和销售都是围绕着"物料"展开的。通过代码打印成条码，便于物料跟踪管理，而且有助于做到合理的物料库存准备，提高生产效率，缩短企业资金的占用时间。采用条码技术，在库存管理时，在收件后可根据条码对相应的物料划分种类，区别安放。根据实际情况进行跟踪库房数据，不会造成库存的不准确和出入库产品无法跟踪的现象。采用条码技术还能更加准确完成库存出入库操作。通过采集货物单件信息，处理采集数据，建立库存的入库、出库、移库、盘点数据，使库存操作完成更加准确。尤其在采用无线条码数据终端、无线登录点及中心数据服务器等组成无线作业仓储管理系统后，能更实时准确地传递数据和指令，使作业人员与管理系统之间灵活互动，实现流畅的工作流，真正使物流成为企业供应链的一部分。条码技术为企业的制造、库存管理等执行层提供最佳数据采集手段，帮助企业极大地提高生产作业效率和管理水平。

生产管理：在生产管理时，将订单号、零件种类、产品数量、编号及工艺路线等信息形成条码，打印或粘贴在产品零部件上，通过数据采集可对原材料、半成品、在制品等物料进行跟踪，并可将产品加工信息点对点(Point-to-Point)传给自动封边机、自动排钻、加工中心等电脑数控设备，无须人工干预，提高准确性和及时性。采用条码技术，产品的生产工艺可在生产线上得到即时、有效的反应，省去了人工跟踪。同时，产品（订单）的生产过程能在计算机上显现出来，能发现生产中的瓶颈、快速统计和查询生产数据，为生产调度、排产等提供依据，从而充分达到实时监控生产的目的。条码数据采集系统为 ERP 的生产管理提供准确的统计数据，可分不同的时间段、生产计划、产品类别实时统计出生产报表；能够统计分厂生产、生产线完成数、包装线工作量、产品完工等生产数据，并能给企业成本管理提供有力的保障。除了补充 ERP 的生产管理在企业生产管理方面的功能之外，条码技术还可分为企业 CIMS 系统提供支撑，并为企业应用 CAPP 技术、实施工艺信息化提供保证。

其他应用：物品质量管理及分析、市场销售链管理及产品售后跟踪服务等系统中也会应用条码作为管理工具，有效地进行品控管理、销售串货管理以及提高客户服务质量。这里给出条码技术在科龙冰箱公司成功应用的案例：零部件仓库建立批次条码管理，对关键部件（如压缩机）建立了序列条码管理，仓库运作完全依照条码信息进行管理，并和 ERP 系统集成在一起。生产线上各种型号的冰箱是混线生产的，一些自动化设备（如冷凝剂灌装）都是读取整机上的条码来识别型号，完成操作的；同时，各装配工序对零部件的批次条码和序列条码进行采集，为质检和售后服务系统提供基础信息；在检测工位，工业条码平台扫描整机上的产品序列码，与检测数据对应记录到数据库中。在成品仓库运作也是用条码进行控制和记录，包括经销商提取货品的序列条码，为售后服务和控制串货提供信息保障。

应用条码技术能为加强企业管理提供有效的基础，可以克服传统纸单作业存在的劳动强度大、效率低、容易出错、数据重复录入、处理延迟、工作量大等缺点，大大提高 ERP 系统基础数据采集准确性，同时，在提高产品质量、客观评价供应商、降低成本、制订合理的服务战略、加强对市场的控制与管理等方面能起到重要的作用。

案例思考：
（1）罗蒙集团在使用条码技术前后仓库运作模式的区别。
（2）罗蒙集团应用条码技术取得的成效。

任务3　条码的生成与打印

【任务描述】

借助实验室软硬件,学习条码识读设备的安装和操作及其应用环境,通过操作进行条码的编制和打印。

【任务目标】

1. 掌握一维条码和二维条码的编制、生成与打印;
2. 掌握条码识读设备的应用环境,安装和操作;
3. 会利用条码编制软件编制并打印条码。

【任务实施】

1. 设置商品信息

学生根据其选择的商品,定义目录信息和商品信息。登录物流管理信息系统模拟系统注册,学生证号码就是登录账号。进入产品信息管理系统定义目录信息和商品信息。目录信息体现商品分类情况。商品信息包括商品代码、商品名称、商品规格、单位等。

2. 编制条码,打印条码标签

采用一维条码,学生根据商品情况自行设定条码编码规则。打开已经制作好的条码进行打印,如图2-20所示条码生成打印工具示意图。

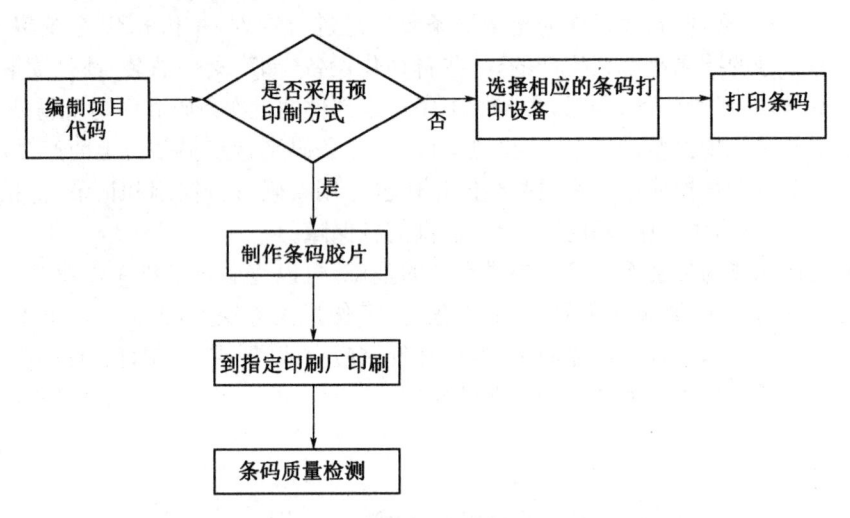

图2-20　条码符号的生成与印制

3. 执行商品入库业务

(1) 使用激光枪对条码进行识读,执行商品入库业务

激光枪的扫描动作通过转动或振动多边形棱镜等光装置实现,外形结构类似于手枪。

具体操作:将激光枪连接完毕并接入电脑;进行"物流一体化管理"实验,到出入库环节时,入库方式选择使用"条码设备";将鼠标放在"产品编码"外,利用激光枪扫描入库商品,自动出现商品的产品编码、名称、规格和单位,填写"入库数量"。

(2) 使用CCD条码扫描器对条码进行识读,执行商品入库业务　CCD扫描器属于非接触式扫描器,内部不含机械移动的部件。

具体操作:将 CCD 扫描器连接完毕并接入电脑;进行"物流一体化管理"实验,到出入库环节时,入库方式选择使用"CCD 扫描器";将鼠标放在"产品编码"外,利用 CCD 扫描器扫描入库商品,自动出现商品的产品编码、名称、规格和单位,填写"入库数量"。

4. 分析与总结

重复步骤 3 的操作,在操作过程中对已经磨损的条码标签进行扫描。

重复步骤 3 的操作,在操作过程中用不透明纸张对打印完整的条码标签进行扫描。

观察上述两种操作的结果,当条码无法识读时,在出入库环节中,入库方式选择"手工输入",手工选择商品代码,再填写"入库数量"。结合上述两种操作,分析影响条码识读的因素,总结条码的原理和优缺点。

【学习评价】

被考评人		考评组调查对象				
考评时间		考评地点				
考评内容	条码的生成与打印					
考评标准	内容	分值	自评	小组评议	教师评议	考评得分
	调研过程中遵守纪律,礼仪符合要求	20				
	掌握掌握条码识读设备的应用环境,安装和操作	20				
	会利用条码编制软件编制并打印条码	40				
	报告格式正确	20				

【相关知识点】

3.1 条码生成技术概述

1. 从代码到条码的转化

(1) 自行编制条码生成软件

按照国家标准规定的编码原则进行编码:商品条码的设计

按照企业需求自行规定编码原则,需注意条与空的尺寸精确,条码的可识读性

(2) 选用商业化的编码软件

排版:图形压缩、双面排版、打印预览;

数据管理:数据加密、数据库管理;

单个/批量制卡等功能;

可以生成各种码制的条码符号;

提供条码生成、条码设置、识读接收、图形压缩和信息加密等二次开发接口(用户自己可以替换),还可以向高级用户提供内层加密接口。

2. 条码印制方式

(1) 预印制

预印制按照制版形式可分为凸版印刷、平版印刷、凹版印刷和孔版印刷。

① 凸版印刷：凸版印刷的特征是印版图文部分明显高出空白部分。通常用于印制条码符号的有感光树脂凸版和铜锌版等，其制版过程中全都使用条码原版负片；凸版印刷的承印材料主要有纸、塑料薄膜、铝箔、纸板等。

② 平版印刷：平版胶印是根据油水不相溶原理，通过改变印版上图文和空白部分的物理、化学特性使图文部分亲油，空白部分亲水。印刷时先对印版版面浸水湿润，再对印版滚涂油墨，结果印版上的图文部分着墨并经橡皮布转印至印刷载体上；平版胶印版分平凸版和平凹版两类，印制条码符号时，应根据印版的不同类型选用条码原版胶片，平凸版用负片，平凹版用正片。常用的平版胶印印版有蛋白版、平凹版、多层金属版和 PS 版平凸式和平凹式都有。平版胶印的承印材料主要是纸，如铜版纸、胶版纸和白卡纸。

③ 凹版印刷：凹版印刷的特征是印版的图文部分低于空白部分。印刷时先将整个印版的版面全部涂满油墨，然后将空白部分上的油墨用刮墨刀刮去，只留下低凹的图文部分的油墨。通过加压，使其移印到印刷载体上；使用较多的是照相凹版和电子雕刻凹版。照相凹版的制版过程中使用正片；电子雕刻凹版使用负片，并且在大多数情况下使用伸缩性小的白色不透明聚酯感光片制成；凹版印刷的承印材料主要有塑料薄膜、铝箔、玻璃纸、复合包装材料、纸等。

④ 孔版印刷：将印版的图文部分镂空，使油墨从印版正面借印刷压力，穿过印版孔眼，印到承印物上。用于印刷条码标识的印版由丝、尼龙、聚酯纤维、金属丝等材料制成细网绷在网框上。孔版印刷（丝网印刷）对承印物种类和形状适应性强，其适用范围包括纸及纸制品、塑料、木制品、金属制品、玻璃、陶瓷等，不仅可以在平面物品上印刷，而且可以在凹凸面或曲面上印刷。丝网印刷墨层较厚，可达 $50\mu m$。丝网印刷的制版过程中使用条码原版胶片正片。

孔版印刷		原版正片
凸版印刷		原版负片
凹版印刷	照相凹版	原版正片
	电子雕刻凹版	原版负片
平版印刷	平凸版	原版负片
	平凹版	原版负片

图 2-21　各种印刷版式所需条码原版胶片的极性

（2）现场印制

现场印制方法一般采用图文打印机和专用条码打印机来印刷条码符号；图文打印机常用的有点阵打印机、激光打印机和喷墨打印机；专用条码打印机有热敏、热转印、热升华式打印机。

3. 印刷技术

（1）柔版印刷

所谓"柔版"，指的就是印版材料为较少柔软的树脂材料。目前商品的外包装箱（常常是瓦楞纸箱）大多采用柔印方式制作。因为包装箱上条码的放大系数都比较大，允许的尺寸偏差也比较大，所以柔印较适于制作放大系数较大的商品条码（如放大系数为 2.00）。

（2）非柔版印刷

凸印、平版印刷、凹印和丝网印刷都属于非柔性印刷。非柔性印刷时印刷压力、符号载体材料厚度等印刷条件对条码尺寸的影响不大，其质量主要取决于印版的制作。

3.2 条码符号的技术要求

1. 机械特性

（1）条或空的尺寸公差

b 表示条的标称尺寸，S 表示空的标称尺寸，Δb 表示条的尺寸公差，ΔS 表示空的尺寸公差。条的最大和最小允许尺寸分别为：

$$b_{max} = b + |\Delta b|, b_{min} = b - |\Delta b|$$

空的最大和最小允许尺寸分别为：

$$S_{max} = S + |\Delta S|, S_{min} = S - |\Delta S|$$

条或空的尺寸公差图如图 2-22 所示。

图 2-22 条或空的尺寸公差图

（2）相似边距离公差

相似边距离的最大和最小允许尺寸分别为：

$$e_{max} = e + |\Delta e|, e_{min} = e - |\Delta e|$$

（3）字符宽度公差

字符宽度公差是指一个条码字符宽度的尺寸公差，如图 2-22 所示。P 表示字符宽度的标称尺寸，ΔP 表示字符宽度的尺寸公差。字符宽度的最大和最小允许尺寸分别为：

$$P_{max} = P + |\Delta P|, P_{min} = P - |\Delta P|$$

油墨扩散使条码标识的尺寸误差加大，导致条码无法识读或误读。为了抵消这种因印刷引起的条宽增加，在制作条码胶片时事先将原版胶片条宽的取值适当减少，这个减少的数值叫条宽减少量(Bar Width Redution, BWR)。

一般非柔性印刷（凸、平、凹版以及丝网印刷）的条宽减少量较小，而柔性印刷（苯胺印刷）的条宽减少量较大。条码符号尺寸公差与条宽减少量(BWR)的缺陷：在条码印制中通常都对污点、脱墨的尺寸和数量进行限制。最大的污点或脱墨如图 2-23 所示，应满足如下条件：

① 其面积不超过直径为 $0.8x$（x 为最窄条/宽的宽度）圆面积的 25%。

② 其面积不完全覆盖一直径为 $0.4x$ 的圆面积。如图 2-23 所示,孔隙 1 是允许的,而孔隙 2 则是不允许的。

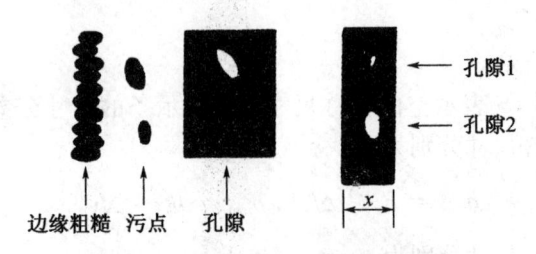

图 2-23 最大的污点或脱墨示意图

边缘粗糙度是指条码元素边缘不平整的程度。对于边缘粗糙度的要求是,在所有可能的扫描轨迹上,元素宽度都能达到允许的宽度值,即能符合印刷公差的尺寸要求。如图 2-24 所示,图 2-24(a)表示允许的边缘粗糙度,图 2-24(b)表示超过允许公差的边缘粗糙度。

采用点阵打印机印刷条码时,容易出现此现象。

(a) 允许的边缘粗糙度　(b) 超过允许公差的边缘粗糙度

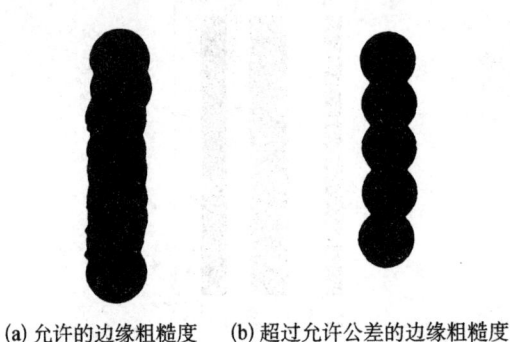

图 2-24 符合印刷公差的尺寸要求图

(4) 油墨厚度

印刷时应选择与载体相匹配的油墨,特别要注意油墨均匀性和扩散性。

当必须使用镜面反射材料或透明材料时,可以采用光吸收特性完全不同的两种墨色重叠印刷,以满足识读所需要的 PCS 值要求,标准规定:空、空白区与条的厚度差必须在 $0.1\mathrm{mm}$ 以下。

2. 光学特性

条码印制过程中,对条码图像的光学特性的要求,主要包括条码的反射率、对比度和颜色搭配。

条码光电扫描器是靠接收条码中条和空的反射率之差采集数据的。当用光点极小的光电扫描器匀速扫描这组条码时,则会测到如图 2-25 中左图所示的反射率曲线。图 2-25 所示是光点直径为 $0.8x$ 的反射率曲线。

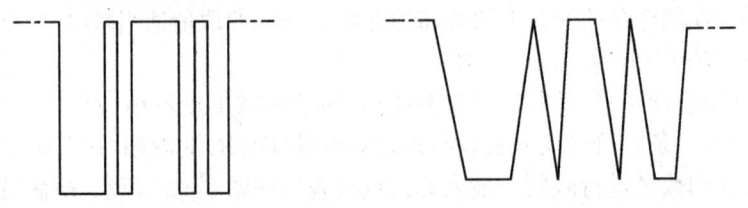

图 2-25 光点直径为 $0.8x$ 的反射率曲线

由于印刷缺陷和光电扫描器性能的影响,实际的反射率曲线与理想状态大不相同。如图 2-26 所示是一组实测的反射率曲线,其光点直径为 $0.8x$。

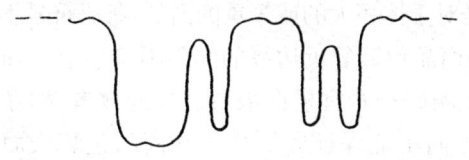

图 2-26　光点直径为 $0.8x$ 的反射率曲线

(1) 反射率选择的依据

反射率(用 R 表示)和对比度(用 PCS 表示)是条码符号的重要光学指标。通常把对比度定义为:条码符号中空和条的反射率差值与空的反射率的比率。即

$$PCS = \frac{R_L - R_D}{R_L}$$

式中,R_L——空的反射率;

　　　R_D——条的反射率;

　　　PCS——空和条的对比度。

(2) 颜色搭配

黑条白空是最佳选择方案。只要保证条和空有足够的对比度,也可选用其他颜色搭配。例如,蓝色、绿色可用来做条;红色、橙色、黄色可用来做空。可参考条、空颜色搭配表。

3. 条码符号位置

(1) 商品条码位置

① 执行标准 GB/T 14257—2002

选择适当的位置印刷条码符号,对于迅速、可靠地识读商品包装上的条码符号,提高商品管理和销售扫描结算效率非常重要。商品条码符号位置可参阅国家标准 GB/T 14257—2002。

② 条码符号位置选择原则

基本原则:以符号位置相对统一、符号不易变形、便于扫描操作和识读为准则。

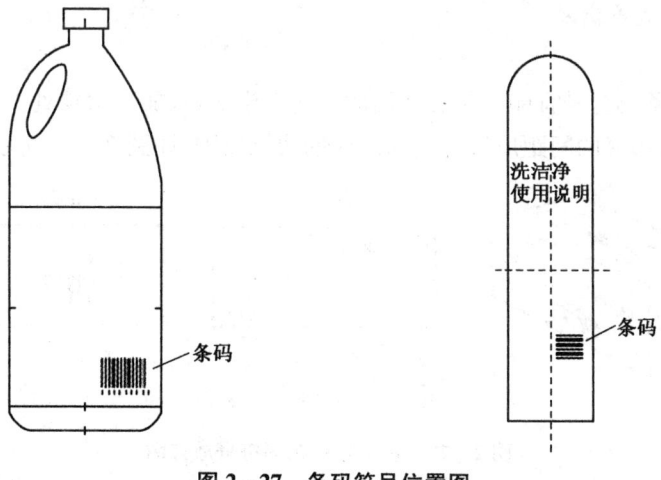

图 2-27　条码符号位置图

首选位置：在商品包装背面的右侧下半区域内。

其他选择：商品包装背面不适宜放置条码符号时，可选择商品包装另一个适合的面的右侧下半区域放置条码符号。但是对于体积大的或笨重的商品，条码符号不应放置在商品包装的底面。

边缘原则：条码符号与商品包装邻近边缘的间距不应小于 8 mm 或大于 102 mm。

方向原则：商品包装上条码符号宜横向放置。横向放置时，条码符号的供人识别字符应为从左至右阅读。在印刷方向不能保证印刷质量和商品包装表面曲率及面积不允许的情况下，可以将条码符号纵向放置。纵向放置时，条码符号供人识别字符的方向宜与条码符号周围的其他图文相协调。

在商品包装的曲面上将条码符号的条平行于曲面的母线放置条码符号时，条码符号表面曲度 θ 应不大于 30°；可使用的条码符号放大系数最大值与曲面直径有关。条码符号表面曲度大于 30°，应将条码符号的条垂直于曲面的母线放置，如图 2-28 所示。

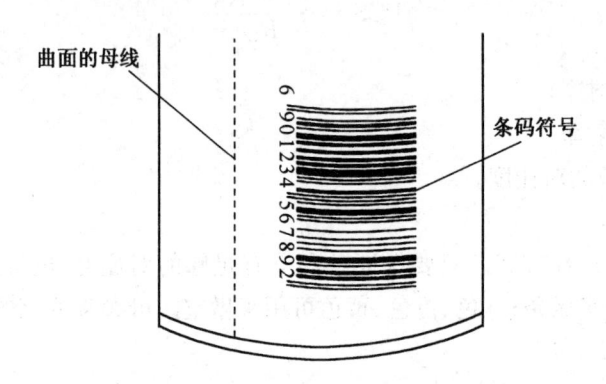

图 2-28 条码符号位置曲线图

应避免选择的位置：

① 不应把条码符号放置在有穿孔、冲切口、开口、装订钉、拉丝拉条、接缝、折叠、折边、交叠、波纹、隆起、皱褶、其他图文和纹理粗糙的地方。

② 不应把条码符号放置在转角处或表面曲率过大的地方。

③ 不应把条码符号放置在包装的折边或悬垂物下边。

（2）条码符号放置指南

① 箱型包装

对箱型包装，条码符号宜印在包装背面的右侧下半区域，靠近边缘处。其次可印在正面的右侧下半区域。与边缘的间距应符合上面所说的边缘原则，如图 2-29 所示。

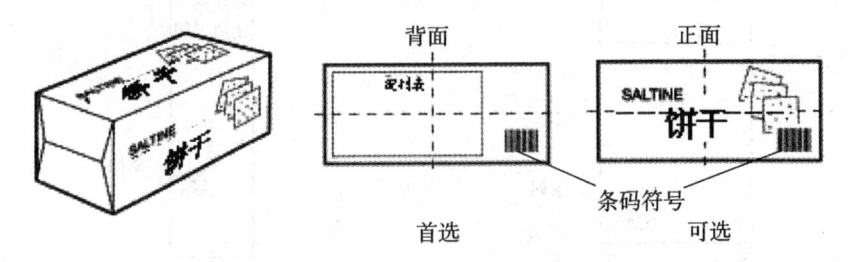

图 2-29 箱型包装条码符号放置图

② 瓶型和壶型包装

条码符号宜印在包装背面或正面右侧下半区域,如图 2-30 所示。不应把条码符号放置在瓶颈、壶颈处。

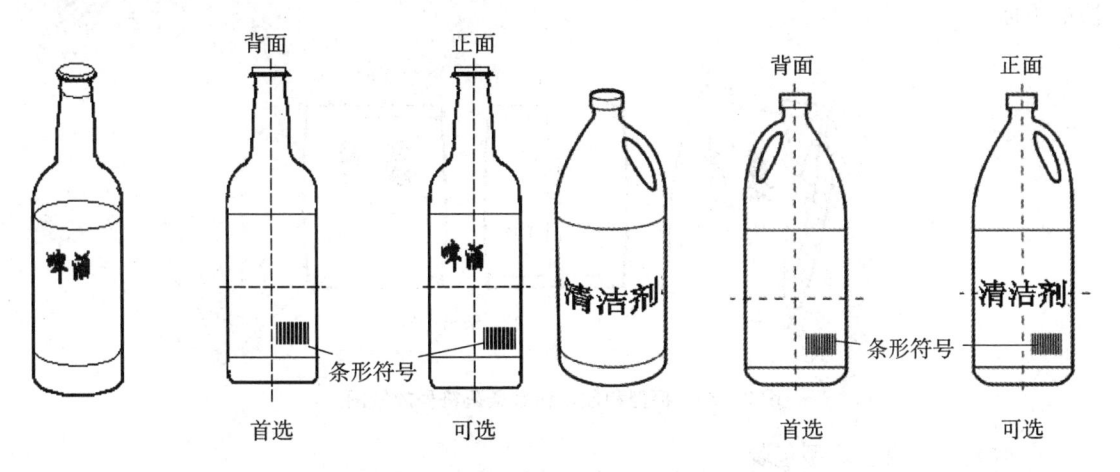

图 2-30 瓶型和壶型包装条码符号放置图

③ 罐型和筒型包装

条码符号宜放置在包装背面或正面的右侧下半区域,如图 2-31 所示。不应把条码符号放置在有轧波纹、接缝和隆起线的地方。

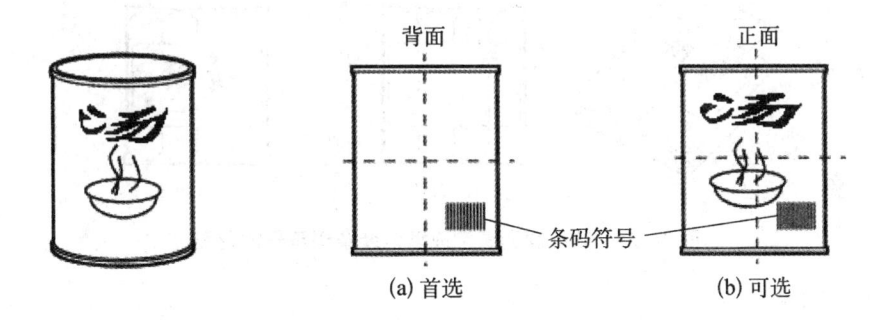

图 2-31 罐型和筒型包装条码符号放置图

④ 桶型和盆型包装

条码符号宜放置在包装背面或正面的右侧下半区域,如图 2-32 所示。背面、正面及侧面不宜放置时,条码符号可放置在包装的盖子上,但盖子的深度 h 应不大于 12 mm。

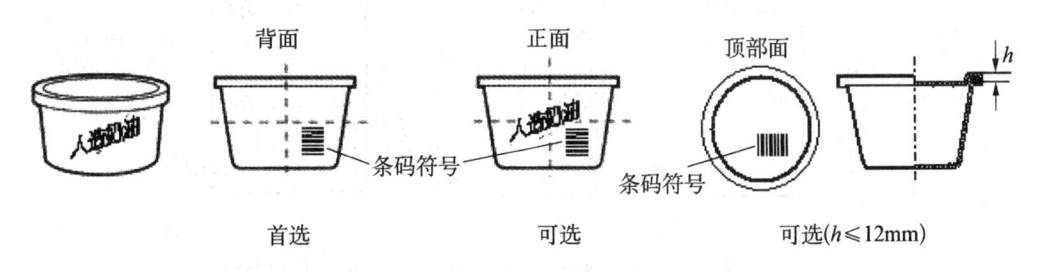

图 2-32 桶型和盆型包装条码符号放置图

⑤ 袋型包装

条码符号宜放置在包装背面或正面的右侧下半区域,尽可能靠近袋子中间的地方,或放置在填充内容物后的袋子平坦、不起皱褶处,如图2-33所示。不应把条码符号放在接缝处或折边的下面。

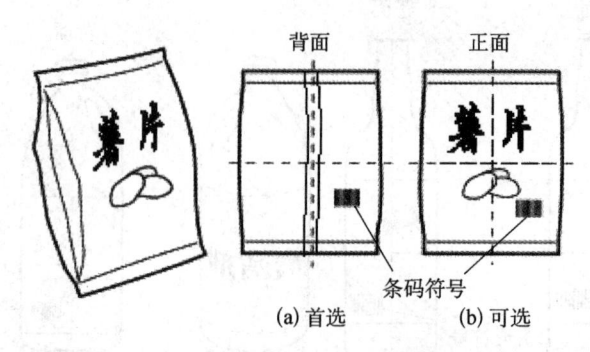

图2-33 桶型和盆型包装条码符号放置图

⑥ 收缩膜和真空成型包装

条码符号宜放置在包装的较为平整的表面上。在只能把条码符号放置在曲面上时,参见本任务方向原则中曲面上的符号方向,选择条码符号的方向和放大系数。不应把条码符号放置在有皱褶和扭曲变形的地方,如图2-34所示。

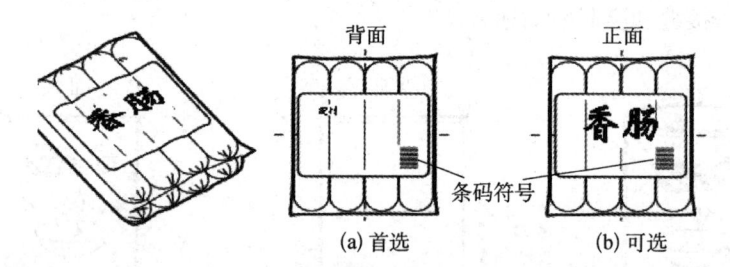

图2-34 收缩膜和真空成型包装条码符号放置图

⑦ 泡型罩包装

条码符号宜放置在包装背面右侧下半区域,靠近边缘处。在背面不宜放置时,可把条码符号放置在包装的正面,条码符号应离开泡型罩的突出部分。当泡型罩突出部分的高度 H 超过12 mm 时,条码符号应尽量远离泡型罩的突出部分,如图2-35所示。

H——泡型罩突出部分的高度

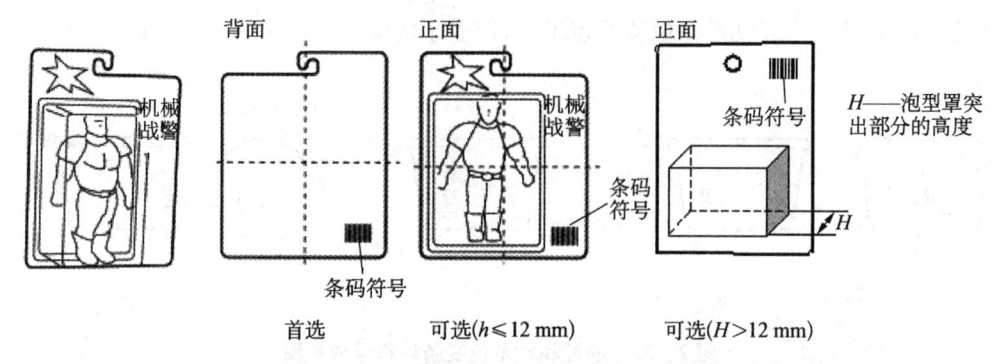

图2-35 泡型罩包装包装条码符号放置图

⑧ 卡片式包装

条码符号宜放置在包装背面的右侧下半区域,靠近边缘处。在背面不宜放置时,可把条码符号放置在包装正面,条码符号应离开产品放置,避免条码符号被遮挡,如图2-36所示。

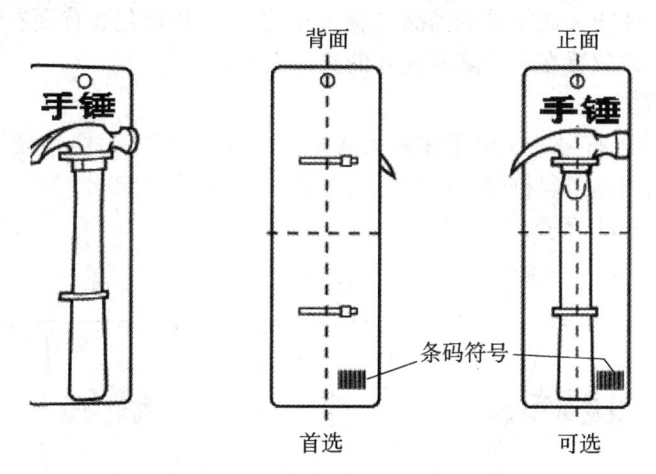

图2-36 卡片式包装条码符号放置图

⑨ 托盘式包装

条码符号宜放置在包装顶部面的右侧下半区域,靠近边缘处。

⑩ 蛋盒式包装(图2-37)

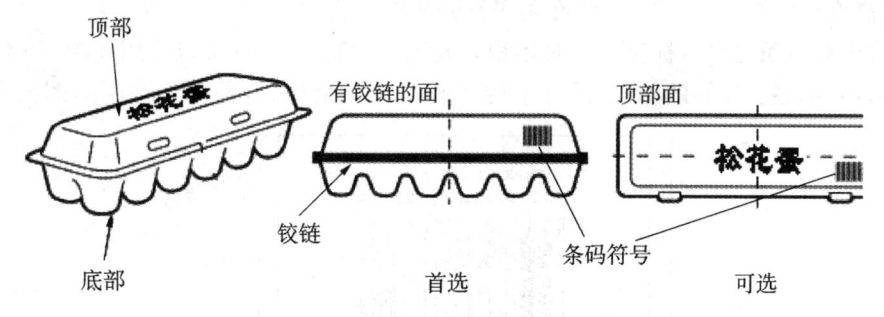

图2-37 蛋盒式包装条码符号放置图

⑪ 多件组合包装

条码符号宜放置在包装背面的右侧下半区域,靠近边缘处。在背面不宜放置时,可把条码符号放置在包装的侧面的右侧下半区域,靠近边缘处,如图2-38所示。当多件组合包装和其内部的单件包装都有带有商品条码时,内部的单件包装上的条码符号应被完全遮盖住,多件组合包装上的条码符号在扫描时应该是唯一可见的条码。

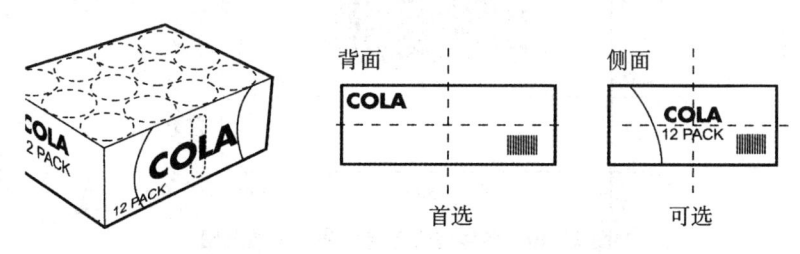

图2-38 多件组合包装条码符号放置图

⑫ 体积大或笨重的商品包装

包装特征：有两个方向上(宽/高、宽/深或高/深)的长度大于 45 cm，或重量超过 13 kg 的商品包装。

符号位置：对于体积大或笨重的商品包装，条码符号宜放在包装背面右侧下半区域。包装背面不宜放置时，可以放置在包装除底面外的其他面上。

可选的符号放置方法：

A. 两面放置条码符号——对于体积大或笨重的商品包装，每个包装上可以使用两个同样的、标记该商品的商品条码符号，一个放置在包装背面的右下部分，另一个放置在包装正面的右上部分，如图 2-39 所示。

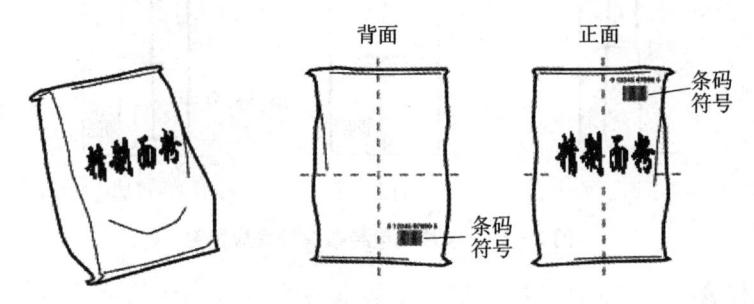

图 2-39　多件组合包装条码符号放置图

B. 放大供人识别字符——对于体积大或笨重的商品包装，可以将其商品条码符号的供人识别字符高度放大至 16 mm 以上，印在条码符号的附近。

C. 采用双重条码符号标签——对体积大或笨重的商品包装，可以采用如图 2-40 所示的双重条码符号标签。标签的 A、B 部分上的条码符号完全相同，是标记该商品的商品条码符

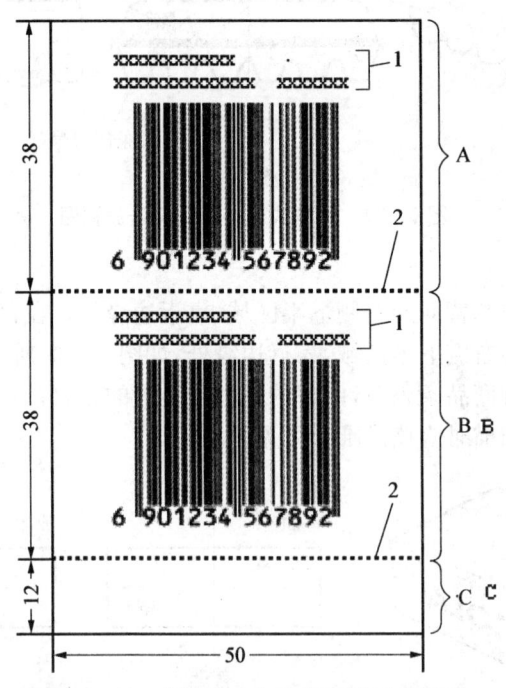

图 2-40　多件组合包装条码符号放置图

号。标签的 A、C 部分应牢固地附着在商品包装上,B 部分与商品包装不黏连。在商品通过 POS 系统进行扫描结算时,撕下标签的 B 部分,由商店营业员扫描该部分上面的条码进行结算,然后将该部分销毁。标签的 A 部分保留在商品包装上供查验。粘贴双重条码符号标签的包装不作为商品运输过程的外包装时,双重条码符号标签的 C 部分(辅助贴条)可以省去。

⑬ 其他形式

对一些无包装的商品,商品条码符号可以印在挂签上;如果商品有较平整的表面且允许粘贴或缝上标签,条码符号可以印在标签上。

4. 物流标签的位置

(1) 执行标准:国家标准 GB/T 18127—2000

(2) 印刷位置及方向

每一个贸易项目和物流单元上至少有一个条码符号。仓储应用中推荐的最佳方案是:将同一标签印在运输包装的相邻两面上。这两个相邻面的位置应是宽面位于窄面的右方。

(3) 对条码符号印刷位置及方向选择的建议

① 高度小于 1 m 的物流单元

对于高度低于 1 m 的纸板箱与其他形式的物流单元,标签中 SSCC 的底边应距离物流单元的底部 32 mm。标签与物流单元垂直边线的距离不小于 19 mm。

如果物流单元已经使用 EAN-13、UPC-A、ITF-14 或贸易单元 128 条码符号,标签应贴在上述条码的旁边,不能覆盖原有的条码,并保持一致的水平位置。

② 高度超过 1 m 的物流单元

托盘和其他高度超过 1 m 的物流单元,标签应位于距离物流单元底部或托盘表面 400～800 mm 的位置,标签与物流单元直立边的距离不小于 50 mm。

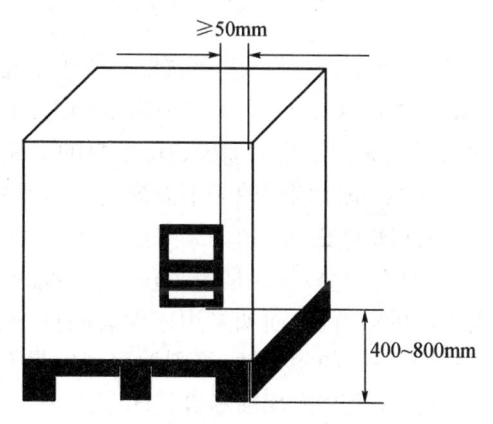

图 2-41 高度超过 1 米的物流单元图

3.3 条码设计及印刷中应注意的问题

1. 制版过程中应注意的问题

首先,为了弥补印刷中条码条宽的扩大,保证印刷后得到的正确的条码尺寸,在制版时必须要对条码的条宽进行适当修正,即缩小条码的条宽,条宽的具体缩减量应针对不同的印刷工艺来确定,比如柔版印刷的变形比较大,则柔版印刷条码的条宽缩减量要大一些。

其次,在胶印和柔印制版中,还要掌握好晒版软片的输出质量、印版的曝光时间、显影时间、定影时间以及显影液和定影药液的浓度和温度,保证条码的尺寸精度和清晰度,防止条码发虚或者变形。

如果是制作电雕凹版,除了提高版滚筒的机加工精度和电镀质量外,在电雕时还应当注意条码的加网线数和角度,要求用较高线数和精细网角进面雕刻,保证条部的网穴能够达到一定的密度和着墨量。

如果采用柔性版方式印刷条码,在印制高档产品时,当条码、细小文字尽量不要跟大面积的实地制在同一块上,应该将它们分开制版,即条码、细小文字放在一块版上,可以较高线数的网纹辊印刷,而把实地部分放在另外一块版上,用较低线数的网纹辊进行印刷,这样既能够保证条码和细小文字清晰、光洁、不变形,又能够保证实地部分的墨色均匀厚实。

2. 条码印刷过程中应注意的问题

印刷是一种比较复杂的过程,它受许多因素的影响,比如印刷设备、承印物材料的性质、油墨的性能以及环境温湿度等。各因素要相互配合才能够印刷出高质量的产品,只要其中之一配合不好,就影响印刷质量,或者会在印刷过程中发生故障。

(1) 承印物材料

当承印物为纸张、纸板时,要求其必须具有良好的白度、平滑度、光泽度、不透明度、平整度和尺寸稳定性,比如铜版纸、白卡纸。如果材料表面的平整度比较差或者尺寸稳定性比较差,那么印刷出来的条码就会发生较大的变形或者出现条残缺损现象。

如果承印物材料是塑料薄膜,则要求薄膜的厚度均匀一致,平整度好,两边松紧一致,无荷叶边,而且材料表面必须清洁干净、无灰尘、无油污,印刷出来的条码才能达到较高的质量和精度。如果采用 PE、OPP 塑料薄膜,由于它们是非极性材料,表面张力小,印刷适性差,印刷之前必须要先进行表面预处理(比如电晕处理),提高材料的四印适性。

(2) 油墨

首先,必须要选用适当类型的油墨,这是一个大前提。应当根据承印物材料的种类、印刷工艺(胶印、柔印、凹印等)、印刷方式(表印或里印)、印刷品的用途和要求,以及印后加工的特殊要求等选定相应类型的油墨。比如印纸张的油墨跟印塑料的油墨一般不能混用;凹印、柔印和胶印油墨也不能相互混用,表印和里印两种油墨不能混用。以塑料薄膜印刷为例,如果采用凹印方式印刷,就应当选用塑料凹印油墨,而且,如果采用里印方式的话,就不能用普通的塑料凹印油墨,而应当选用塑料凹印复合油墨;如果是用来包装化妆品和油脂类产品的,还得要求油墨具有一定的耐油性和耐香精的溶解性;而如果用来包装酸性、碱性或其他具有反应性、刺激性的物质,则要求油墨必须具有一定的耐抗性,否则油墨就容易发生反应或者变质;对于蒸煮包装袋,应当选用耐热性能好的蒸煮袋专用油墨进行印刷。

其次,在印刷过程中还要严格控制好油墨的性能和状态,使印刷出来的条码能够达到最佳质量效果。虽然不同类型油墨的组成、性能和质量指标有所不同,但是在条码印刷过程中,油墨性能的调节和控制都不外乎以下几个方面:

① 油墨的黏度。黏度是油墨应用中最主要的控制指标,由于它直接影响着油墨的转移性能和印刷品的质量,因此,在条码印刷过程中对油墨黏度的控制是非常重要的。油墨的黏度过低会造成条码着墨不匀、条线容易变宽等弊病;反之,如果油墨的黏度过高,则油墨的转移性能比较差,印刷后条码的条线就比较细甚至断线,而且容易出现糊版等弊病。

② 油墨的干燥性。选择油墨干燥速度的一般原则是:在印刷机现有的条件下,油墨在进

行下一印刷色组之前和进行复卷或堆叠之前应该能够充分干燥,但是在印版上却不能干燥。油墨的干燥速度太快,容易发生干版,影响油墨的转移,有可能会造成条码有缺损或者墨色不匀。但油墨的干燥速度也不能太慢,否则会发生印刷品背画黏脏现象。

③ 油墨的 pH 值。pH 值是水基油墨的一个重要的指标,它对水基油墨的黏度和干燥性能都有一定的影响,比如在柔性版水基油墨印刷过程中,随着油墨中水分和胺类物质的不断挥发,就会使油墨的 pH 值下降,黏度升高,油墨的转移性变差,同时使油墨的干燥速度加快,容易发生堵版、糊版故障。因此,在大批量印刷时,要定时向墨槽中添加适量的 pH 值稳定剂,使水基油墨的 pH 值保持相对的稳定。

④ 油墨的色相和遮盖力要强,与承印物的黏接牢度要好,这样才能保证条码的条色突出,条和空能够达到一定的印刷对比度。

⑤ 塑料薄膜表印油墨还要求具有较强的耐磨性和抗刮性,否则,在商品流通过程中就可能由于油墨的脱落而导致条码残缺不全,从而影响条码的识读。

(3) 印刷设备

主要包括印刷设备对印刷压力、印刷张力、印刷速度、干燥温度等工艺条件的严格控制。

① 掌握好印刷压力。印刷压力过大,油墨容易铺展,条码的条线容易变粗、变宽,甚至糊版;印刷压力太小,传墨量不足,条码的条容易变细、变窄,甚至会缺损不全。所以,应当根据不同的印刷方式、油墨性能以及承印物材料的吸墨性能等来设置适当的印刷压力。

② 印刷张力的控制。应当根据承印物材料的种类及其伸缩率来调整张力,比如 PE、CPP 等伸缩率大的塑料薄膜,张力值应当小一些,防止由于薄膜拉伸而造成条码的变形;对于纸张或者 PET、OPP 等伸缩率小的塑料薄膜,张力可以适当地大一些。此外,收卷张力不宜过大,以防条码变形或者发生背面黏脏故障。

③ 印刷速度要与油墨的干燥速度、油墨的黏度等相匹配。

④ 干燥箱的温度不能太高,否则容易引起承印物材料(尤其是 PE 薄膜)的收缩变形,从而影响条码的识读。因此,在设定干燥箱的温度时,必须要综合考虑印刷速度、印刷张力、承印物材料的种类以及印刷图案的大小等因素。

(4) 环境温湿度区

印刷车间内温湿度的变化对承印物材料(尤其是纸张)和油墨的性能都有一定的影响。环境温湿度对油墨性能影响最大的就是干燥速度,一般来说,温度越高,干燥越快。此外,温湿度还会影响到纸张的含水量和印刷适性,因此,为了保证条码印刷的一致性,印刷车间内应尽量保持恒温恒湿,减少印刷故障的发生率。通常,印刷车间内的温度一般应该控制在 20℃～28℃之间为宜,相对湿度控制在 55%～60%之间为宜。

3. 复合加工中应注意的问题

复合加工中应当注意的是,印后加工工序也会对印刷品和印刷品上的条码产生一定的影响,比如模切压痕、覆膜、复合或者制袋等,特别是印刷品经复合加工后其表面的颜色会发生一定的变化,很有可能会影响条码的识读。下面主要谈一谈复合加工对条码的影响和预防措施。

首先,要正确选择适当的胶黏剂,胶黏剂的品种一定要跟复合基材的类型相匹配,还要考虑复合包装的最终用途,比如复合铝箔时,要用铝箔专用的胶黏剂;蒸煮食品包装袋复合时要用耐高温蒸煮型胶黏剂。胶黏剂颜色应尽量是无色或浅色,否则也会影响条码的印刷对比度。此外,要求胶黏剂本身的黏接牢度要好,剥离强度要高,否则会影响包装的复合强度和复合质量。

71

其次，在复合过程中还应当注意对基材的张力控制，一般来说，第一基材多是延伸性较小的 BOPP、PETP 或者 OPA，而作为第二基材的多数是延伸性大、受热易变形的 LDPE、CPP 等材料。如果两种基材的张力不协调，特别是第二基材张力太大的话，就会使薄膜发生拉伸，复合后易引起收缩卷曲，严重时会造成皱纹、"隧道"等现象，从而导致条码的变形。

第三，要严格控制复合温度和干燥温度，不能太高，否则薄膜材料会产生拉伸变形，影响条码的精度和识读性。

第四，复合时的压力要适中，压力太大，基材有可能会产生压延变形，压力太小，有可能会出现贴合不够紧密、复合牢度不好，甚至出现小气泡。此外，还要控制好上胶量，并保证涂胶充足、均匀，这些都可能会影响到条码的最终质量。

4. 条码的检测

条码检测即是对条码质量进行监管的有效手段。条码检测器是一种质量控制工具，它不但能识读条码，还能够对条码各方面的识读性能进行测量和评价。当读完一个条码之后，检测器将读入的条码的质量同一个事先设定的标准相比较，最后判定这个条码是不是符合该标准。目前，条码的检测方法主要有以下 2 种：

（1）传统方法。目测条码的外观，并用检测仪器测量条码的 PCS 值和条空的尺寸偏差，如果条、空的尺寸偏差在规定范围之内，而且 PCS 值在规定的值以上，那么这个条码就被判定为"合格（Pass）"，否则就判定为"不合格（Fail）"。这种检测方法的缺点就是不太切合条码实际。

（2）美标检测方法。美标检测方法是以美国国家标准委员会（ANSI）制定的条码质量标准为参考来评价条码产品质量的。该方法根据条码的 PCS 值、ECMIN 值（最小边缘对比度）、DECODABLE（解码性）、SC 值（条空对比度）、DECODABILITY（解码能力）、DEFECT（缺陷）等各项参数的标准将条码分为 A、B、C、D、E、F 5 个质量等级，A 级为最好，D 级为最差，F 级为不合格，对于印刷行业来说，默认的行业规范是要求条码达到 C 级以上的质量等级。随着条码技术的发展，美标检测方法得到广泛的应用，欧洲标准化委员会（CEN）和国际标准化组织（ISO）公布的条码检测标准中也都采用了这种方法，只是根据具体的情况对其略做一些修改。

总之，条码的印制工艺比较复杂，要涉及设计、制版、印刷、后加工等多道工序，因此，在生产过程中一定要严格控制好各工序的技术和质量，并逐步积累经验，积极探索更好的解决办法，进一步提高条码的印制质量。

3.4 条码生成设备与耗材

1. 预印刷条码设备

预印刷条码设备包括胶片制版印刷、轻印刷系统、条码号码机和高速激光喷墨打标机。

（1）传统方式印刷——胶片制版印刷

① 条码原版胶片制作

② 胶版印刷原理

③ 柔版印刷需要注意的问题

（2）轻印刷系统

轻印刷系统指由计算机控制打印机进行条码印制。条码轻印刷系统主要由计算机、软件和打印机三部分组成。常用的打印机种类有：点阵打印机、喷墨打印机、激光打印机和热敏式打印机。

条码轻印刷系统主要有以下优点：

① 效率高，成本低；

② 不受油墨浓淡、版的精度和质量等因素的影响；

③ 能打印大量数据不同的条码；

④ 可以实时打印条码。

(3) 条码号码机

条码号码机专门用来打印连续的代码。条码号码机由钢或其他金属制成的机壳(机架)、号码轮、进位机构等组成，分为平压式和轮转式两种。号码机最适合血液系统、航空机票及其他票证系统所用条码符号的印刷。目前许多型号的印刷机都配有安装条码号码机的装置可供选择。

(4) 激光喷墨打标机

激光喷墨打标机的优势有：

高精度定位；

高速标码和高线速处理；

可对移动的或不移动的产品(类似喷墨打印)进行标码；

可用于全自动化(Computer Integrated Manufacture, CIM)和准时制造系统；

可大大降低不合格率和停机时间；

激光喷墨打标机基本覆盖了喷墨机的全部应用范围，目前广泛应用于烟草行业、生物制药、酒业、食品饮料、保健品、电子行业、国防工业、汽车零件、制卡、工艺、服饰配件、建筑材料等领域。

2. 现场打印设备

(1) 通用办公设备

① 针式打印机

计算机把要打印的数据通过接口传送到打印机的字符缓冲寄存器后，打印机的控制电路(单片机或微处理器)把接收到的数据存放在字符代码存储器中。

通常字符代码存储器能存储一行的打印信息(一行最多 256 个字符)。

当接收到回车命令时，开始打印。控制电路首先驱动字车系统使打印头移动到打印位置，然后从字符代码存储器取出一个字符，再从只读存储器中查到这个字符的点阵，驱动打印针打印，再移动打印头到下一个位置，查出下一列的点阵，驱动打印针打印。

② 喷墨打印机

喷墨打印的墨水是专用的，其要求墨水的导电量和黏度非常正确，打印在物体上一般在 1～2 s 就能干。

喷墨打印机适合用于现场印制，利用电脑编程可将各种符号、图案和条码混合印制，具有印制方便、灵活等特点。

③ 激光打印机

利用图形感应半导体表面上充电荷的原理设计的。此表面对光学图像产生反应，并在所指定区域上放电，由此产生一幅静电图像。然后，使图像与着色材料(碳粉)相接触，将着色材料有选择地被吸附到静电图像上，再转印到普通纸上。点的分辨率通常是 12～16 点/mm，印出的条码最窄条可达 0.20 mm。这种打印机适合高、中密度条码印制。

(2) 专用条码打印机

专用条码打印机主要有热敏式条码打印机和热转印式条码打印机两种。

① 热敏打印机

热敏纸在高温及阳光照射下易变色,用热敏打印机打印的标签在保存及使用上存在一些问题,但因其设备简单、价格低,因此,热敏打印机广泛应用于打印临时标签的场合,如零售业的付货凭证、超市的结账单、证券公司的交易单等。

② 热转印式打印机

热转打印方式与其他打印方式相比,具有分辨率高、打印质量好、打印速度快、操作简便、成本低廉、维护简单、可使用多种打印介质等优点,是现场条码打印的最理想方式。

(3) 特殊条码的生成

① 金属条码

金属条码标签是利用精致激光打标机在经过特殊工序处理的金属铭牌上刻印一维或二维条码的高新技术产品。

金属条码生成方式主要是激光蚀刻,如图 2-42 和图 2-43 所示。

图 2-42　二维条码雕刻样品　　　　**图 2-43　一维条码雕刻样品**

② 陶瓷条码

陶瓷条码耐高温、耐腐蚀、不易磨损,适用于在长期重复使用、环境比较恶劣、腐蚀性强或需要经受高温烧烤的设备、物品所属的行业永久使用。

永久性陶瓷条码标签解决了气瓶身份标志不能自动识别及容易磨损的行业难题。

③ 隐形条码

隐形条码包括覆盖式隐形条码、光化学处理的隐形条码,主要有隐形油墨印制的隐形条码、纸质隐形条码、金属隐形条码。

④ 银色条码

在铝箔表面利用机械方法有选择地打毛,形成凹凸表面,制成的条码称之为"银色条码"。

3. 条码印制载体与耗材

(1) 条码印刷载体

商品包装上常用的条码印刷载体大致可分为纸张、金属和塑料三大类。

(2) 条码打印耗材

① 标签

按功能和材料把一次性使用的标签分为通用标签、覆盖保护标签、金属化聚酯标签、乙烯和尼龙布标签标签。

② 碳带

打印介质是指标签打印机可以打印的材料,从介质的形状分主要有带状、卡状和标签,从材料分主要有纸张类、合成材料和布料类。决定使用何种碳带的主要由介质的材料确定。

③ 背胶

不干胶标签中面纸背部涂的黏胶剂被称为背胶。

单元小结

通过本次任务掌握一维条码和二维条码的编制、生成与打印,掌握条码识读设备的应用环境、安装和操作,通过实验室软硬件学习条码识读设备的安装和操作及其应用环境,并进行条码的编制和打印。

【综合练习】

1. 简答题
(1) 简述条码系统的组成部分。
(2) 简述条码系统的工作原理。
(3) 条码在制作和使用中应该注意哪些问题?
2. 案例分析

条码在天津丰田汽车的应用

案例背景:

天津丰田汽车有限公司是丰田汽车公司在中国的第一个轿车生产基地。丰田汽车公司不惜成本投入 TOYOTA 的最新技术,生产专为中国最新开发的、充分考虑到环保、安全等条件因素的新型小轿车。

二维码应用管理解决方案使丰田汽车在生产过程控制管理系统中成功应用了 QR 二维条码数据采集技术,并与丰田汽车公司天津公司共同完成生产过程控制管理系统的组建。

应用环境:汽车是在小批量、多品种混合生产线上生产的,将写有产品种类生产指示命令的卡片安装在产品生产台,这些命令被各个作业操作人员读取并完成组装任务,使用这些卡片存在严重的问题和大的隐患,包括速度、出错率、数据统计、协调管理、质量问题的管理等一系列问题。

应用描述:如果用二维码来取代手工卡片,初期投入费用不高,但建立了高可靠性的系统。
(1) 生产线的前端,根据主控计算机发出的生产指示信息,条码打印机打印出 1 张条码标签,贴在产品的载具上。
(2) 各作业工序中,操作人员用条码识读器读取载具上的条码符号,将作业的信息输入计算机,主系统对作业人员和检查装置发出指令。
(3) 各个工序用扫描器读取贴在安装零件上的条码标签,然后再读取贴在载具上的二维条码,以确认零件安装是否正确。
(4) 各工序中,二维条码的生产指示号码、生产线顺序号码、车身号数据和实装零部件的数据、检查数据等,均被反馈回主控计算机,用来管理进展情况。

案例思考:
(1) 简述使用条码成本问题。
(2) 简述二维条码可被识读器稳定问题。
(3) 使用条码可省略大量的人力和时间吗?
(4) 主系统能对生产过程的指挥全面提升吗?
(5) 简述使用条码使生产全过程和主系统连接成为一体,生产效益的问题。

任务4 RFID 技术及应用

【任务描述】

射频识别技术(Radio Frequency Identification,RFID)是20世纪90年代开始兴起的一种自动识别技术。射频识别技术是一项利用射频信号通过空间耦合(交变磁场或电磁场)实现无接触信息传递,并通过所传递的信息达到识别目的的技术。

为进一步提高效率,某配送中心准备采购RFID设备对出入库货物进行管理,需购置RFID阅读器15台,电子标签5 000个,模拟完成上述RFID设备的采购。

【任务目标】

掌握RFID设备的相关知识,提出合理的采购方案,为企业选择合适的RFID设备。

【任务实施】

1. 根据任务安排,对学生进行分组,3~5人一组,设组长一名;
2. 教师讲清该任务实施的目标和相关知识要点;
3. 学生根据任务目标,撰写采购设备报告;
4. 小组间任务报告交流互评;
5. 教师讲评。

【学习评价】

被考评人		考评组调查对象			
考评时间		考评地点			
考评内容	RFID设备的选择				
考评标准	内容	分值	自评	小组评议	教师评议	考评得分
	掌握有关RFID的基本知识	20				
	掌握射频标签、读写器选择的相关知识	25				
	设备选型正确,采购方案合理	30				
	遵守纪律,讨论积极,有团队合作精神	25				

【相关知识点】

4.1 RFID 技术概述

无线射频识别技术(Radio Frequency Identification,RFID)作为一种前沿技术,引起国内外许多企业、零售商、院校、科研单位的关注和兴趣,从而做出很多实际性的研发工作。RFID的应用将大大降低流通成本和管理费用,为现代物流业的发展带来革命性的变化。

1. 射频识别技术的概念

射频技术(Radio Frequency,RF)也称无线射频或射频识别技术,是一种无线电通信技术,其基本原理是电磁理论,利用无线电波对记录媒体进行读写。无线射频识别技术即射频识别,是一项利用射频信号通过空间耦合(交变磁场或电磁场)实现无接触信息传递并通过传递的信息达到识别目的的技术。简单地说,RFID 是利用无线电波进行数据信息读写的一种自动识别技术或无线电技术在自动识别领域中的应用。目前,RF 用得较多的是 IEEE 802.11b 标准,且 2.4 GHz 的高频道使服务器与终端之间的通信速度可达 12MB/s,这段频道干扰小,在绝大部分国家都不受无线管制。RF 技术以无线信道作为传输媒体,建网迅速,通信灵活,可以为用户提供快捷、方便、实时的网络连接,也是实现移动通信的关键技术之一。RF 技术的应用已经渗透到商业、工业、运输业、物流管理、医疗保险、金融和数学等众多领域。

【微信扫码】小知识

2. 射频识别技术的特点

射频识别技术的特点包括以下 6 个方面。

(1) 全自动快速识别多目标

RFID 阅读器利用无线电波,全自动瞬间读取标签的信息,并且可以同时识别多个 RFID 电子标签,从而能够对标签对应的目标对象实施跟踪定位。

(2) 应用面广

电子标签很小,可以轻易地嵌入或附着在不同类型、形状的产品上,RFID 在读取时不受尺寸大小与形状限制,所以 RFID 技术的应用面很广。

(3) 数据记忆量大

RFID 系统中电子标签包含存储设备,可以存储的数据很大,而且随着存储技术的进一步发展,存储容量会越来越大。

(4) 环境适应性强

RFID 电子标签是将数据存储在芯片中,不会或比较少受到环境因素的影响,从而可以保证在环境恶劣的情况下正常使用。同时,RFID 利用的电磁波可以穿透纸张、木材和塑料等非金属或非透明的材质,由此具有很强的穿透性,而且可以长距离通信,进一步增强环境适应性。

(5) 可重复使用

RFID 可以重复使用,重复增加、修改、删除电子标签中的数据,不像条码是一次性、不可改变的。

(6) 安全性能高

RFID 电子标签中的信息,其数据内容可设密码保护,不易被伪造和修改,因此,使用 RFID 更具安全性。

4.2 RFID 构成

在具体的应用过程中,根据不同的应用目的和应用环境,RFID 系统的组成会有所不同。一个典型的可应用RFID系统一般由标签、读写器和应用系统几部分组成,如图2-44所示。

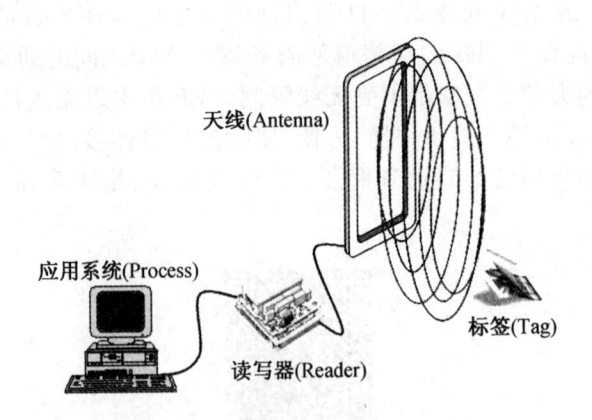

图 2-44　RFID系统基本组成框图

1. 应用系统

主机系统是针对不同行业的特定需求而开发的应用软件系统,它可以有效地控制阅读器对标签信息的读写,并且对接收到的目标信息进行集中统计与处理。

主机系统可以集成到现有的电子商务和电子政务平台中,通过与ERP、CRM和SCM等系统集成,提高工作效率。

2. 读写器

读写器(Reader)的组成如图2-45所示。读写器负责与电子标签的双向通信,使用多种方式与标签交互信息,接收标签数据,同时接收来自主机系统的控制指令。阅读器的频率决定RFID系统工作的频段,其功能决定射频识别的有效距离。

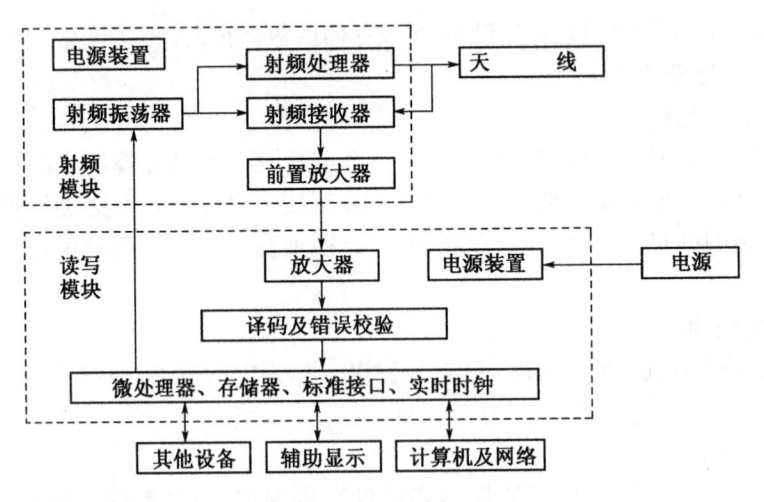

图 2-45　读写器的组成

常见的阅读器如图2-46所示。

| XC2900型手持式读写器 | XCRF-860型固定式读写器 | XCRF-5100型发卡器 | XCRF-513超高频 |

图 2‑46　常见的 RFID 读写器型号

【微信扫码】小知识

3. 电子标签

电子标签(Tag)组成如图 2‑47 所示。一般保存有约定格式的电子数据，由耦合元件及芯片组成，内置射频天线，用于与阅读器进行通信。电子标签携带电子产品编码(Electronic Product Code,EPC)，EPC 记录每个物品的全球唯一标识，由一个版本号加上另外 3 段数据组成，位数有 64 位、96 位和 256 位等多种格式。

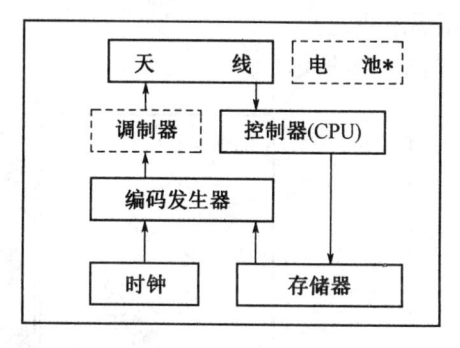

图 2‑47　电子标签(Tag)的组成

RFID 标签按是否有源分为主动式标签和被动式标签。主动式标签自带电源(如板载电池)；被动式标签的能源则利用电磁感应通过读写器获取。

(1) 主动式标签

主动式标签内部自带电池进行供电，具有可读写的特性。由于自带电源，主动式标签能传输较强信号，因而具有更远的读写距离。但是板载电源会使标签体积变大而且更加昂贵，所以主动 RFID 系统一般用于大型航空工具和普通交通工具等远距离识别。低功耗的主动式标签通常比一副扑克稍大。主动式标签既可以在物体未进入识别距离时处于休眠状态，也可以处于广播状态持续向外广播信号。

由于自带电源，主动标签能在较高的频率下工作，如 455 MHz、2.45 GHz 及 5.8 GHz 等，这取决于实际的识别距离和存储器需求。在这些频率下,读写器可以在 20~100m 的范围内工作。

(2) 被动式标签

被动式标签内部不带电池,而是从读写器产生的磁场中获得工作所需的能量。当标签进入读写器的识别范围后,标签通过天线感知电磁场变化,由电磁感应产生感应电流,标签通过集成的电容存储产生的能量。当电容积蓄足够的电荷后,RFID 标签就可以利用电容提供的能量向读写器发送带有标签 ID 信息的调制信号。由于被动式标签自身不带电源,因而比主动标签价格要低很多。在美国,通常一个标签仅需花费 20 美元左右。随着微电子技术的不断进步,可以将标签做得更小、更便宜。由于价格上的优势,被动式标签比主动式标签具有更广的应用领域。

除了价格低外,被动式标签体积还非常小。但目前的天线技术会限制标签的大小,标签越大有效识别距离越远。目前的被动标签一般都只有 2 KB 左右的内存,由于内存有限,除了存储 ID 信息和一些历史信息外,不能存储特别复杂的有用信息,因而在一定程度上限制了其应用领域。随着 RFID 技术的不断进步,标签能存储的信息容量将不断增加,从而能存储较复杂的信息。

被动式标签与读写器之间通信的 ID 信息一般通过高频和低频方式调制实现。在低频调制方式下(低于 100 MHz),标签电容配合电感线圈,根据标签 ID 信息改变信号强度,并向外辐射,变化的快慢受调制频率的影响。在高频(高于 100 MHz)方式下,标签使用背向散射方式发送信号,这使得天线在内部电路的影响下是变阻抗的。当阻抗发生改变时,天线会向外辐射射频信号,读写器便可以获取并解调信号。被动标签工作频率一般为 128 kHz、13.6 MHz、915 MHz 及 2.45 GHz 等,识别距离因而在几十厘米到几米不等。系统频率的选取一般由环境因素、传输介质及识别范围需求决定。

常见的电子标签产品如图 2-48 所示。

XCTF-8701型电子标签　　　　XCTF-8100型电子标签

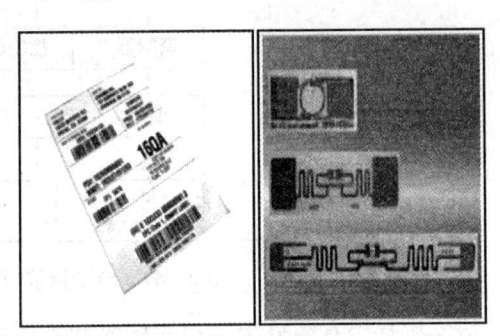

图 2-48　常见的电子标签产品

【微信扫码】小知识

4.3 RFID 系统的分类

1. 低频系统和高频系统

射频识别技术按其采用的频率不同可分为低频系统和高频系统两大类。

(1) 低频系统

低频系统一般指其工作频率小于 30 MHz，典型的工作频率有：125 kHz、225 kHz、13.56 MHz等，基于这些频点的射频识别系统一般都有相应的国际标准。其基本特点是电子标签的成本较低、标签内保存的数据量较少、阅读距离较短（无源情况，典型阅读距离为 10 cm）、电子标签外形多样（卡状、环状、纽扣状、笔状）、阅读天线方向性不强等。

(2) 高频系统

高频系统一般指其工作频率大于 400 MHz，典型的工作频段有：915 MHz、2450 MHz、5800 MHz 等。高频系统在这些频段上也有众多的国际标准予以支持。高频系统的基本特点是：电子标签和阅读器成本均较高；标签内保存的数据量较大；阅读距离较远（可达几米至十几米）；适应物体高速运动性能好；外形一般为卡状；阅读天线及电子标签天线均有较强的方向性。

2. 有源系统和无源系统

根据电子标签内是否装有电池为其供电，又可将其分为有源系统和无源系统两大类。

(1) 有源电子标签

有源电子标签内装有电池，一般具有较远的阅读距离，不足之处是电池的寿命有限（3～10 年）。

(2) 无源电子标签

无源电子标签内无电池，其接收到阅读器（读出装置）发出的微波信号后，将部分微波能量转化为直流电供其工作，一般可做到免维护。相比有源系统，无源系统在阅读距离及适应物体运动速度方面略有限制。

3. 集成电路固化式系统、现场有线改写式系统和现场无线改写式系统

从电子标签内保存的信息的注入方式可将其分为集成电路固化式、现场有线改写式和现场无线改写式三大类。

(1) 集成固化式电子标签

集成固化式电子标签内的信息一般在集成电路生产时就把信息以 ROM 工艺模式注入，其保存的信息是一成不变的。

(2) 现场有线改写式电子标签

现场有线改写式电子标签一般将电子标签保存的信息写入其内部的 E2 存储区中，改写时需要专用的编程器或写入器，改写过程中必须为其供电。

(3) 现场无线改写式电子标签

现场无线改写式电子标签一般适用于有源类电子标签，具有特定的改写指令，电子标签内保存的信息也位于其中的 E2 存储区。

一般情况下，改写电子标签数据所需时间远大于读取电子标签数据所需时间。通常改写所需时间为秒级，阅读时间为毫秒级。

4. 广播发射式系统、倍频式系统和反射调制式系统

根据读取电子标签数据的技术实现手段,可将其分为广播发射式、倍频式和反射调制式三大类。

(1) 广播发射式射频识别系统

广播发射式射频识别系统实现最简单。电子标签必须采用有源方式工作,并实时将其存储的标识信息向外广播,阅读器相当于一个只收不发的接收机。这种系统的缺点是电子标签因不停地向外发射信息,既费电,又容易造成电磁污染,而且系统不具备安全保密性。

(2) 倍频式射频识别系统

倍频式射频识别系统的实现有一定难度。一般情况下,阅读器发出射频查询信号,电子标签返回的信号载频为阅读器发出射频的倍频。这种工作模式给阅读器接收处理回波信号提供了便利,但是,对无源电子标签来说,电子标签将接收的阅读器射频能量转换为倍频回波载频时,其能量转换效率较低,提高转换效率需要较高的微波技巧,这就意味着电子标签的成本增加,同时这种系统工作需占用两个工作频点,一般较难获得无线电频率管理委员会的产品应用许可。

(3) 反射调制式射频识别系统

反射调制式射频识别系统的实现首先要解决同频收发问题。系统工作时,阅读器发出微波查询(能量)信号,电子标签(无源)将部分接收到的微波查询能量信号整流为直流电供电子标签内的电路工作,另一部分微波能量信号被电子标签内保存的数据信息调制(ASK)后反射回阅读器。阅读器接收到反射回的幅度调制信号后,从中解出电子标签所保存的标识性数据信息。系统工作过程中,阅读器发出微波信号与接收反射回的幅度调制信号是同时进行的。反射回的信号强度较发射信号要弱得多,因此技术实现上的难点在于同频接收。

4.4 RFID 的典型应用范围

RFID 因其所具备的远距离读取、高储存量等特性而备受瞩目。RFID 主要应用在以下多个领域。

1. 物流

物流是 RFID 最大的市场应用空间,可以极大地提高物流环节的效率,并为实现零库存提供技术保障。这也是零售巨头沃尔玛极力推动 RFID 技术的主要原因。德国麦德龙已经在其超市中采用 RFID 技术来实现产品识别、反偷窃、实时库存和产品有效期控制。RFID 的具体应用方向包括仓储管理、物流配送、零售管理、集装箱运输、邮政业务等。

2. 交通管理

利用 RFID 技术对高速移动物体识别的特点,可以对运输工具进行快速有效的定位与统计,方便对车辆的管理和控制。具体应用方向包括:公共交通票证、不停车收费、车辆管理及铁路机车、车辆、相关设施管理等。基于 RFID 技术的应用,可以为实现交通的信息化和智能化提供技术保障。实际上,基于 RFID 技术的军用车辆管理、园区车辆管理及高速公路不停车收费等应用已经在开展。

3. 军品管理

军事应用是 RFID 技术的主要方向之一，军事后勤保障迫切需要实现可视化管理。具体包括军事物资装备管理、运输单元精确标识，以及快速定位和主动搜索等。同时，军事物质或武器的高度机密性需要采用强有力的技术手段来进行管理和跟踪。RFID 技术可以对部队的人、车、武器、物质等进行信息化标记，全面支撑信息化战争的需要。

4. 食品安全及溯源

采用 RFID 技术可以有效解决食品的安全问题。一方面可以对食品的种植、养殖过程进行全程的管理记录；另一方面可以对流通的环节进行正向跟踪和逆向追溯，全面保障食品的安全。

5. 安防

对于高档小区、写字楼和政府机关，可以采用 RFID 技术对来访人员、员工进行信息化管理。对于重要的部门，则可以监控来访的人员信息；对于重要的文件、物件也可以采用 RFID 标签进行安全管理。

6. 宠物养殖与宠物管理

可以在动物或宠物的身体内植入 RFID 芯片，这个芯片可以将动物的信息以代码形式存储。按照相关的国际标准，每只宠物会有一个属于自己的身份证号码，相当于人的身份证。当宠物走失，通过芯片能很快找到主人，减少流浪宠物数量。在北京市已经开始给宠物植入 RFID "身份证"。

7. 公共安全、电力设备、水管、红绿灯、光纤、钢瓶、气瓶等

RFID 技术具有低廉的价格、稳定的性能、30~50 年的使用寿命的特点，足以为生产生活提供全面的安全保障。具体应用方向包括：医药卫生、食品安全、危险品管理、防伪安全、煤矿安全、电子证照、动物标识（涉及公共卫生安全）、门禁管理等。城市中的基础设施，如水管、电力站、红绿灯、光纤、危险气体钢瓶等，都可以采用 RFID 技术来进行管理和维护。此外，RFID 技术与其他相关技术集成，可以构建快速识别、数据采集、信息传输的综合服务体系，用于大型运动会、展览会等重大活动的综合管理。

8. 医疗信息化

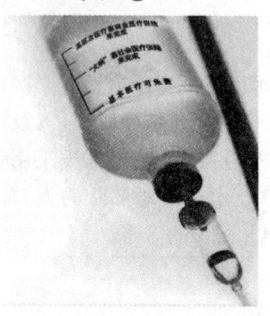

住院病人每人佩戴一个属于自己的 RFID 腕带,腕带中能够存储病人基本的生命特征、当日用药医嘱、长期用药医嘱、检验化验项目及过往病史等。腕带的信息每日更新,只需要护士拿手持机读取即可获得。通过发药护士、病人与腕带医嘱之间的验证匹配,可以杜绝发错药及打错针的现象发生,同时也明确责任。系统可以设置时间段的定时提醒,通过该提醒的设置,可自动提示护士进行发药或者巡查病人基本生命特征。

9. 制造与制造业信息化

为提高中国制造业信息化水平,以信息化带动工业化,在企业原材料供货、生产计划管理、生产过程控制、精益制造等方面,使用 RFID 技术可以促进生产效率和管理效率的提高。RFID 技术可以提高工厂加工的信息化与智能化,是智能工厂的有效手段。

10. 智能家居

采用 RFID 技术可以实现家庭生活的智能化,不但可以提高家庭的安全性,还可以有效管理家庭的各种电器、宠物及吃穿住行的各方面。譬如,给每个衣裤贴上 RFID 标签,其中有衣裤的颜色、尺寸信息,则可以根据当天的气温及出行目的智能地选择组合方式。此外,可以根据主人的需要智能地完成热水、清洁及开关电灯等工作。

11. 商品防伪

商品防伪能保障正常的市场秩序与消费信誉,具有巨大的市场空间。采用 RFID 防伪技术与无线通信网络可以在任何时间、任何地点实现商品的质量鉴定。目前已在烟酒等商品上进行试点。

12. 图书馆管理

通过 RFID 系统,简化借还书流程,提高流通效率,大幅降低图书盘点和查找工作量,改变借阅管理和安全防漏流程脱节的情况,实现全面的数字化管理。目前在深圳图书馆和杭州图书馆已得到成功的应用。

【微信扫码】小知识

单元小结

本单元主要介绍了 RFID 的基本概念、RFID 的特点与构成、RFID 主要技术标准体系和频率标准以及 RFID 在现代物流中的应用。完成 RFID 设备的模拟采购。

【综合练习】

1. 简答题
(1) 简述 RFID 技术的特点。
(2) 简述主动式标签和被动式标签的区别。
(3) 简述 RFID 使用的主要频率标准有哪些？
(4) 简述 RFID 技术在现代物流业中有哪些应用？

2. 案例分析

RFID 让麦德龙的东西更便宜

麦德龙集团(METRO Group)是世界第三大零售商,当其宣布计划在整个供应链及其位于德国 Rheinberg 的"未来商店"采用 RFID 技术时,业界众说纷纭,其中不少是抱有怀疑的态度,然而随着麦德龙采用 RFID 的举措取得实效,预期采用 RFID 技术所得到的节省时间、降低成本及改进库存管理等运营优势——兑现,外界原来置疑的眼光变成艳羡,而麦德龙也决定加快其部署 RFID 方案的步伐,从实验试点阶段转为正式投入使用。

麦德龙首席信息官 Zygmunt Mierdorf 表示:"我们使用 RFID 方案后取得的日常工作改进成果可谓立竿见影,正如设想一样,仓库及商店的货品交收程序大幅度提速、过往浪费于送货的时间大大减少。此外,RFID 协助我们找出及纠正货品处理流程中薄弱的环节,货品在仓库上架的工序也有改进,总的来说,我们的工作效率提高了,而商店脱货的情况则减少。"

麦德龙在欧洲及亚洲 30 个国家及地区设有百货商店、大型超级市场和杂货店。在 2002 年,公布其"未来商店(Future Store)计划",号召了 50 多家伙伴携手开发及测试崭新的应用程序,涵盖零售供应链的各个环节,包括物流及零售店内顾客体验等方面。在 RFID 读写器方面,麦德龙只选择了两家供应商伙伴合作,其中一家便是 Intermec。Intermec 参与了麦德龙多个大型的 RFID 试点计划。

在 2004 年 11 月,当大部分的 RFID 厂商还在关注 EPC Global 第二代 RFID 标准的最终敲定实施的强迫性标签项目期限时,麦德龙的托盘追踪应用已经完成试行阶段,正式投入运行。在 2005 年 1 月,其他供应链项目刚启用,而第二代标准的细节尘埃落定,麦德龙已率先庆祝"成功实施 RFID 百天纪念",在这 100 天中,麦德龙通过使用 Intermec 的 Intellitag RFID 读写器,成功识别超过 50 000 个托盘,其标签的识读率更超过 90%。此外,麦德龙正式实施 RFID 所取得的成效与试验计划相仿:仓储人力开支减少了 14%、存货到位率提高了 11%,以及货物丢失率降低了 18%。

在 2005 年 3 月,麦德龙连同 Intermec 以及飞利浦电子公司演示了 EPC 第二代 RFID 系统的首个商业应用,示范了如何从 ISO 18000 - 6B 为基础的系统,升级到 ISO、EPC 和 ETSI 兼容系统的简便途径,满足真正全球供应链的需要。

(1) 从试验计划到正式实施

鉴于试验计划取得极大成功,麦德龙决定在其位于德国 Unna 最繁忙的配送中心,建立一个全面的 RFID 托盘跟踪中心。麦德龙在该中心部署了多项 RFID 应用,其中包括可以识别衣架上衣服的系统,其每小时的物品处理量超过 8 000 件。

麦德龙决定再度与 Intermec 合作,在上述计划中使用对方的 RFID 读写器。目前已经有超过 40 台 Intermec 的固定式、手持式和最新的叉车用车载式 RFID 读写器被采用。

麦德龙"未来商店计划"项目执行经理 Gerd Wolfram 博士表示:"Intermec 熟悉 RFID 技术,它在麦德龙全面开展 RFID 的举措中担当重要的角色。Intermec 的设备表现了卓越的识读率和系统性能,协助我们实现为零售商提供 RFID 的高效及准确的运营优势。"

托盘跟踪是这个配送中心的 RFID 系统的基础。大约 20 家麦德龙的供应商(到 2005 年年底时已增加至 100 家)在运送到配送中心的货箱和托盘上使用了 RFID 标签。进入仓库的托盘都要经过一个安装了 Intermec IF5 读写器的门户。IF5 读写器是固定式的智能数据采集设备,它采集托盘标签上的序列运输容器代码(SSCC),过滤托盘上来自货箱标签的数据。然后 SSCC 就被自动地报告到麦德龙的 SAP 企业系统内,与麦德龙收到的预先发货通知(ASN)的 EDI 交易记录相核对,符合麦德龙系统订单的托盘将被批准接受,有关内容将随着物品的入库自动进行记录,库存系统记录得以更新。

IF5 读写器多项出类拔萃的功能为这一项目的成功做出贡献,这是一款高度智能化的读写器,自带的软件系统能够预先对标签读取的数据进行处理,然后才传输到系统里。数据处理使得通信更快捷,并且为企业级应用软件提供了"纯"数据,供进一步处理。通过使用 Intermec 开发的界面,IBM 的 Websphere Everywhere 软件也能在 IF5 上运行,提供额外的数据净化支持。

麦德龙还利用了 IF5 读写器的输入/输出端口,整合了移动传感器。当传感器探测到一个正逐渐移近的托盘时,读写器将自动开启并发出读取信号,不经人工操作便可发送读取信号,大大降低了人力成本,而且信号是在有需要的时候才发出,协助麦德龙符合环境保护及放射性方面的法规。输出端口控制着一个指示灯,当托盘清点完毕后将亮绿灯,亮红灯则指示有问题发生。

待系统确定接收托盘后,会通过 802.11 无线 LAN 将指示传输到叉车上的 Intermec CV60 车载计算机上,从而告知叉车操作员进行入库作业。为了保证处理正确的托盘,操作员会用 Intermec IF4 读写器来读 SSCC 标签。由于叉车只能从两边驶近欧洲规格的托盘,这就要求读写器围着托盘的角落来读取标签。麦德龙和 Intermec 通过试验以不同的标签和读写器放置方法解决了这个问题。

Mierdorf 表示:"尽管我们遇到了许多的技术挑战,但我们终于能大幅度改进货品交收程序,享受 RFID 所带来的丰硕成果。"

当叉车操作员到达货品待处理区,车载系统将自动读取永久性货位标签。系统自动核对计划货位和读取到的指示信息,以防放错位置。然后,操作员再通过无线 LAN 接收下一个放置或提货任务。

根据麦德龙的统计,使用 RFID 系统识别托盘、发货确认和入库处理后,每辆货车检查及卸载的时间缩短了 15~20min,节省了时间,提高了工人的生产力;未到位的发货会立即被发现,因此大大改善了库存准确度,使得麦德龙能够把缺货情况减少11%。

与此同时,相反的运作流程也保证了仓库能准确、迅速地把货品送交零售店。叉车操作员通过CV60上的指令来接收订单,通过读取RFID地点标签来确认提取地点,然后通过读取RFID或者条码标签来确认提取的货物。被提取的货品被送至包装区域,在那里它们被装上托盘送至相关商店。

商店的每次订货通常含有不同货品,混合多个托盘是很普遍的,因此准确地识别托盘里的每一项物品是非常重要的。货品经扫描后,主机系统里会将数据和订单信息相比较。当订单上所列货品已经全部找出,有关托盘便会被封装,盘上的Intermec Intellitag RFID标签会被读取,托盘内容就与麦德龙数据系统里的托盘ID挂钩。托盘随后被批准交付给商店,在那里一个和配送中心相似的自动RFID采集系统将用于核对货品交收和记录。

(2) 乘胜前进

鉴于前期计划取得巨大成功,麦德龙与Intermec进一步合作扩大RFID计划的范围,在2006年,麦德龙遍布德国的全部"Cash & Carry"品牌批发商店正式启用了Intermec的第二代无线射频识别技术(RFID)。从2006年4月1日起,麦德龙集团的供应商已经可以向该公司付运带有第二代RFID标签的托盘。

麦德龙Cash & Carry是自助批发店中的佼佼者,采用了先进的第二代RFID设施,包括Intermec的第二代IF5 UHF RFID读取器和IBM的中间件。应用于麦德龙Cash & Carry商店的Intermec第二代RFID技术构建了一个各种RFID产品和系统兼容协作的平台,有效协助追踪托盘,从而改进存货管理。

在麦德龙Cash & Carry商店使用Intermec第二代RFID技术来追踪托盘只是该集团有关计划的首项举措,麦德龙和Intermec正探讨把第二代RFID技术应用于其追踪货箱。

MGI麦德龙集团信息技术股份有限公司董事总经理Gerd Wolfram博士表示:"第二代RFID技术就在眼前,Intermec是协助麦德龙部署RFID技术的策略性合作伙伴,我们与该公司的合作将为麦德龙Cash & Carry搭建一个实际可用的第二代RFID设备体系,同时也证明了两家公司是采用这种崭新技术的先驱。"

案例思考:
(1) 实施"未来商店计划",麦德龙公司采取的措施是什么,实施方案是怎么推进的?
(2) 分析RFID技术在麦德龙公司"未来商店计划"中起到的作用。

任务 5　RFID 技术与物联网

【任务描述】

RFID 技术现已广泛应用于工业自动化、商业自动化、交通运输控制管理和身份认证等多个领域，而在仓储物流管理、生产过程管理、智能交通、网络家电控制等方面更是引起了极大的关注。本节主要学习 RFID 技术的原理、应用场景，以及 RFID 技术与物联网。

【任务目标】

1. 理解 RFID 技术的含义与原理；
2. 了解 RFID 技术的发展历程；
3. 掌握 RFID 技术的特点；
4. 了解 RFID 技术与物联网的发展。

【任务实施】

1. 教师讲清该学习任务的目标；
2. 根据任务安排，对学生进行分组，5~10 人一组，设组长一名；
3. 以小组为单位查阅相关资料，制订资料搜集计划；
4. 搜集资料之前，明确小组各成员的任务；
5. 组长在资料搜集过程中，及时跟进，记录各成员的表现，并及时向老师反馈。

【学习评价】

被考评人			考评组调查对象			
考评时间			考评地点			
考评内容			身边的 RFID 技术			
考评标准	内容	分值	自评	小组评议	教师评议	考评得分
	调研过程中遵守纪律，礼仪符合要求，团队合作好	20				
	调研记录内容全面、真实、准确，PPT 制作规范，表达正确	25				
	调研报告格式正确，能正确总结出调研企业的物流信息化程度、物流信息技术应用现状	30				
	调研报告能提出合理化建议	25				

【相关知识点】

5.1　物联网的基础知识

1. 物联网的定义

物联网的英文名称为"The Internet of Things"。由该名称可见，物联网就是"物物相连的互联网"。它有两层意思：第一，物联网的核心和基础仍然是互联网，是在互联网基础上的延伸和扩展的一种网络；第二，其用户端延伸和扩展到任何物品与物品之间，进行信息交换和通信。因此，物联网的定义是通过射频识别（RFID）装置、红外感应器、全球定位系统、激光扫描器等信息传感设备，按约定的协议，把任何物品与互联网相连接，进行信息交换和通信，以实现智能化识别、定位、跟踪、监控和管理的一种网络。物联网示意图如图 2-49 所示。

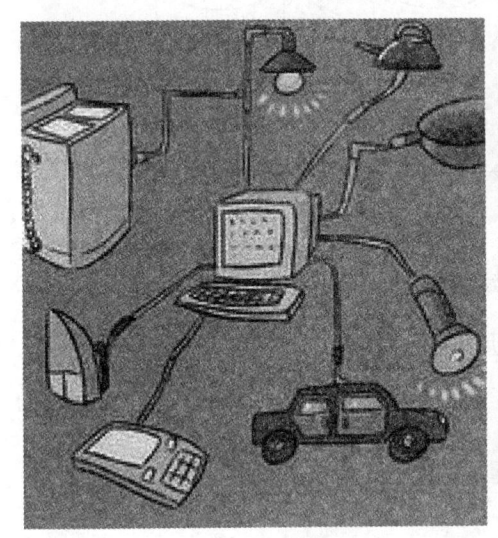

图 2-49 物联网示意图

2. 物联网的起源

1998 年，美国麻省理工学院（MIT）的 Sarma、Brock、Siu 创造性地提出将信息互联网络技术与 RFID 技术有机地结合，即利用全球统一的物品编码（Electronic Product Code，EPC）作为物品标识，利用 RFID 实现自动化的"物品"与 Internet 的联接，无须借助特定系统，即可在任何时间、任何地点实现对任何物品的识别与管理。

1999 年，由美国统一代码委员会（UCC）吉列和宝洁等组织和企业共同出资，在美国麻省理工学院成立 Auto-ID Center，在随后的几年中，英国、澳大利亚、日本、瑞士、中国、韩国等国的 6 所著名大学相继加入 Auto-ID Center，对"物联网"相关研究实行分工合作，开展系统化研究，提出最初物联网系统构架由射频标签、识读器、Savant 软件、对象名称解析服务（ONS）、实体标记语言服务器（PML-Server）组成。

2003 年 11 月 1 日，国际物品编码组织（GS1）出资正式接管 EPC 系统，并组成 EPC Global 进行全球推广与维护。与此同时，原来 6 所大学的 Auto-ID 实验室转到 EPC Global 旗下的技术组，作为 EPC 实验室，继续对 EPC 系统的应用提供技术支持，提出物联网系统架构，如图 2-50 所示。

早在 1995 年，比尔·盖茨在《未来之路》一书中就已经提及物联网概念。但是，"物联网"概念的真正提出是在 1999 年，由 EPC Global 的 Auto-ID 中心提出，被定义为：把所有物品通过射频识别等信息传感设备与互联网连接起来，实现智能化识别和管理。

2005 年，国际电信联盟（ITU）正式称"物联网"为"The Internet of Things"，并发表了年终报告《ITU 互联网报告 2005：物联网》。报告指出，无所不在的"物联网"通信时代即将来临，世界上所有的物体从轮胎到牙刷、从房屋到纸巾都可以通过互联网主动进行交换；并描绘出"物

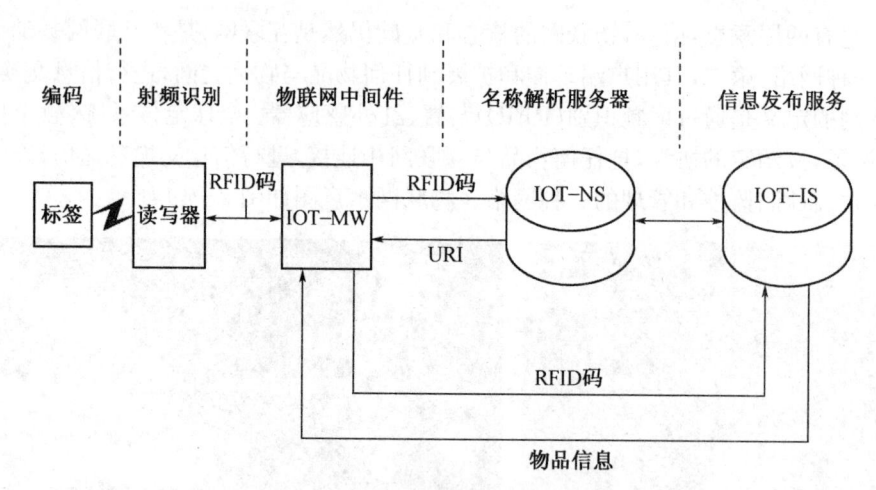

图 2-50 物联网系统架构

联网"时代的图景:当司机出现操作失误时汽车会自动报警;公文包会提醒主人忘带了什么东西;衣服会"告诉"洗衣机对颜色和水温的要求等等。

3. 物联网的特征

(1) 全面感知。利用 RFID、传感器、二维码、卫星、微波及其他各种感知设备随时随地采集各种动态对象,全面感知世界。

(2) 可靠的传送。利用以太网、无线网、移动网将感知的信息进行实时传送。

(3) 智能控制。对物体实现智能化的控制和管理,真正达到人与物的沟通。

4. 各国物联网战略或计划

(1) 2008 年——美国 智慧地球

IBM 提出的"智慧地球"概念(建议政府投资新一代的智慧型基础设施)已上升至美国的国家战略。该战略认为 IT 产业下一阶段的任务是把新一代 IT 技术充分运用在各行各业之中,具体地说,就是把感应器嵌入和装备到电网、铁路、桥梁、隧道、公路、建筑、供水系统、大坝、油气管道等各种物体中,并且被普遍连接,形成"物联网"。

(2) 2009 年——欧盟物联网行动

物联网行动计划。具体而务实,强调 RFID 的广泛应用,注重信息安全。2009 年 6 月,欧盟委员会向欧盟议会、理事会、欧洲经济和社会委员会及地区委员会递交了《欧盟物联网行动计划》(Internet of Things-An action plan for Europe),以确保欧洲在建构物联网的过程中起主导作用。行动计划共包括 14 项内容,主要有管理、隐私及数据保护、"芯片沉默"的权利、潜在危险、关键资源、标准化、研究、公私合作、创新、管理机制、国际对话、环境问题、统计数据和进展监督等一系列工作。

(3) 2009 年——日本 i-Japan 战略

i-Japan 战略。在 u-Japan 的基础上,强调电子政务和社会信息服务应用。2004 年,日本信息通信产业的主管机关总务省(MIC)提出 2006~2010 年间 IT 发展任务——u-Japan 战略。该战略的理念是以人为本,实现所有人与人、物与物、人与物之间的连接,即所谓 4U = For You (Ubiquitous, Universal, User-oriented, Unique),希望在 2010 年将日本建设成一个"实现随时、随地、任何物体、任何人(anytime, anywhere, anything, anyone)均可连接的泛在网络社会"。

(4) 2009年——韩国u-Korea战略

继日本提出u-Japan战略后,韩国也在2006年确立了u-Korea战略。u-Korea战略旨在建立无所不在的社会(ubiquitous society),也就是在民众的生活环境里,布建智能型网络(如IPv6、BcN、USN)、最新的技术应用(如DMB、Telematics、RFID)等先进的信息基础建设,让民众可以随时随地享有科技智慧服务。其最终目的,除运用IT科技为民众创造衣食住行育乐各方面无所不在的便利生活服务,亦希望扶植IT产业发展新兴应用技术,强化产业优势与国家竞争力。

(5) 2009年——中国感知中国

2009年8月7日温家宝总理在无锡考察时提出要尽快建立中国的传感信息中心或者"感知中国"中心。

5.2 EPC物联网的组成

EPC系统是一个先进的、综合性的和复杂的系统,如图2-51所示。它由EPC编码体系、RFID系统及信息网络系统3个部分组成,主要包括6个方面:EPC编码、EPC标签、读写器、EPC中间件、对象名称解析服务(ONS)和EPC信息服务(EPCIS)。

PML是物联网中的通用语言,用来定义物理对象的数据。它以可扩展标志语言XML的语法为基础。PML服务器内部存放制造商生产的所有物品相关数据信息的PML文件。

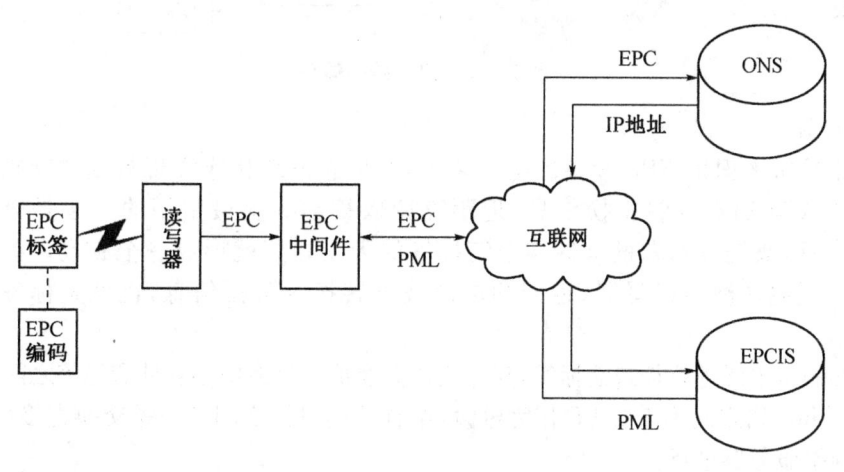

图2-51 EPC系统组成结构

1. EPC编码

国际上目前还没有统一的RFID编码规则。目前,日本支持的泛在识别(Universal Identification, UID)标准和欧美支持的电子产品码(Electronic Product Code, EPC)标准是当今影响力最大的两大标准,我国的RFID标准还未形成。

EPC编码有通用标识(GID),也有基于现有全球唯一的编码体系EAN/UCC的标识(SGTIN、SSCC、SGLN、GRAI、GIAI)。这类标识又分为96位和64位两种,其体系如图2-52所示。

2. EPC标签

EPC标签是产品电子代码的信息载体,主要由天线和芯片组成。EPC标签中存储的唯一信息是96位或者64位产品电子代码。为了降低成本,EPC标签通常是被动式射频标签。

EPC标签根据其功能级别的不同分为5类,目前开展的EPC测试使用的是Class1/GEN2。

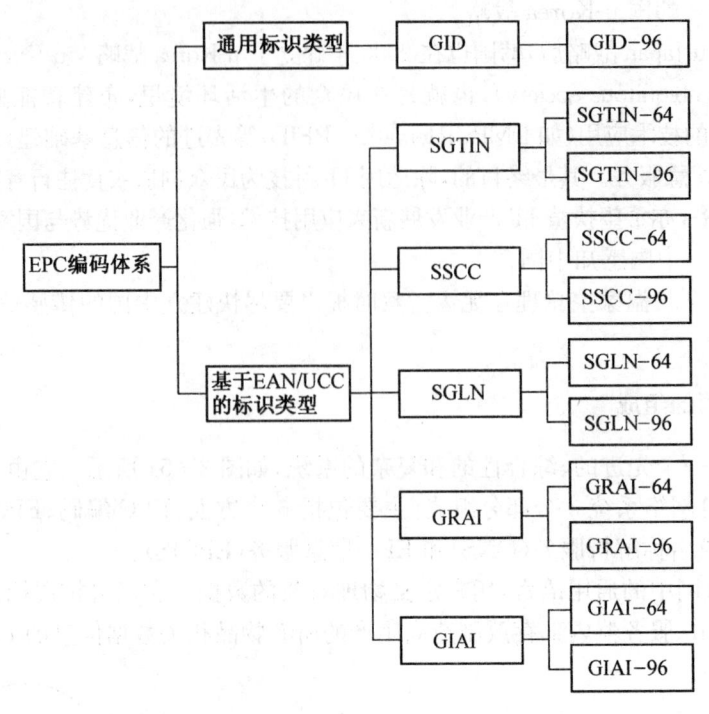

```
                            ┌─ 通用标识类型 ── GID ── GID-96
                            │
                            │                         ┌─ SGTIN-64
                            │              ┌─ SGTIN ──┤
                            │              │          └─ SGTIN-96
                            │              │
                            │              │          ┌─ SSCC-64
                            │              ├─ SSCC ───┤
                            │              │          └─ SSCC-96
          EPC编码体系 ───────┤              │
                            │              │          ┌─ SGLN-64
                            │  基于EAN/UCC ├─ SGLN ───┤
                            └─ 的标识类型 ─┤          └─ SGLN-96
                                           │
                                           │          ┌─ GRAI-64
                                           ├─ GRAI ───┤
                                           │          └─ GRAI-96
                                           │
                                           │          ┌─ GIAI-64
                                           └─ GIAI ───┤
                                                      └─ GIAI-96
```

图 2‑52　EPC 编码体系

3. 读写器

读写器是用来识别 EPC 标签的电子装置,与信息系统相连实现数据的交换。读写器使用多种方式与 EPC 标签交换信息,近距离读取被动标签最常用的方法是电感耦合方式。只要靠近,盘绕读写器的天线与盘绕标签的天线之间就形成一个磁场。标签就利用这个磁场发送电磁波给读写器,返回的电磁波被转换为数据信息,也就是标签中包含的 EPC 代码。

读写器的基本任务就是激活标签,与标签建立通信并且在应用软件和标签之间传送数据。EPC 读写器和网络之间不需要 PC 作为过渡,所有的读写器之间的数据交换直接可以通过一个对等的网络服务器进行。

读写器的软件提供了网络连接能力,包括 Web 设置、动态更新、TCP/IP 读写器界面、内建兼容 SQL 的数据库引擎。

当前 EPC 系统尚处于测试阶段,EPC 读写器技术还在发展完善之中。Auto-ID Labs 提出的 EPC 读写器工作频率为 860～960 MHz。

4. EPC 中间件

EPC 中间件具有一系列特定属性的"程序模块"或"服务",并被用户集成以满足他们的特定需求,EPC 中间件以前被称为 savant。

EPC 中间件是加工和处理来自读写器的所有信息和事件流的软件,是连接读写器和企业应用程序的纽带,主要任务是在将数据送往企业应用程序之前进行标签数据校对、读写器协调、数据传送、数据存储和任务管理。图 2-53 描述 EPC 中间件组件与其他应用程序通信。

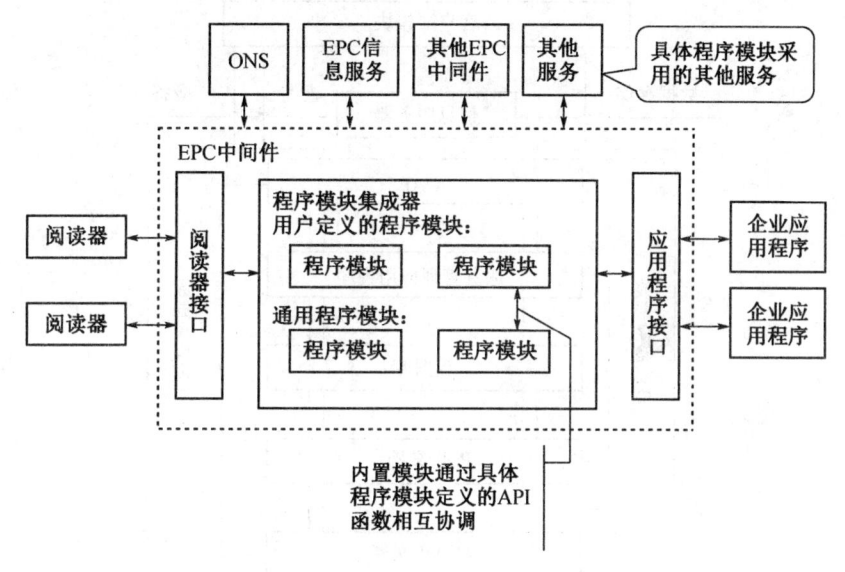

图 2-53　EPC 中间件及其应用程序通信

5. ONS(对象名称解析服务)

ONS 的作用是将一个 EPC(电子产品代码)映射成一个或多个 URI(统一资源定位符),通过这些 URI 可以查找到在 PML(产品标识语言)服务器上产品的详细信息。是联系前台 Savant 软件和后台 PML 服务器的枢纽,并且设计与架构都以因特网 DNS 为基础。ONS 工作过程如图 2-54 所示。

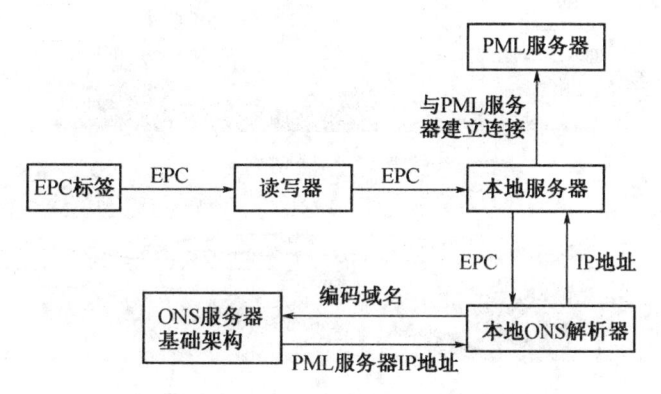

图 2-54　ONS 工作过程:ONS 查询过程

6. EPCIS(EPC 信息服务)

EPCIS 以 PML 为系统的描述语言,主要包括客户端模块、数据存储模块和数据查询模块 3 个部分(在 EPC1.0 中称为 PML 服务器;在 EPC2.0 中,完善了功能并称为 EPCIS 服务器)如图 2-55 所示。客户端模块主要实现物联网 EPC 标签信息向指定 EPCIS 服务器传输;数据存储模块将通用数据存储于数据库中,在产品信息初始化的过程中调用通用数据生成针对每一个产品的属性信息,并将其存储于 PML 文档中;数据查询模块根据客户端的查询要求和权限,访问相应的 PML 文档,生成 HTML 文档,返回给客户端。

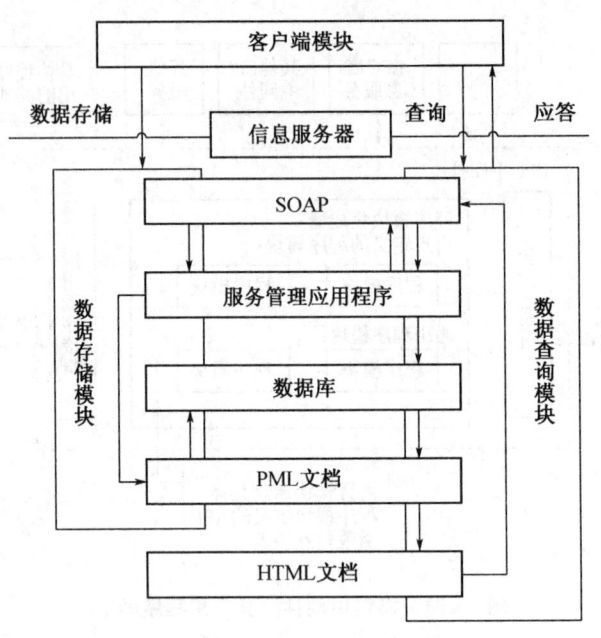

图 2-55　EPCIS 的组成图

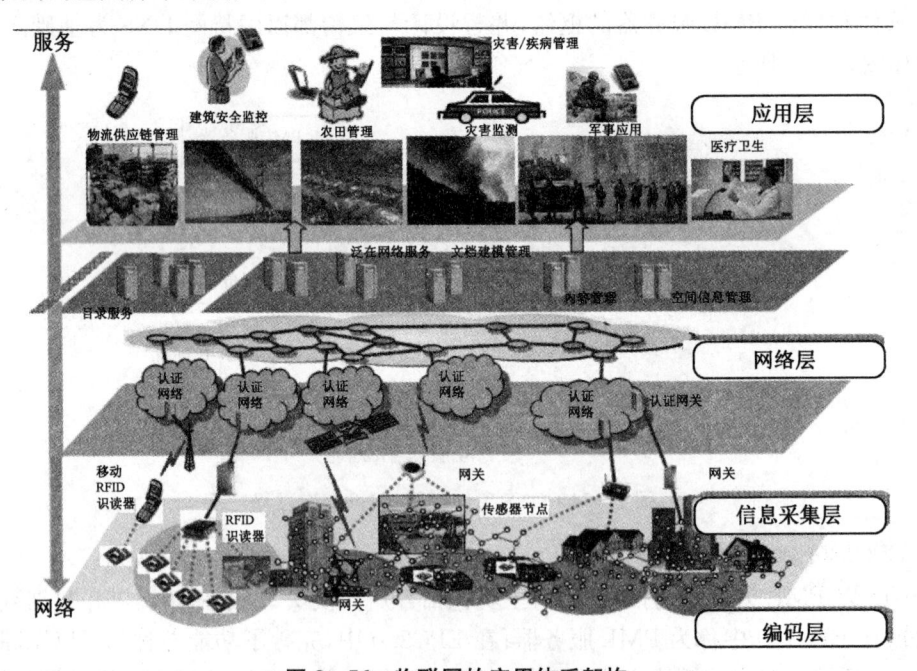

5.3　物联网的应用体系架构

物联网的应用体系架构如图 2-56 所示。

图 2-56　物联网的应用体系架构

应用层是构建在物联网技术架构之上的应用系统,包括商业贸易、物流、农业、军事等不同的应用系统。

网络层,即进行信息交换的通信网络,包括有 Internet、WiFi 网以及无线通信网络等网络。

信息采集指通过包括条码、射频识别、无线传感器、蓝牙等在内的自动识别与近场通信技术获取物品编码信息的过程。

编码层是物联网的基石,是物联网信息交换内容的核心和关键字。编码是物品、设备、地点、属性等的数字化名称。

5.4 EPC 系统的工作流程

在由 EPC 标签、读写器、EPC 中间件、Internet、ONS 服务器、EPC 信息服务(EPC IS)以及众多数据库组成的实物互联网中,读写器读出的 EPC 只是一个信息参考(指针),由这个信息参考从 Internet 找到 IP 地址并获取该地址中存放的相关的物品信息,并采用分布式的 EPC 中间件处理由读写器读取的一连串 EPC 信息。由于在标签上只有一个 EPC 代码,计算机需要知道与该 EPC 匹配的其他信息,这就需要 ONS 提供一种自动化的网络数据库服务,EPC 中间件将 EPC 代码传给 ONS,ONS 指示 EPC 中间件到一个保存着产品文件的服务器(EPC IS)查找,该文件可由 EPC 中间件复制,因而文件中的产品信息就能传到供应链上,EPC 系统的工作流程如图 2-57 所示。

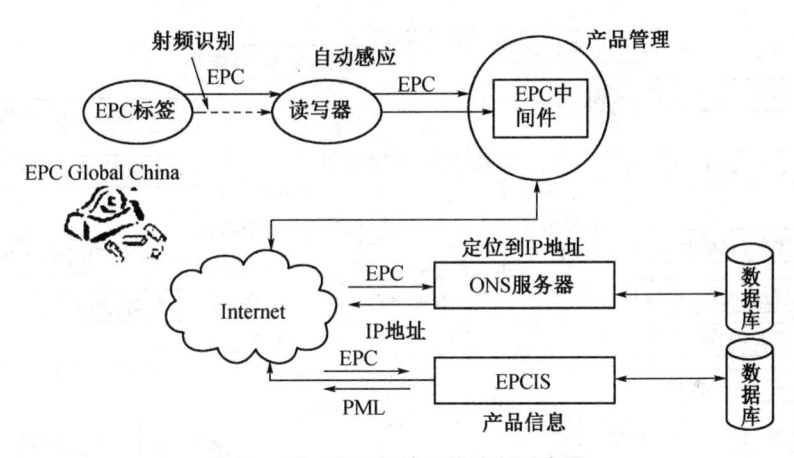

图 2-57 EPC 系统工作流程示意图

5.5 EPC 的特点

1. 开放的结构体系

EPC 系统采用全球最大的公用的 Internet 网络系统,这就避免了系统的复杂性,同时也大大降低了系统的成本,并且还有利于系统的增值。

2. 独立的平台与高度的互动性

EPC 系统识别的对象是一个十分广泛的实体对象,不可能有哪一种技术适用所有的识别对象。同时,不同地区、不同国家的射频识别技术标准也不相同。因此开放的结构体系必须具有独立的平台和高度的交互操作性。EPC 系统网络建立在 Internet 网络系统上,并且可以与 Internet 网络所有可能的组成部分协同工作。

3. 灵活的可持续发展的体系

EPC 系统是一个灵活的、开放的可持续发展的体系,可在不替换原有体系的情况下就可以做到系统升级。EPC 系统是一个全球的大系统,供应链的各个环节、各个节点、各个方面都可受益,但对低价值的识别对象,如食品、消费品等来说,它们对EPC系统引起的附加价格十分敏感。EPC系统正在考虑通过本身技术的进步,进一步降低成本,同时通过系统的整体改进使供应链管理得到更好的应用,提高效益,以抵消和降低成本。

5.6 物联网的应用

在国家大力推动工业化与信息化两化融合的大背景下,物联网将是工业乃至更多行业信息化过程中一个比较现实的突破口。一旦物联网大规模普及,无数的物品需要加装更加小巧智能的传感器,用于动物、植物、机器等物品的传感器与电子标签及配套的接口装置数量将大大超过目前的手机数量。

按照目前对物联网的需求,在近年内需要按亿计的传感器和电子标签。物联网将会发展成为一个上万亿元规模的高科技市场,这将大大推进信息技术元器件的生产,给市场带来巨大商机。

目前,物联网已经在行业信息化、家庭保健、城市安防等进行实际应用。图2-58展示了未来物联网的应用场景。

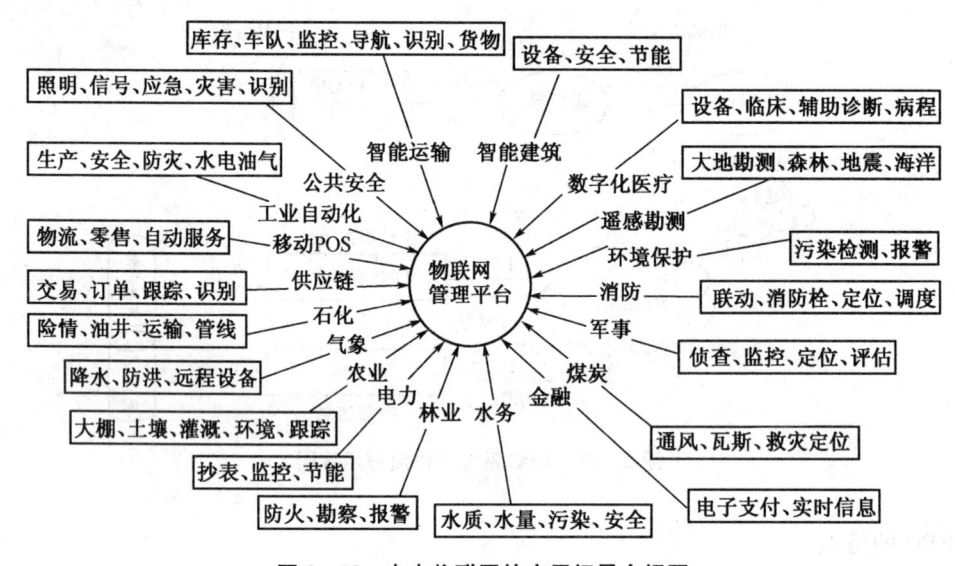

图2-58 未来物联网的应用场景全视图

单元小结

射频识别技术应用于超级市场,能迅速查询、调用各商品的信息,能对商品的信息实时改写和对商品进行远距离的群识别,实现宏观管理、信息共享、提高工作效率;而且能加快顾客支付速度,提高顾客的满意度和忠诚度,降低超市的风险度。

RFID技术的基本工作原理并不复杂:标签进入磁场后,接收解读器发出的射频信号,凭借感应电流所获得的能量发送出存储在芯片中的产品信息(Passive Tag,无源标签或被动标签),或者主动发送某一频率的信号(Active Tag,有源标签或主动标签);解读器读取信息并解码后,送至中央信息系统进行有关数据处理。

【综合练习】

1. 简答题
(1) 简述 RFID 的工作流程。
(2) 简述 RFID 的标准体系。
(3) 什么是物联网？简述物联网的原理和特征。
(4) 什么是 EPC？简述 EPC 物联网系统组成。

2. 案例分析

北京南开戈德配送中心解决方案

一、案例概述

本方案主要用于配送中心大宗货物的入库、存储、分拣以及出库自动化识别管理，由安装在货物上或托盘周转箱上的射频标签、安装在配送中心流程各环节的射频识别系统、中间件以及 WMS 软件组成。当贴有标签的目标通过设定的信号采集点时，标签立即发射出具有代表身份特征的射频信号，经系统接收、中间件处理并发送到 WMS 系统，由 WMS 系统发出一系列指令，实现对货物的信息采集、入库存储、定期盘点、分拣出库等功能。

二、方案构成

基于 RFID 的配送中心解决方案由多套射频识别系统、中间件（Middleware）、数据库系统以及仓库管理信息系统（WMS）组成（图 1）。其中：射频识别系统主要用于读/写电子标签上的信息；中间件介于前端硬件模块与后端数据库与应用软件中间，提供程序管理、信号过滤与汇集、事件管理、安全管理、网络管理等机制；数据库系统用于各种数据信息的录入、分析、输出、管理；仓库管理信息系统（WMS）用于控制流程各环节的动作，完成收货入库管理、盘点调拨管理、拣货出库管理以及整个系统的数据备份、数据查询、数据统计、报表生成、报表管理。

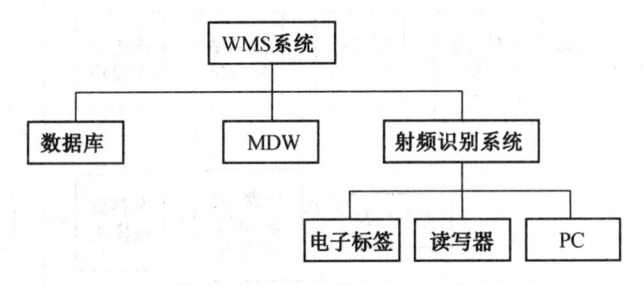

图 1 基于 RFID 的配送中心解决方案组成

三、方案建设

(一) 配送中心实物流

根据配送中心流程，在每个托盘、周转箱或货物上固定安装一张电子标签，将托盘或周转箱上的货物信息与电子标签捆绑输入数据库。

(1) 配送中心的入口处安装识别系统，托盘上电子标签所携带的相关信息被捕获，并传输到 WMS 系统，由系统根据货位信息安排入库位置。

(2) 配送中心拣选区域安装识别系统，把拣选完的货物信息读/写入周转箱上的电子标签。

(3)配送中心分拣区安装识别系统,在进行货物分流的同时,实现自动复核出库。
(4)叉车车体安装识别系统,识别托盘上电子标签所携带的相关信息,并根据信息做相应操作。

(二)配送中心信息流

图2为配送中心实物流,图3为配送中心信息流。

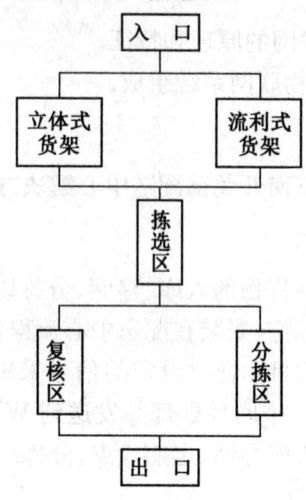

图2 配送中心实物流

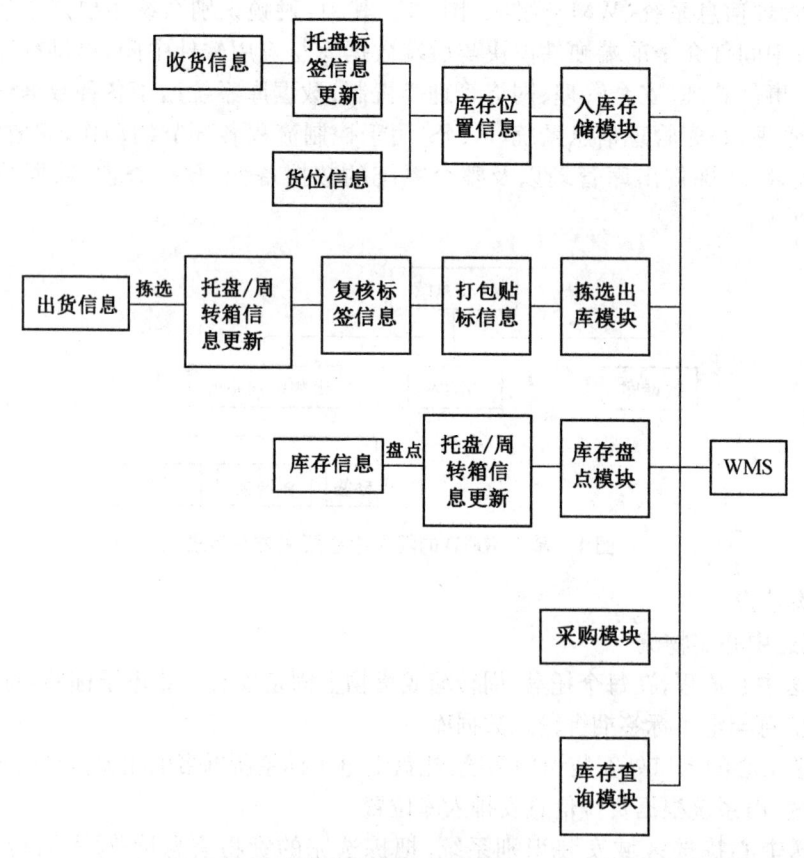

图3 配送中心信息流

四、方案优点

1. 托盘、周转箱一次贴标重复使用。

2. 优化调整配送中心流程,自动识别系统的信息防冲撞功能,能读取多张不同标签,实现出库的自动复核,大大提升出库速度,降低配送中心的劳动力成本。

3. 精准的库存管理,增强配送中心的计划、周转、分配能力,降低损耗和调节成本。

4. 研究表面:应用RFID解决方案能使配送中心的效率提高10%～20%,而库存和发货精度则能达到100%。

案例思考:
说明基于RFID技术的供应链管理流程。

任务6 POS机在商品销售管理中的应用

【任务描述】

POS(Point of Sale)系统称为销售时点信息系统,简化商业部门的作业流程,提高商店的运营水平。本任务通过进行条码的编制和打印,掌握条码识读设备的应用环境、安装和操作,结合POS系统实现门店的销售收银及前台的销售管理。

【任务目标】

1. 认识POS;
2. POS系统构成及选购;
3. 硬件安装、测试;
4. POS机软件选择及使用。

【任务实施】

前台POS系统实现门店的销售收银及前台的销售管理。其功能主要包括盘点、收银、改口令、对账、换班、设置及系统管理等。

1. 输入正确的收银信息和密码后,系统进入主界面,系统主界面如图2-59所示;

注意:在登录电子收款机时,输入收银员编码为0001、0002、0003或0004,收银员密码与输入的收银员编码相同。

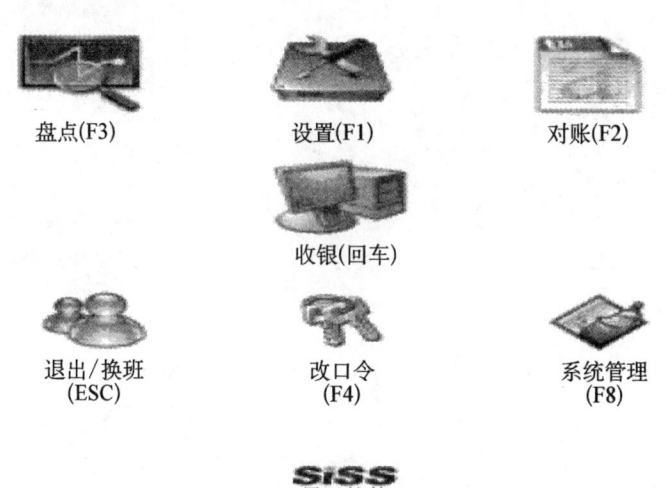

图2-59 前台POS系统主界面

2. 进入销售收银后,将出现如图2-60所示收银主界面;

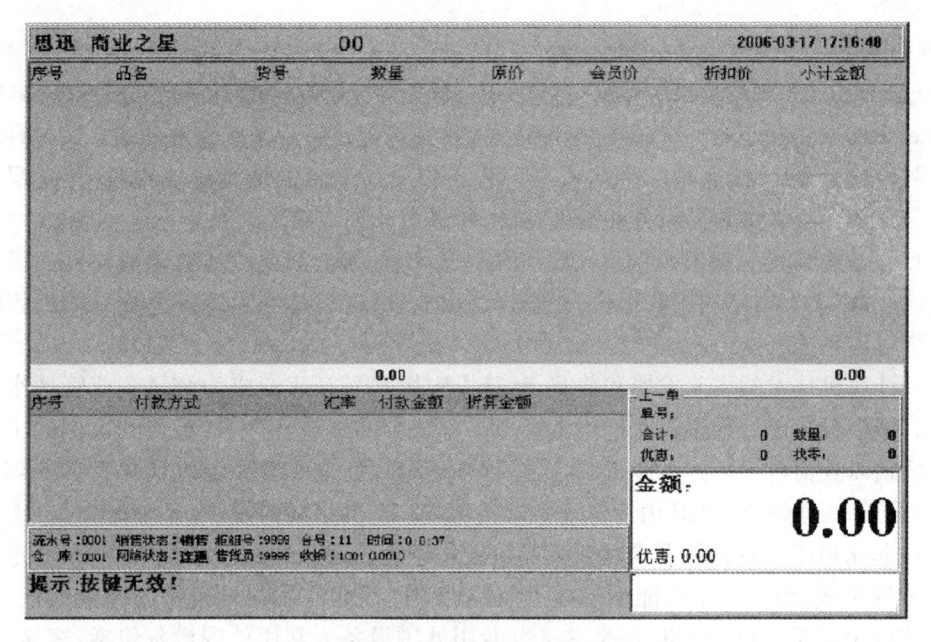

图 2-60 收银主界面

3. 完成货品输入后,按[结算]功能键,结算当前销售金额。弹出应付金额窗口,进入付款状态,如图 2-61 所示。一般情况下,在结算时自动开钱箱。

图 2-61 付款金额窗口

【学习评价】

被考评人			考评组调查对象			
考评时间			考评地点			
考评内容	POS 机在商品销售管理中的应用					
考评标准	内容	分值	自评	小组评议	教师评议	考评得分
	任务实施过程中遵守纪律,态度认真	20				
	能够进行前台销售操作	25				
	能够进行后台销售信息管理	30				
	任务报告数据正确,格式正确	25				

【相关知识点】

　　POS(Point of Sale，POS)的中文意思是"销售点"，是一种配有条码或 OCR 码(Optical Character Recognition,光字符码)终端阅读器,具有现金或易货额度出纳功能。其品种有有线和无线两种或有线、无线兼用。POS 机与广告易货交易平台的结算系统相联,其主要任务是对商品与媒体交易提供数据服务和管理功能,并进行非现金结算。

　　POS 系统也称为销售时点信息系统。从狭义来看,可能只是利用收银机协助卖场管理的自动化作业;广义上则是利用收银机、光学自动读取设备,以达到管理整个商品的销售时点系统和订货时点系统。

　　随着计算机技术的飞速发展和普及,计算机应用水平已逐渐成为衡量企业管理水平的重要尺度。销售管理作为零售企业现代化管理不可缺少的组成部分,日益受到人们的重视。传统销售模式以及销售管理体系和机制,已经越来越难以适应零售企业现代化管理的需求。随着我国经济的快速发展,POS 销售管理系统将有着广阔的市场前景。

　　POS 是微电子技术发展及现代化商品流通管理理念和技术发展结合的产物,通过将电脑硬件和软件集成,形成一个智能型的,既可独立工作,也可在网络环境下工作的商业工作站。POS 机实际上就是一台 PC 机,但是它又有专用外围设备。常用外围设备包括:客显、票据打印机、刷卡器、扫描设备。客显是给顾客看的,显示所收金额、找零金额、分 LED 和 VFD 两种;票据打印机用于打印收款小票,有针式打印机和热敏打印机两种;刷卡器是刷磁卡的设备,主要用于会员积分与店内会员储值、钱箱、装钱的设备,打印机打印完小票后自动弹开钱箱;扫描设备是扫描商品条码的设备,从样式上分扫描枪和激光平台,扫描发射器分为红外线与激光两种。

6.1 POS 机的分类

1. 按通信方式分类分

　　可以分为两大类:固定 POS 机和无线 POS 机,分别如图 2-62 和图 2-63 所示。

　　固定 POS 机的优点是:软件升级和维护比较容易;网络拨号方式,拨号速度快;POS 交易清算比较容易。其缺点是:需要连线操作,客人需要到收银台付账。该 POS 机适用一体化改造的项目的商户。

　　无线 POS 机的优点是:无线操作,付款地点形式自由;体积小。其缺点是:通信信号不稳定;数据易丢失;成本高。该 POS 适用于在客人住所收款商户类型。

图 2-62　有线 POS 机　　　　图 2-63　无线 POS 机

2. 按打印方式分类

　　可以分为热敏 POS 机、针打 POS 机、套打 POS 机。

热敏 POS 机的优点是:打印速度快、打印时无噪音、耗材成本低;其缺点是:签购单保存年限短,易受环境影响。热敏 POS 机适用一般商户类型。

针打 POS 机的优点是:签购单保存年限长,不易受环境影响;其缺点是:打印噪音大,耗材成较高。针打 POS 机适用一般商户类型。

套打 POS 机的优点是:签购单保存年限长,不易受环境影响,外观比较美观;其缺点是:耗材成本最高,打印速度慢。套打 POS 机适用宾馆、酒店、百货等大型商户。

3. 按使用范围分类

可以分为一类机、二类机、三类机。

金额管理机被称为一类机。其部门少于 10 个,PLU(商品价格查询)少于 100 个;主要满足结账需要;累计金额 8 位,小数点后 2 位,累计件数 5 位;还有顾客流量统计、计算税收功能、非营业收入和支付等扩展功能。一般情况下,一类机不具备通信能力,不能作为信息系统的数据采集终端,这是一类机的标志之一。一类机的功能虽然简单,但使用方便,价格低廉,用于小型的专卖店、杂货店等。

二类机具有商品管理能力和联网通信功能。一类机具有的功能二类机都具有,而且二类机功能更强,部门在二三十个以上,PLU 多于 3 000 个,4 位以上收银员,60 个以上的营业员,累计金额 10 位。二类机最大的特点是多台联网,可将其网络系统与通用计算机相连,由后者统一管理,因而可对大型流通企业的销售进行全面管理。

三类机是基于 PC 机的电子收银机,也称为 POS 机终端,是新一代收银机。它是计算机技术、通信技术和机械技术的综合应用,使收银机由早期单纯的信息采集工具进化为多功能的信息处理工具。它的硬件载体是以微机技术为基础的,因此软件丰富、完善。它可以为后台管理软件提供一套很完善的销售管理基础数据,完成对各种数据的编辑工作,并对本系统所设计的各类数据进行备份,出现意外情况时具有快速恢复功能。

6.2 POS 系统构成及选购

POS 系统是由前台收银子系统和后台销售数据处理子系统构成。其中收银子系统包括:电子收款机(图 2-64)、条码扫描仪、磁卡读写器、信用卡刷卡设备、收款机应用管理。该系统的设计充分考虑到安全性,对操作员的操作和菜单模块的操作均实行权限管理,权限的级别由部门管理人员自行设定。收银员可以通过扫描条码将商品添加到销售列表,系统会自动读取商品相关信息,如商品名称、规格、型号及单价,并显示到终端屏幕,对于多个同一商品,可以多次扫描,也可直接修改商品销售数量。根据操作权限不同,收银员还可以确定商品折让率或者

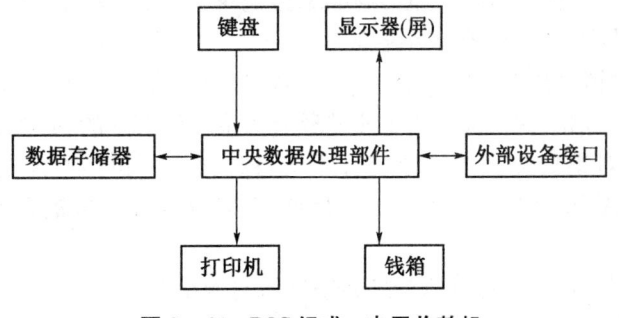

图 2-64 POS 组成—电子收款机

折让金额。具有人民币、外币、支票、信用卡及其混合等结算方式。Windows平台下的人机界面使得收银员操作更为直观、方便、快捷。进行结算时,商品总金额,顾客支付金额、找零等信息将会显示在顾客显示器上,保持与购物者的交流。

在实际销售中,对某一商品而言,因进货时供货商不同、采购时间不同、生产批次不同等等原因,其进价会存在差异,而销售时往往只以单一价格出售。基于成本核算考虑,系统根据"先进先出"原则,对相同售价但进价不同的商品销售数据进行分解存储。

后台销售处理子系统由计算机、数据库服务器、数据库管理软件、条码扫描仪、打印机等组成。主要是对前台收集到的信息进行分析处理,从而方便做出相关决定。

打印功能:结算时,系统根据商品总金额、顾客支付金额计算出找零,打印购物小票的同时发出打开钱箱的指令,钱箱自动打开/弹出,以便找零,刷卡时忽略此操作。

查询及报表功能:① 商品和库存,查询商品信息及库存情况。可以查询某一商品的属性信息,以及商品的当前库存情况。可打印商品库存列表,方便收银员清点柜台商品库存。② 商品销售记录,查询商品的销售情况。可以根据日期查询某一天的商品销售情况,也可以查询任意时间段内某一商品的销售情况。③ 商品销售日报,查询商品日销售情况。可以查询某一天的商品销售情况。既可以查询销售明细情况,也可以根据商品类别、结算方式、收银员对销售情况进行汇总。可打印商品销售日报表,经主管经理签字后报相关部门,如财务、备查。

后台销售数据处理子系统的作用有:

(1) 建立商品库,维护商品的基本信息。

(2) 实现仓库管理,完成商品进货、退货、调拨、退柜功能。

进、退货管理:完成商品进、退货。当商品验收入库时,填制商品验收单,退货时填制商品退货单。商品验收/退货单需经主管经理签字后生效,并报财务等相关部门备查。

调拨管理:完成商品调拨。调拨即从商品库中调拨商品至销售柜台。系统提供了警戒功能,当柜台某一商品数量达到警戒线,或某一比例范围,会提示营业员向仓储部门申请调拨该商品,以避免因备货量不足而影响销售。

退柜管理:完成商品退柜。退柜是销售柜台将商品退回至商品库。当商品因质量、损耗、保质期等问题无法进行销售时,需进行退柜处理。商品退柜后,由仓储部门决定将商品报损或者退货给供应商。

(3) 进行查询及输出报表。

商品查询:查询商品相关情况。包括商品基本信息查询、商品进/退货及调拨/退柜查询,以及商品库存或任一天结存情况查询。

销售查询:查询销售相关情况。包括商品销售记录查询、商场/柜台/收银员/POS机销售情况查询,以及任意周期内商品销售情况查询。

系统可以通过对销售数据的汇总分析生成销售状态图表,以便经营者准确、直观地对商品销售情况有通盘的了解和把握,进而为企业的经营决策提供有用的、必要的支持。

统计报表:通过对销售数据的汇总统计生成各种报表。包括商品进存销报表(分类/明细)、商品结存表(仓库/柜台)、商品库(柜)存盘点表,以及各种分析报表,如销量排行表,销量变化趋势表等。

图 2-65 为超市连锁经营计算机管理系统结构与网络图。

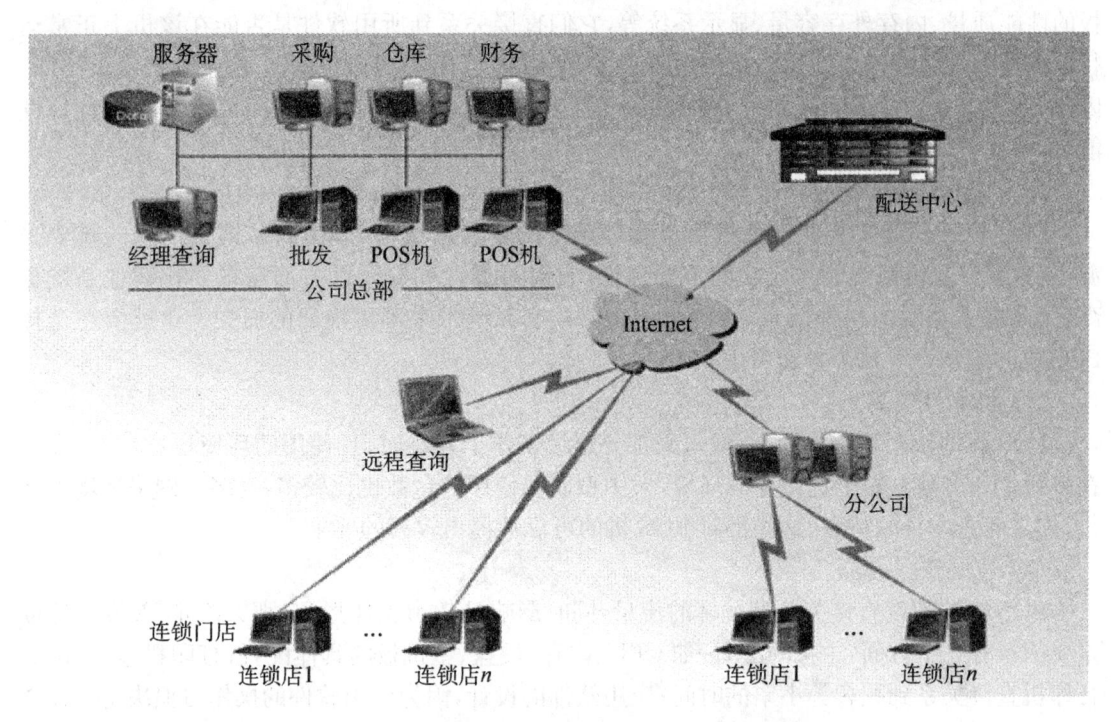

图 2‑65　超市连锁经营计算机管理系统结构与网络图

1. 系统构成

整个硬件系统主要由服务器、工作站、POS 机组成。服务器是整个系统的网络管理中心和数据中心，是系统中重要的"器官"。可选用的服务器有进口 IBM、惠普、国产联想、万全等，服务器装载网络操作系统和数据库管理系统，可以配置 2 个 40 GB 的硬盘以镜像方式工作，保证其中一个硬盘出现问题不影响和中断整个系统的运行；工作站可选用国产品牌机；前台收款采用质量可靠、易操作、通过鉴定的 POS 机，POS 机除配备钱箱、顾显、打印机外，还配备磁卡读写器和条码扫描器，可以在收银机完成各种磁卡的刷卡和条码的阅读工作。

采用容量达 40 GB 以上的磁盘为系统的备份和数据外仓。采用大功率、延时长的 UPS 作为电源备份系统，以防止因偶然因素造成的停电或者电压不稳的情况下，系统照常运行。

网络采用快速以太网结构。用非屏蔽双绞线连接以太网的技术使计算机网络的成本极大降低，但近年来随着网络应用的深入发展，特别是客户机/服务器结构和多媒体应用，网络瓶颈问题提上日程，采用树型结构分布正是改善瓶颈现象的有力措施。通过交换机把 POS 机和微机工作站分为几个网段，每个网段为 100 Mbps 的带宽，这样就大大加快数据的传输速度。网段内采用以太网拓扑结构，具有很高的性价比，非常适合于商业系统使用。这种结构使系统扩充方便，网络性能改善，减少阻塞，响应速度快，一个站点的故障不会影响到其他站点，保证了网络的安全性和有效性，通过调制解调器，可以完成与国际互联网的连接，系统的远程调试及与商场之外其他机构的信息交换工作。

2. 硬件选购

微机的种类多种多样，目前一般按微机中所用的核心部件——微处理器来划分。这些芯片配置在不同厂家生产的微机上，即使 CPU 芯片相同，由于各厂家所产微机的总线、体系结构等的设计不尽相同，其总体性能指标会有差异。除了 CPU 外，微机的选择还必须考虑主机板的性能质量、内存外存容量、显示系统等,它们直接关系到所用软件是否能在该机上正常运行。商业管理系统需要使用微机的地方很多,使用地点不同,对微机的性能、功能要求就不同。因此,应根据处理业务的需要、与整个系统的连接及将来的发展等多方面因素来考虑选择性能/价格比较优的微机。

3. POS 机选择原则

前台 POS 机是零售业计算机信息管理系统的重要组成部分,是商品销售信息的重要来源,是整套计算机系统能否成功的重要保证,它对可靠性和安全性方面需求要比其他系统更高,因此在选型时应格外慎重,否则可能会给整套系统带来不可挽回的损失。这就要在选择 POS 机时应从以下几个方面考虑:

(1) 可靠性要高

POS 机的使用频率很高,一般每天都要连续工作十几小时,且使用的环境也比较差,多处在多粉尘和多种电磁干扰并存的环境,大中型商场使用的台数也比较多,且多在网络环境下运行,加之商业本身的特点,这些都对 POS 机的可靠性提出较高的要求。

(2) 速度快

POS 机的速度直接关系到顾客的流量,同时影响到超市整体形象,那么决定 POS 机速度重要因素有三个方面:主机的配置,如 CPU、内存、硬盘、主机板的具体配置;打印机速度,因为打印机直接关系到顾客等小票的时间;应用软件的设计,因为应用软件的操作习惯决定了操作流程,当流程过与复杂或不连贯,则会大大影响收款速度。

(3) 易维护

POS 机在长期的使用过程中,不可能不出现故障。这就要求产品在设计时充分考虑到这一点。首先是当机器出现故障时在可能的情况下能报出故障的信息,以缩小故障范围,为用户指明维修方向。其次是部件更换要方便、简单。一般系统维护人员只需简单的培训即可承担,不需专业培训。

(4) 易操作

由于目前我国收款员的素质不是很高,国内顾客的购买习惯与国外也有较大差异,特别是在节假日进入商场的顾客会大大超出商场负荷,在收款台前会排起长长的交款队伍,这就要求 POS 机操作要简单、明了,POS 机的响应速度要快,特别是打印机的打印速度要快,提高收款员的收款速度,以尽可能地减少顾客的排队现象。

(5) 易扩展

随着社会的发展,商家对 POS 机的功能要求可能会发生一些变化,不同类型的商家对 POS 机的功能要求也不尽相同,这就要求在设计时要留有充分的扩展余地,将各个功能模块化,商家可以根据自身的要求自由组合选择,新需要的功能可以随时增加,这样既可以减少商家的投入,又能满足要求。同时机器应该有足够的接口,以便携带尽可能多的外设,如电子秤、条码阅读器、票据打印机及其他一些外设,不至于使其他功能上有一些缺陷。

(6) 要有长期的服务

POS 机是一种专用的高技术产品,其中有一部分是易损件和易耗品,这就要求硬件供应商具有较高的技术支持和充分的、长期的备件供应。要做到这一点,首先硬件生产商(或供应商)应具备全面 POS 机技术和商业计算机管理的系统技术,以确保用户在使用过程中不会存在技术难题;其次是产品应该是大批量生产的,只有大批量生产的机器,才能确保机器本身不会存在致命的缺陷,也才能具有长期备件供应的能力,生产商也才能投入大量的人力、物力去满足用户的要求;再次是系统集成商应有专门的技术服务机构和足够的技术人员来解决长期的售后服务,而这一点也是直接客户容易忽视的问题(如:有些集成商只有销售机构,那么专业的技术服务力量比较薄弱,甚至于技术服务人员全是"临时借用"其他公司,而客户因当时没有时间去考察或者被前期商家的"坚定承诺"所感动就忽略此项),所以一定要把好这一关。

单元小结

通过本次任务学生需要掌握 POS 机的原理,设备的基本构成和安装的基本程序,掌握按照要求进行商品分类、类别代码设置、建立商品档案、建立和修改操作员档案、权限设置、部门设置、建立和修改员工档案、调整结算方式的操作方法,通过练习达到熟练操作的程度。

【综合练习】

1. 简答题
(1) POS 系统应用在哪些领域?
(2) POS 系统有哪些类型?
(3) POS 系统目前主要存在什么问题?
2. 案例分析

沃尔玛 POS 与条码应用系统

沃尔玛公司的 POS 与条码系统是相辅相成、缺一不可的,其功能包括:商品流通管理、客户管理、供应商管理、员工管理。

1. 商品流通管理

沃尔玛盘点系统主要分抽盘和整店盘点两部分。其中,抽盘分几次进行,由负责人根据需要了解的商品销售情况,通过公司统一的信息系统直接输入指示,营业员通过店铺内的电脑收到指令后,用无线手提终端扫描指定商品的条码,确认商品后对其进行清点。然后,资料通过无线手提终端直接输入公司系统内。系统可以根据相关的分析快速得到商品的存货资料,并产生订货,再利用 EOS 系统向物流中心下订单。

整店盘点是门店按照总部统一的管理操作规定,定期对店铺内的所有商品进行盘点。由负责该区域的营业员通过无线手提终端得到主机上的指令,按指定的路线、顺序清点货品,然后把清点资料传输到主机。盘点期间不会影响店铺内的正常运作。

2. 客户管理

以沃尔玛山姆会员店为例,新加入的会员必须先到会员服务中心填写入会表格并办理相关手续,服务中心立刻通过条码影像制卡系统为客户照相,并在 8 秒钟内把条码影像会员卡发到客户手上。卡上有客户的彩色照片、会员编号及其条码、入会时间、类别、单位等资料。会员凭卡进入山姆店选购,在结账时必须出示此会员卡,收款员通过扫描卡上的条码确认会员身份,并可把会员的购货信息储存到会员资料库,方便以后使用。采用这种方式的主要优点是成本低、效率高、资料准确,而且会员丢失卡后不必担心会被其他人冒用。

3. 员工管理

在员工管理上,沃尔玛用条码影像制卡系统为每个员工制作员工卡,卡上有员工的彩色照片、员工号、姓名、部门、ID条码。员工工作时必须佩带员工卡,并使用员工卡上的条码记录考勤。所有员工的资料信息以及作业情况全部进入公司的信息系统,作为员工工作的基础考核数据。利用各种先进信息技术,沃尔玛在人力资源上的管理成本已经降到了很低的水平。

4. 供应商管理

系统最大特点是舍弃了较多厂商使用的客户机/服务器结构,采用较为先进的浏览器/服务器结构,运用COM+技术,实现了三层结构模式,其中间应用层的数据访问、处理能力和灵活的伸缩性等特点为超市大型应用提供了高性能和高扩展性的保证。

供货商将货物运到配送中心,配送中心根据每个店面的需求量对货物进行重新打包。沃尔玛的价格标签和统一产品码(Universal Product Code, UPC)条码早已经在供货商那里贴好,服装类商品都已经挂在衣架上。货物在配送中心的一侧作业完毕后,被运到另一侧准备送到各个店面里,也就是说,货物从"配"区运到"送"区。配送中心配备几英里长的激光制导的传送带,货物成箱地被送上传送带,运送过程中条码被扫描,这样这些货物箱就能够在庞大的配送中心自动找到将要装运自己的卡车,而无须在配送中心停留存货。

配送中心共有5 500辆运输卡车,全部装备卫星定位系统,每天24小时不停地作业。总部对此一目了然,可以根据实际情况合理安排运量和路程,最大限度地发挥运输潜力,提高工作效率。卡车每年的运输总量达到77.5亿箱,总行程6.5亿公里,物流成本降到最低。

案例思考:
(1) POS与条码应用系统在沃尔玛是如何应用的?
(2) 沃尔玛实施POS与条码应用系统后效果如何?

项目三 物流信息传输和交换

项目描述

信息的可传输性与时效性是信息的主要特征。有效信息的价值在不同的时间、场合,对不同的对象又有不同的意义,况且信息本身经过交换、引申、推导,也会使信息增值。利用各种技术将信息以特定的形式存储,并在其失效之前以更快、更便利的方式在需要的范围内传输与交换,可获取更大的信息价值。此外,物流信息的动态性和复杂性决定了物流信息传输和交换的重要性。

在实践中,常见的物流信息传输和交换技术有 EDI 技术、局域网技术、因特网技术。本项目通过实际操作、角色扮演和理论讲解相结合的方式,促进学生对 EDI 技术,EDI 基础理论知识的理解和物流信息系统中 EDI 实际应用能力的提高;对常见的局域网、无线网、因特网技术的应用的掌握。

项目目标

1. 掌握 EDI 基础理论知识和当前 EDI 技术在物流信息系统中的实际应用;
2. 掌握网络传输基本理论和实际应用;
3. 了解当前物流企业的信息传输现状和发展趋势;
4. 提高学生的动手能力和初步的设计规划能力。

任务 1　EDI 技术认知

【任务描述】

本任务通过使用德意实验室系统关于 EDI 模块，让学生直观地学习 EDI 的概念、EDI 系统的构成、EDI 系统的工作原理、EDI 的标准。同时通过对 EDI 模拟软件的使用了解单证的录入、转换、发送，贸易伙伴管理以及商品信息管理的内容。

【任务目标】

1. 熟练使用 EDI 模拟软件进行单证的录入、转换、发送；进行贸易伙伴管理；进行商品信息管理；

2. 了解 EDI 的概念、广泛用途和特点、在我国的应用状况；EDI 系统的构成；EDI 系统的工作原理、EDI 的标准；

3. 掌握 EDI 模拟系统进行单证的录入、转换、发送；进行贸易伙伴管理；进行商品信息管理的程序；

4. 通过对基础理论的学习和使用的操作，理解系统运行的条件、原理，培养进行系统的选择与安装、更为复杂操作的学习能力。

【任务实施】

1. 学生以小组为单位参观、访问 EDI 应用单位，结合教师的讲解，通过查阅资料，小组讨论，形成有关 EDI 的概念、广泛用途和特点、EDI 在我国应用状况的书面报告；

2. 教师通过德意电子商务教学模拟软件，讲解 EDI 的系统构成、工作原理、EDI 的通信标准；

3. 学生实际操作德意电子商务实验室软件中的 EDI 部分，进行登录系统、订单录入、选择卖主、选择商品、查询商品、保存单证、查询单证、生成平面报文、生成 EDI 报文、发送报文、确认成功发送、贸易伙伴管理、商品信息管理等操作；

4. 学生按照要求，并写出实训报告。

【学习评价】

被考评人		考评组调查对象	
考评时间		考评地点	
考评内容	使用 EDI 模拟软件完成单证传输			

	内容	分值	自评	小组评议	教师评议	考评得分
考评标准	书面报告书写规范，内容真实、完整，礼仪符合要求，团队合作良好	20				
	实训日志、总结书写正确，按时提交	25				
	实训操作内容完整，步骤正确	30				
	实训态度积极、操作流程规范	25				

【相关知识点】

EDI 是英文 Electronic Data Interchange 的缩写，中文可译为"电子数据互换"，港、澳及海外华人地区称作"电子资料联通"。又由于使用 EDI 可以减少甚至消除贸易过程中的纸面文件，因此 EDI 又被人们通俗地称为"无纸贸易"。它是一种在公司之间传输订单、合同、发票等单证文件的电子化手段。它通过专用的通信网络将贸易、运输、保险、银行和海关等行业信息，用一种国际公认的标准格式，实现各有关部门或企业之间的数据交换与处理，并完成以贸易为中心的全部过程。它是 20 世纪 80 年代发展起来的一种新颖的电子化贸易工具，是计算机、通信和现代管理技术相结合的产物。

1.1 EDI 技术的产生与发展

1. EDI 的产生背景

20 世纪 60 年代，西欧、北美地区的工业发达国家从工业社会向信息化社会过渡，促进经济贸易全球化的趋势，也导致各种贸易单证、文件数量的剧增。而人工处理纸面单证的劳动强度和大量相似单证的重复性操作导致的出错概率也随之增大，制约贸易全球化的发展。另外，随着市场信息日渐透明，市场竞争也出现新的特征，价格因素在竞争中所占的比重逐渐减小，而服务性因素所占比重增大。市场变化速度加快、竞争加剧迫使销售商为了减少风险，要求小批量、多品种、供货快，以适应瞬息万变的市场行情。而且，在整个贸易链中，绝大多数的企业既是供货商又是销售商，因此提高商业文件传递速度和处理速度成为所有贸易链中成员的共同需求。

正是在这样的背景下，以计算机应用、通信网络和数据标准化为基础的 EDI 应运而生。EDI 一经出现便显示出强大的生命力，迅速地在世界主要工业发达国家和地区得到广泛的应用。正如某公司所描述："当 EDI 于 20 世纪 60 年代末期在美国首次被采用时，只属于当时经商的途径之一；时至今日，不但美国和欧洲大部分国家，以至越来越多的亚太地区国家，均已认定 EDI 是经商的唯一途径"。

2. 国外 EDI 的发展情况

20 世纪 60 年代末，美国航运业率先使用 EDI，1968 年美国运输业许多企业成立一个运输业数据协调委员会（TDCC），研究开发电子通信标准的可行性。早期的 EDI 只是在两个商业伙伴之间，依靠计算机与计算机直接通信完成。

20 世纪 70 年代，数字通信技术的发展大大加快了 EDI 技术的成熟和应用范围的扩大，出现了一些行业性数据传输标准并建立了行业性 EDI，也带动了跨行业 EDI 系统的出现。

20 世纪 80 年代，EDI 应用快速发展。1986 年，欧洲和北美地区 20 多个国家联合制定了 EDI 国际标准（EDIFACT），使得 EDI 标准的应用进入了一个新的里程。随着增值网的出现和行业性标准逐步发展成通用标准，加快了 EDI 的应用和跨行业 EDI 的发展。

20 世纪 90 年代出现了 Internet EDI，使 EDI 的应用范围从专用网扩大到互联网，降低了使用成本，满足了中小企业对 EDI 的需求。在 20 世纪 90 年代初，全球已有 2.5 万家大型企业采用 EDI，美国 100 家大型企业中有 97 家采用 EDI。20 世纪 90 年代中期，美国有 3 万多家公司采用 EDI，西欧有 4 万家 EDI 企业用户，包括化工、电子、汽车、零售业和银行等领域。时至今日，EDI 历经萌芽期、发展期已步入成熟期。英国的 EDI 专家明确指出："以现有的信息技术水平,实现 EDI 已不是技术问题,而仅仅是一个商业问题"。

总之,EDI 的推广应用大幅度提高了商贸和相关行业(如报关、商检、税务、运输等)的运作效率。目前已有 18 个国家部门成员和 10 个地方委员会。EDI 已在国内外贸易、交通、银行等部门广泛应用。

3. EDI 在我国的发展

我国 EDI 于 20 世纪 90 年代初才开始,起步较晚。为促进我国市场经济的发展,为提升我国企业在世界上的竞争力,必须在我国大力推广 EDI 的应用。

我国自 1990 年开始,国家计委、科委将 EDI 列入"八五"国家科技攻关项目。EDI 在各个行业得以迅速发展。例如,外经贸部国家外贸许可证 EDI 系统,中国对外贸易运输总公司、中国外运海运/空运管理 EDI 系统,中国化工进出口公司的中化财务、石油、橡胶贸易 EDI 系统,以及山东省抽纱进出口公司 EDI 在出口贸易中的应用等。

1991 年 9 月由国务院电子信息系统推广应用办公室牵头会同国家计委、科委、外经贸部、国内贸易部、交通部、邮电部、信息产业部、国家技术监督局、商检局、外汇管理局、海关总署、中国银行、人民银行、中国人民保险公司、税务局、贸促会等 16 个部委、局(行、公司)发起成立"中国促进 EDI 应用协调小组"。同年 10 月成立"中国 EDIFACT 委员会"并参加亚洲 EDIFACT 理事会,1993 年起实施的"金关工程",即对外贸易信息系统工程,是 EDI 技术在外贸领域应用的试点。

我国在选择和确定标准体系结构模式的指导原则有两条:一是从我国国情出发,与国民经济管理体制和经济运行机制相协调,为发展社会主义市场经济服务;二是认真吸取并引进国外的先进管理经验,为发展外经贸事业服务。

4. EDI 的发展方向

由于传统 EDI 存在的固有缺陷,EDI 发展呈现传统 EDI 向开放式 EDI 转变、专网 EDI 向基于互联网的 EDI 转变、EDI 应用也从大型企业向中小 EDI 转变的三大趋势。

一方面,针对 UN/EDIFACT 标准的复杂性和缺乏灵活性的缺点,联合国在 1994 年召开的"贸易效率世界大会"上提出开放性 EDI 的概念,即把原来以报文交换为基础的数据交换模式,进一步开放为以段或数据元为基础来交换数据,减少了标准制定的难度,增加了标准实施的广泛适用性。另一方面,随着先进的信息技术及计算机网络的发展,网络的逐渐普及,计算机系统价格的降低以及第三方信息服务商的出现,都为中小企业提供了开展与贸易伙伴间商务的电子数据交换的基础。EDI 也逐步由专用网络发展到互联网,朝着面向所有企业,特别是中小企业的方向发展,使缺乏资金和技术的中小企业有机会在 Internet 网络上实现商务信息交换,而这在过去,只能通过成本高昂的私有网络或者增值网络上进行。

随着 Internet 的迅速发展,以 Internet 为基础,使用可扩展置标语言 XML(Extensible Markup Language)的 EDI 模式,即 Web-EDI(或称 Open EDI)在中小型公司中得到应用。它简单而且成本低,所以成为中小公司与他们的大公司贸易伙伴相互进行电子数据交换的工具。

Internet 是世界上最大的计算机网络,近年来得到迅速发展,它对 EDI 的影响可概括为以下几个方面:

(1) Internet 是全球网络结构,可以大大扩大参与交易的范围;

(2) 一般地讲,通过私有网络和传统的增值网(VAN)建立全球的 EDI 系统只有经济实力较强的大型企业才具备条件。但通过 Internet,中小企业能方便地建立自己的全球 EDI 系统,而且花费很少。

(3) Internet 对数据变换提供了许多简单而且易于实现的方法,用户可以使用网络完成交易。

总之,基于 XML 的 EDI 的直接好处就是可使新兴企业和小企业加入电子商务中,XML 的应用必将推动 EDI 的大规模应用。这也是 EDI 技术未来的发展方向。

1.2 EDI 技术

1. EDI 的定义

由于 EDI 应用领域不同,实施目的不同,导致对 EDI 的定义也有所区别,难以统一,现列举如下。

定义 1:1995 年版的《美国电子商务辞典》(Haynes. E 1995)将电子商务定义为:"为了商业用途在计算机之间所进行的标准格式单据的交换。"

定义 2:美国国家标准局 EDI 标准委员会对 EDI 的解释是:"EDI 指的是在相互独立的组织机构之间所进行的标准格式、非模糊的具有商业或战略意义信息的传输。"

定义 3:联合国 EDIFACT 培训指南认为:"EDI 指的是在最少的人工干预下,在贸易伙伴的计算机应用系统之间的标准格式数据的交换"。

从上述 EDI 定义不难看出,EDI 包含了 3 个方面的内容,即计算机应用、通信、网络和数据标准化。其中计算机应用是 EDI 的前提条件,通信环境是 EDI 应用基础,标准化是 EDI 的主要特征。这 3 个方面相互衔接、相互依存,构成 EDI 的基础框架。

从上述权威人士及权威机构对 EDI 的解释,可以归纳出对 EDI 的理解有以下 5 点:

(1) EDI 是计算机系统之间进行的电子信息传输。

(2) EDI 是标准格式和结构化的电子数据的交换。

(3) EDI 是由发送者和接收者达成一致的标准和结构进行的电子数据交换。

(4) EDI 是由计算机自动读取而无须人工干预的电子数据交换。

(5) EDI 是为了满足商业用途的电子数据交换。

EDI 应用计算机代替人工处理交易信息,大大提高了数据的处理速度和准确性。数字通信网络作为交易信息的传输媒介代替了电话、电传、传真和邮寄等传统的传输方式,使信息传输更迅速、更准确。与传统的商业运作方式不同的是,EDI 技术为使商业运作的各方计算机能够处理这些交易信息,各方的信息必须按照事先规定的统一标准进行格式化,才能被各方的计算机识别和处理。因此,从一般技术角度来看,可以将 EDI 的概念概括为:"EDI 是参加商业运作的双方或多方按照协议,对具有一定结构的标准商业信息,通过数据通信网络,在参与方计算机之间进行传输和自动处理。"

EDI 的电子传输的核心内容是商业信息和商业单证,如订单、发票、付款通知、付款的凭证、工作安排和交货凭证等。

2. EDI 的应用类型

EDI 当前的主要应用领域有商业、外贸、制造业、化工、石油、汽车、金融、银行、交通运输、海关等;目前正在开发用于政府报告、广告、教育、司法、保险等领域的 EDI 标准。这说明 EDI 已越过"无纸贸易"这一领域而广泛用于经济、行政等部门。

根据所承担的功能的不同,EDI 可分为四大类。

第一类是前面所述的订货信息系统,也是应用最广泛的 EDI 系统。它又可称为贸易数据互换系统(Trade Data Interchange,TDI),它用电子数据文件来传输订单、发货票和各类通知。

第二类常用的 EDI 系统是电子金融汇兑系统(Electronic Fund Transfer,EFT),即在银行和其他组织之间实行电子费用汇兑。EFT 已使用多年,但仍在不断的改进中。最大的改进是同订货系统联系起来,形成一个自动化水平更高的系统。

第三类常见的 EDI 系统是交互式应答系统(Interactive Query Response)。它可应用在旅行社或航空公司作为机票预定系统。这种 EDI 在应用时要询问到达某一目的地的航班,要求显示航班的时间、票价或其他信息,然后根据旅客的要求确定所要的航班,打印机票。

第四类是带有图形资料自动传输的 EDI。最常见的是计算机辅助设计(Computer Aided Design,CAD)图形的自动传输。比如,设计公司完成一个厂房的平面布置图,将其平面布置图传输给厂房负责人,以供其提出修改意见。一旦该设计被认可,系统将自动输出订单,发出购买建筑材料的报告。在收到这些建筑材料后,自动开具收据。

3. EDI 的特点

由于 EDI 单证大多是具有一定商业价值的商业单证,通过有专门机构管理的 EDI 增值网络进行交换具有较高的安全性和可靠性。这一点是目前 Internet 技术还不能解决的问题。随着现代科技的迅猛发展,EDI 技术也在与包括 Internet 技术在内的其他先进技术不断融合,为用户提供更灵活、多样、简便的使用方式,使其自身拥有更广阔的电子商务服务领域。

不论用户内部 MIS 系统的应用程序和数据格式有何不同,在通过 EDI 增值网络进行交换之前,都采用一种叫作"翻译器"的软件将不同的数据格式翻译成为符合国际标准的 EDI 格式。正是这种方法使得在不同用户的不同应用系统之间自动交换数据成为可能。

使用 EDI 可以节省减少人为失误,提升效率,减少库存,改善现金流动,以及获取其他多方面的营销优势。

由 EDI 的定义不难看出,作为企业自动化管理的工具之一,EDI 通过计算机将商务文件,如订单、发票、货运单、报关单等,按统一的标准编制成计算机能够自动识别和处理的数据格式,在计算机之间进行传输。因此,EDI 具有以下方面几方面的特点:

(1) EDI 是在企业与企业之间传输商业文件数据。

(2) EDI 传输的文件数据都采用共同的标准。

(3) EDI 是通过数据通信网络,一般是增值网和专用网,来传输数据。

(4) EDI 数据的传输是从计算机到计算机的自动传输,不需人工介入操作,尽管电子邮件也可以用来传输数据,但和 EDI 相比,仍有着本质的区别。EDI 的传输内容为格式化的标准文件并有格式校验功能,而电子邮件为非格式化的。另外,EDI 的处理过程为计算机自动处理,不需人工干预,而电子邮件的处理过程需人工干预,如图 3-1 所示。

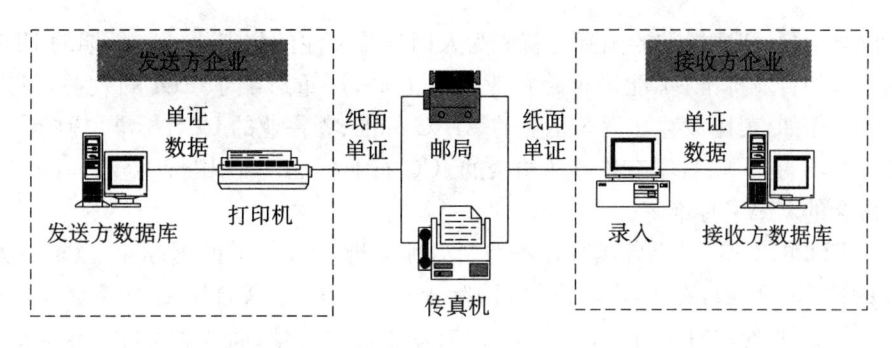

(a) 传统方式

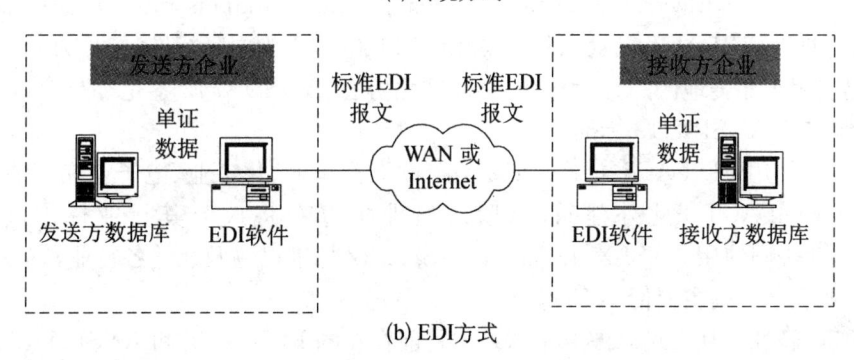

(b) EDI 方式

图 3-1 传统方式与 EDI 方式传输单证对比

4. EDI 的构成

构成 EDI 系统的三个要素是 EDI 数据标准、EDI 软硬件、通信网络。也就是说，一个部门或企业要实现 EDI，首先必须有一套计算机数据处理系统；其次，为使本企业内部数据比较容易地转换为 EDI 标准格式，须采用一定的数据标准；另外，通信环境的优劣也是关系到 EDI 成败的重要因素之一。

下面就针对 EDI 的三个要素分别论述：

(1) EDI 数据标准

数据标准是整个 EDI 最关键的部分，由于 EDI 是以实现商定的报文格式形式进行数据传输和信息交换，制定统一的 EDI 标准至关重要。EDI 的标准包括 EDI 网络通信标准、EDI 处理标准、EDI 联系标准和 EDI 语义语法标准等。EDI 标准是由各企业、各地区代表共同讨论、制定的电子数据交换共同标准，可以使各组织之间的不同文件格式，通过共同的标准，达到彼此之间文件交换的目的。

EDI 网络通信标准是要解决 EDI 通信网络应该建立在何种通信网络协议之上，以保证各类 EDI 用户系统的互联。目前国际上主要采用 MHX(X.400)作为 EDI 通信网络协议，以解决 EDI 的支撑环境。

EDI 处理标准是要研究那些不同地域不同行业的各种 EDI 报文。相互共有的"公共元素报文"的处理标准。它与数据库、管理信息系统(如 MRPII)等接口有关。

EDI 联系标准解决 EDI 用户所属的其他信息管理系统或数据库与 EDI 系统之间的接口。

EDI 语义语法标准(又称 EDI 报文标准)是要解决各种报文类型格式、数据元编码、字符集和语法规则以及报表生成应用程序设计语言等。这里的 EDI 语义语法标准又是 EDI 技术的核心。

EDI 自产生起,EDI 标准的国际化就成为人们日益关注的焦点之一。早期的 EDI 使用的大都是各领域的行业标准,不能进行跨行业 EDI 互联,严重影响了 EDI 的效益,阻碍了全球 EDI 的发展。例如,美国就存在汽车工业的 AIAG 标准、零售业的 UCS 标准、货栈和冷冻食品贮存业的 WINS 标准等;日本有连锁店协会的 JCQ 行业标准、全国银行协会的 Aengin 标准和电子工业协会的 EIAT 标准等。

为促进 EDI 的发展,世界各国都在不遗余力地促进 EDI 标准的国际化,以求最大限度地发挥 EDI 的作用。目前,在 EDI 标准上,国际上最有名的是联合国欧洲经济委员会(UN/ECE)下属第四工作组(WP4)于 1986 年制定的《用于行政管理、商业和运输的电子数据互换》标准——EDIFACT(Electronic Data Interchange For Administration, Commerce and Transport)标准。EDIFACT 已被国际标准化组织 ISO 接受为国际标准,编号为 ISO9735。同时还有广泛应用于北美地区的,由美国国家标准化协会(ANSI)X.12 鉴定委员会(AXCS.12)于 1985 年制定的 ANSI X.12 标准。

目前,欧洲使用 EDIFACT 标准。1991 年,欧洲汽车业、化工业、电子业和石油天然气业已全部采用 EDIFACT。此外建筑、保险等行业也宣布将放弃其行业标准,转而采用 EDIFACT。北美则使用 ANSI X.12 标准,ANSI X.12 标准已遍及北美各行业,有 100 多个数据交易集。亚太地区则主要使用 EDIFACT。

EDI 的迅猛发展,其影响已波及全球。但目前存在的 EDIFACT 和 ANSI X.12 两大标准在某种程度上制约了 EDI 全球互通的发展。例如,当一个美国的公司要与其在欧洲或亚洲的子公司或贸易伙伴联系时,因双方采用的 EDI 标准不同,就要进行复杂的技术转换才能达到目的。虽然绝大多数翻译软件的制造厂商都支持这两个标准,但仍会给用户或厂商造成一些不必要的麻烦。

在 EDIFACT 被 ISO 接受为国际标准之后,国际 EDI 标准就逐渐向 EDIFACT 靠拢。ANSI X.12 和 EDIFACT 两家已一致同意全力发展 EDIFACT,使其成为全世界范围内能接受的 EDI 标准。1992 年 11 月美国 ANSI X.12 鉴定委员会又投票决定,1997 年美国将全部采用 EDIFACT 来代替现有的 ANSI X.12 标准。ANSI 官员说:"1997 年之后,现在所有的 ANSI X.12 标准仍将保留,但新上项目将全部采用 EDIFACT 标准"。美国国家标准化协会欧共体事务主席 John Russell 先生指出:"ANSI X.12 向 EDIFACT 转变意味着美国的公司今后可在欧洲的市场上加快资金流动,改善用户服务。同时,从用户的角度来看,今后面对的将是唯一的国际标准"。

总之。EDIFACT 成为统一的 EDI 国际标准已是大势所趋。ISO 预计,到 21 世纪 90 年代中期,EDIFACT 将有 1 000 多种信息类别,并覆盖国际贸易的 80%。我国有关部门和专家也一致认为,我国 EDI 标准应积极向国际标准靠拢,采用 EDIFACT 标准。

(2) EDI 软件和硬件

实现 EDI 需要配备相应的 EDI 软件和硬件。EDI 软件具有将用户数据库系统中的信息译成 EDI 的标准格式,以供传输交换的能力。虽然 EDI 标准具有足够的灵活性,可以适应不同行业的不同需求,但由于每个公司都有其自己规定的信息格式,因此,当需要发送 EDI 电文时,必须用某些方法从公司的专有数据库中提取信息,并把它翻译成 EDI 的标准格式进行传输,这就需要有 EDI 相关软件的帮助,如图 3-2 所示。

① 转换文件(Mapper)。转换软件可以帮助用户将原有计算机系统的文件转换成翻译软

件能够理解的平面文件(Flat File),或将从翻译软件接收到的平面文件转换成原计算机系统中的文件。

② 翻译软件(Translater)。翻译软件将平面文件翻译成 EDI 标准格式,或者将接收到的 EDI 标准格式翻译成平面文件。

③ 通信软件。通信软件将 EDI 标准格式的文件外层加上通信信封(Envelope),再送到 EDI 系统交换中心的邮箱(Mailbox),或从 EDI 系统交换中心将接收到的文件取回。

EDI 所需的硬件设备大致有计算机、调制解调器(Modem)及电话线。目前所使用的计算机,无论是 PC、工作站、小型机、主机等均可利用。由于使用 EDI 进行电子数据交换需通过通信网络,目前采用电话网络进行通信是很普遍的方法,因此,调制解调器是必备的硬件设备。调制解调器的功能与传输速度应根据实际需求决定。一般最常用的是电话线路,如果在传输时效和资料传输量上有较高的要求,可以考虑租用专线。

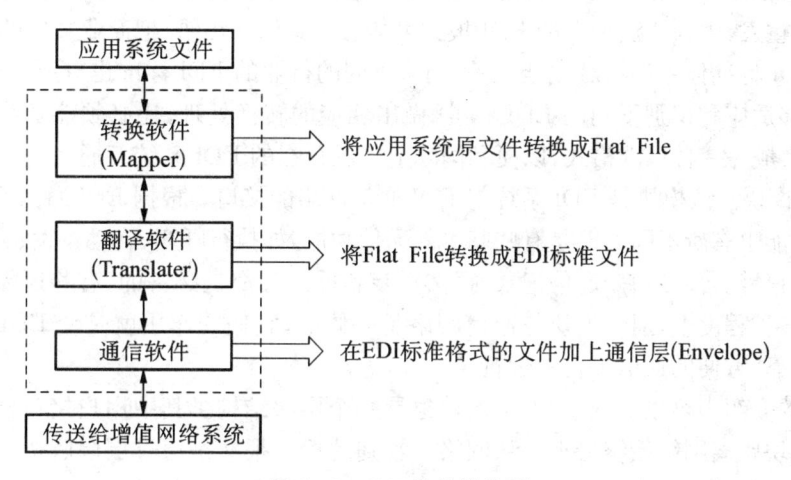

图 3-2 EDI 软件结构图

构成 EDI 系统的软件模块按其所实现的功能可分为报文生成与处理模块、用户接口模块、内部接口模块、格式转换模块和通信模块 5 个部分。

① 报文生成、处理模块。该模块的作用有两项:其一是接收来自用户接口模块和内部接口模块的命令和信息,按照 EDI 标准生成订单、发票、合同以及其他各种 EDI 报文和单证,经格式转换模块处理之后,由通信模块经 EDI 网络转发给其他 EDI 用户。在生成 EDI 单证的过程中,要把用户常见的单证格式转换成有序的、标准的格式化数据,以便格式转换模块能够处理;其二,就是自动处理由其他 EDI 系统发来的 EDI 报文。按照不同的 EDI 的报文类型,应用不同的过程进行处理,在处理过程中要与本单位其他信息系统相互作用。一方面从信息系统中取出必要的信息回复给发来单证的 EDI 系统,同时将单证中的有关信息送给本单位其他信息系统。

② 用户接口模块。EDI 系统能自动处理各种报文,但是用户界面友好的人机接口仍是必不可少。由于使用 EDI 系统的大多是非计算机专业的业务管理人员,不可能要求他们了解更多的计算机甚至网络技术。这样,从用户的观点来看,操作起来越简单、越直观越好。用户接口模块包括用户界面和查询统计。用户界面是 EDI 系统的外包装,它的设计是否美观,使用是否方便,直接关系到 EDI 系统产品的外在形象。

③ 内部接口模块。使用 EDI 系统的用户,在某种程度上都有自己的计算机应用,也就是

企业内部的管理信息系统(MIS)。内部接口模块是EDI系统和本单位内部其他信息系统及数据库的接口,一个单位信息系统应用程度越高,内部接口模块也就越复杂。一份来自外部的EDI报文,经过EDI系统处理之后,大部分相关内容都需要经过内部接口模块送往其他的信息系统,或查询其他的信息系统才能给对方EDI报文以确定的答复。例如,一份到货通知到达后,EDI系统可以通过内部接口模块自动修改财务、库存等MIS系统的记录,使新数据立刻在这些系统中得到反映。

④ 格式转换模块。由于EDI要在不同国家和地区、不同行业内开展,EDI通信双方应用的信息系统、通信手段、操作系统、文件格式等都有可能不同,因此,按照统一的国际标准和行业标准是必不可少的。所以,所有EDI单证都必须转换成标准的交换格式,例如,加上UNB、UNE等。同时经过通信模块接收到的来自其他EDI系统的EDI报文也要经过相反过程的处理才能交给其他模块处理。在格式转换过程中要进行语法检查,对于语法出错的EDI应该拒收,通知对方重发,因为语法错误的EDI报文可能会导致语义出错,把商业文件的原意弄错。

目前,EDI标准体系还没有完全统一,同时不同的行业的EDI标准也有所不同,格式转换模块必须能够适应和识别不同的EDI标准,做出相应的转换处理,还必须能够将一种标准的EDI报文转换成另一种标准格式,以便和国际上广泛存在的EDI系统互通。

⑤ 通信模块。该模块是EDI系统与EDI通信网络的接口。根据EDI通信网络的结构不同,该模块功能也有所不同。但是有些基本的通信功能,如执行呼叫、自动重发、合法性和完整性检查、出错报警、自动应答、通信记录、报文拼装和拆卸等都是必备的,有些还需要地址转换等工作。在某种程度上,通信模块与通信网络是一体的,它们的作用就是使EDI系统能够在一个安全、可靠、方便的通信平台上运行。

从以上的介绍中可以发现,这五个模块也是一个层次结构。其中用户接口模块距离用户最近,通信模块距离网络系统最近。从网络上收到的标准报文是通过层层解析最终到达用户那里,变成用户熟悉的样式。

另外,在上述所有模块中,都应包含安全功能,它们分别执行不同的数据安全和加密/解密的工作。例如,在用户接口模块中,必须具备用户身份识别功能,防止非授权用户任意操作或使用EDI系统,以免受到意外的破坏或损失。在报文生成和处理模块与金融系统交换EDI报文时,必须使用电子签名的加密方法,保证传送的数据不会被篡改、抵赖或窃取。另外,所有模块都可以具备身份验证和终端确认等功能。事实上,由于信息技术的发展,利用EDI交换商业金融数据,要比用人工传递有形凭证更为安全可靠。

(3) 通信网络

通信网络是实现EDI的技术基础。为了传递文件,必须有一个覆盖面广、高效安全的数据通信网作为其技术支撑环境。由于EDI传输的是具有标准格式的商业或行政文件,因此除了要求通信网具有一般的数据传输和交换功能之外,还必须具有格式校验、确认、跟踪、防篡改、防盗窃、电子签名、文件归档等一系列安全保密功能,并且在用户间出现法律纠纷时能够提供法律证据。EDI的开发、应用就是通过计算机通信网络实现的,从其所使用的网络技术来讲,主要有以下三种方式。

① 点对点(PTP)方式

点对点方式即EDI按照约定的格式,通过通信网络进行信息的传递和终端处理,完成相互的业务交往。早期的EDI通信一般都采用此方式,但其有许多缺点,如当EDI用户的贸易伙伴不再是几个,而是几十个甚至几百个时,这种方式很费时间,需要许多重复发送。同时这种通信方式是同步的,不适于跨国家、跨行业之间的应用。

近年来,随着技术进步,这种点对点的方式在某些领域中仍旧有用,但会有所改进。新方法采用的是远程非集中化控制的对等结构,利用基于终端开放型网络系统的远程信息业务终端,用特定的应用程序将数据转换成 EDI 报文,实现国际间的 EDI 报文互通。

② 增值网(VAN)方式

增值网方式是那些增值数据业务(VADS)公司,利用已有的计算机与通信网络设备,除完成一般的通信任务外,增加 EDI 的服务功能。VADS 公司提供给 EDI 用户的服务主要是租用信箱和协议转换,后者对用户是透明的。信箱的引入实现了 EDI 通信的异步性,提高效率,降低通信费用。另外,EDI 报文在 VADS 公司自己的系统(即 VAN)中传递也是异步的,即存储转发的。

VAN 方式尽管有许多优点,但因为各增值网的 EDI 服务功能不尽相同,VAN 系统并不能互通,从而限制了跨地区、跨行业的全球性应用。同时,此方法还有一个致命的缺点,即 VAN 只实现了计算机网络的下层,相当于 OSI 参考模型的下三层。而 EDI 通信往往发生在各种计算机的应用进程之间,这就决定了 EDI 应用进程与 VAN 的联系相当松散,效率很低。

③ 信息处理系统(MHS)方式

MHS 是 ISO 和 ITU-T 联合提出的有关国际间电子邮件服务系统的功能模型。它是建立 OSI 开放系统的网络平台上,适应多样化的信息类型,并通过网络连接,具有快速、准确、安全、可靠等特点。它是以存储转发为基础的、非实时的电子通信系统,非常适合作为 EDI 的传输系统。MHS 为 EDI 创造一个完善的应用软件平台,减少了 EDI 设计开发上的技术难度和工作量。ITU-T X.435/F.435 规定了 EDI 信息处理系统和通信服务,把 EDI 和 MHS 作为 OSI 应用层的正式业务。EDI 与 MHS 互连可将 EDI 报文直接放入 MHS 的电子信箱中,利用 MHS 的地址功能和文电传输服务功能,实现 EDI 报文的完善传送。

EDI 信息处理系统由信息传送代理(MTA)、EDI 用户代理(EDI-UA)、EDI 信息存储(EDI-MS)和访问单元(AU)组成。MTA 完成建立连接、存储/转发,由多个 MTA 组成 MTS 系统。EDI 在 MHS 中的传递过程。

EDI-MS 存储器位于 EDI-UA 和 MTA 之间,它如同一个资源共享器或邮箱,帮助 EDI-UA 发送、投递、存储和取出 EDI 信息。同时 EDI-MS 把 EDI UA 接收到的报文变成 EDI 报文数据库,并提供对该数据库的查询、检索等功能。为有利于检索,EDI-MS 将报文的信封、信首、信体映射到 MS 信息实体的不同特征域,并提供自动转发及自动回送等服务。

EDI-UA 是电子单证系统与传输系统之间的接口。它的任务是利用 MTS 的功能来传输电子单证。EDI-UA 将其处理的信息对象分作两种:一种称为 EDI 报文(EDIM);另一种称为 EDI 回执(EDIN)。前者是传输电子单证的,后一种是报告接收结果的。EDI-UA 和 MTS 共同构成 EDI 信息系统(EDI-MS),EDI-MS 和 EDI 用户又一起构成 EDI 通信环境(EDIME)。

EDI 与 MHS 的结合大大促进了国际 EDI 业务的发展。为了实现 EDI 的全球通信,EDI 通信系统还使用 X.500 系列的目录系统(DS)。

DS 可为全球 EDI 通信网的补充、用户的增长等目录提供增、删、改功能,以获得名址网络服务、通信能力列表、号码查询等一系列属性的综合信息。EDI、MHS 和 DS 的结合,使信息通信有了一个新飞跃,为 EDI 的发展提供了广阔的前景。

根据用户接入的方式,EDI 平台的数据接入也被分为以下几种方式:

① 具有单一计算机应用系统的用户接入方式。拥有单一计算机应用系统的企业规模一般不大,这类用户可以利用电话交换网,通过调制解调器直接接入 EDI 中心。

② 具有多个计算机应用系统的用户接入方式。对于规模较大的企业,多个应用系统都需要与 EDI 中心进行数据交换。为了减小企业的通信费用和方便网络管理,一般是采用联网方式将各个应用系统首先接入负责与 EDI 中心交换信息的服务器中,再由该服务器接入 EDI 交换平台。

③ 普通用户接入方式。该类用户通常没有自己的计算机系统,当必须使用 EDI 与其贸易伙伴进行业务数据传递时,他们通常采用通过因特网接入 EDI 网络交换平台。

5. EDI 系统的工作过程

发送方将要发送的数据从信息系统数据库提出,转换成平面文件(亦称中间文件)。将平面文件翻译为标准 EDI 报文,并组成 EDI 信件。接收方从 EDI 信箱收取信件,将 EDI 信件拆开并翻译成为平面文件。将平面文件转换并送到接收方信息系统中进行处理。以贸易公司的 EDI 为例,具体工作过程如图 3-3 所示。

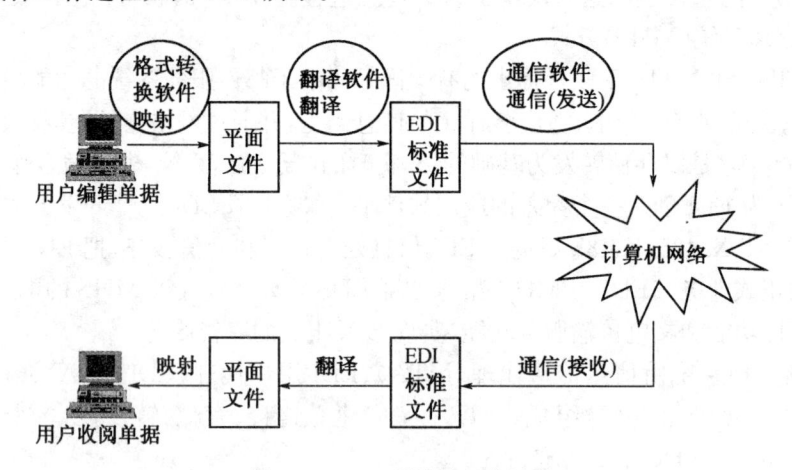

图 3-3 EDI 系统的工作过程

6. EDI 系统的法律和安全

一种新的通信工具往往不能与旧的法律系统完全相容。如果不能很好地解决这一问题,EDI 这种新的传送方式将会受到利用计算机进行诈骗和其他犯罪行为的破坏。

在 EDI 出现之前的法律,其重点是减少双方在协议上因文字而发生的纠纷。但是,对于一个完全以电子通信为主的世界来说,这类法律已经不能完全适用。因为 EDI 的目标是消除文书工作,这就意味着要消除各种书面文件。因此,用 EDI 来传送文件,当事人将无法进行书面的签字认可,这一点从旧的法律的角度来看,是无法解释的。更不用说与贸易伙伴间建立长期的 EDI 通信业务关系了。

另外,凡是采用 EDI 的经营者们还必须面对下列问题:谁对有错误的 EDI 信息负责?如何留下电子纸痕,以便审计和控制?如何保证通过 EDI 传递和存储的数据不受一些非法竞争者剽窃与破坏?

同时,EDI 业务不仅是两个贸易伙伴间的直接关系,大多数情况下还会涉及第三方服务和广域网。因此,对 EDI 法律保护方面问题的解决,将有助于未来的用户接受和采纳这种新技术,并且进而取得对它的信任。世界各国在这方面做了大量的工作。

　　国际商会总会已在 1990 年版国际贸易条规中,特别将 EDI 纳入许可的贸易程序中,即"远距离数据交换统一规则"(Uniform Rules of Conduct for the Interchange of Data by Teletransmission)。未来从事国际贸易往来中,凡通过 EDI 的各种商务文件均获得国际商会国际仲裁院认可,并具有法律效力。

　　美国律师协会(ABA)电子通信服务工作组在大量调查研究的基础上,制定了 EDI 合作协议样本。该协议包括 22 条规则,详细规定了在贸易过程中使用 EDI 时的责任划分问题及法律认证问题。同时,协议中的每条规则都附有对其被列入的原因的解释。这个样本提供了一份内容丰富的清单,涉及的问题都是律师和顾问们在拟定协议时所应声明澄清的。例如:该协议中规定,如果一项电汇被核实且经授权,那么接受方承担可能发生的损失。而如果记录表明只有合同的核实而未经授权,发送者则承担可能的损失。还有一条规定,是当合同受到未经授权的第三方干扰时双方的责任,即如果发送者能证明在他控制范围内没有人进行干扰,接受方必须承担责任。另外,这个协议也为银行之间订立合同划分责任提供了一些参考依据。

　　1991 年 12 月,韩国就由总统颁布了"促进贸易自动化"法令,从法律上为采用国际标准、管理 EDI 服务机构、确认 EDI 的法律效力铺平了道路,这在各国和地区还属首次。新加坡也已通过了有关 EDI 的相关法律,使电子数据能够具有法律效力并可作为法律诉讼的依据。该法律还规定任何贸易数据都要保存 11 年(由 SNS 公司存储在磁带中)备查。

单元小结

　　电子数据交换 EDI(Electronic Data Interchange,EDI)是信息技术向商贸领域渗透的产物,用于计算机之间商业信息的传递,包括日常咨询、计划、询价、合同等信息的交换。货主、承运业主以及其他相关的单位之间,通过 EDI 系统进行物流数据交换,并以此为基础实施物的流作业活动也日益广泛。

　　本任务通过实际操作、角色扮演和理论讲解相结合的方式,促进学生对 EDI 基础理论知识的理解和提高。

【综合练习】

1. 单选题
(1) 目前国际上使用最广泛的 EDI 标准是(　　)。
A. 美国 X.12 标准　　B. 欧洲标准　　C. UN/DEIFACT　　D. ISO 标准
(2) 目前 EDI 应用主要是通过(　　)来建立用户之间的数据交换关系。
A. 因特网　　　　　　　　　　　　　B. 内联网
C. Extranet　　　　　　　　　　　　D. 专门的网络服务商提供的增值网
(3) EDI 强调应用系统到应用系统之间的数据交换,(　　)是 EDI 交换平台所不具备的接入。
A. 有单一应用系统用户的接入方式　　B. 没有应用系统用户的接入方式
C. 没有联网用户的接入方式　　　　　D. 有多个联网应用系统用户的接入方式

(4) 增值网是这样一种通信中介,它主要提供(　　)服务。
A. 通信管理
B. 密码管理
C. 用户间不同标准数据的转换及其他增值服务
D. 第三方认证和出证

(5) 在增值网中,(　　)是其无法提供的服务。
A. 通信管理　　　　B. 电子邮件　　　　C. 数据更改　　　　D. 第三方认证

(6) 构成 EDI 系统的三个要素是(　　)。
A. EDI 软件和硬件、通信网络、数据标准化
B. EDI 软件和硬件、通信网络
C. EDI 软件和硬件、数据标准化
D. EDI 软件和通信网络、数据标准化

(7) EDI 的基本特征(　　)。
A. 数据标准化　　　B. 计算机网络　　　C. 数据源　　　　　D. 数据段

(8) EDI 处理商业报文的基本特征是(　　)。
A. 基本无人干预自动完成　　　　　　B. 计算机网络
C. 数据源　　　　　　　　　　　　　D. 数据标准化

(9) EDI 业务所使用的翻译软件主要是用于(　　)。
A. 用户格式报文与 EDI 标准报文之间的翻译
B. 平面文件与 EDI 标准报文之间的翻译
C. 平面文件与用户格式报文之间的翻译
D. 用户格式报文与 EDI 标准报文之译

(10) EDI 软件系统中所使用的转换软件主要是用于(　　)
A. 用户应用系统的源文件与 EDI 标准报文之间的转换
B. 平面文件与 EDI 标准报文之间的转换
C. 平面文件与用户格式报文之间的转换
D. 用户应用系统的源文件与 EDI 标准报文之间的转换

2. 多选题
(1) EDI 使用者从此项应用所得到的好处包括:(　　)
A. 节省时间. 节省费用. 减少错误　　　B. 减少库存
C. 改善现金流动　　　　　　　　　　　D. 获取多方面的营销优势

(2) 根据功能,EDI 可分为(　　)
A. 订货信息系统　　　　　　　　　　　B. 电子金融汇兑系统
C. 交互式应答系统　　　　　　　　　　D. 带有图形资料自动传输的 EDI

(3) EDI 的特点(　　)
A. 使用对象是不同的计算机系统
B. 所传送的资料是业务资料,如发票、订单等
C. 采同共同的标准化结构数据格式
D. 尽量避免人工操作

(4) EDI 通信的方式有（　　　）
A. 点对点方式　　　　　　　　　　B. 一点对多点方式
C. 多点对多点方式　　　　　　　　D. 增值网络方式
(5) 企业发展 EDI 的网络平台是（　　　）
A. Internet　　　　B. Intranet　　　　C. Extranet　　　　D. ASP
(6) EDI 标准包括（　　　）
A. 数据元标准　　　　　　　　　　B. 数据段标准
C. 报文格式标准　　　　　　　　　D. 发送方式接受方式

3. 判断题
(1) EDI 构件最主要的功能是使传递的数据格式化。　　　　　　　　（　　）
(2) 目前使用最广泛的 EDI 标准是 EDIFACT。　　　　　　　　　　（　　）
(3) EDI 技术的核心是数据标准，实施条件是计算机应用。　　　　　（　　）
(4) EDI 应用的基础是通信网络。　　　　　　　　　　　　　　　　（　　）
(5) EDI 的基本特征是数据标准化。　　　　　　　　　　　　　　　（　　）
(6) EDI 报文的基本的组成单位是数据元。　　　　　　　　　　　　（　　）
(7) 在 EDI 报文中，由数据组成的基本单位是数据段。（　　）
(8) 在 EDI 报文中使用最多的数据元是字符数据元。（　　）
(9) 在美国标准中，数据的最大标准是 6 个字符。（　　）
(10) 在美国标准中，数据段中的终止符是 N/L，在联合国的标准中终止符是";"（　　）

4. 案例分析

金融 EDI 应用

金融 EDI 采用 EDI 技术，能够实现银行和银行、银行和客户间的各种金融交易、单证的安全有效的交换。如付款通知、信用证等。

金融 EDI 是实施企业电子商务的关键，同时，也是银行提供金融电子商务服务的基础。

金融 EDI 的实施能够提高银行在资金流动管理、电子支付、电子对账、结算等业务效率。

1997 年广州市电信局与广东发展银行合作，开始应用 EDI 技术处理话费托收业务。应用 EDI 技术进行话费托收之后，能够实现计算机自动进行托收单证的处理、传输，避开了人工干预，减少人为差错，节省人力和纸张费用，实现托收单证处理自动化，大大提高了效率，整个业务处理时间由原来的一个星期减少到几个小时，加快了企业资金的周转速度，增加了经济效益。

金融 EDI 的一个典型应用：EDI 电子支付系统。

汽车工业 EDI 应用

EDI 在全球汽车工业中得到较普遍的应用，其中美国汽车工业是一个积极的参与者，它利用 EDI 对其生产制造过程进行重构以便在汽车制造商和其主要的供应商之间充分利用电子通信的优势。美国汽车工业行动组（AIAG）在其中起了驱动作用，它在实施 EDI 的过程中承担的一项主要工作是开发"生产用品/原材料管理模型"以定义客商和生产用品供应商之间的信息和生产流。AIAG 使用 ANSI ASC X12 标准单证定义这一模型，与 UN/EDIFACT 标准中存在的单证类似,并且这一模型适合世界范围内的生产制造过程。

对于客商,这个模型涉及原材料管理过程中的3个主要步骤:

(1) 发布——客商如何准确地通知供应商需要什么产品和何时需要。

(2) 接收——客商怎样认可供应商的回复并报告货物缺损。

(3) 支付——客商如何决定应付的金额并支付给供应商。

对于供应商,AIAG模型定义了3个补充的过程:

(1) 订单管理——供应商如何从客商收到订单和初步的细目表信息。

(2) 生产制造——供应商如何通知客商已装运了什么和何时应当送达。这包括条形码处理的定义,以用于对部件和集装箱的自动识别。

(3) 货款进账——供应商如何通知客商一笔货款已到期,并使客商支付到可接收的账号上。

案例思考:

(1) 通过对不同行业对 EDI 的应用,请归纳应用过程分为哪几个步骤?

(2) 试通过几个具体应用,归纳信息传递的基本内容。

任务2　电子订货系统(EOS)

【任务描述】

本任务通过对上海港航 EDI 系统客户端软件 EDI Express 的讲解和实际操作，了解系统进入、单证输入、单证校验、单证交换功能，并通过练习达到熟练操作。

【任务目标】

1. 熟练使用上海港航 EDI 软件——EDI Express 进行系统进入、单证输入、单证校验、单证交换的操作；

2. 理解不同软件系统的相通之处，提高学习其他不同类型系统的速度；通过实际工作环境的模拟操作，熟悉工作流程，提高尽快适应实际工作的素质。

【任务实施】

1. 学生模拟上海港航 EDI 系统单位客户端操作员，通过实际操作 EDI Express 软件，掌握系统进入、单证输入、单证校验、单证交换功能，熟悉 EDI 实际应用软件的操作；

2. EDI Express 是用于 EDI 用户与 EDI 中心进行报文交换的客户端软件，其主要功能是将港航运输的主要单证生成报文形式，按照报文格式标准对报文进行校验，并通过一定的通信协议与 EDI 中心进行报文交换。EDI Express 版权属于上海港航 EDI 中心；

3. 进入系统，获取系统管理员的口令，设置系统参数，及进行用户代码维护，如图 3-4 和图 3-5 所示；

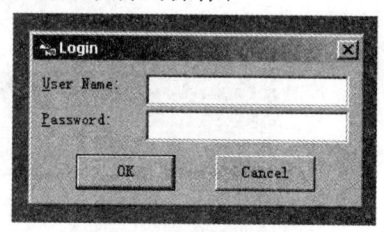

图 3-4　登录界面

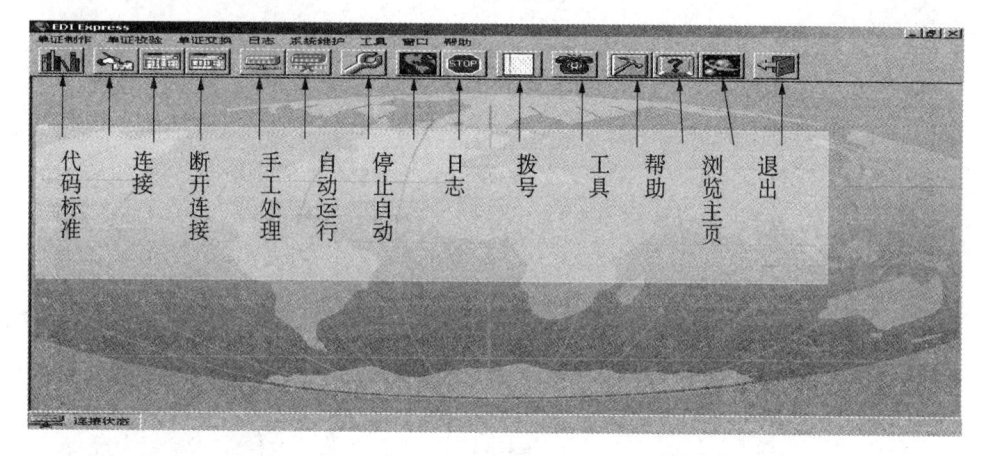

图 3-5　系统主窗口

进入系统后，在进行其他操作之前，需要根据用户各自的情况进行系统设置，才能正确校验、收发文件。

（1）获取系统管理员的口令

进入菜单"帮助/关于"，系统将显示一个关于系统信息的窗口，在窗口的倒数第二行有字样：S/N：XXXX，"XXXX"就是系统管理员口令，该口令每天更新一次，所以用户如果要获得口令,必须查看该窗口,前一天的口令无效。如图3-6所示,系统管理员口令为"B1022"。

图3-6 EDI Express系统窗口

(2)系统参数的设置

进入菜单"系统维护/系统设置",系统将提示:"请输入系统管理员口令:",此时用户需输入系统管理员口令。如果口令正确,将进入系统设置窗口,如图3-7所示。

图3-7 系统设置窗口

系统设置好以后,即可与EDI中心进行网络连接、数据交换。

(3)用户代码维护

进入菜单"系统维护/用户代码维护"(图3-8)。首先找到自己的代码(若没有请按增加键添加),将其用户类型设为99(选中相应代码后按右上角设置为发送方按键)。若有新的用户加入,本中心将及时通知各用户,用户通过该界面对其进行及时维护。

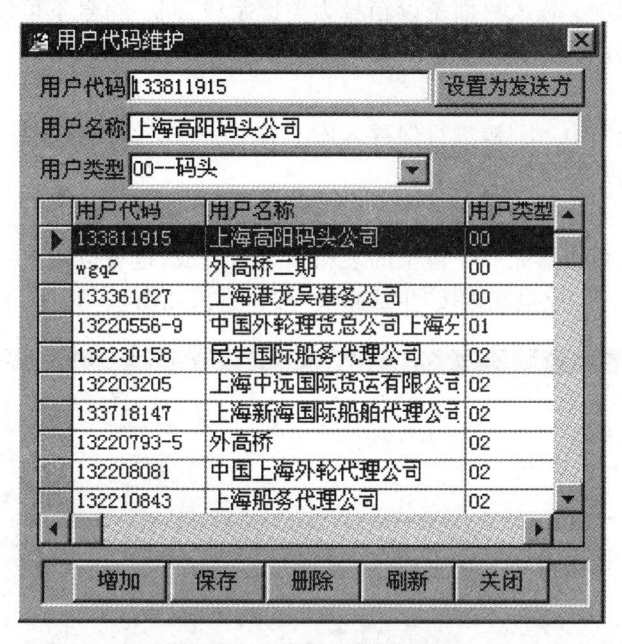

图3-8 用户代码维护界面

4. 进入菜单"单证制作/新建",再选择单证类型,即可进入单证输入界面(图3-9),以下内容以装箱单的制作为例。

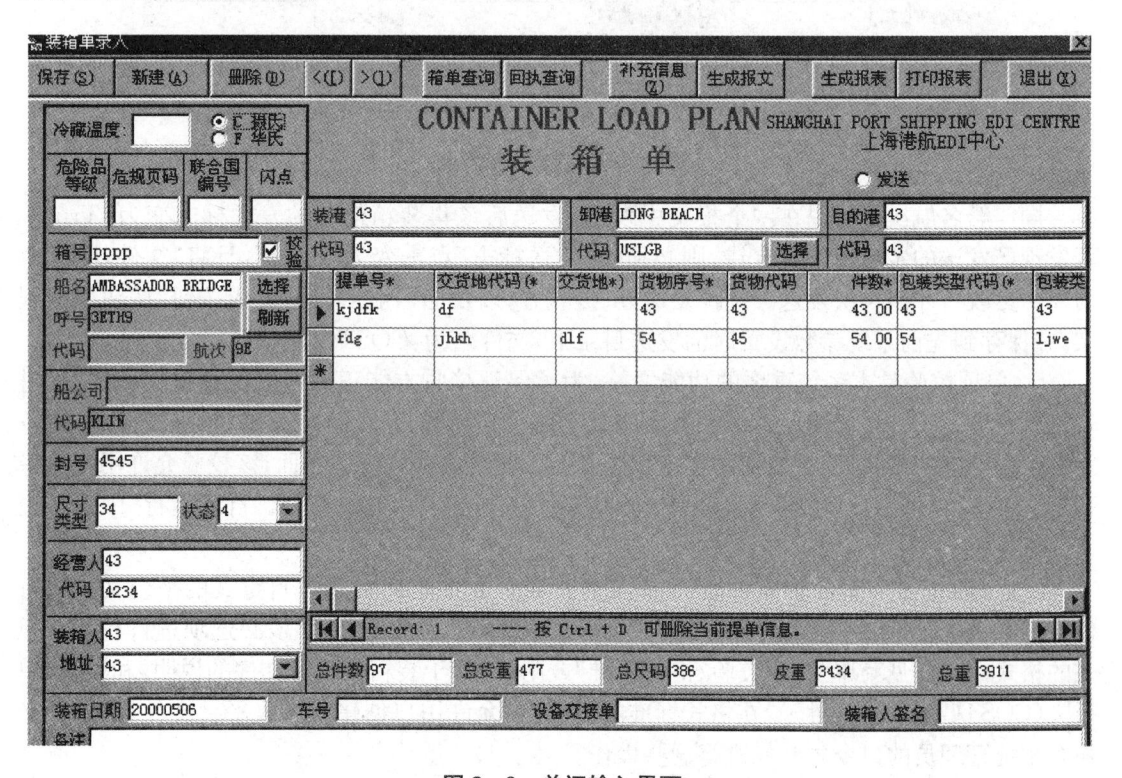

图3-9 单证输入界面

(1) 进入菜单"单证制作/新建",选择"装箱单"。

(2) 输入各数据项。输入界面是以箱号为关键字段,同一箱号下可以输入多票提单。输入数据时,请注意使用标准化代码。如有补充信息,按"补充信息"或"Alt+Z"键,在弹出窗口中输入相关信息。

(3) 按"保存"或"Alt+S"键进行保存入库。如有一些必需的数据项缺少,将不能保存入库,此时系统会提醒所缺少的数据项。

(4) 要输入下一个箱子装箱信息,按"新建"或"Alt+A"键。

(5) 生成报文。可以输完一个箱子的装箱信息后生成,也可以输入完所有数据后统一生成报文,再进行发送。生成报文则按"生成报文"按钮进入如图3-10所示的界面。

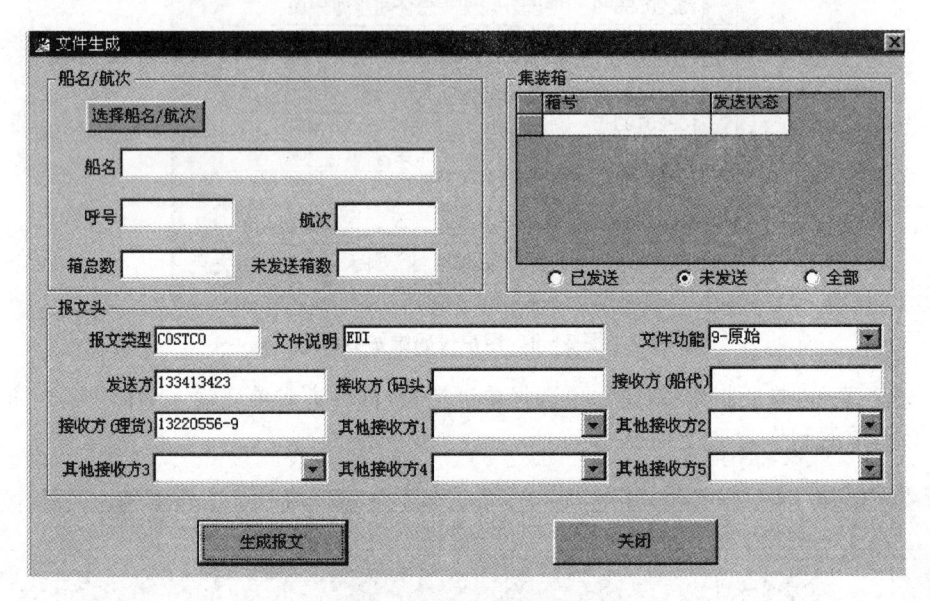

图3-10 报文生成界面

同一船名航次的可以在一个报文中发送,发送后该集装箱信息的发送标志变为"True"。若发现已发送的装箱单信息有错,则必须将"发送标志"点击变为"False",且将"文件功能"改为"5=更改",才能再次发送。选择发送方、接收方,以及船名航次,按"生成按钮"按钮生成报文,并保存到先前系统参数设置时的发送目录下,文件名为:COSTCO.*。

5. 单证校验是本系统重要的功能之一,为了保证接收方能正确接收处理报文,对文件进行格式校验是十分必要的。系统在两个地方实现校验功能:一个是在菜单"单证校验/格式校验"或工具栏中"格式校验"按钮中实现如图3-11所示的格式校验界面,该校验允许用户选择特定文件进行校验,校验结束后,显示校验结果;另一个在"手工处理"或"自动运行"中发送报文前进行校验;

交通部颁发的EDI"四点一线"平台文件标准。系统还可对用户自定义的平台文件进行校验。本系统分别对平台文件的结构、数据段的长度、类型及记录、字段必选项进行校验。报文的格式标准详见菜单"单证校验/格式标准"或附录《关于装箱单平台文件的说明》和《装箱单报文(COSTCO)平台文件》。在格式标准的界面上,允许用户创建或修改平台文件标准,但必须有系统管理员的口令才有权进行这些操作。

图 3-11 格式校验界面

6. 单证交换是报文发送传输的过程,有以下几个步骤:
(1) 专线光纤
用户通过专线光纤连接 EDI 中心。
(2) 连接
这是指每个用户与各自的远程目录连接。进入菜单"单证交换/连接"或单击按钮"连接",如果系统已设置好,即可连接网络。连接成功后,可进行报文收发处理。进入菜单"/单证交换/断开连接"或单击按钮"断开连接",将断开网络连接。
(3) 报文发送
本系统提供两种传输方式——手工处理和自动运行。
① 手工处理
进入菜单"单证交换/手工"或单击按钮"手工处理",进入手工处理的窗口界面。界面分为三部分:本地系统;传输信息;远程系统(图 3-12)。

a. 本地系统部分。指用户本地的计算机与文件交换有关的 5 个目录系统及文件。5 个目录系统含义与"2、系统设置"中的 5 个本地目录系统相同。右边的文件列表框列出当前目录中的文件。如果当前目录为"发件",双击文件列表框的文件,将进行文件校验,如果校验成功则发送至 EDI 中心系统,同时在"备份"目录中产生所发送文件的备份。如果校验失败,则不发送,出错文件将移至"错件"目录中,同时产生同名出错文件,置于第二部分(传输信息)的出错文件列表框中,用户可打开文件查看出错原因。

b. 传输信息部分。显示文件校验、发送、接收情况;显示出错信息文件。

c. 远程系统部分。指用户在 EDI 中心主机系统上的 3 个信箱目录及文件。3 个信箱的含义为:"已发报文",用户发出的文件将送至该目录,几秒钟后,EDI 中心主机系统将处理掉该文件,文件列表栏中不再有该文件。"待收报文",用户滞留在 EDI 中心等待接收的报文,双击该文件,将收取该报文至本地系统"收件"目录中。"待收回执",用户滞留在 EDI 中心等待接收的回执,双击该文件,将收取该回执至本地系统"回执"目录中。

选中文件后,右击文件列表框,可打开、删除、复制、粘贴该文件,或刷新该目录。

图 3-12 手工处理界面

② 自动运行

进入菜单"单证交换/自动"或单击按钮"自动运行",进入"自动运行"的"Current Event Log"窗口界面如图 3-13 所示,同时主窗口极小化成图标至 Windows 任务栏托盘中。若要停止自动运行,则双击任务栏托盘中极小化的图标,恢复主窗口,按"STOP"按钮。

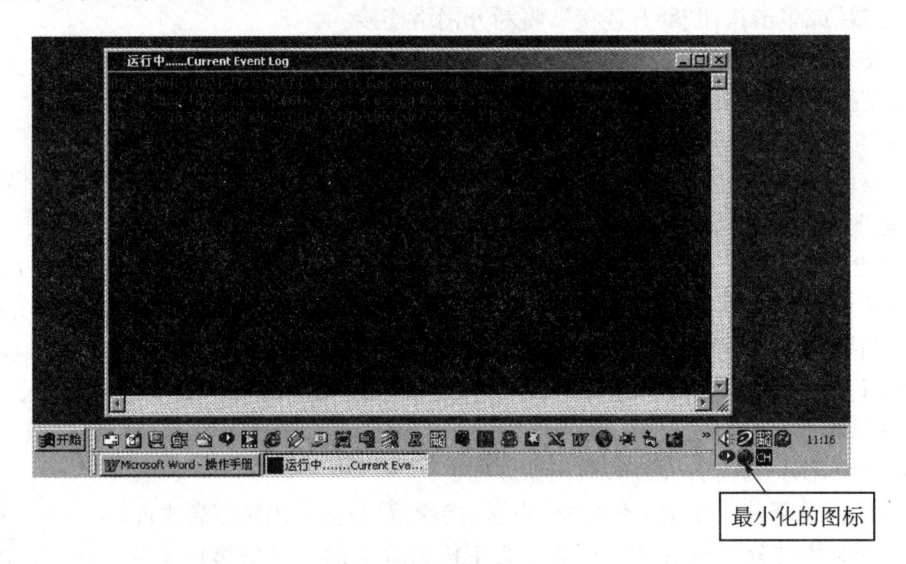

图 3-13 自动运行界面

(4) 接收回执

当中心接收到报文,会及时反馈给用户一个"Received"的回执,确认已收到报文;再过数分钟,反馈给用户另一个"Sent"的回执,确认报文的接收方已收取该报文。用户可以凭日志号向中心查询报文传输情况;接收方和发送方代码可以在菜单"系统维护/用户代码维护"中查询;报文类型描述字段的作用:当你一起收到多份回执时,利用该字段的内容可以与装箱单报文建立一一对应关系。

7. 进入菜单"日志/日志"或单击"日志"按钮,即可查看数据交换日志(图 3－14 所示)。系统对每个收发报文的信息都存在数据库中,用户可以通过该窗口查看数据交换的详细情况;

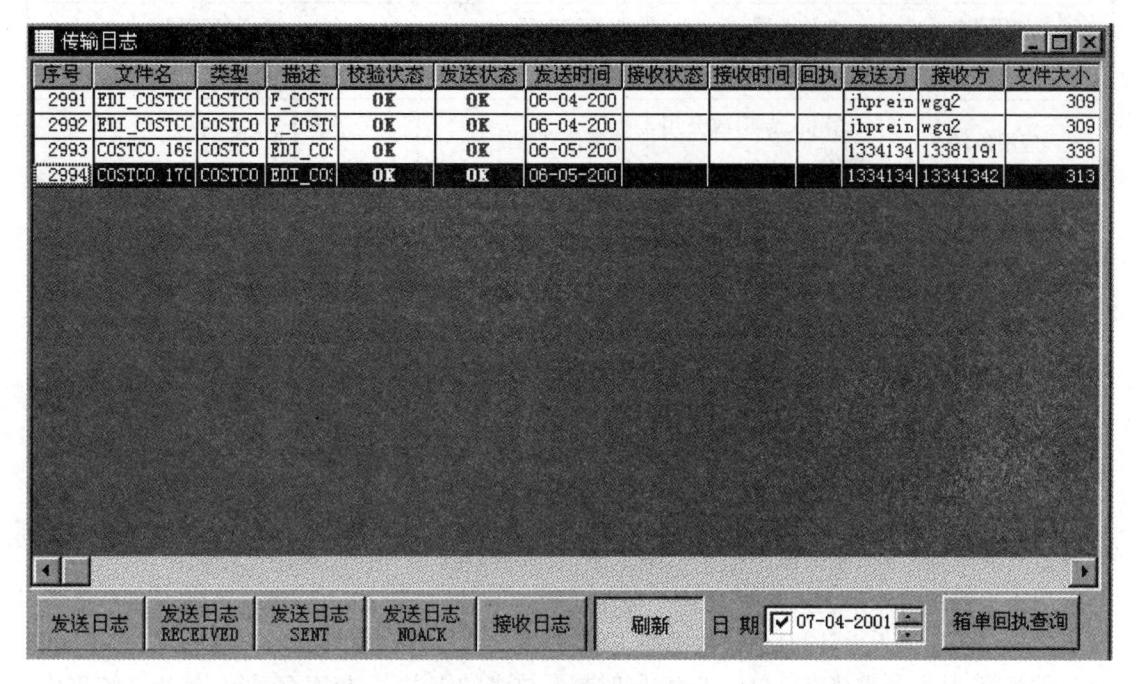

图 3－14 传输日志界面

8. 学生总结重点和难点,并写出实训报告。

【学习评价】

被考评人			考评组调查对象			
考评时间			考评地点			
考评内容		上海港航 EDI 软件使用				
考评标准	内容		分值	自评	小组评议	教师评议	考评得分
	书面报告书写规范,内容真实、完整,礼仪符合要求,团队合作良好	20				
	实训日志、总结书写正确,按时提交	25				
	实训操作内容完整,步骤正确	30				
	实训态度积极、操作流程规范	25				

【相关知识点】

企业应用 EDI 的目的不同,EDI 的功能、所需的人力、时间与成本也不一样,见表 3－1。

表 3-1 EDI 功能目标与应用层次对比表

EDI 应用	订单传输	改善作业	企业再造
功能目标	减少人工录入,保障订单传输	集成业务系统,提升作业效率,提高传输效率,降低传输错误	提升企业效率,提高企业竞争力
应用层次	订单作业层	业务管理层	企业管理层
投入成本	很小	小	大
应用条件	计算机、专用或公用网络	管理信息系统	ERP

1. 对外贸易企业的 EDI 应用

制造商与其交易伙伴间的商业行为大致可分为接单、出货、催款及收款作业,其间往来的单据包括采购进货单、出货单、催款对账单及付款凭证等。

(1) 企业引入 EDI 是为数据传输时,可选择低成本的方式,引入采购进货单,接收客户传来的 EDI 订购单报文,将其转换成企业内部的订单形式,其优点是不需要为配合不同供应商而使用不同的电子订货系统。不需重新输入订单数据,节省人力和时间,同时减少人为错误。

(2) 如果应用 EDI 的目的是为改善作业,可以同客户合作,依次引入采购进货单、出货单及催款对账单,并与企业内部的信息系统集成,逐渐改善接单、出货、对账及收款作业。

引入采购进货单采购进货单是整个交易流程的开始,接到 EDI 订单就不需要重新输入,从而节省订单输入人力,同时保证数据的正确:开发核查程序,核查收到订单是否与客户的交易条件相符,从而节省核查订单的人力,同时减低核查的错误率;与库存系统、拣货系统集成,自动生成拣货单,加快拣货与出货速度,提高服务质量。

引入出货单在出货前事先用 EDI 发送出货单,通知客户出货的货品及数量,以便客户事先打印验货单并安排仓位,从而加快验收速度,节省双方交货、收货的时间;EDI 出货单也可供客户与内部订购数据进行比较,缩短客户验收后人工确认计算机数据的时间,减少日后对账的困难;客户可用出货单验货,使出货单成为日后双方催款对账的凭证。

引入催款对账单引入催款结账单,开发对账系统,并与出货系统集成,从而减轻财务部门每月对账的工作量,降低对账错误率以及业务部门催款的人力和时间。

引入转账系统实现了与客户的对账系统后,可考虑引入与银行的 EDI 转账系统,由银行直接接收 EDI 汇款再转入制造商的账户内,这样可加快收款作业,提高资金运用的效率。转账系统与对账系统、会计系统集成后,除实现自动转账外,还可将后续的会计作业自动化,节省人力。企业为改善作业流程而引入 EDI 时,必须有相关业务主管积极参与,才可能获得成果。例如,对制造商来说,退货处理非常麻烦,退货原因可能是因商品瑕疵或商品下架。对有瑕疵的商品,退货只会增加处理成本;另外,对下架商品,如果处理及时,还有机会再次销售。因此,引入 EDI 退货单并与客户重新拟定退货策略,对双方都有益处。

2. 运输企业的 EDI 应用

(1) 企业若为数据传输而引入 EDI,可选择低成本方式。可先引入托运单,接收托运人传来的 EDI 托运单报文,将其转换成企业内部的托运单格式,其优点是事先得知托运货物的详情,包括箱数、重量等,以便调配车辆;不需重新输入托运单数据,节省人力和时间,减少人为错误。

(2) 若引入 EDI 是为改善作业流程，可逐步引入各项单证，且企业内部信息系统集成，逐步改善托运、收货、送货、回报、对账、收款等作业流程。

托运收货作业事先得知托运货物的详情，可调配车辆前往收货。托运人传来的 EDI 托运数据可与发送系统集成，自动生成发送明细单。

送货回报作业托运数据可与送货的回报作业集成，将送货结果尽早回报给托运人，提高客户服务质量。此外，对已完成送货的交易，也可回报运费，供客户提早核对。

对账作业可用回报作业通知每笔托运交易的运费，同时运用 EDI 催款对账单向客户催款。

3. 第三方物流企业的 EDI 应用

物流公司是供应商与客户之间的桥梁，对调节产品供给、缩短流通渠道、解决不经济的流通规模及降低流通成本有重要的作用。

(1) 如果配送中心引入 EDI 是为了传输数据，则可以低成本引入出货单的接收。

(2) 如果希望引入 EDI 改善作业流程，可依次引入各单证，并与企业内部信息系统集成，逐步改善接单、配送、催款的作业流程。

引入出货单对物流公司来说，出货单是客户发出的出货指示。物流公司引入 EDI 出货单后可与自己的拣货系统集成，生成拣货单，这样就可以加快内部作业速度，缩短配货时间。在出货完成后，可将出货结果用 EDI 通知客户，使客户及时知道出货情况，也可尽快处理缺货情况。

引入催款对账单对于每月的出货配送业务，物流公司可引入 EDI 催款对账单，同时开发对账系统，并与 EDI 出货配送系统集成来生成对账单，从而减轻财务部门每月的对账工作量，降低对账的错误率，以及业务部门的催款人力。

(3) 除数据传输及改善作业流程外，企业可以用 EDI 进行企业再造。

电子数据交换系统(EDI)不单是电子订货系统，而是根据订单内容，所有订购的货品组件自动传输给每一供应商，包括标签及包装纸品供应商，确保准时交货，交货后由于是电子化的关系，付款银行也会按照指示在指定日期汇款至供应商账户。简而言之，只要订单确认后，所有处理运作便交由 EDI 系统按指示处理，不经人手，物流公司也会知道所收的货品内容并安排运输配合。

4. 电子订货系统(EOS)

电子订货系统是指将批发商、零售商所发生的订货数据输入计算机，即可通过计算机通信网络连接方式将资料传至总公司、批发商、商品供货商或制造商处。因此，EOS 能处理重新商品资料的说明直到会计结算等所有商品交易过程中的作业。

EOS 系统并非由单个的零售店与单个的批发商组成的系统，而是由许多零售店和许多批发商组成的大系统的整体运作方式。

在零售店的终端利用条码阅读器获取准备采购的商品条码，并在终端机上输入订货材料；通过调制解调器传输到批发商的计算机中；批发商开出提货传票，并根据传票，同时开出拣货单，实施拣货，然后依据送货传票进行商品发货；送货传票上的资料，便成为零售商的应付账款资料及批发商的应收账款资料，并连接到应收账款的系统中；零售商对送到的货物进行检验后，便可以陈列与销售。

(1) EOS 的流程

① 根据库存及销售情况，采购员利用条码阅读器获取需要采购的商品条码，并在订货终

端机上输入订货数据。

② 将订货数据通过 VAN 网络传给批发商。

③ 批发商根据各零售商的订货数据以及库存信息,形成订单,传送给供货商。

④ 供货商开出提货传票,并根据传票,开出提货单,实施提货,然后根据送货传票进行商品发货。

⑤ 批发商接收货物,并开出传票、拣货、送货。

⑥ 零售商收货、陈列、销售。

(2) 电子订货系统的作用

EOS 能够及时准确地实现零售商和供应商之间的订货和交货交易,它在企业物流管理中的作用可以从对零售商的效益和对供应商的效益两方面进行分析。

在库存方面,EOS 能够降低库存,周转率高,保证库存适量;在成本方面,EOS 既能够降低处理订货流程的成本,也可以减少由于订货错误造成的损失,降低接收订货流程的成本,减少退货造成的损失;在订单模式方面,在不降低顾客满意度的情况下,EOS 使用少量而频繁的订货,避免因库存而积压资金,可以接受少量多样的订单,满足客户少量多样的高频度的需求;在处理时间方面,EOS 有效缩短订货、到货的前置时间,缩短接单处理时间,减少工时;在信息化方面,EOS 奠定了商店自动化的基础,便于展开其他自动化系统的建设,可以推动供应商的信息化系统的建立;EOS 陈列的商品较为新鲜,而具有时效性,有利于仓库管理体制的建立。

(3) EOS 的构成要素

电子订货系统中的批发商和零售商、供货商、商业增值网络的中心(图 3-15)在商流中的角色和作用如下:

① 批发商、零售商

采购人员根据 MIS 系统提供的功能,收集并汇总各机构要货的商品名称、数量,根据供货商的可供商品货源、供货价格、交货期限、供货商的信誉等资料向指定的供货商下达采购指令,采购指令按照商业增值网络中心的标准格式填写,经商业增值网络中心提供的 EDI 格式转换系统,转换为标准的 EDI 单证,经由通信界面将订货资料发送至商业增值网络中心,然后等待供货商发回的有关信息。

② 供货商

根据商业增值网络中心转来的 EDI 单证,经商业增值网络中心提供的通信界面和 EDI 格式转换系统而成为一张标准的商品订单,根据订单内容和供货商的 MIS 系统提供的相关信息,供货商可及时安排出货,并将出货信息通过 EDI 传递给相应的批发商和零售商,从而完成一次基本的订货作业。

当然,交易双方交换的信息不仅仅是订单和交货通知,还包括订单更改、订单回复、变价通知、提单、对账通知、发票、退换货等信息。

③ 商业增值网络中心

商业增值网络中心不参与交易双方的交易活动,只提供用户连接界面,当接收到用户发来的 EDI 单证时,自动进行 EOS 交易伙伴关系的核查,只有互有伙伴关系的双方才能进行交易,否则视为无效交易;确定有效交易关系后,还必须进行 EDI 单证格式检查,只有交易双方均认可的单证格式才能进行单证传递;并对每一笔交易进行长期保存,供用户今后查询,或者交易双方发生贸易纠纷时,可以根据商业增值网络中心所存储的单证内容作为司法证据。

商业增值网络中心是共同的情报中心,它是通过通信网络使不同机种的计算机或各种连线终端相通,促进情报的收发更加便利的一种共同情报中心。实际上在这个流通网络中,VAN也发挥了巨大的功能。VAN不仅仅是负责资料或情报的转换工作,也可与国内外其他地域的VAN相连并交换情报,从而扩大了客户资料交换的范围。

图 3-15　EOS 系统的结构

(4) EOS 业务过程

EOS 系统的基本流程如图 3-16 所示。

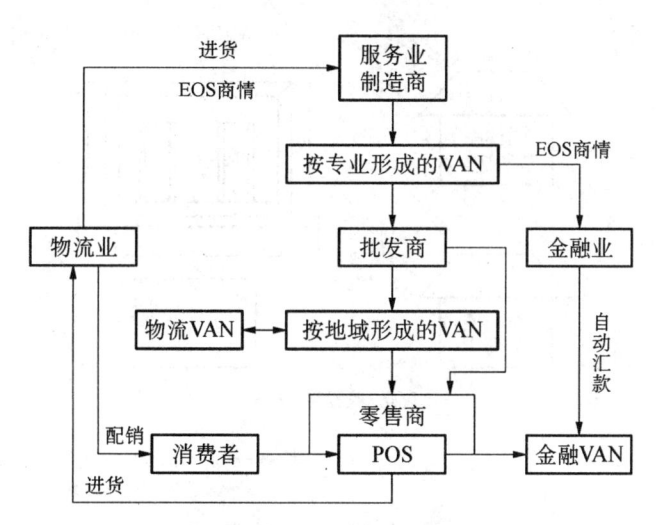

3-16　EOS 系统基本流程图

EOS 的业务过程可分为销售订货业务过程和采购订货业务过程。

① 销售订货业务

销售订货业务过程流程如图 3-17 所示。可以将基本的批发、订货作业过程中的业务往来划分成以下几个步骤:

a. 各批发市场、零售市场或社会网点根据自己的销售情况,确定所需货物的品种、数量,按照同体系市场,根据实际网络情况,补货需求,通过增值网络中心或实时网络系统发送给总公司业务部门;不同体系商场或社会网点,通过商业网络中心发出 EOS 订货需求。

b. 商业增值网络中心将收到的补货、订货需求资料,发送至总公司业务管理部门。

c. 业务管理部门对接收到的数据汇总处理后,通过商业增值网络中心向不同体系的商场或社会网点发送批发订单确认。

d. 不同体系的商场或社会网点从商业增值网络中心接收到批发订单确认信息。

e. 业务管理部门根据库存情况,通过商业增值网络或实时网络系统向仓储中心发出配送通知。

f. 仓储中心根据接收到的配送通知安排商品配送,并将配送通知通过商业增值网络传送到客户。

g. 不同体系的商场或社会网点从商业增值网络中心接收到仓储中心对批发订单配送通知。

h. 各批发市场、零售商场、仓储中心,根据实际网络情况,将每天进出货物的情况通过增值网络中心或实时网络系统,报送总公司业务管理部门,让业务部门及时掌握商品的库存数量,以合理安排库存数量,并根据商品流转情况,合理安排商品结构等。

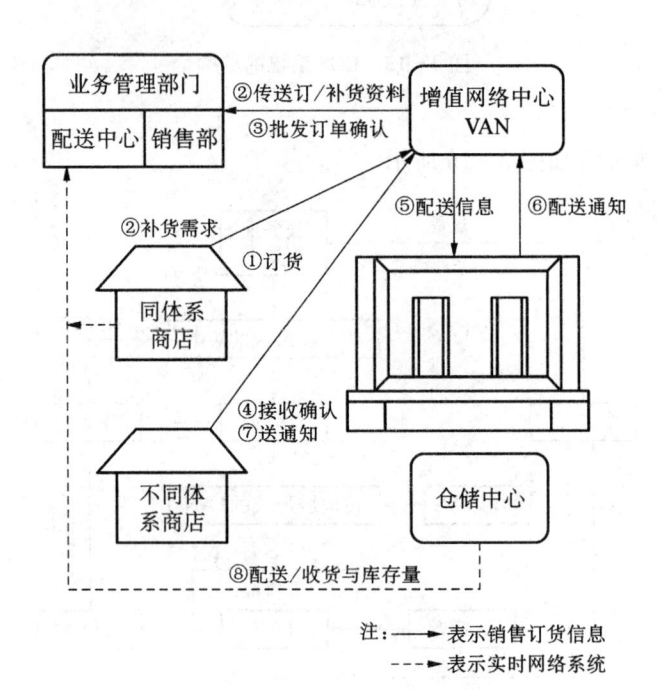

图 3-17 销售订货业务流程

② 采购订货业务

采购订货业务流程如图 3-18 所示。可以将向供货商的采购作业过程中的业务往来划分成以下几个步骤:

a. 业务管理部门根据仓储中心商品库存情况,向指定的供货商发出商品采购订单。

b. 商业增值网络中心将总公司业务管理部门发出的采购单发送至指定的供货商处。

c. 指定的供货商在收到采购订单后,根据订单的要求通过商业增值网络中心,对采购订单加以确认。

d. 商业增值网络中心确认供货商发来的采购订单,并发送至业务管理部门。

e. 业务管理部门根据供货商发来的采购订单确认,向仓储中心发送订货信息,以便仓储中心安排检验和仓储空间。

f. 供货商根据采购订单的要求安排发运货物,并在向总公司交运货物之前,通过商业增值网络中心向仓储中心发送交货通知。

g. 仓储中心根据供货商发来的交货通知安排商品检验,并安排仓库、库位,或根据配送要求备货。

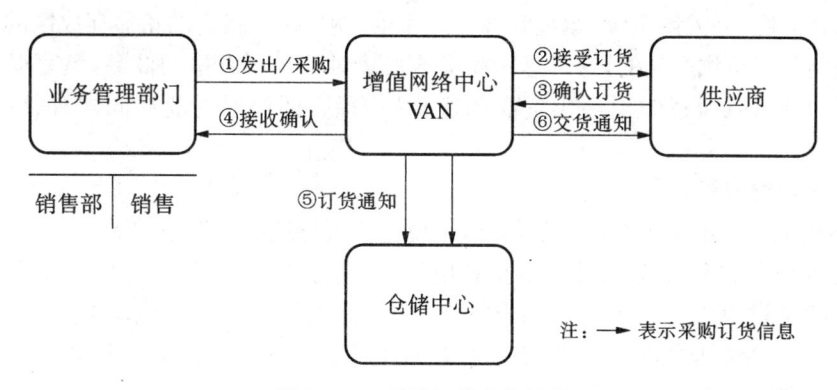

图 3-18 采购订货业务流程

③ 物流作业流程

物流作业流程如图 3-19 所示,将供货商发运作业过程中的业务往来划分成以下几个步骤:

a. 供货商根据采购合同要求将发货单通过商业增值网络中心发给仓储中心。

b. 仓储中心对接收到商业增值网络中心传来的发货单进行综合处理,或要求供货商送至仓储中心或发送各批发、零售商场。

c. 仓储中心将送货要求发送给供货商。

d. 供货商根据接收到的送货要求进行综合处理,根据送货要求将货物送至指定地点。

上述步骤完成了一个基本的物流作业流程,并将物流与信息流结合在一起。

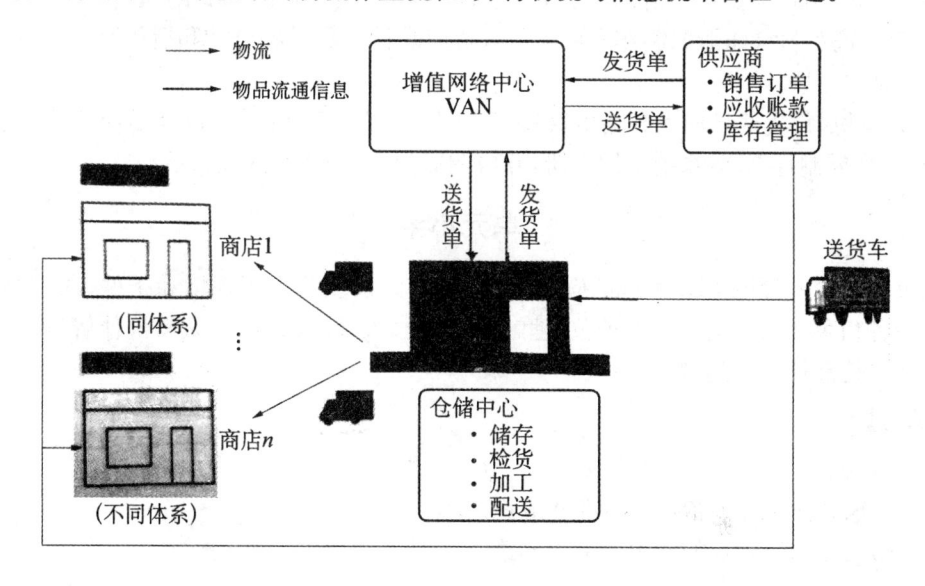

图 3-19 物流作业流程图

④ 仓储作业过程

批发、零售商向供应商发出订购单,供应商接单后按订货单上商品和数量组织货品,并按订购单指定地点送货,可以向多个仓库送货,也可直接送到指定的商店。

商品送到某仓库后,一般卸在指定的进货区,在进货区对新进入的商品进行商品验收手续,验收合格的商品办入库手续,填写收/验/入库单,然后送入指定的正品存放区的库位中,正品存放区的商品是可供配送的,这时总库存量增加。对验收不合格的商品,填写退货单,并登记在册,另行暂时存放,适时退还供货商调换合格商品,调换回的商品同样有收/验/入库的过程。

(5) EOS 与物流管理

EOS 系统能及时准确地交换订货信息,在现代物流管理中的作用如下:

① 对于传统的订货方式,如上门、邮寄、电话、传真订货等,EOS 系统可以缩短从接到订单到发出订货的时间,缩短了订货商品的交货期,减少了商品订单的出错率,节省了人工费。

② 有利于减少企业的库存水平,提高企业的库存管理效率,同时也能防止商品,特别是畅销商品缺货现象的出现。

③ 对于生产厂家和批发商来说,通过分析零售商的商品订货信息,能准确判断畅销商品和滞销商品,有利于企业调整商品生产和销售计划。

④ 有利于提高企业物流信息系统的效率,使各个业务信息子系统之间的数据交换更加便利和迅速,丰富企业的经营信息。

(6) EOS 系统应用时注意事项

在现代物流管理中应用 EOS 系统时需注意以下几点:

① 订货作业的标准化是有效利用 EOS 系统的前提条件。

② 商品代码的设计。在零售行业的单品管理方式中,每一个商品品种对应一个独立的商品代码,商品代码一般采用国家统一规定的标准。对于统一标准中没有规定的商品,则采用本企业自己规定的商品代码。商品代码的设计是应用 EOS 系统的基础条件。

③ 订货商品目录账册的制作和更新。订货商品目录账册的设计和运用是 EOS 系统成功的重要保证。

④ 计算机、订货信息输入和输出、终端设备的添置和 EOS 系统设计是应用 EOS 系统的基础条件,需要制订 EOS 系统应用手册,并协调部门间、企业间的经营活动。

单元小结

通过本节内容理解 EDI 系统的应用效益,明确该系统的应用环境和条件,通过练习理解该系统中各角色在系统运行中的地位,理解单证的录入、转换、发送、贸易伙伴管理、商品信息管理的信息传递模式和过程。

【综合练习】

1. 简答题

(1) 运输企业是如何依据自身业务应用 EDI?

(2) 第三方物流企业如何引入 EDI 改善自身业务流程?

2. 案例分析

华运 EDI 系统（www.chinatrans.net）

华运 EDI 软件系统是建立在国际通用标准 UN/EDIFACT 的基础上的，具备通用性和中英文兼容性，可为用户提供从 EDI 的方案制订、硬件集成、报文开发和单证制作软件及服务、报文翻译及通信等全套 EDI 技术服务。

华运公司根据我国本地化的特点，开发了建立在 UN/EDIFACT 国际标准的基础上，具备通用性和中英文兼容性的华运 EDI 系统软件。华运软件包括：华运 EDI 交换中心系统、华运 EDI 前端系统。

（1）华运 EDI 交换中心系统功能特点

华运 EDI 交换中心系统是依靠国内的技术力量自行设计和开发完成的，并运用当前最新技术，以 Web 浏览器的方式，提供在 Intranet 上的 EDI 报文交换服务，实现包括 EDI 用户邮箱管理、EDI 单证与报文制作、EDI 邮件存储转发、EDI 邮件认证与存证、EDI 邮件加密与数字签名、中心系统的管理监控等功能。

EDI 交换中心用户端系统则只需通过调用浏览器访问中心系统，并从中心系统获得用户端所需的各种功能操作，在浏览器下运行完成。另外，EDI 交换中心系统能与国外多种 EDI 中心系统连接，提供 EDI 报文的传输和交换服务。

（2）华运 EDI 交换中心系统的组成

华运 EDI 交换中心系统由如下 5 个部分组成：

① 网络通信系统；
② 用户邮箱系统；
③ EDI 单证应用系统；
④ 传输交换的安全保障系统；
⑤ 交换中心的管理与维护系统。

（3）华运 EDI 前端系统

华运 EDI 前端系统在 EDI 的应用开发中，按其功能实现，由 5 个分系统组成：

① EDI 目录集系统

提供对 UN/EDIFACT 标准下各版本 EDI 报文集及其报文结构的浏览、修改、维护等功能，同时，也能增加、补充自定义的报文，并产生目录集各种报文结构的 EDI 标准参考文件。

② EDI 报文开发系统

给纸面单证提供在计算机屏幕上进行格式和样式的设计，并且在以某个 EDI 标准参考文件为基准，对屏幕单证上的数据项逐一进行映射，指定与 EDI 标准参考文件中的数据元相对应，设计过程仅需采用鼠标做一些拖放和点选的动作，即能同时产生单证的屏幕模板与映射模板。

③ EDI 单证处理系统

调用单证的屏幕模板，对单证进行数据录入，制作产生单证数据文件（平面文件），或对单证数据文件进行浏览或修改；调用单证的映射模板，对单证数据文件进行打包处理产生 EDI 邮件，并通过通信接口，将 EDI 邮件发送给指定的贸易伙伴；另外，还通过通信接口，将指定的 EDI 邮箱中的邮件接收到本地收信夹，调用单证的映射模板，对 EDI 邮件进行拆包处理，提取出其中的 EDI 单证(平面文件)。

④ EDI 单证与数据库的接口系统

将单证的映射模板与应用数据库的结构进行映射，产生 EDI 单证到应用数据库的标准的 SQL 接口；调用 EDI 单证到应用数据库的接口定义，将 EDI 单证上的数据直接存入到数据库，或直接从数据库提取数据到 EDI 单证。

⑤ EDI 报文交换系统

对贸易伙伴、交易关系、交换信封以及用户、邮箱、邮局的设置；调用各种不同的通信协议，代理各 EDI 交换中心的邮件接收和发送。

案例思考：
华运 EDI 软件系统的适宜运用于哪些行业？

项目四 物流动态跟踪系统

项目描述

物流管理的最终目标是降低成本、提高服务水平,其途径有很多,对运输型物流企业来讲,能够及时、准确、全面地掌握运输车辆的信息,对运输车辆实现实时监控调度是降低物流成本的有效途径之一。

能够展现位置信息的主要有两类技术:一类是 GIS,即地理信息系统(Geographic Information System,GIS),是面向空间相关信息,采集、存储、检查、操作、分析和显示地理数据的系统,主要功能是将表格型数据转换为地理图形显示,即时提供多种空间的和动态的地理信息;另一是就是导航星测时与测距全球定位系统(Global Position System,GPS),是利用卫星星座(通信卫星)、地面控制部分和信号接收机对对象进行动态定位的系统。GPS 能对静态、动态对象进行动态空间信息的获取,快速、精度均匀、不受天气和时间的限制反馈空间信息。

现代科技、通信技术的发展,GPS/GIS 技术的成熟和 GSM 无线通信技术的广泛应用,为现代物流管理提供强大而有效的工具。3G(GPS/GIS/GSM)对物流企业优化资源配置,提高市场竞争力,将会起到积极的促进作用。

项目目标

1. 掌握 GIS 的基本概念、GIS 系统的组成、功能,理解 GIS 在物流系统中的应用;
2. 掌握 GPS 的概念、特点、系统构成;
3. 掌握 GPS 的定位和工作原理,了解 GPS 在物流领域中的应用。

任务 1　地理信息系统(GIS)在物流中的应用

【任务描述】

本任务是让学生在使用谷歌地图地理信息系统查询信息后,提高学生对地理信息查询和理解以及实际操作能力,培养学生企业入职的基本能力。

【任务目标】

1. 要求学生熟练操作谷歌地图地理信息系统查询信息;
2. 要求学生理解 GIS 的工作原理;
3. 要求学生熟练操作其他基于 GIS 的查询软件。

【任务实施】

谷歌地图系统包括信息查询、地图显示、多媒体信息显示等部分。各部分以空间数据为索引,实现多媒体数据与空间数据紧密关联,并可随意地在两者之间进行相互切换。本任务可完成以下工作:

(1) 进入谷歌地图 http://www.google.hk/ 完成全国 5A 级物流企业地址的查询;
(2) 电子地图应用演示,进行地图的放大、缩小、平移、漫游、查询、距离量算;
(3) 写出本次实验取得的主要收获和体会,总结 GIS 系统在使用中应该注意的问题;
(4) 评价。

【学习评价】

被考评人		考评组调查对象	
考评时间		考评地点	
考评内容	使用谷歌电子地图完成全国 5A 级物流企业地理信息查询			

	内容	分值	自评	小组评议	教师评议	考评得分
考评标准	书面报告书写规范,内容真实、完整,礼仪符合要求,团队合作良好	20				
	实训日志、总结书写正确,按时提交	25				
	实训操作内容完整,步骤正确	30				
	实训态度积极、操作流程规范	25				

【相关知识点】

1.1　地理信息系统(Geographic Information System,GIS)的基本概念

1. 地理信息的概念

地理信息是指空间地理分布的有关信息,表示地表物体和环境固有的数量、质量、分布特征、联系和规律的数字、文字、图形、图像等的总称。地理信息属于空间信息。它与一般信息的区别在于,其具有区域性、多维性和动态性。

区域性是指地理信息的定位特征,且这种定位特征是通过公共的地理基础来体现的。例如,用经纬网或公里网坐标来识别空间位置,并指定特定的区域。

多维性是指在二维空间的基础上实现多个专题第二维结构。例如,在一个地面点上,可取得高程、污染、交通等多种信息。

动态性是指地理信息的动态变化特征,即时序特征,它使地理信息能够以时间尺度划分成不同时间段的信息。这就要求及时采集和更新地理信息,并根据多时相数据和信息来寻找时间分布规律,从而对未来做出预测和预报。

2. 地理信息系统的定义

不同的研究方向和应用领域的专家学者,对 GIS 理解是不一样的。有人认为 GIS 是以计算机为工具,具有地理图形和空间定位功能的空间型数据管理系统;有人认为 GIS 是在计算机硬件和软件支持下,运用系统工程和信息科学理论,科学管理和综合分析具有空间内涵的地理数据,以提供对规划、管理、决策和研究所需信息的空间信息系统等等。所有定义都是从以下 3 个方面考虑:

(1) GIS 使用的工具:计算机软、硬件系统。

(2) GIS 研究对象:空间物体的地理分布数据及属性。

(3) GIS 数据建立过程:空间数据的获取、存储、显示、编辑、处理、分析、输出和应用。

总的来说,地理信息系统是面向空间相关信息采集、存储、检查、操作、分析和显示地理数据的系统,其主要特点如下:

(1) 具有采集、管理、分析和输出多种地理空间信息的能力,具有空间性和动态性;

(2) 以地理研究和地理决策为目的,以地理模型方法为手段,具有区域空间分析、多要素综合分析和动态预测能力,产生高层次的地理信息;

(3) 由计算机系统支持进行空间地理数据管理,并由计算机程序模拟常规的或专门的地理分析方法,作用于空间数据,产生有用信息,完成人类难以完成的任务。地理信息系统从外部来看,它表现为计算机软、硬件系统,而其内涵是由计算机程序和地理数据组织而成的地理空间信息模型,是一个逻辑缩小的、高度信息化的地理系统。

图 4-1 为 GIS 运行示意图。

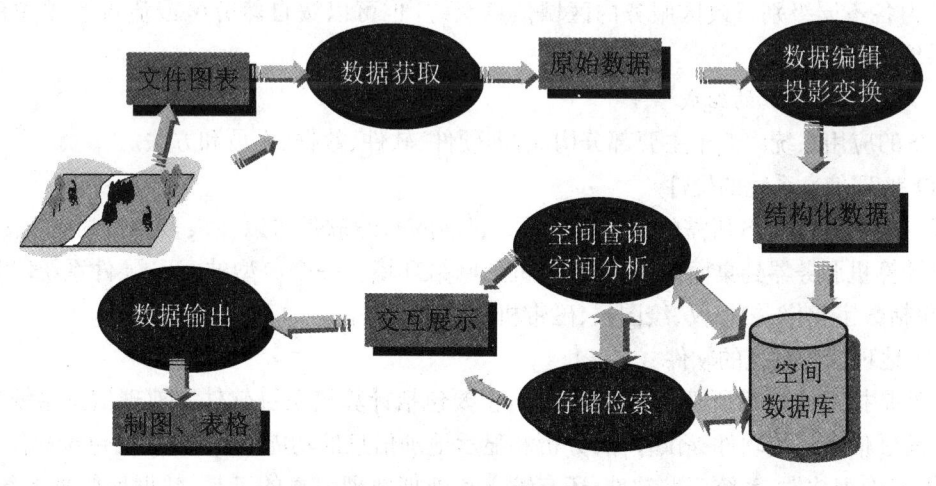

图 4-1 GIS 运行示意图

3. 地理信息系统的类型

地理信息系统依据其内容、功能和作用的不同,可分为工具型地理信息系统和应用型地理信息系统。

(1) 工具型地理信息系统

工具型地理信息系统也称地理信息系统开发平台或外壳,它是具有地理信息系统基本功能,供其他系统调用或用户进行二次开发的操作平台。地理信息系统是一个复杂庞大的空间管理信息系统。用地理信息系统技术解决实际问题时,有大量软件开发任务,用户重复开发对人力、财力是很大的浪费。工具型地理信息系统为地理信息系统的使用者提供一种技术支持,使用户能借助地理信息系统工具中的功能直接完成应用任务,或者利用工具型地理信息系统加上专题模型完成应用任务。目前国外已有很多商品化的工具型地理信息系统,如 ARC/INFO、GENAMAP、MAPINFO、MGE 等。国内近几年正在迅速开发了工具型地理信息系统,并取得很大的成绩,已开发出 MAPGIS、Geostar、Citystar 等。

(2) 应用型地理信息系统

应用型地理信息系统是根据用户的需求和应用而设计的一种解决一类或多类实际应用问题的地理信息系统,除了具有地理信息系统基本功能外,还具有解决地理空间实体及空间信息的分布规律、分布特性及相互依赖关系的应用模型和方法。它可以在比较成熟的工具型地理信息系统基础上进行二次开发完成,工具型地理信息系统是建立应用型地理信息系统的一条捷径。

应用型地理信息系统也可以是为某专业部门专门设计研制的,此系统针对性明确,专业性强,系统开销小。应用型地理信息系统按研究对象性质和内容又可分为专题地理信息系统和区域地理信息系统。

专题地理信息系统是具备有限目标和专业特点的地理信息系统,为特定的专门领域服务。如水资源管理信息系统、农作物估产信息系统、土地利用信息系统、城市管网系统、通信网络管理系统、城市规划系统等都属于应用型地理信息系统。区域地理信息系统主要以区域综合研究和全面信息服务为目标。可以有不同的规模,如国家级、地区或省级、市级和县级等为各不同级别行政区服务的区域信息系统,也可以按自然分区或流域为单位的区域信息系统。

4. 地理信息系统的组成

GIS 的应用系统由 5 个主要部分构成,即硬件、软件、数据、人员和方法。

(1) 地理信息系统的硬件

硬件是指运行 GIS 所需的计算机资源。目前的 GIS 软件可以在很多类型的硬件上运行,从中央计算机服务器到桌面计算机,从单机到网络环境。一个典型的 GIS 硬件系统除计算机外,还包括数字化仪、扫描仪、绘图仪、磁带机等外部设备。

(2) 地理信息系统的软件

软件是指 GIS 运行所必需的各种程序,主要包括计算机系统软件和地理信息系统软件两部分。地理信息系统软件提供存储、分析和显示地理信息的功能和工具,主要包含操作系统软件、数据库管理软件、系统开发软件,还有输入和处理地理信息的工具、数据库管理系统工具、支持地理查询、分析和可视化显示的工具,以及便于客户使用这些工具的图形用户界面

(GUI)。GIS软件的选型直接影响其他软件的选择,既影响系统解决方案,也影响着系统建设周期和效益。

（3）地理信息系统的数据

数据是一个GIS应用系统最基础的组成部分,也是GIS系统的灵魂和生命。数据组织和处理是GIS应用系统建设中的关键环节。空间数据是GIS的操作对象,是现实世界经过模型抽象的实质性内容。

一个GIS应用系统必须建立在准确合理的地理数据基础上。数据来源包括室内数字化和野外采集,以及从其他数据的转换。数据包括空间数据和属性数据,空间数据的表达可以采用栅格和矢量两种形式,如图4-2所示。空间数据表现地理空间实体的位置、大小、形状、方向以及几何拓扑关系。

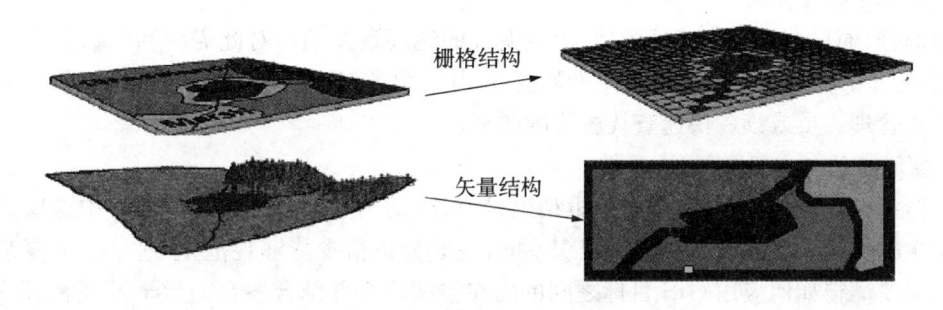

图4-2　GIS空间数据表达的两种形式

（4）地理信息系统的人员

人是地理信息系统中重要的构成要素,GIS不同于一幅地图,它是一个动态的地理模型,仅有系统软硬件和数据还不能构成完整的地理信息系统,需要人进行系统组织、管理、维护和数据更新,系统扩充完善以及应用程序开发,并采用空间分析模型提取多种信息。因此,GIS应用的关键是掌握和实施GIS来解决现实问题的人员素质。这些人员既包括从事设计、开发和维护GIS系统的技术专家,也包括那些使用该系统并解决专业领域任务的专业技术人员。

一个完整GIS系统的运行团队应有项目负责人、信息技术专家、应用专业领域技术专家、若干程序员和GIS操作员组成。

（5）地理信息系统的方法

这里的方法主要是指空间信息的综合分析方法,即常说的应用模型。它是在对专业领域的具体对象与过程进行大量研究的基础上总结出的规律的表示。GIS应用就是利用这些模型对大量空间数据进行分析综合来解决实际问题的。

1.2　地理信息系统的主要功能

一个GIS软件系统应具备5项基本功能,即数据采集与编辑、属性数据编辑与分析、数据存储与管理、空间查询与空间分析、可视化表达与输出。

1. 数据采集与编辑

GIS的核心是一个地理数据库,所以建立GIS的第一步是将地面的实体图形数据和描述属性数据输入到数据中,即数据采集。为了消除数据采集的错误,需要对图形及文本数据进行编辑和修改。

2. 属性数据编辑与分析

由于属性数据比较规范,适用于表格表示,所以许多地理信息系统都采用关系数据库管理系统管理。通常的关系数据库管理系统(RDBMS)都为用户提供了一套功能强大的数据编辑和数据库查询语言,即 SQL。系统设计人员可据此建立友好的用户界面,以方便用户对属性数据的输入、编辑与查询。除文件管理功能外,属性数据库管理模块的主要功能之一是用户可定义各类地物的属性数据结构。由于 GIS 中各类地物的属性不同,描述它们的属性项及值域亦不同,所以系统应提供用户自定义数据结构的功能,系统还应提供修改结构的功能,以及提供拷贝结构、删除结构、合并结构等功能。

3. 数据存储与管理

地理对象通过数据采集与编辑后,形成庞大的地理数据集。对此需要利用数据库管理系统来进行管理。GIS 一般都装配有地理数据库,其功效类似对图书馆的图书进行编目,分类存放,以便于管理人员或读者快速查找所需的图书。

4. 空间查询与空间分析

通过空间查询与空间分析得出决策结论,是 GIS 的出发点和归宿。在 GIS 中这属于专业性、高层次的功能。与制图和数据库组织不同,空间分析很少能够规范化,这是一个复杂的处理过程,需要懂得如何应用 GIS 目标之间的内在空间联系并结合各自的数学模型和理论来制定规划和决策。由于它的复杂性,目前的 GIS 在这方面的功能总的来说是比较弱的。典型的空间分析有拓扑空间查询、缓冲区分析、叠置分析、空间集合分析等。

5. 可视化表达与输出

中间处理过程和最终结果的可视化表达是 GIS 的重要功能之一。通常以人机交互方式来选择显示的对象与形式,对于图形数据,根据要素的信息密集程度,可选放大或缩小显示。GIS 不仅可以输出全要素地图,也可以根据用户需要,分层输出各种专题图、各类统计图、图表及数据等。

除上述五大功能外,还有用户接口模块,用于接收用户的指令、程序或数据,是用户和系统交互的工具,主要包括用户界面、程序接口与数据接口。由于地理信息系统功能复杂,且用户又往往为非计算机专业人员,用户界面是地理信息系统应用的重要组成部分,使地理信息系统成为人机交互的开放式系统。

1.3 地理信息系统在物流领域的应用

GIS 地理信息系统是以地理空间数据库为基础,在计算机软、硬件的支持下,运用系统工程和信息科学的理论,科学管理和综合分析具有空间内涵的地理数据,以提供管理、决策等所需信息的技术系统。简单地说,地理信息系统就是综合处理和分析地理空间数据的一种技术系统。

GIS 经过 40 年的发展,已经逐渐成为一门相当成熟的技术,并且得到极广泛的应用。尤其是近些年,GIS 更以其强大的地理信息空间分析功能,在 GPS 和路径优化中发挥着越来越重要的作用。GIS 应用于物流分析,主要是指利用 GIS 强大的地理数据功能来完善物流分析技术。国外公司已经利用 GIS 为物流分析提供专门的分析工具软件。

凡是涉及地理分布的领域，都可以应用GIS技术，物流活动中所提供的服务；包括订单处理、运输、仓储、装卸、配送、报关、退货处理、信息服务及增值业务。其中，货物运输的路径、仓库地址的选择等，都涉及如何处理大量的空间数据，与属性数据，以缩短物流时间，降低成本。而GIS不仅具有对空间和属性的数据采集、输入、编辑、存储、管理、空间分析、查询、输出和显示功能，还为用户进行预测、监测、规划管理和决策，提供科学依据。因此，将GIS应用于物流活动过程中，可大大加强对物流过程的全面控制和管理，实现高效、优质的物流服务。下面以GIS在物流配送中的应用为例，说明现代物流与GIS的融合。

物流配送过程实际上是实物的空间位置转移过程，其中涉及地理要素和地理分布，把GIS技术融入物流配送的过程中，能够更容易地处理物流配送中货物的运输、仓储、装卸、配送等各个环节，并能对其中涉及的运输路线的选择、仓库位置的选择、仓库的容量设置、合理装卸策略、运输车辆的调度和配送路线的选择等问题进行有效管理和决策分析，有助于物流配送企业有效地利用现有资源，降低消耗，提高效率。事实上，随着电子商务、物流和GIS的发展，GIS技术已成为物流全过程管理中不可或缺的组成部分。

为了在全程物流配送中更好地运用GIS技术，最为有效的途径是构建基于GIS的物流配送系统。该系统应集成以下主要模型：完整的GIS物流分析软件集成车辆路线模型、最短路径模型、网络物流模型、分配集合物流模型和设施定位模型。

（1）车辆路线模型

用于解决一个起始点、多个终点的货物运输中，如何降低物流作业费用，并保证服务质量的问题，包括决定使用多少车辆，每辆车的行驶路线等。

（2）网络物流模型

用于解决寻求最有效的分配货物路径问题，也就是物流网点布局问题。如将货物从N个仓库运往到M个商店都有固定的需求量，因此需要研究由哪个仓库提货送给哪个商店运输代价小。

（3）配送区域划分模型

可以根据各个要素的相似程度把同一层上的所有或部分要素分为几个组，用以解决服务范围和销售市场范围的问题。如某一公司要设立X个分销点，要求这些分销点要覆盖某一地区，而且要使每个分销点的顾客数目大致相同。

（4）设施定位模型

用于研究一个或多个设施的位置。在物流系统中，仓库和运输线共同组成物流网络，仓库处于网络的节点上，节点决定着路线。如何根据供求的实际需要并结合经济效益等原则，在既定区域内设立多少个仓库，每个仓库的位置，每个仓库的规模，以及仓库之间的物流关系等，运用此模型均能很容易地得到解决。

（5）客户配送排序模型

按照新老客户、轻重缓急等因素，排序出客户的优先级别，并据此确定待配送客户的配送时间。

基于GIS的物流配送系统，可以动态地安排和优化配送作业，合理调配和使用运输资源，快速响应客户的需求，为客户提供优质的服务。在配送中心实施基于GIS的物流配送系统，将实现以下功能：

① 车辆和货物的追踪，利用GIS的电子地图可实时显示出车辆和货物的实际位置，并能

查询出车辆和货物的状态,以便进行合理调度和管理。

② 运输路线的规划,可以规划出运输线路,使显示器能在电子地图上显示设计线路,并同时显示汽车运行路径和运行方法。

③ 信息查询,对配送范围内的主要建筑、运输车辆、客户等进行查询。

④ 模拟与决策,利用长期客户、车辆、订单和地理数据等建立模型进行物流网络的布局模拟,并以此建立决策支持系统,提供更有效、更直观的决策依据。

地理信息系统在最近几十年内取得了惊人的发展,广泛应用于资源调查、环境评估、灾害预测、国土管理、城市规划、邮电通信、交通运输、军事公安、水利电力、公共设施管理、农林牧业、统计、商业金融等领域。以下为地理信息系统的应用领域及其作用:

(1) 资源管理(Resource Management)。资源管理主要应用于农业和林业领域,解决农业和林业领域各种资源(如土地、森林、草场)分布、分级、统计、制图等问题,主要回答"定位"和"模式"两类问题。

(2) 资源配置(Resource Configuration)。在城市中,各种公用设施、救灾减灾中物资的分配,全国范围内能源保障、粮食供应等机构在各地的配置等,都是资源配置问题。GIS 在这类应用中的目标是保证资源的最合理配置和发挥最大的效益。

(3) 城市规划和管理(Urban Planning and Management)。空间规划是 GIS 的一个重要应用领域,城市规划和管理是其中的主要内容。例如,在大规模城市基础设施建设中如何保证绿地的比例和合理分布,如何保证学校、公共设施、运动场所、服务设施等能够有最大的服务面(城市资源配置问题)等。

(4) 土地信息系统和地籍管理(Land Information System and Cadastral Application)。土地和地籍管理涉及土地使用性质变化、地块轮廓变化、地籍权属关系变化等内容,借助 GIS 技术可以高效、高质量地完成这些工作。

(5) 生态、环境管理与模拟(Environment Management and Modeling)生态、环境管理与模拟包括区域生态规划、环境现状评价、环境影响评价、污染物削减分配的决策支持、环境与区域可持续发展的决策支持、环保设施的管理、环境规划等。

(6) 应急响应(Emergency Response)应急响应解决在发生洪水、战争、核事故等重大自然或人为灾害时,如何安排最佳的人员撤离路线,并配备相应的运输和保障设施的问题。

(7) 地学研究与应用(Application in GeoScience)。地形分析、流域分析、土地利用研究、经济地理研究、空间决策支持、空间统计分析、制图等,都可以借助地理信息系统工具完成。

(8) 商业与市场(Business and Marketing)。商业设施的建立充分考虑其市场潜力。比如大型商场的建立,如果不考虑其他商场的分布、待建区周围居民区的分布和人数,建成之后就可能无法达到预期的市场和服务面。有时甚至商场销售的品种和市场定位都必须与待建区的人口结构(年龄、性别、文化水平)、消费水平等结合起来考虑。地理信息系统的空间分析和数据库功能可以解决这些问题。在房地产开发和销售过程中也可以利用 GIS 功能进行决策和分析。

(9) 基础设施管理(Facilities Management)。基础设施管理包括城市的地上、地下基础设施(电信、自来水、道路交通、天然气管线、排污设施、电力设施等)广泛分布于城市的各个角落,且这些设施明显具有地理参照特征,其管理、统计、汇总都可以借助 GIS 完成,可以大大提高工作效率。

(10) 选址分析(Site Selecting Analysis)。根据区域地理环境的特点,综合考虑资源配置、市场潜力、交通条件、地形特征、环境影响等因素,在区域范围内选择最佳位置,是 GIS 的一个典型应用领域,充分体现了 GIS 的空间分析功能。

① 网络分析(Network System Analysis)。建立交通网络、地下管线网络等的计算机模型,研究交通流量、研究交通规则、处理地下管线突发事件(爆管、断路)等应急处理。警务和医疗救护的路径优选、车辆导航等也是 GIS 网络分析应用的实例。

② 可视化应用(Visualization Application)。以数字地形模型为基础,建立城市、区域或大型建筑工程、著名风景名胜区的三维可视化模型,实现多角度浏览,可广泛应用于宣传、城市和区域规划、大型工程管理和仿真、旅游等领域。

③ 分布式地理信息应用(Distributed Geographic Information Application)。随着网络和计算机技术的发展,运行于 Intranet 和 Internet 环境下的地理信息系统应用类型,其目标是实现地理信息的分布式存储和信息共享,以及远程空间导航等。

单元小结

地理信息系统(GlS)是近十几年来发展起来的一门综合应用系统,它能把各种信息向地理位置和有关的视图结合起来,并把地理学、几何学、计算机科学及 CAD 技术、遥感技术、因特网技术、多媒体技术及虚拟现实技术等融为一体,利用计算机图形与数据库技术来采集、存储、编辑、显示、转换、分析和输出地理图形及其属性数据。这样可根据用户需要将这些信息图文并茂地输送给用户,便于分析、决策。GIS 的应用遍及金融、电信、交通、物流、国土资源、水利、农林、环境保护、地矿等国民经济各个领域。

本任务从地理信息系统的基本概念出发,主要介绍了信息与信息系统的概念,GIS 的基本概念,GIS 系统的组成、功能及其在物流系统中的应用。

【综合练习】

1. 简答题
(1) 什么是地理信息?地理信息系统有哪些特点?
(2) 地理信息系统包括哪几种类型?各有何特点?
(3) GIS 系统有哪些要素构成?
(4) 地理信息系统主要应用于哪些领域?

2. 案例分析

GIS 系统为烟草物流插上科技的翅膀

随着现代物流信息化程度的不断提高,像地理信息系统(GIS)和全球卫星定位系统(GPS)等越来越多的新兴技术被应用到物流信息系统的建设中。特别是最近十几年,以 Web/GIS(网络地理信息系统)技术为核心的地理信息技术,在现代物流领域得到了日益广泛的研究与应用。金启元公司开发的 GIS/GPS 物流信息系统对于烟草物流的可视化、烟草物流实时动态管理和辅助决策分析提供了科学的使用工具。GIS 技术与现代物流信息技术的集成成为发展的必然趋势。在烟草行业现代物流建设进程中,GIS 技术的应用对威海烟草线路优化系统进行了有益的探索。

威海属于卷烟纯销区,拥有 13 141 个卷烟零售户,从 2000 年来,威海烟草以网络建设为核心,努力实现由传统商业向卷烟现代化流通企业的转变,经过不断的探索和努力,建立了覆盖全市的卷烟销售网络体系,奠定了现代物流信息化建设的坚实基础。从2003年开始,取消了县级公司的卷烟库存,实行由物流中心直接配送到车的对接配送模式,其特点是分拣到车、分散配送、固定送货线路,每天都有固定的车辆来保障固定线路的送货任务。虽然一库式大配送极大地提高了配送效率,但由于客户经理访销模式的限制、线路优化的不合理性和卷烟需求的分布不平均性,也显现出一些问题和弊端。

一是不利于节约成本资源。卷烟销售旺季,每天送货工作量很大,而淡季每天送货工作量很小,少数车辆就能满足配送任务的情况下,仍然需要全部车辆出动,导致车辆空载增加,造成车辆的运行维护费用和人员费用增加。

二是不利于送货效率的根本性提高。固定的送货线路是人为设定的,盲目性较大,每次零售户订货分布不同,经常造成送货多走"冤枉路"。

三是不利于平衡送货工作量。在送货区域分散,订单分布不均匀的情况下,有的线路送货工作量"吃不饱",有的线路送货工作量压力较大,造成送货工作量不均衡,使送货人员之间产生攀比抱怨心理,并且影响送货服务质量。

四是不利于车辆的有效监管。车辆行驶不受控制,随意性较大,在送货工作量较小的情况下,容易出现公车私用的情况,很难控制。

如何科学合理地调配资源,提高卷烟配送的服务质量,最大限度地减少环节,优化流程,缩短运距,最终达到降低物流成本、提高配送效率的目的。面对这一题,威海烟草本着先进、实用、高效、经济的指导思想,经过反复调研、论证分析,决定在全省烟草商业企业率先开发应用以GIS技术为核心的多点线路优化系统,运用先进的现代科技和科学管理手段,进一步提高现代烟草物流配送效率和服务质量。为此,威海烟草GIS多点线路优化系统开发应用工作正式启动。

威海烟草GIS多点线路优化系统开发工作经历了3个阶段。

第一阶段是绘制电子地图。通过收集大量的地理信息数据,根据威海市行政区划的矢量化电子地图进一步细化烟草的加工,在地图上标出全市所有烟草相关单位和卷烟零售户的位置,打建烟草GIS系统的可视化信息平台,实现初步的信息维护与查询功能。

第二阶段是规划配送区域。利用卷烟零售户历史的分布和订货量数据,根据地理位置及周边环境,打破传统的行政区划,采用金启元公司核心技术中间件的配送系统路径优化算法,优化成若干送货线路,并规划了多个比较经济的物流配送区域,优化为34辆送货车。

第三阶段是系统调试及应用。开始在其中一个配送中转站进行试点,然后在全市范围正式应用。经过一个多月的运行,系统的各项功能得到充分体现。

(1) 配送区域的划分功能。利用卷烟零售户历史的分布和订货量数据,采用金启元公司核心技术中间件的配送系统路径优化算法结合本系统的需求,划分出覆盖区域内所有卷烟零售户的送货区域。

(2) 送货线路的优化功能。在配送区域优化划分的基础上,针对每条送货线路当日订烟户的数目、分布和订货量,采用优化算法,形成当日的行车送货路线。

(3) 优化线路顺序功能。将优化的当日行车送货路线以报表形式输出,按送货顺序依次列出订货、付款情况等信息,实现自动顺序的输出。

(4) 优化线路可视化显示功能。该系统的重要特色是实现了优化线路在地图窗口中的可视化显示,能直观醒目地在地图窗口中显示出实时送货线路通过的道路、村庄及经过的零售户标点。

(5) 点间经济距离的测算功能。利用该系统可在显示零售户分布的地图窗口中,计算任意两个点之间的经济距离,为配送管理人员进行分析决策时提供参考依据。

(6) 查询信息显示功能。利用该系统的图文查询功能,可在显示零售户分布的地图窗口中,通过划定任意区域查询,弹出显示零售户或卷烟品种的信息窗口,方便快捷,便于管理人员随时了解销售的情况。

而物流管理人员最直接地体验了线路优化系统带来的变化,尝到甜头。划分后的各个配送区域布局更合理、地理位置相对集中,送货车辆、耗油量减少了,区域重组之前中转车4辆,送货车42辆,重组后中转车3辆,送货车34辆,节约用车9辆,直接节省运力达到28.13%。配送区域内各条路线工作量大体平衡,一线配送员工的抱怨减少了,为零售客户的服务水平提高了。打破了烟草流通主体分散,流通规模较小的现状,烟草送货顺序更加合理,线路更加优化。与烟草配送GPS车辆卫星定位系统整合后,利用车辆定位跟踪功能,实时查看车辆位置信息,车辆配送安全性提高,车辆管理更加规范。通过数据分析生成各种统计分析报表及品牌分布状况,并能够以柱状图、饼状图、线状图等进行统计分析的展示,为经营决策提供一手资料,效果更加直观突出。

案例思考:
(1) 简述GIS系统的组成和功能。
(2) 分析该系统给企业带来哪些效益?

任务2　全球定位系统(GPS)在物流中的应用

【任务描述】

　　为物流企业提供货车自定位功能，并为物流客户提供货物实时信息追踪服务，提升物流服务价值，提升物流企业核心竞争力。

【任务目标】

　　1. 掌握车载导航系统的初步使用；
　　2. 会利用导航系统提升物流企业服务价值。

【任务实施】

　　1. 双击桌面上"GPS车辆监控系统"图标，填写用户、密码后进入GPS车辆监控系统登录界面，如图4-3所示；

图4-3　GPS车辆监控系统登录

　　2. 添加电子地图。点击主菜单"参数设置"－"电子地图管理"进入电子地图管理，主要是增加、删除地图和修改地图路径。增加电子地图，直接点击"添加"按钮，在打开地图集中选择以gst为后缀的地图文件，再点击"打开"。然后在"地图名称"内填上该地图名称（最好是该地区的名字），如需要删除电子地图，单击"删除"按钮即可，如图4-4所示；

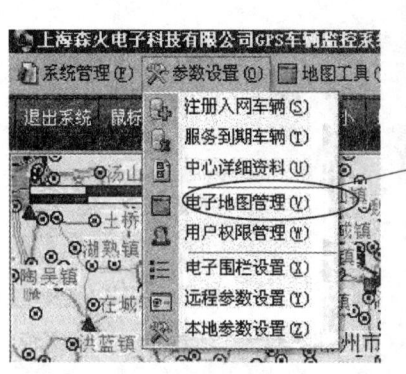

图4-4　电子地图管理

3. 定位工具的选择。常用的定位工具的工具栏如图 4-5 所示；

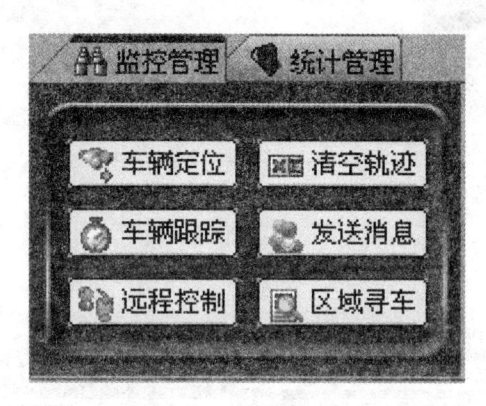

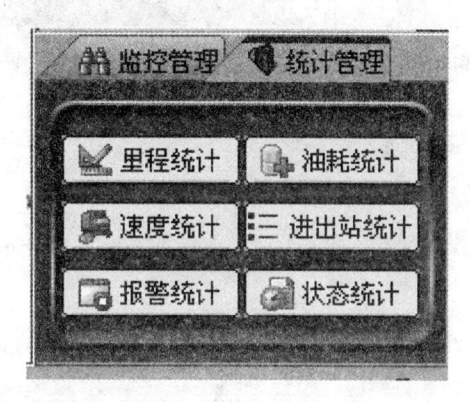

图 4-5　定位工具

4. 货车车辆定位。单终端的查车定位（也可以在想要查询的车辆的车牌双击，即可定位）。点击定位（或是双击车牌），车辆就会显示在地图上，如图 4-6 所示；

注意：图中绿色的车辆表示车在行驶，黑色的车辆表示车是停止的。

图 4-6　车辆定位界面

5. 跟踪。单终端跟踪和组跟踪。在按规定的时间进行跟踪车辆，可以在时间间隔里设置最小值 5 秒和最大值 300 秒，如图 4-7 所示；

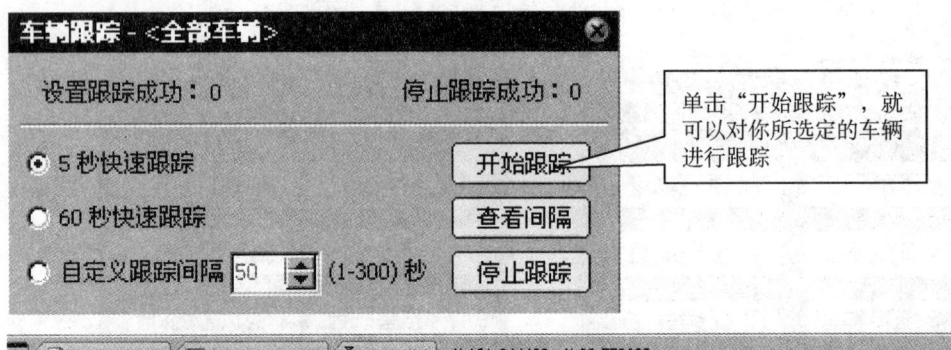

图 4-7 车辆跟踪

(1) 在设定好跟踪后,要选中自动接收数据,否则数据不会反馈到系统上,它会把数据上报到总服务器中,也可以单个或多个车辆的接收或不接收。

(2) GPS 监控系统在系统关闭的情况下(要先设定跟踪频率),可以自动将数据上传到总服务器中,这样在不开系统的情况下,仍然可以对车辆进行跟踪。数据会保留在总服务器中。

6. 区域定位。在规定的区域查询车辆,在区域定位后会出现在该地区的所有车辆,如图4-8所示;

图 4-8 区域定位

7. 货车轨迹分析。先要输入车牌号,点击"查询车辆",然后再点击"搜索轨迹",则会弹出一个对话框。可设定起始时间和结束时间、选择不下载连续为 0 的轨迹数据和卫星信号弱的轨迹数据,如图 4-9 所示;

注意:轨迹回放一次最多只能查询 2 天内的历史轨迹数据。如果超过两天,请分多次下载查询。

上面的内容全部选好后,点击"确定"则开始下载轨迹数据。下载完毕后,系统会提示是否开始回放轨迹。有多个工具按钮,如播放、停止、暂停等。在回放时可以放大或缩小地图。

轨迹播放:先选择要播放轨迹的车辆,再选择播放时间段,点击确定按钮选定轨迹,地图的

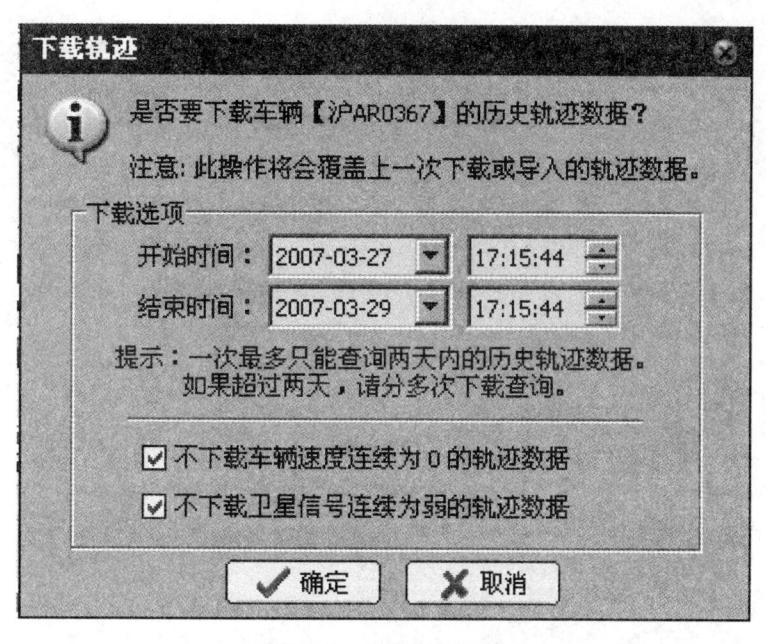

图 4-9 下载车辆轨迹

下拉框里选择车辆所在的地图,在频率的选框里设置车子的轨迹回放速度;速度值就是车子在这一点的时速度;然后点击工具栏上"轨迹播放"按钮就可以在地图上显示查询车辆的行驶轨迹;点击"停止播放"按钮就可以结束历史轨迹回放;点击"清空"可把地图上的轨迹点清空,如图 4-10 所示,车辆行驶轨迹如图 4-11 所示。

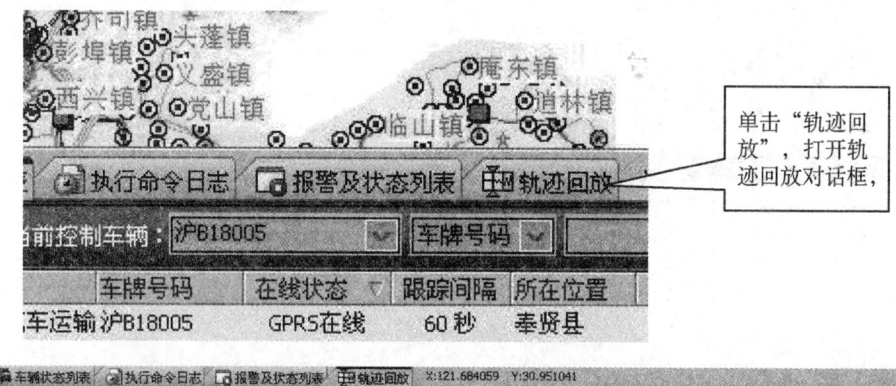

图 4-10 轨迹回放

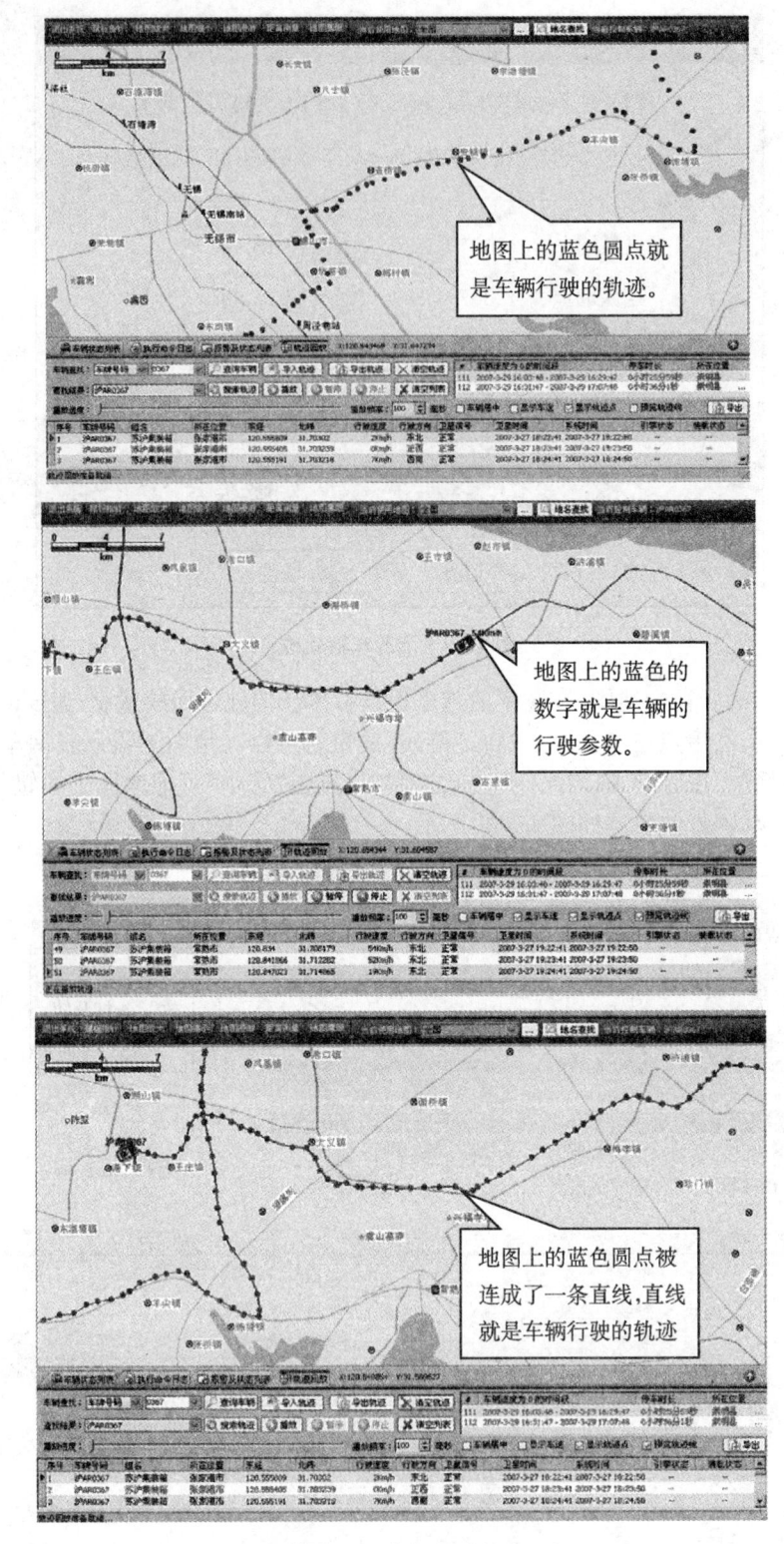

图 4-11 车辆行驶轨迹

【相关知识点】

GPS是英文Global Positioning System(全球定位系统)的简称。GPS利用无线电传输特性定位,和过去地面无线导航系统不同的是,它是由卫星来发射定时信号、卫星位置和健康状况信息,故具有发射信号覆盖全球和定位精度高、全天候而且抗干扰能力强等优点。

2.1 定位系统的发展

由于多普勒定位技术具有经济快速、精度均匀、不受天气和时间的限制等优点。20世纪50年代末期,美国海军使用该技术开始建立和研制测速和定位导航,这就是子午卫星导航系统,也称海军卫星导航系统(NNSS)。该系统于1964年1月正式投入使用,是世界上最早研制并投入使用的卫星导航系统,只要所在的观测点能接收到从子午卫星上发来的无线电信号,便可在地球表面的任何地方进行单点定位或联测定位,获得测站点的三维地心坐标。该系统的二维定位精度已经达到32米(均方误差),但是它的卫星最多的时候也只有6颗,故不能实现全球连续导航服务。在NNSS建立的同时,苏联也于1965年开始建立了一个卫星导航系统——CICADA,该系统有12颗所谓宇宙卫星。NNSS和CICADA卫星导航系统虽然将导航和定位推向一个新的发展阶段,但是它们仍然存在缺点,比如卫星少,不能实时定位等。

总之,用子午卫星信号进行多普勒定位时,不仅观测时间长(需要一两天的观测时间),而且既不能进行连续、定时定位,又不能达到厘米级的定位精度,因此其应用受到较大的限制。为了实现全天候、全球性和高精度的连续导航与定位,第二代的卫星导航系统——GPS卫星全球定位系统便应运而生。

1973年12月,美国国防部批准陆海空三军联合研制新的卫星导航系统(NAVSTAR GPS),简称GPS系统。此后,GPS被美国政府列为继阿波罗登月计划、航天飞机计划之后第三个空间计划。经历了方案论证(1974—1978年)、系统论证(1979—1987年)、生产实验(1988—1993年)三个阶段,建立了总投资超过200亿美元的第二代卫星导航系统。

GLONASS是由苏联(现由俄罗斯)国防部独立研制和控制的第二代军用卫星导航系统,它比GPS系统晚了9年,从1982年10月12日发射第一颗GLONASS卫星开始,历经13年时间,整个系统得以正常运行。与美国的GPS相似,该系统也开设民用窗口。GLONASS技术可为全球海、陆、空以及近地空间的各种军、民用户全天候、连续地提供高精度的三维位置、三维速度和时间信息。GLONASS在定位、测速及定时精度上则优于施加选择可用性(SA)之后的GPS,由于俄罗斯向国际民航和海事组织承诺将向全球用户提供民用导航服务,并于1990年5月和1991年4月两次公布GLONASS的ICD,为GLONASS的广泛应用提供方便。

由于GPS和GLONASS系统主要是为军事应用而建立的卫星导航系统。欧洲空间局(ESA)筹建的NAVSAT导航卫星系统,则是一种民用卫星导航系统。NAVSAT系统采用6颗地球同步卫星(GEO)和12颗高椭圆轨道卫星,6颗GEO卫星同处于一个轨道平面内。地面上任何一点任何时间至少可以观测4颗NAVSAT卫星星座。

此外,国际移动卫星组织[原名国际海事卫星组织(简称INMARSAT)]筹建了INMARSAT系统。最初,该系统仅具有卫星通信能力,在其4颗INMARSAT-2型卫星于1992年全部投入全球覆盖,进行通信运营之后,便着手改进4颗INMARSAT-3型卫星的设计,即在其上加装卫星导航舱。1996年初,这4颗新星入轨之后,在向全球提供通信服务的同时,已具备了导航定位能力。

还有，国际民航组织（OCAO）通过方案建立 GNSS 系统，该系统建成后，不仅能提供与 GPS 和 GLONASS 系统类似的导航定位功能，还能同时具有全球卫星移动通信的能力。为了打破一两个国家独霸卫星全球导航系统的被动局面，组建一个类似于 INMARSAT 公司的国际性卫星导航工程公司，让民间用户摆脱受制于人的不安心理，国际民航组织将 GNSS 系统的所有权、控制权和运营权实行国际化，贯彻"集资共建，资源共享"的方针。

在我国，20 世纪 80 年代中期，就引进 GPS 接收机，并应用于各个领域。在 1995 年成立了 GPS 协会。同时着手研究建立中国自己的卫星导航系统。近几年，中国已建成了北京、武汉、上海、西安、拉萨、乌鲁木齐等永久 GPS 跟踪站，进行对 GPS 卫星的精密定轨，为高精度的 GPS 定位测量提供观测数据和精密星历服务，致力于中国自主的广域差分 GPS（WADGPS）方案的建立。参与全球导航卫星系统（GNSS）和 GPS 增强系统（WAAS）的筹建。同时，中国已着手建立自己的卫星导航系统——北斗导航卫星系统，如图 4-12 所示。2010 年 6 月 2 日夜间，第四颗北斗导航卫星在西昌卫星发射中心由"长征三号丙"运载火箭成功送入太空预定轨道。自此，中国北斗导航卫星已进入密集发射组网阶段。北斗卫星导航空间段最终将包括 5 颗静止轨道卫星和 30 颗非静止轨道卫星。

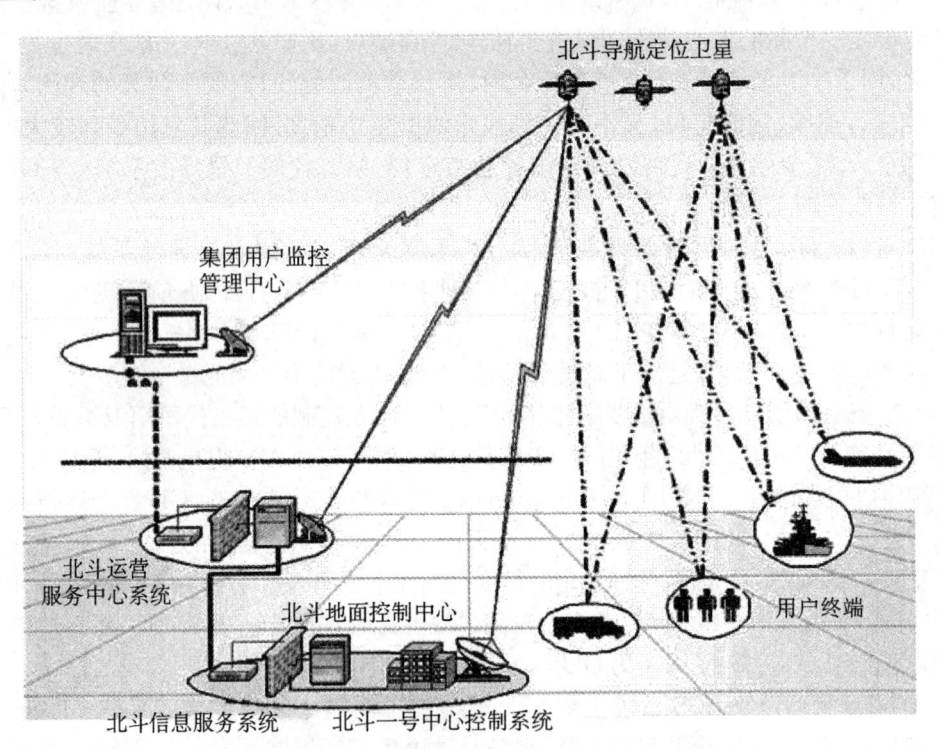

图 4-12 我国的卫星导航系统——北斗导航卫星系统

2.2 GPS 系统组成

GPS 系统由卫星构成的空间部分、地面监控部分和用户设备部分构成。

1. 空间部分

GPS 系统的空间部分由 21 颗工作卫星和 3 颗在轨备用卫星组成，如图 4-13 所示，记做（21+3）GPS 星座，卫星高度为 2 万千米，运行周期 12 小时。24 颗卫星均匀分布在 6 条升交点相隔60°的轨道面上,轨道倾角为55°,每个轨道平面内各颗卫星之间的升交角距相差90°,轨道平面的卫星数随着时间和地点的不同而不同,最少可观测到4颗,最多可以观测到11颗。具有这样轨道参数的卫星,其发射信号能覆盖地球面积的38%。卫星运行到轨道的任何位置上,它对地面的距离和波束覆盖面积基本不变。同时在波束覆盖区域内,用户接收到的卫星信号强度近似相等。这对提高定位精度十分有利。可保证在全球任何地方、任何恶劣的气候条件下,都能为用户提供24小时不间断的定位服务。

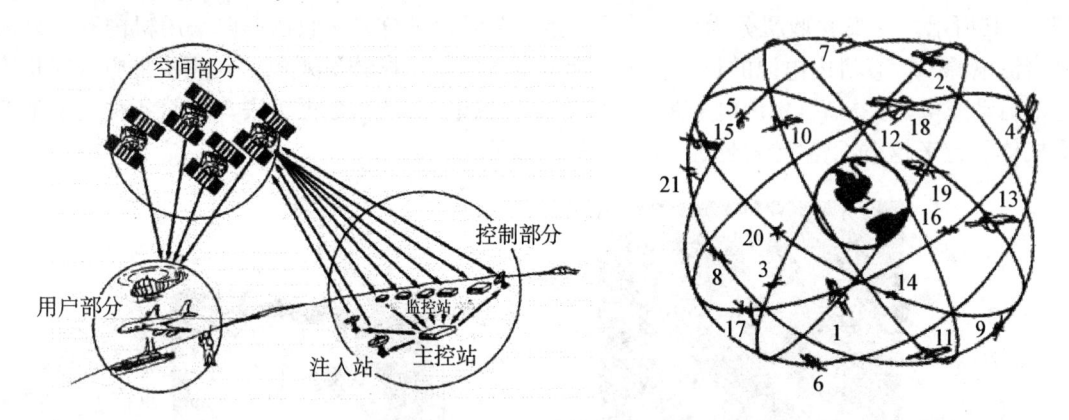

图 4-13 GPS 系统构成示意图

2. 地面监控部分

卫星的位置可由卫星发射的星历(描述卫星运动及其轨道的参数)计算而得,所以只要沿轨道正常运行,卫星相当于是动态的已知点。因此卫星上的各种设备是否正常工作,以及卫星是否一直沿着预定轨道运行,都需要通过地面设备进行实时监测和控制。

此外,地面监控系统还要保持各颗卫星处于同一时间标准,即 GPS 时间系统。这就需要地面站监测各颗卫星的时间,求出钟差,然后由地面注入站发给卫星,卫星再由导航电文发给用户设备。

地面监控系统由1个主控站、3个注入站和5个监测站组成,主控站位于美国科罗拉多斯普林斯市(Colorado Springs)。地面控制站负责收集由卫星传回信息,并计算卫星星历、相对距离,大气校正等数据。主控站协调整个地面监控工作,并推算卫星星历,钟差大气层修正参数等,然后将其传送到注入站。注入站主要负责将参数注入卫星存储系统。监测站负责监测卫星工作情况。除主控站以外,其他站点均无人值守。地面监控部分工作原理,如图4-14所示。

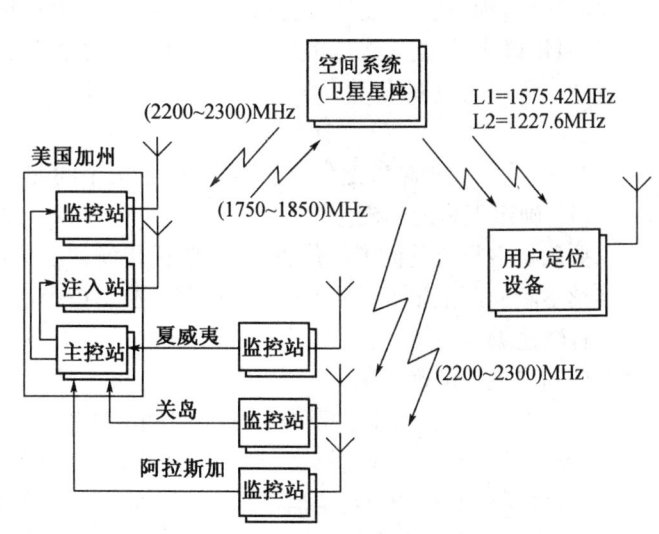

图 4-14 GPS 系统地面监控部分工作原理框图

3. 用户设备部分

用户设备部分即 GPS 信号接收机,用来接收必要定位信息和观测量,并对数据处理,解算以完成定位工作。当接收机捕获到跟踪的卫星信号后,就可测量出接收天线至卫星的伪距离和距离的变化率,解调出卫星轨道参数等数据。根据这些数据,接收机中的微处理计算机就可按定位解算方法进行定位计算,计算出用户所在地理位置的经纬度、高度、速度、时间等信息。

接收机硬件和机内软件以及 GPS 数据的后处理软件包构成完整的 GPS 用户设备,如图 4-15 所示。GPS 接收机分为天线单元和接收单元两部分。接收机一般采用机内和机外两种直流电源。设置机内电源的目的在于更换外电源时不中断连续观测。在用机外电源时机内电池自动充电。关机后,机内电池为 RAM 存储器供电,以防止数据丢失。目前各种类型的接受机体积越来越小,重量越来越轻,便于野外观测使用。

图 4-15 GPS 用户设备

2.3 GPS 系统的工作原理

首先假定卫星的位置已知,而我们又能准确测定我们所在地点 A 至卫星之间的距离,那么 A 点一定是位于以卫星为中心、所测得距离为半径的圆球上。进一步,又测得点 A 至另一卫星的距离,则 A 点一定处在前后两个圆球相交的圆环上。我们还可测得与第三个卫星的距离,就可以确定 A 点只能是在三个圆球相交的两个点上。根据一些地理知识,可以很容易排除其中一个不合理的位置。当然也可以再测量 A 点至另一个卫星的距离,也能精确进行定位。

当然,为了实现精确定位,还要解决以下两个问题:

(1) 确定卫星的准确位置

要确定卫星所处的准确位置,首先要优化设计卫星运行轨道,而且要由监测站通过各种手段连续不断监测卫星的运行状态,适时发送控制指令,使卫星保持在正确的运行轨道。将正确的运行轨迹编成星历,注入卫星,且经由卫星发送给 GPS 接收机。正确接收每个卫星的星历,就可确知卫星的准确位置。

(2) 测定卫星至用户的距离。由于时间×速度=距离,从物理学中知道,电波传播的速度是 30 万千米/秒,所以只要知道卫星信号传到用户所在地的时间,就能利用距离公式来求得距离。所以,问题就归结为测定信号传播的时间。要准确测定信号传播时间,须解决两方面的问题:一个是时间基准问题,就是说要有一个精确的时钟;另一个就是要解决测量的方法问题。这里只简单介绍一种测量的技术,即位置差分原理。这是一种最简单的差分方法,任何一种 GPS 接收机均可改装。

位置差分原理是使用装在基准站上的 GPS 接收机观测 4 颗卫星后便可进行三维定位,计算出基准站的坐标,如图 4-16 所示。由于存在着轨道误差、时钟误差、SA 影响、大气影响、多径效应以及其他误差,计算出的坐标与基准站的已知坐标是不一样的,存在误差。基准站利用数据链将此改正数发送出去,由用户站接收,并且对其计算的用户站坐标进行改正。最后得到的改正后的用户坐标已消去基准站和用户站的共同误差。例如,卫星轨道误差、SA 影响、大气影响等,提高了定位精度。以上先决条件是基准站和用户站观测同一组卫星的情况。位置差分法适用于用户与基准站间距离在 100 千米以内的情况。

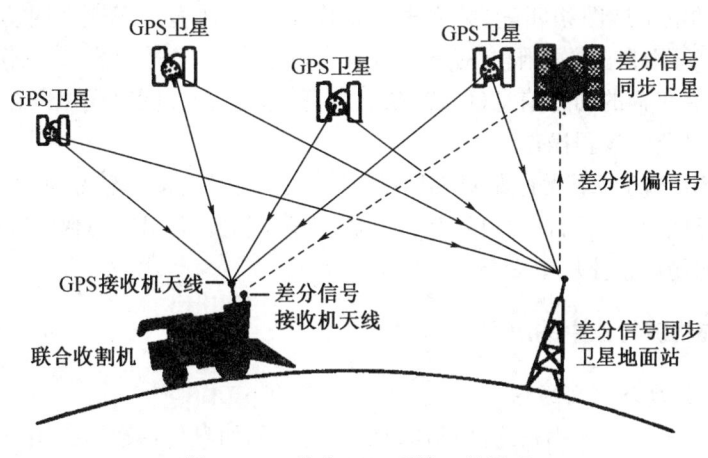

图 4-16 差分 GPS 系统工作原理

2.4 网络 GPS(WebGPS)的概念

网络 GPS 同时融合了 GPS 技术、GSM 数字移动通信技术以及因特网技术等多种目前世界上先进的科技成果。在公共网络上建立 GPS 监控平台,各物流运输企业以及运输客户可以根据自己的权限,进入网络 GPS 监控界面对车辆进行监控、调度、即时定位等多项操作,既实现了车辆实时动态信息的全程管理,又能够省去自己建设 GPS 系统监控中心/基站所需的大量经费、时间、人力,从而降低了中小企业使用 GPS 系统的门槛。

1. 网络 GPS 的概念与特点

网络 GPS 是把 Internet 技术与 GPS 技术相结合,在互联网界面上显示 GPS 动态跟踪信息,以实现实时监控动态调度的功能。网络 GPS 综合了 Internet 与 GPS 的优势与特色,取长补短,解决了原来使用 GPS 所无法克服的障碍。

首先,可降低投资费用。网络 GPS 免除了物流运输公司自身设置监控中心的大量费用,不仅包括各种硬件配置,还包括各种管理软件。

其次,网络 GPS 一方面利用互联网实现无地域限制的跟踪信息显示,另一方面又可通过设置不同权限做到信息的保密。网络 GPS 的特点大致如下:

(1) 功能多、精度高、覆盖面广,在全球任何位置均可进行车辆的位置监控工作,充分保障网络 GPS 所有用户的要求都能够得到满足;

(2) 定位速度快,有力地保障了物流运输企业能够在业务运作上提高反应速度,降低车辆空驶率,降低运作成本,满足客户需要;

(3) 信息传输采用 GSM 公用数字移动通信网,具有保密性高、系统容量大、抗干扰能力强、漫游性能好、移动业务数据可靠等优点；

（4）构筑在国际互联网这一最大的网上公共平台上，具有开放度高、资源共享程度高等优点。

2. 网络 GPS 系统工作流程

车载单元即 GPS 接收机在接收到 GPS 卫星定位数据后，自动计算出自身所处的地理位置的坐标，后经 GSM 通信机发送到公用数字移动通信网，并通过与物流信息系统连接的 DDN 专线将数据送到物流信息系统监控平台上。中心处理器将收到的坐标数据和其他数据还原后，与 GIS 系统的电子地图相匹配，并在电子地图上直观地显示车辆实时坐标的准确位置。各网络 GPS 用户可用自己的权限上网进行自有车辆信息的收发、查询等工作，在电子地图上清楚而直观地掌握车辆的动态信息（位置、状态、行驶速度等）。同时还可以在车辆遇险或发生意外事故时进行必要的远程操作。

总之，网络 GPS 的出现无论是对 GPS 供应商，还是对物流运输企业都是非常有利发展的，因为它直接降低投资费用，信息显现的无地域性限制，使得 GPS 门槛的降低及普及率的提高，从而使更多的物流企业从中受益。

2.5 WebGPS 在物流行业中的应用

1. 车辆跟踪调度及双向通信

系统建立起车辆与系统用户之间迅速、准确、有效的信息传递通道。用户可以随时掌握车辆状态，迅速下达调度命令。既可以根据需要对车辆进行远程控制，还可以为车辆提供服务信息。有多种监控方式可供选择。

2. 运力资源的合理调配

系统根据货物派送单产生地点，自动查询可供调用车辆，向用户推荐与目的地较近的车辆，同时将货单派送到距离客户位置最近的物流基地。保证了客户订单快速、准确地得到处理。同时 GIS 的地理分析功能可以快速地为用户选择合理的物流路线，从而达到合理配置运力资源的目的。

3. 敏感区域监控

物流涵盖的地理范围如此之广，需要随时随地知道在各个区域内车辆的运行状况、任务执行情况、任务安排情况，让所辖范围的运输状况一览无余。在运输过程中，有某些区域经常发生货物丢失、运输事故，在运输车辆进入该区域后，可以给予车辆提示信息。

4. 意外事故报警

当在运输途中发生突发性事件时，司机可以按下隐藏的紧急呼叫按钮向监控中心求助，中心接到报警，马上开启声音装置，监听车辆内情况，并根据车辆位置和其他相关信息给予援助。

5. 车辆数据存储、分析功能

由于物流集团下属车辆众多，需要对车辆进行集中统一的信息化管理。其管理内容涵盖车辆的基本信息（如车牌号、车辆类型、吨位、颜色等）、保险信息（盗险、自燃险等）、安全纪录、事故借款等。系统将对车辆的所有这些信息进行采集、录入，而后向用户提供修改、删除以及查询功能。

2.6 北斗卫星导航系统

北斗卫星导航系统（BeiDou(COMPASS) Navigation Satellite System）是我国正在实施的自主

研发、独立运行的全球卫星导航系统。北斗卫星导航系统空间由空间端、地面端和用户端三部分组成。空间端包括 5 颗静止轨道卫星和 30 颗非静止轨道卫星；地面端包括主控站、注入站和监测站等若干个地面站。2007 年 4 月，我国发射了第一颗北斗二号导航卫星。2011 年 4 月 10 日 4 时 47 分，第八颗北斗导航卫星发射成功，标志着北斗区域卫星导航系统的基本建成。

北斗卫星导航系统是我国自行研制开发的三维卫星定位与通信系统，有人把它比作中国自己的 GPS。2000 年，首先建成北斗导航试验系统，我国成为继美、俄之后的世界上第三个拥有自主卫星导航系统的国家。该系统已成功应用于测绘、电信、水利、渔业、交通运输、森林防火、减灾救灾和公共安全等诸多领域，产生显著的经济效益和社会效益。特别是在 2008 年北京奥运会、汶川抗震救灾中发挥重要的作用。为更好地服务于国家建设与发展，满足全球应用需求，我国启动实施了北斗卫星导航系统建设。

1. 建设原则

北斗卫星导航系统的建设与发展，以应用推广和产业发展为根本目标，不仅要建成系统，更要用好系统。应遵循以下建设原则：

（1）开放性。北斗卫星导航系统的建设、发展和应用将对全世界开放，为全球用户提供高质量的免费服务，积极与世界各国开展广泛而深入的交流与合作，促进各卫星导航系统间的兼容与互操作，推动卫星导航技术与产业的发展。

（2）自主性。中国将自主建设和运行北斗卫星导航系统，北斗卫星导航系统可独立为全球用户提供服务。

（3）兼容性。在全球卫星导航系统国际委员会(ICG)和国际电联(ITU)框架下，使北斗卫星导航系统与世界各卫星导航系统实现兼容与互操作，所有用户都能享受到卫星导航发展的成果。

（4）渐进性。中国将积极稳妥地推进北斗卫星导航系统的建设与发展的同时，不断完善服务质量，并实现各阶段的无缝衔接。

2. 覆盖范围

北斗卫星导航系统是覆盖中国本土的区域导航系统。覆盖范围东经 70°～140°，北纬 5°～55°。GPS 是覆盖全球的全天候导航系统，能够确保地球上任何地点、任何时间能同时观测到 6～9 颗卫星(实际上最多能观测到 11 颗)。

3. 定位原理

北斗卫星导航系统是主动式双向测距二维导航，地面中心控制系统计算，供用户三维定位数据。GPS 是被动式伪码单向测距三维导航。由用户设备独立计算自己三维定位数据。"北斗一号"的这种工作原理带来两个方面的问题：一是用户定位的同时失去了无线电隐蔽性，这在军事上相当不利；另一方面，由于设备必须包含发射机，因此在体积、重量、价格和功耗方面处于不利的地位。

4. 定位精度

北斗卫星导航系统三维定位精度约几十米，授时精度约 100 纳秒，GPS 三维定位精度 P 码目前已由 16 米提高到 6 米，C/A 码目前已由 25～100 米提高到 12 米，授时精度目前约 20 纳秒。

5. 用户容量

由于北斗卫星导航系统是主动双向测距的询问和应答系统，用户设备与地球同步卫星之间不仅要接收地面中心控制系统的询问信号，还要求用户设备向同步卫星发射应答信号，这样,系统的用户容量取决于用户允许的信道阻塞率、询问信号速率和用户响应频率。因此,北斗导航系统的用户设备容量是有限的。GPS是单向测距系统,用户设备只要接收到卫星发出的导航电文即可进行测距定位,因此GPS用户设备容量是无限的。

6. 实时性

北斗卫星导航系统用户的定位申请要送回中心控制系统,中心控制系统计算出用户的三维位置数据之后再发回用户,其间要经过地球静止卫星走一个来回,再加上卫星转发,中心控制系统的处理,时间延迟就更长,因此对于高速运动体则加大定位的误差。

此外,北斗卫星导航系统也有一些自身的特点,如具备的短信通信功能就是GPS所不具备的。

7. 实际应用

北斗卫星导航系统定定位系统的军事功能与GPS类似,如:飞机、导弹、水面舰艇和潜艇的定位导航;弹道导弹机动发射车、自行火炮与多管火箭发射车等武器载具发射位置的快速定位,以缩短反应时间;人员搜救、水上排雷定位等。

北斗导航定位系统服务区域为中国及周边国家和地区,可以在服务区域内任何时间、任何地点为用户确定其所在的地理经纬度信息,并提供双向短报文通信和精密授时服务。北斗卫星导航系统可广泛应用于船舶运输、公共交通、铁路运输、海上作业、渔业生产、水文测报、森林防火、环境监测等众多行业,以及军队、公安、海关等其他有特殊指挥调度要求的单位。北斗导航定位系统对美国GPS构成的挑战。

现在,GPS在我国的占有率达到95%左右,而北斗卫星导航系统的主要用户还是一些相关的国家机关和大型企业。在未来,随着北斗系统的发展,其用户的范围将越来越广,拓展到国家的电力、金融、通信等各个领域,与普通百姓的生活密切相关。而几年后,北斗卫星导航系统将是一个由30余颗卫星、地面段和各类用户终端构成的大型航天系统,其建设应用将实现我国航天从单星研制向组批生产、从保单星成功向保组网成功、从以卫星为核心向以系统为核心、从面向行业用户向面向大众用户的历史性转型。

单元小结

通过本次任务的学习,掌握GPS的构成、基本原理,重点介绍了GPS在物流领域中的应用,如物流过程的跟踪监控、运载工具的动态调度等。明确GPS在物流行业中的应用,并了解网络GPS的特点及实际应用前景。

【综合练习】

1. 简答题

(1) GPS具有哪些特点?

(2) 当前世界上有哪些卫星导航系统,各自有什么特点?

(3) GPS包括哪几个部分?各部分的作用如何?

(4) 网络GPS的工作流程如何?

(5) 结合物流行业发展需求,阐述GPS以及GPS车辆监控专用网的建设以及应用前景。

2. 案例分析

中小物流企业如何控制物流成本,提升服务价值

中小物流企业的业务范围较窄,企业间差异化不明显,市场以价格导向为主,从而竞争剧烈,营业毛利率也偏低,因此如何提供快速服务效率来回应客户需求,成为提升企业服务价值创造的一大思考方向,也是竞争力的主要来源之一。为了有效管理物流并控制成本,某公司自建物流中心,同时也自行拥有配送物流车队,针对人员、流程、物品与资讯流通强调做更有效的管理,除了建立 ERP 系统,在物流中心也建立完善的仓储管理系统,另外在物流配送环节之中也导入卫星车队即时货况追踪的资讯系统,将物流管理走向更精致化发展,如图1所示。

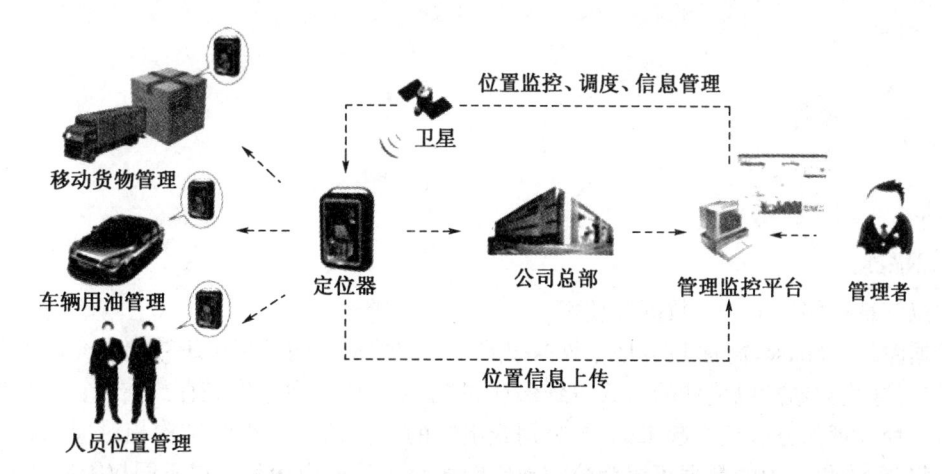

图1 基于GPS系统的货况追踪资讯系统

在导入此套系统后,每日由主管派遣调度车辆后,并由系统下载该班次配送订单于手持终端机,司机领取货物并比对订单无误后出车,每台运输车上都配置安装 GPS 卫星定位的车机系统,在间隔时间内传输坐标信息,后台信息系统接收到车辆坐标后,对应于电子地图中的相对位置,主管可随时了解在外所有车辆的即时位置,并可远程随时调度与掌握全局,当司机将货物送至客户端时,通过 PDA 扫描记录到点时间,并可记录送达状态,当客户想要了解货品是否已经顺利送达客户手中,主管或客服人员可以立即上网查询,第一时间即可给予客户满意的答复,同时也结合客户关系管理(CRM)系统提供顾客个人化服务,节省传统纸笔作业所花费的时间和人力成本,真正实现提升工作效率和客户满意度。

综观全球卫星定位系统的发展,此技术应用已逐渐深入民众的生活中,带来生活很大的便利,在物流业界中争取时间,提升效率一直是衡量业者竞争力强弱的重要指标。根据 IMF 的调查报告,台湾地区物流成本占国内生产总值(GDP)的 13.1%,只要能把物流成本降低 GDP 的一个百分点,每年就可以帮助厂商省下惊人的成本支出,物流业者在讲求精致化管理与提供更有效率也更低成本的营运绩效,同时也致力于提升服务的附加价值,所以在运输配送的物流环节中,应用 GPS、PDA 与行动无线通信技术,不但使得物流业者能充分掌握车辆、订单、货物资料的时效性,同时亦能满足客户即时查询货物的需求,有效强化企业后勤支援能力,让物流交易能顺畅进行,充分掌握时间以节省成本并创造极佳的效益。

案例思考:
GPS 系统如何实现对中小物流企业服务价值的提升?

项目五 物流信息存储和处理技术

1. 项目描述

物流信息存储技术——数据库技术。

数据库(Database,简称 DB)是将数据按照一定的数据结构模型组织存储在介质上的数据集合,使得这些数据能以最佳的方式得到保存、共享和应用。数据库是存放在计算机存储设备中的以一种合理的方法组织起来的,与公司或组织的业务活动和组织结构相对应的各种相关数据的集合,该集合中的数据可以为公司或组织各级人员或应用程序以不同权限所共享。

物流信息处理技术——数据挖掘技术。

数据挖掘(Data Mining)是从大量的、不完全的、有噪声的、模糊的、随机的数据中提取隐含在其中的、人们事先不知道的、但又是潜在有用的信息和知识的过程。数据挖掘的目的是为了提高市场决策能力、检测异常模式和在过去的经验基础上预测未来趋势等。数据挖掘的任务主要是关联分析、聚类分析、分类、预测、时序模式和偏差分析等。

物流信息存储和处理技术是根据物流信息存储和处理的过程,在实践教学环境当中,采用理论和实践相结合的一体化模式展开教学,要求学生根据工作要求完成如下任务:掌握数据库技术在物流信息系统当中作为存储技术的作用,以及能够为物流企业设计数据库系统来存储相关物流信息;能够利用数据仓库和数据挖掘技术在物流企业进行数据挖掘;明确数据库技术和数据挖掘技术在具体企业当中的应用。通过发掘学生的主观能动性,主动获取相关物流信息,确定物流信息系统实施方案,制订实施计划,运行系统,评价反思理论深化。

2. 项目目标

1. 理解信息存储管理技术的发展,掌握数据库系统相关的知识,能够根据物流企业需求,为物流企业设计数据库系统,实现物流信息的存储;

2. 掌握 SQL Server 2000 数据库技术,能够使用 SQL Server 2000 完成数据库的设计;

3. 了解 Oracle 系统及其产品应用;

4. 掌握物流信息处理技术——数据挖掘技术,能够利用数据挖掘技术实现物流企业信息的挖掘处理,将数据挖掘技术应用到物流企业当中;

5. 提高学生在物流信息存储和处理技术方面的动手能力,以及初步的设计规划能力。

任务1 物流信息存储技术——数据库技术

【任务描述】

通过学习数据库基础知识,掌握数据库原理和方法,数据库系统组成,数据库设计方法和过程。为物流企业建立数据库系统,实现物流企业信息的存储。

【任务目标】

1. 了解物流信息存储技术基础知识;
2. 理解信息存储管理技术的发展,数据库发展的新技术、新方向;
3. 掌握数据库技术原理和方法、系统组成,以及数据库设计方法和过程;
4. 学会使用 SQL Server 2000,了解 Oracle 系统;
5. 掌握数据库设计过程,能够结合物流业务需求,达到独立为物流企业设计数据库系统,实现物流信息的存储;
6. 通过对物流信息存储技术基础理论的学习,理解数据库系统原理和方法,培养进行数据库系统的安装与独立设计能力。

【任务实施】

1. 教师首先讲清该任务实施的目标;
2. 以小组为单位制订调研计划,确定调查的对象、地点、时间、方式,确定要收集的资料;
3. 根据任务安排,学生以小组为单位,对当地物流企业进行调研,通过查阅资料,小组讨论,结合教师讲解,自行设计调查方案和内容,形成物流企业物流信息存储过程的报告;
4. 学生进入物流企业数据库设计阶段:物流企业数据库系统需求分析、概念结构设计、逻辑结构设计、物理设计、系统实施及数据库维护等 6 个步骤;
5. 核查数据库系统实施情况,实现信息的存储;
6. 各小组根据设计的数据库系统进行交流互评;
7. 教师总结讲评,完善设计的数据库系统。

【学习评价】

被考评人			考评组调查对象				
考评时间			考评地点				
考评内容			物流企业数据库系统设计				
考评标准	内容			分值	自评	小组评议	教师评议	考评得分
	调研过程中遵守纪律,礼仪符合要求,团队合作好			20				
	调研记录内容全面、真实、准确,PPT 制作规范,表达正确			25				
	调研报告格式正确,能正确总结出所调研企业的物流信息系统的特点、作用、物流管理信息系统应用现状			30				
	调研报告能提出合理化建议			25				

【相关知识点】

1.1 数据库技术基础知识

随着计算机技术的发展,计算机应用从早期的数值计算扩展到数据处理领域。数据库系统是研究数据库的结构、存储、设计与使用的一门综合的软件学科,是进行数据存储和管理的技术。当前,企事业单位、交通运输、情报检索、金融、物流等各行各业都纷纷建立以数据库为核心的信息系统。数据库在当今信息管理和处理中的作用越来越重要。从某种意义上讲,数据库建设的规模、信息的数量和质量及数据库的使用频度,是衡量国家信息化程度的标志之一。

1. 数据库技术基本概念

(1) 数据(Data)

数据就是描述事物的符号记录,是数据库中存储的基本对象。它可以是数字、文字、图形、图像、声音和语言等。

(2) 信息(Information)

信息指由原始数据经加工提炼而成的,用于决定行为、计划或具有一定意义的数据。信息与数据在概念上是有区别的,不是所有数据都是信息,只有经过加工之后,具有新的事实知识的数据才能成为信息。数据经过加工处理之后成为信息,仍然以数据形式表现,此时数据是信息的载体。

(3) 数据库(DataBase,DB)

数据库顾名思义就是数据存放的地方。在计算机中,数据库是数据和数据库对象的集合。指长期储存在计算机内的、有组织的、可共享的数据集合。数据库中的数据按一定的数据模型组织、描述和储存,具有较小的冗余度、较高的数据独立性和易扩展性,并可为各个用户共享。

(4) 数据处理

数据处理指对数据进行收集、储存、加工和传播,其目的是从大量原始数据中推导出有价值的信息,利用计算机科学地管理这些数据。

(5) 数据管理

数据管理指对数据的分类、组织、编码储存、检索和维护。它是数据处理的中心问题,主要围绕提高数据独立性、降低数据的冗余度、提高数据共享性。提高数据的安全性和完整性等方面来进行改进,帮助使用者有效地管理和使用数据资源。

(6) 数据库管理系统(DataBase Management System,DBMS)

数据库管理系统是位于用户与操作系统之间的系统软件,是用以管理、维护、访问数据库的程序,其目的是提供一个可以方便、有效地存取数据库信息的环境。常见数据库管理系统有Oracle、Access、SQL Server、DB2、Sybase、Informix。

2. 关系数据库

数据库这一概念自提出后先后出现了几种数据模型,其中基本的数据模型有三种:层次模型系统、网络模型系统和关系模型系统。目前广泛使用的数据库软件都是基于关系模型的关系数据库管理系统。

(1) 关系模型

关系模型把世界看作是由实体(Entity)和联系(Relationship)构成的。

所谓实体就是指现实世界中具有区分与其他事物的特征或属性并与其他实体有联系的对象。所谓联系就是指实体之间的关系,即实体之间的对应关系。通过联系就可以用一个实体的信息来查找另一个实体的信息。

(2) 关系型数据库

所谓关系数据库就是基于关系模型的数据库。关系数据库管理系统是管理关系数据库的计算机软件。

关键字是关系模型中一个重要概念,它是逻辑结构,不是数据库的物理部分。关键字包括:候选关键字,Candidate Key;主关键字,Primary Key;公共关键字,Common Key;外关键字,Foreign Key。

(3) 常见的数据库对象

数据库对象是数据库的组成部分,常见的有以下几种:

① 表。数据库中的表与我们日常生活中使用的表格类似,是由行(Row)和列(Column)组成。

② 索引。索引是根据指定的数据库表列建立起来的顺序。

③ 视图(View)。视图是由查询数据库表产生的,它限制了用户能看到和修改的数据。

④ 图表(Diagram)。在 SQL Server 中图表其实就是数据库表之间的关系示意图,利用它可以编辑表与表之间的关系。

⑤ 缺省值(Default)。缺省值是当在表中创建列或插入数据时,对没有指定其具体值的列或列数据项赋予事先设定好的值。

⑥ 规则(Rule)。规则是对数据库表中数据信息的限制,它限定的是表的列。

⑦ 触发器(Trigger)。触发器是一个用户定义的 SQL 事务命令的集合,当对一个表进行插入、更改、删除时,这组命令就会自动执行。

⑧ 存储过程(Stored Procedure)。存储过程是为完成特定的功能而汇集在一起的一组 SQL 程序语句,经编译后存储在数据库中的 SQL 程序。

⑨ 用户(User)。用户就是有权限访问数据库的人。

1.2 数据库的原理与方法

1. 数据管理技术的发展

数据管理技术是指对数据进行分类、组织、编码、存储、检索和维护的技术。数据管理技术的发展是与计算机技术及其应用联系在一起,经历了由低级向高级的过程。

数据库技术是应数据管理任务的需要而产生的。人们借助计算机进行数据处理是近 30 年的事。研制计算机的初衷是利用它进行复杂的科学计算,随着计算机技术的发展,现在其应用已远远超出这个范围。在应用需求的推动下,在计算机软、硬件发展的基础上,数据管理技术经历了人工管理阶段、文件系统阶段、数据库系统阶段和高级数据库技术阶段。

(1) 人工管理阶段

人工管理阶段是指 20 世纪 50 年代中期以前的阶段。当时计算机处于发展初期,计算机主要应用于科学计算,计算机系统本身的功能很弱且数量并不很多,没有大容量的外存和操作系统,数据的结构一般都比较简单,程序的运行由简单的管理程序来控制。这一阶段的特点:

① 数据不能长期保存在计算机中。

② 数据作为程序的组成部分不能独立存在,即数据和程序完全结合成一个不可分割的整体。

③ 数据由程序员设计的应用程序进行管理,无须专门的系统软件对数据进行管理。

④ 数据面向应用,不同应用程序的数据之间相互独立,即使两个不同应用程序涉及相同的数据,也必须各自定义,无法互相参照和引用。因此,数据大量冗余,且不能共享。

（2）文件系统阶段

从 20 世纪 50 年代后期到 60 年代中期这一阶段,由于计算机技术的发展,出现了磁带、磁鼓和磁盘等较大容量的存储设备,软件方面出现了操作系统、高级程序设计语言,计算机的应用范围也由科学计算领域扩展到数据处理领域。这一阶段的特点是：

① 数据以文件形式可以长期保存在计算机中,并由操作系统管理,文件的组织方式由顺序文件逐步发展到随机文件。

② 操作系统的文件管理系统提供了对数据的输入和输出操作接口,即提供数据存取方法。

③ 一个应用程序可以使用多个文件,一个文件可被多个应用程序使用,数据可以共享。

④ 数据仍然是面向应用的,文件之间彼此孤立,不能反映数据之间的联系,因而仍存在数据大量冗余和不一致性。

（3）数据库系统阶段

从 20 世纪 60 年代后期开始,随着计算机硬件和软件技术的发展,开展了对数据组织方法的研究,并开发了对数据进行统一管理和控制的数据管理系统,在计算机科学领域中逐步形成了数据库技术这一独立分支。数据管理中数据的定义、操作及控制系统由数据管理系统来完成。这一阶段的特点是：

① 采用一定的数据模型来组织数据,数据不再面向单一的应用,而是面向整个应用系统。

② 应用程序独立于数据,实现了数据的独立性。

③ 数据的冗余度明显减少,从而减少数据的不一致性。

④ 为用户的数据操作提供了方便的接口,实现了数据共享。

⑤ 提供了下列数据控制功能：

数据完整性控制,保证数据库中的数据正确性、相容性和一致性。

数据安全性控制,保护数据的安全和保密,以防被窃和失密。

数据的并发控制,防止数据共享时相互干扰和恶意破坏。

数据库的恢复,发生数据损坏时尽可能恢复到最近一个正确的状态。

（4）高级数据库技术阶段

大约从 20 世纪 80 年代后期开始,以微型计算机和计算机网络为特征的计算机技术及应用取得飞速的发展,并更加广泛地与其他学科技术相互结合和相互渗透。在数据库领域中诞生很多高新技术,并产生许多新型数据库,其中有些已经成熟并进入实用阶段,具有代表性的是分布式数据库和面向对象数据库。

① 分布式数据库是数据库技术和计算机网络技术相互渗透和有机结合的产物,由一组物理上分布在计算机网络的不同节点上数据,既面向本地的局部应用,又参与涉及多个结点的全局应用,即这些分布的数据在逻辑上属于同一个整体。分布式数据库的重要特性是数据分布的透明性。分布式数据库是一个统一整体,用户不必关心数据的逻辑分布,更不必关心数据的物理分布细节。对用户来说,访问分布式数据库如同访问集中式数据库一样,只要指出访问哪

些数据,无须指出数据在哪里或如何访问这些数据。

② 20 世纪 80 年代末期,在程序设计语言领域中引入面向对象的概念。通过面向对象的程序设计来解决程序中的重要问题,将面向对象的概念引入数据库领域,产生了面向对象数据库系统。面向对象技术最重要的特点是将数据和数据操作的方法作为对象,由面向对象的数据库管理系统来统一管理,任何被开发的应用都成为对象目标库的一部分,由开发者和用户所共享。对象共享缩小了数据库和应用程序间的差距,降低了应用程序的开发费用,同时也减少了系统出现问题的可能性。同时,面向对象技术中所用的方法能精确处理现实世界中复杂的目标对象,例如图像、声音、文本文件等都可以定义为抽象数据类型,而且在系统运行时可对它们的内容进行检查。在面向对象技术中,属性的继承性使得在对象中共享数据和操作成为可能,使对象之间的通信成为数据和程序间交换信息的标准。面向对象的数据库技术已经可以处理复杂的企业范围内变化的事务对象。

2. 数据库系统及技术组成

数据库系统组成如图 5-1 所示。

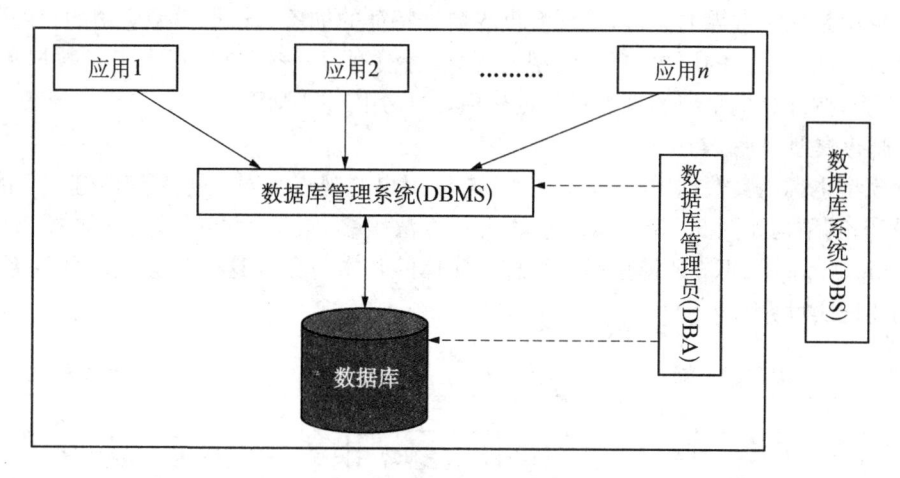

图 5-1　数据库系统组成

数据库数据系统技术组成如图 5-2 所示。

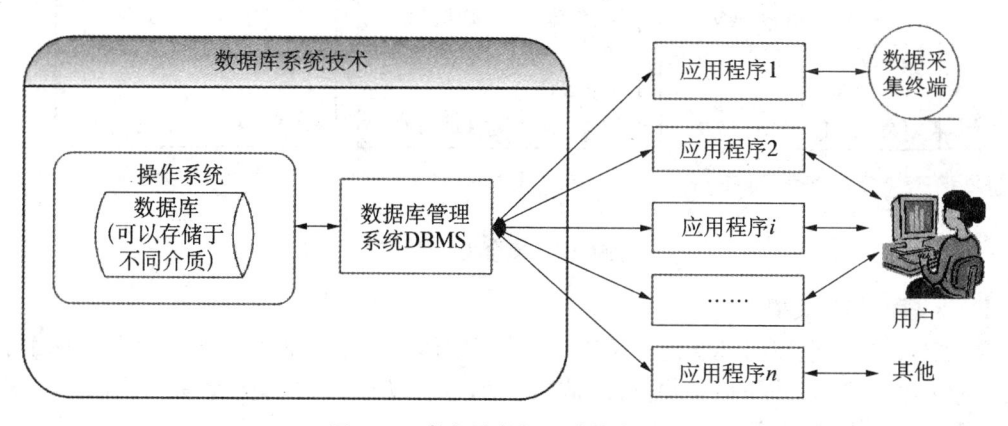

图 5-2　数据库数据系统技术组成

3. 数据库系统的特点
(1) 数据结构化；
(2) 数据的共享性高，冗余度低，易于扩充；
(3) 数据独立性高；
(4) 数据由 DBMS 统一管理和控制。

4. 数据库技术的研究领域
(1) 数据库管理系统软件的研制
DBMS 的研制包括研制 DBMS 本身以及以 DBMS 为核心的一组相互联系的软件系统。
(2) 数据库设计
主要的研究方向是数据库设计方法学和设计工具。
(3) 数据库理论
数据库理论的研究主要集中于关系的规范化理论、关系数据理论等。

5. 数据模型
数据模型是现实世界的模拟，是现实世界数据特征的抽象。根据模型应用的目的不同，将数据模型分为两个不同的层次：概念模型，也称信息模型，是按用户的观点来对数据和信息建模；数据模型，按计算机系统的观点对数据建模，主要用于 DBMS 的实现。

(1) 概念模型
概念模型也称语义数据模型、信息模型，它按用户的观点来对数据和信息建模，主要用于数据库设计，其结构如图 5-3 所示。它的表示方法很多，最为著名的是 E-R 模型（Entity-Relationship Model）。E-R 模型是一组称为实体的基本对象和这些对象之间的联系，用 E-R 图来描述现实世界。

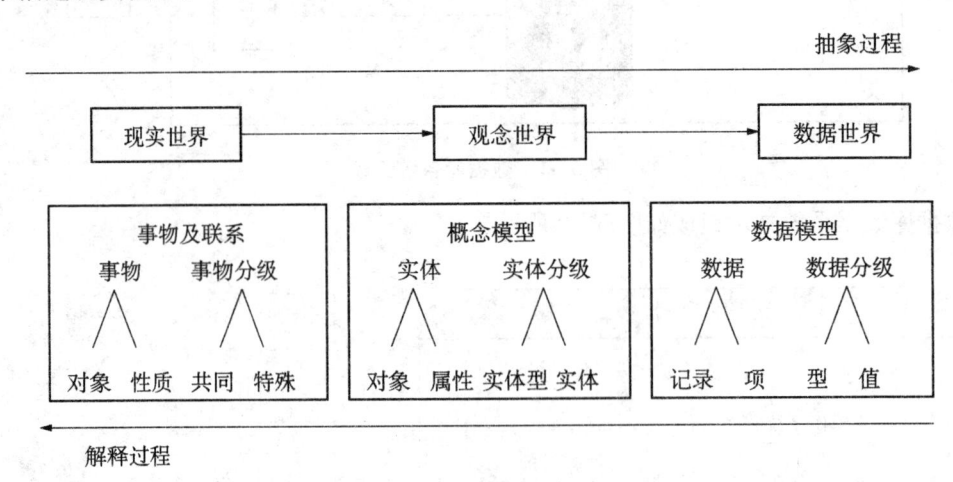

图 5-3 概念模型结构

E-R 模型的相关概念如下：
① 实体。客观存在的可以相互区分的事物。实体有个体和总体之分，总体是个体组成的集合。实体可以是人，也可以是物，可以是具体的，也可以是抽象的概念。如一个职工、一个仓库、一种产品、一场球赛等。
② 属性。实体某一方面的特性。如对实体职工而言，工号、姓名、性别、职位、部门、联系

电话等都是他们的属性,属性是对同类实体集合的总描述。属性的取值范围称为域。如属性"性别"的域为男和女;属性"联系电话"的域为11位数字。

③ 关键字。也称主键,唯一标志是实体的属性。如"工号"是员工实体的关键字。

这些概念可以用表5-1说明。

表5-1 E-R模型概念(以职工属性实体为例)

属性	工号	姓名	性别	职位	部门	联系电话
A	01001	张一凡	女	文员	采购部	13776666666
B	01029	梁八方	男	经理	营销部	15988888888

④ 联系。一是指实体内部的联系,组成实体的各属性之间的联系;一是指实体之间的联系。这里主要了解实体之间的联系。

设不同的实体集合 A 和 B 之间建立了某种联系,其联系方式可分为三类:

一对一联系(1:1)。如果对于 A 中的任意一个实体,B 中至多有一个与之发生联系,而对 B 中的每一实体,至多对应 A 中一个实体,则称 A 与 B 是一对一联系。

一对多联系(1:n)。如果对于 A 中的每一实体,B 中有一个以上实体与之发生联系,而对 B 中的每一实体,至多只能对应 A 中的一个实体,则称 A 与 B 是一对多联系。

多对多联系(m:n)。如果 A 中至少有一实体对应 B 中一个以上实体,而 B 中也至少有一个实体对应于 A 中一个以上实体,则称 A 与 B 为多对多联系。

例如,一个工厂只有一个正厂长,一个正厂长对应管理一个工厂,则正厂长与工厂之间是一对一联系;一个工厂可以有多名员工组成,而一名员工只能在一个工厂工作,则工厂和员工之间是一对多联系;一个仓库可以存放多种产品,而一种产品可以存放在多个仓库,则仓库和产品之间是多对多联系,如图5-4所示。

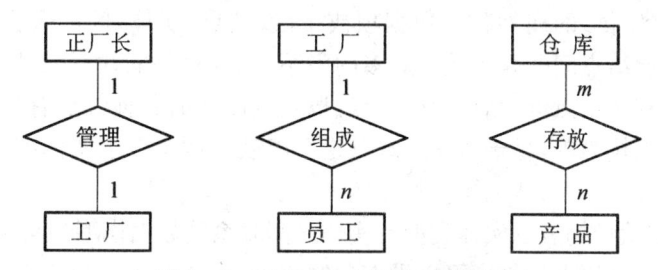

图5-4 两个实体之间的三类联系

在数据库中的 E-R 图中,用矩形框表示实体,用菱形框表示联系,用椭圆形表示实体或联系的属性,如图5-5所示。

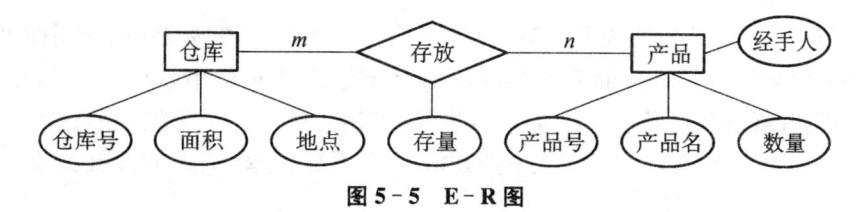

图5-5 E-R 图

E-R 图的设计步骤如下:

① 设计各个局部的 E-R 模式,即确定局部结构的划分范围。

a. 实体定义,即确定每一实体的属性和关键字,并为实体和属性命名。
　　b. 确定联系,对局部结构中任意两个实体,考查它们之间是否存在联系,并为联系命名。
　　c. 确定属性,要确定标志属性,并把属性分配到有关实体和联系中。遇到多个实体使用同一属性时,为减少数据冗余,一般将这些属性分配给使用频率最高,或属性值最少的实体。
　　d. 反复检查、补充和修改,并绘制的 E-R 草图。
　　② 涉及全局 E-R 模式,即合并局部的 E-R 模式。首先选出最大的一个局部模式作为基础,再将其他局部模式逐一添加,从公共实体开始合并,最后才把独立的局部结构加入,并添加新的联系。
　　③ 优化全局 E-R 模式,要求做到:实体个数尽可能少,实体中属性尽可能少;实体间的联系无冗余。
　　结构化数据模型,体现了数据的组织形式,它决定了数据(主要是结点)之间联系的表达方式,主要包括层次模型、网状模型、关系模型和面向对象模型 4 种。
　　(2) 数据模型的组成要素
　　① 数据结构。用于描述系统的静态特性,研究与数据类型、内容、性质有关的对象。例如,关系模型中的域、属性、关系等。
　　② 数据操作。是对系统动态特性的描述,指对数据库中各种对象(型)的实例(值)允许执行的操作的集合,包括操作及有关部门的操作规则。
　　③ 数据的约束条件。描述数据及其联系所具有的制约和依存规则,用以限定符合数据模型的数据库状态以及状态的变化,以保证数据的正确、有效、相容。
　　④ 数据模型按计算机系统的观点对数据建模,主要用于 DBMS 的实现,包括层次模型、网状模型、关系模型、面向对象模型等。
　　层次模型:用树状结构表示实体之间联系的模型。层次结构是一棵有向树,树的结点(实体)是记录型,结点(实体)的属性称为数据项或字段,结点(实体)间的联系用有向连线表示。上一层结点和下一层结点间的联系是一对多的联系(或一对一的联系)。层次模型特征是:有且只有一个结点没有父结点,该结点为根结点;根结点以外的其他结点有且只有一个父结点。层次模型的优点是结构简单,易于实现。缺点是不能表示两个以上实体型之间的复杂联系和实体型之间的多对多的联系,数据操作不方便。
　　网状模型:用网状结构表示实体类型及实体之间联系的数据模型。与层次模型不同的是,在网状模型中允许一个以上的结点可以没有父结点,一个子结点可以有多个父结点。因此层次模型实际上是网状模型的一个特例,网状模型比层次模型更具有普遍性,更容易表示现实世界中事物间的复杂联系。该模型的优点是表达的联系种类丰富,性能良好,存取效率高。缺点为结构复杂,语言复杂。
　　网状模型和层次模型统称为非关系模型。在非关系模型中,实体是用记录来实现的,记录之间的联系是用指针来实现的,因此数据的联系十分密切,查询效率较高。但是,应用程序在访问非关系模型的数据时,必须根据数据库的逻辑结构选择合适的存取路径,这大大加重了程序员的负担。因此,从 20 世纪 80 年代中期开始,非关系数据库产品已逐步被关系型数据库产品所取代。
　　关系模型:用表结构来表示实体类型以及实体间联系的模型。采用关系模型的数据库由一系列的"二维表"组成,每个表保存着企业或组织业务活动中涉及的一个特定实体(或者两个实体之间的某种联系)的所有实例的各种属性值数据。关系模型中的数据操作是对集合的操作,操作对象和操作结果都是关系,即若干元组的集合,而不像非关系模型中是单记录的操作方式。另一方面,关系模型把存取路径向用户隐蔽起来,用户只要指出"干什么",不必说明"怎么干",可大大提高了数据的独立性。在数据库的物理组织中,表以文件形式存储。

与层次模型、网状模型相比,关系模型具有如下特点：

(1) 关系模型概念单一,数据结构简单,实体与实体间的联系都是用关系(二维表)表示的。而在层次模型和网状模型中实体间的联系是由记录和记录之间所构成的层次结构和网状结构来表示,数据结构复杂。

(2) 关系模型是数学化的模型,可把表格看成一个集合,数据操作是集合的操作,即操作对象和操作结果都是关系。

(3) 关系数据库语言是非过程化的。用户或应用程序只要告诉系统"做什么",而不需要知道"怎么做",这样大大降低了用户编程的难度。关系模型以关系代数为基础,形式化基础强,由功能强大的关系数据库语言 SQL 的支持。

面向对象模型：与层次模型和网状模型相比,关系数据模型有严格的数学基础,概念简单清晰,非过程化程度高,在传统的数据处理领域使用非常广泛。但是,随着数据库技术的发展,出现了许多如 CAD、图像处理等新的应用领域,甚至在传统的数据处理领域也出现了新的处理需求,例如,存储和检索保险索赔案件中的照片、手写的证词等。这就要求数据库系统不仅能处理简单的数据类型,还要处理包括图形、图像、声音、动画等多种音频、视频信息,传统的关系数据模型难以满足这些需求,因而产生面向对象的数据模型。

在面向对象的数据模型中,最重要的概念是对象(Object)和类(Class)。对象是对现实世界中的实体在问题空间的抽象。针对不同的应用环境,面向的对象也不同。一个教员是一个对象,一本书也可以是一个对象。一个对象由属性集、方法集和消息集组成。其中,属性用于描述对象的状态、组成和特性,而方法用于描述对象的行为特征,消息是用来请求对象执行某操作或回答某些信息的要求,它是对象向外提供的界面。共享同一属性集和方法集的所有对象的集合称为类。每个对象称为它所在类的一个实例。类的属性值域可以是基本数据类型,也可以是类。一个类可以组成一个类层次,一个面向对象的数据库模式是由若干个类层次组成的。如图 5-6 所示包含了三个类：书类、工具书类、教科书类。其中,书是超类,而工具书类和教科书类是它的子类。子类可以继承其超类的所有的属性、方法和消息。

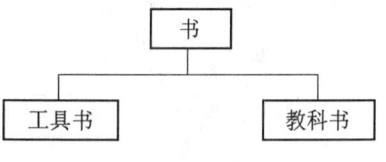

图 5-6 超类与子类的关系

面向对象数据模型比网状、层次、关系数据模型具有更加丰富的表达能力。但正因为面向对象模型的丰富表达能力,模型相对复杂,实现起来较困难,所以,尽管面向对象系统很多,但大多是实验型的或专用的,尚未通用。

1.3 数据库系统的组成

数据库系统(DBS)是采用数据库技术的计算机系统,是可运行的、以数据库方式存储、维护和向应用系统提供数据或信息支持的系统。它由计算机硬件、软件(数据库、数据库管理系统、操作系统和应用程序等)、数据库管理人员(DBA)及其他人员所组成,如图 5-7 所示。

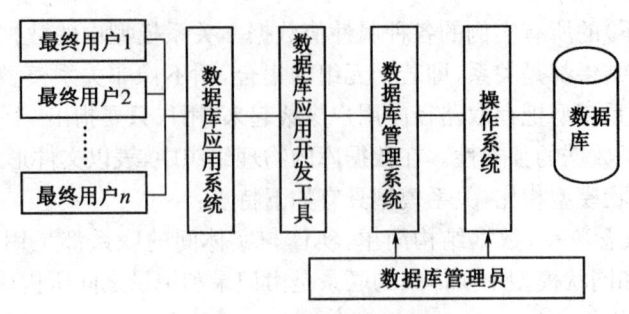

图 5-7　数据库系统组成

1. 数据库系统模式的概念

类型(Type)：指对某一类数据的结构和属性的说明。

值(Value)：是类型的一个具体赋值。

例如，类型——学生类型(学号，姓名，年龄)

　　　值——(PB00001001，张三，20)

模式(Schema)是数据库中全体数据的逻辑结构和特征的描述，它仅仅涉及类型的描述，不涉及具体的值。

实例(Instance)，模式的一个具体值称为模式的一个实例，一个模式可有很多实例。

模式反映数据的结构及联系，实例反映的是某一时刻数据库的状态；模式相对稳定，而实例相对变动。

2. 数据库系统的三级模式结构

从数据库体系结构上，数据库系统通常分成三种模式：内模式、概念模式和外模式，如图 5-8 所示。内模式(存储模式)是最接近物理存储的，也就是数据的物理存储方式；外模式(用户模式)是最接近用户的，也就是用户所看到的数据视图；概念模式(公共逻辑模式，或有时称逻辑模式)是介于前两者之间的间接的层次。

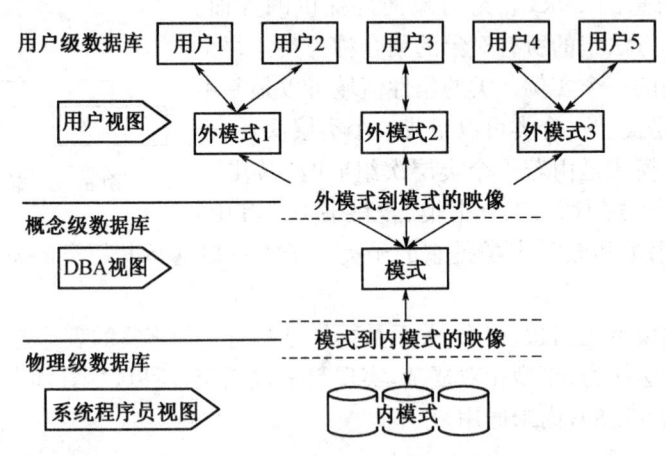

图 5-8　数据库系统的三级模式结构

3. 数据库及其硬件支持系统

数据库需要有包括 CPU、内存、外存、输入输出设备等在内的硬件设备支持。外存空间应足够大，以存放规模越来越大的数据库、操作系统及数据库管理系统及应用程序系统；还应有足够大的内存，以存放操作系统及数据库管理系统核心模块、数据缓冲区和应用程序等。

4. 数据库管理系统

数据库管理系统(Database Management System,DBMS)是专门用于建立和管理数据库的一套软件,介于应用程序和操作系统之间。DBMS不仅具有最基本的数据管理功能,还能保证数据的完整性、安全性,提供多用户的并发控制,当数据库出现故障时对系统进行恢复等。DBMS主要是实现对共享数据有效的组织、管理和存取。围绕数据,DBMS应具有如下几个方面的基本功能:

(1) 数据库定义对数据库的结构进行描述,包括外模式、模式、内模式的定义;数据库完整性的定义;安全保密定义,如用户口令、级别、存取权限等;存取路径,如索引的定义。这些定义存储在数据字典,亦称为系统目录中,是DBMS运行的基本依据。

(2) 数据存取提供用户对数据的操纵功能,实现对数据库数据的检索、插入、修改和删除。一个好的DBMS应该提供功能强易学易用的数据操纵语言(DML)、方便的操作方式和较高的数据存取效率。DML有两类:一类是宿主型语言,一类是自含型语言。前者的语句不能独立使用而必须嵌入某种主语言,如C语言、COBOL语言中使用,而后者可以独立使用,通常供终端用户交互使用。

(3) 数据库运行管理这是指DBMS运行控制、管理功能。包括多用户环境下的并发控制、安全性检查和存取权限控制、完整性检查和执行、运行日志的组织管理、事务的管理和自动恢复,即保证事务的原始性,这些功能保证了数据库系统的正常运行。

(4) 数据组织、存储和管理DBMS要分类组织、存储和管理各种数据,包括数据字典(亦称系统目录)、用户数据、存取路径等等,要确定以何种文件结构和存取方式在存储级上组织这些数据,如何实现数据之间的联系。数据组织和存储的基本目标是提高存储空间利用率,选择合适的存取方法提高存取(如随机查找、顺序查找、增、删、改)效率。

(5) 数据库的建立和维护包括数据库的初始建立、数据的转换、数据库的转储和恢复、数据库的重组织和重构造以及性能监测分析等功能。

(6) 其他功能,包括DBMS与网络中其他软件系统的通信功能,一个DBMS与另一个DBMS或文件系统的数据转换等。

5. 操作系统

操作系统主要负责计算机系统的进程管理、作业管理、存储器管理、设备管理和文件管理等,因此可以给DBMS的数据组织、管理和存取提供支持。例如,当DBMS需要读取存放在磁盘上的数据库物理记录时,就必须调用操作系统读取磁盘块的操作,由操作系统从磁盘取出相应的物理块,而对物理块的解释是由DBMS来完成的。

6. 数据库应用系统

数据库应用系统是指包含数据库的各种应用系统,如管理信息系统、决策支持系统等都属于数据库应用系统。有了数据库应用系统,即使不具备数据库知识的用户也可以通过其用户界面使用数据库中的数据完成各种应用任务。

7. 数据库应用开发工具

数据库应用开发工具用于支持数据库应用系统的开发。目前,流行的开发工具有PowerBuilder、Delphi、Informix等,它们都提供了图形化的界面工具、应用程序建立工具、调试工具、强有力的数据库访问能力和数据库浏览工具等。另外,也可以直接利用DBMS产品,如Access、Foxpro和Oracle等开发数据库应用系统。或者利用具有数据库接口的高级语言及其编译工具(如C语言)开发数据库应用系统。未来的数据库语言应该是将数据库语言与通用的程序设计语言相结合,除能对传统的数据库功能提供透明访问外,也应能支持面向对象的程序设计方法。

8. 数据库管理员

数据库管理员及其他人员为保证一个企业或组织数据库的正常运转,必须配备专门的管理人员对数据库进行管理和控制,这类人员称为数据库管理员(DBA)。DBA 的主要职责包括:

(1) 根据数据库设计的结果,建立整个数据库的模式。对关系数据库而言,就是在数据库中建立一系列的关系模式。

(2) 定义数据库数据的存储结构和存取方法,即内模式。例如,为关系模式建立索引。

(3) 定义外模式,根据用户的不同权限,给用户授权,使各用户既可以使用自己业务范围内的数据,又无法窃取其他不在其权限范围内的数据。

(4) 根据需要,修改数据库的模式、外模式和内模式,并将所有的修改操作记录下来以备今后查看。

(5) 监控数据库的运行和使用,及时处理数据库运行过程中可能出现的任何问题,保证数据库数据的完整性。

数据库系统的用户除了 DBA 外,还有系统分析和设计人员、应用程序员和最终用户。其中系统分析和设计人员主要负责数据库应用系统的需求分析和文档书写,确定系统的软、硬件配置,参与数据库各级模式的设计;应用程序员主要负责数据库应用系统的开发;而最终用户则通过数据库应用系统提供的用户界面使用数据库数据,完成各项应用任务。

需要说明的是,以上介绍的各类人员可以是由一个或多个人组成的。例如,DBA 的角色可以由一个人承担,也可以由多个人承担,而系统分析员、应用程序员、最终用户也可以有多个。另外,如果某个数据库系统涉及的应用较简单的话,DBA、系统分析员和应用程序员的角色也可以由同一个人来承担。这样,万一数据库遭到破坏可以及时地将其恢复。

1.4 数据管理技术

1. 安全性管理

安全性管理是数据库管理系统中一个非常重要的组成部分,是数据库管理系统的一个必不可少的重要特征。安全性管理包括两方面的内容:用户登录系统的管理和用户使用数据库对象的管理。特定的用户只有使用特定的认证模式,才能登录到系统中,使用系统的资源。在数据库中,只有具有一定权限的用户,才能使用相应的数据库对象。安全性通常设计为限制访问人员能够查看的各类数据和能够查看的时间,以保护用户数据不受外部侵害。

用户登录系统的管理通过认证来实现。认证是指当用户访问数据库系统时,系统对该用户的账号和口令的确认过程。用户使用数据库对象的管理通过许可来实现。许可用来指定授权用户可以使用的数据库对象和这些授权用户可以对这些数据库对象执行的操作。

2. 数据库备份

备份是指制作数据库结构和数据的拷贝,以便在数据库遭到破坏时能够修复数据库。数据库的破坏是难以预测的,因此必须采取相应措施,以便能够恢复数据库。备份需要一定的许可。备份的内容不但包括用户数据库的内容,还包括系统数据库的内容。备份有许多方法,应根据不同的情况选择最合适的方法。

(1) 完全数据备份

如果数据库是一个只读数据库,那么完全数据库备份就足以防止数据的丢失。完全数据库备份可用作系统失败时恢复数据库的基础。当执行完全数据库备份时，SQL Server 系统备份在备份过程中执行的任何操作以及事务日志中没有提交的事务。当使用备份进行恢复时，SQL Server 系统使用在备份文件中捕捉到的部分事务日志，以确保数据的一致性。

（2）增量备份

对于一个经常修改的数据库，为了最大限度地减少恢复时间，可以执行数据库增量备份。只有在执行了完全数据库备份之后，才能执行增量备份。在增量备份中，SQL Server 系统备份自从上一次完全数据库备份之后已经改变的数据库部分，包括在执行增量备份过程中执行的任何操作以及事务日志中任何未提交的事务。当执行增量数据库备份时，应该考虑以下的规则和因素：

① 如果自从最近一次完全数据库备份以来，数据库中某些记录已经修改了若干次，那么增量备份只包含该记录的最新值。这一点与事务日志备份不一样，在事务日志备份中，包含了该记录所有变化的历史值。

② 可以最小化备份数据库的时间，因为这种备份比完全数据库备份小，并且不必应用事务日志的一系列备份。

③ 应该为包含增量备份内容的备份文件创建一个命名机制，以便区分这些增量备份文件和包含完全数据库备份的文件。

（3）事务日志备份

可通过备份数据库事务日志来记录数据库的任何变化。当执行完全数据库备份时，一般应备份事务日志。只有当执行了完全数据库备份之后，才能备份事务日志。如果没有相应的数据库备份，事务日志不能用于恢复。当备份事务日志时，SQL Server 系统执行下列操作：

① 备份从最近一次成功执行 BACKUP LOG 语句的地方到当前事务日志的末尾之间的事务日志。

② 清除事务日志直到事务日志中活动部分的开始处。

③ 清除事务日志不活动部分中的信息，重新声明磁盘空间。

④ 数据库文件或者文件组备份。

当数据库非常庞大时，可以执行数据库文件或者文件组备份。文件组包含了一个或者多个数据库文件。当 SQL Server 系统备份文件或者文件组时，它可以只备份在 FILE 选项或者 FILE GROUP 选项中指定的数据库文件，并且允许只备份指定的数据库文件而不是整个数据库。当执行数据库文件或者文件组备份时，应该考虑下面因素：

① 必须指定文件或者文件组的逻辑名称。

② 为了使存储的文件与数据库的其余部分一致，允许执行事务日志的备份。

③ 为了确保所有的数据文件或者文件组定期进行备份，应该制定一个周期备份每个文件的规划。

④ 最多可以指定 16 个文件或者文件组。

3. 数据库恢复

数据库恢复是指将数据库备份加载到系统中的过程。在进行数据库恢复时，系统首先进行一些安全性检查，如指定的数据库是否存在、数据库文件是否有变化、数据库文件是否兼容，然后指定数据库及其相关的文件。之后，针对不同的数据库备份类型，采用不同的数据库恢复方法。

恢复是与备份相对应的操作。备份用于防止可能遇到的系统失败，而恢复则是为了处理已经遇到的系统失败而采取的操作。因此，备份是恢复的基础，没有数据的备份就没有数据的恢复。恢复是备份的目的，不是为了备份而备份，而是为了恢复而备份。

在恢复数据库文件时，必须确保数据库备份文件是有效的，并且在备份文件中包含所需要的备份内容。有两种方法可以得到数据库备份的信息：一种方法是使用 SQL Server Enterprise Manager 查看每一个备份设备的属性；另一种方法是使用 Transact-SQL 语句。

在恢复数据库时，必须了解执行备份时使用的备份方法类型和备份是否存在。从不同的备份中恢复数据库的方法也不同。

(1) 从完全数据库备份中恢复

当从完全数据库备份中恢复数据库时，SQL Server 系统重新创建数据库以及数据库相关的全部文件，然后把这些文件放到原来的位置上。所有的数据库对象都由系统自动创建，因此，对于用户来说，没有必要在恢复数据库之前重新创建数据库。一般在数据库的物理磁盘文件损坏，或者整个数据库被删除、破坏时，应该从完全数据库备份中恢复。

(2) 从增量备份中恢复

当从增量备份中恢复数据库时，SQL Server 系统只恢复从最近一次完全数据库备份以后数据库的变化部分，并且将数据库返回到执行增量备份时的状态。一般情况下，从增量备份中恢复数据库所需时间比从事务日志中恢复数据库要少。

(3) 从事务日志备份中恢复

当从事务日志备份中恢复数据库时，SQL Server 系统恢复记录在事务日志中的数据库变化。一般情况下，为了从最近一次完全数据库备份或增量备份中恢复数据库的变化，可以使用事务日志备份。尤其重要的是，使用事务日志备份来恢复，可以将数据库恢复到某个指定时刻的状态。虽然使用增量备份恢复数据库可以加快数据库的恢复进程，但是为了确保数据的一致性，还必须用事务日志备份来恢复在增量备份之后的数据库变化。与从增量数据库备份中恢复数据库一样，使用事务日志备份恢复也必须在完全数据库恢复之后才能进行，事务日志的恢复是基于完全数据库恢复的。如果没有从完全数据库备份中恢复数据库，就不能从事务日志备份中进行恢复。

(4) 从文件或者文件组备份中恢复

为了减少恢复巨大的数据库所需的时间，可以从文件备份或者文件组备份中恢复数据库。如果某个特殊的文件被破坏或者被偶然删除，则可以从文件备份或者文件组备份中恢复。

4. 数据复制

复制是一种实现数据分布的方法，即把一个系统中的数据通过网络分布到另外一个或多个地理位置不同的系统中，以满足可伸缩组织的需要，减轻主服务器的工作负荷，提高数据的使用效率。数据复制的过程类似于报纸杂志的出版过程，即把信息从信息源迅速送到信息接收处。

1.5 数据库设计技术

数据库是信息系统的核心组成部分，数据库设计在信息系统的开发中占有重要的地位，数据库设计的质量将影响信息系统的运行效率及用户对数据使用的满意度。如何根据企业中用户的需求及企业的生存环境在指定的数据库管理系统上设计企业数据库逻辑模型，建成企业数据库是从现实世界向计算机世界转换的过程。

1. 数据库设计概述

数据库设计是指对于一个给定的应用环境，构造最优的数据库模式，建立数据库及其应用系统，使之能够有效地存储数据，满足各种用户的应用需求(信息要求和处理要求)。在数据库领域内,常常把使用数据库的各类系统统称为数据库应用系统。它具有数据量大、保存时间长、数据关联复杂、用户要求多样化的特点。

数据库是信息系统的核心和基础。数据库把信息系统中大量的数据按一定的模型组织起来提供存储、维护、检索数据的功能,使信息系统可以方便、及时、准确地从数据库中获得所需的信息。数据库设计是信息系统开发和建设的重要组成部分。

2. 数据库设计的特点

(1) 数据库建设是硬件、软件和数据的结合,常有"三分技术,七分管理,十二分基础数据"的说法。

(2) 数据库设计应该与应用系统设计相结合,即数据库设计应包含两方面的内容。

结构(数据)设计:设计数据库框架或数据库结构。

行为(处理)设计:设计应用程序、事务处理等。

设计时,要重视对应用中数据语义的分析和抽象,同时要重视对行为的设计。数据库结构和行为设计步骤如图5-9所示。

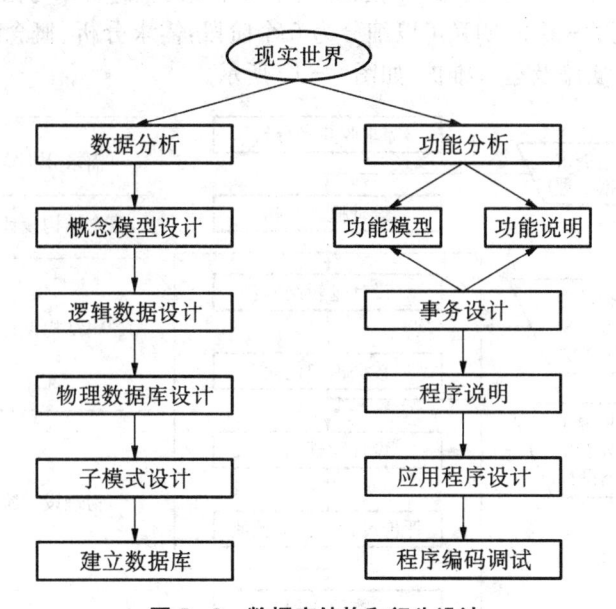

图5-9 数据库结构和行为设计

3. 数据库设计方法

数据库的设计方法有以下几种,不同的设计人员可根据系统特点和自身特点选择最适合自己的方法。

(1) 手工试凑法

这种方法直观性强,设计质量与设计人员的经验和水平有直接关系。缺乏科学理论和工程方法的支持,工程的质量难以保证,数据库运行一段时间后常常又不同程度地发现各种问题,增加了维护成本。对于简单较小的系统,可以使用这种方法。

(2) 规范设计法

它是一种用过程迭代和逐步求精的方法。典型方法有新奥尔良(New Orleans)方法、S. B. Yao方法和I. R. Palmer方法。

(3) 计算机辅助设计

使用一些数据库工具来进行设计,如 Oracle Designer 2000、Sybase PowerDesigner 等。目前许多计算机辅助软件工程(Computer Aided Software Engineering,CASE)工具已经把数据库设计作为软件工程设计的一部分,如 ROSE、UML(Unified Modeling Language)等。

在设计数据库时,应遵循以下设计准则:
① 数据库必须正确反映现实世界,能为某个 DBMS 所接受;
② 应用系统有良好的性能,有利于实施和维护;
③ 数据库能满足当前和今后相当长时期内数据需求,使数据库有较长使用寿命;
④ 当软件和硬件环境发生变化时容易修改和移植;
⑤ 能满足安全性要求,当系统发生故障时,容易恢复数据库;
⑥ 数据库存取效率、查询效率要高。

4. 数据库设计过程

按照规范化设计方法,从数据库应用系统设计和开发的全过程来考虑,将数据库及其应用软件系统的生命周期的三个时期又可以细分为 6 个阶段:需求分析、概念结构设计、逻辑结构设计、物理结构设计、实施及运行维护,如图 5-10 所示。

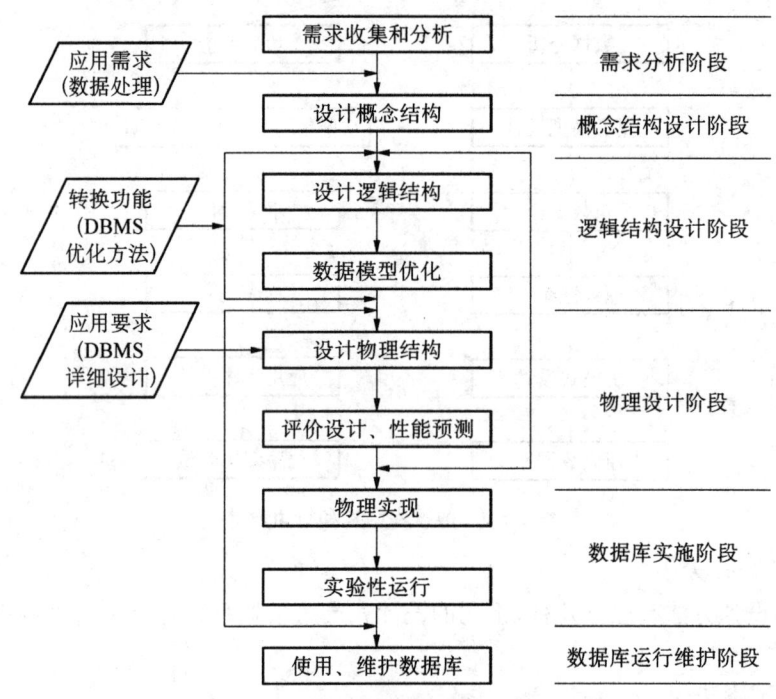

图 5-10 数据库应用系统设计和开发过程

【微信扫码】小知识

1.6 数据库技术在物流企业的应用

正如前文所述,数据库技术已经成为现代企业信息系统的核心。我们用大篇幅内容介绍数据库技术,就足以说明数据库在物流企业信息存储的重要价值。

以下介绍数据库在供应链中的应用。

1. 信息管理的基本对象

信息管理的基本对象:数据、信息、知识。供应链信息管理就是要通过供应链中的信息系统,实现对供应链的数据处理、信息处理、知识处理的过程,使数据向信息转化,信息向知识转化,最后形成企业价值。

2. 供应链中的信息流(图 5-11)

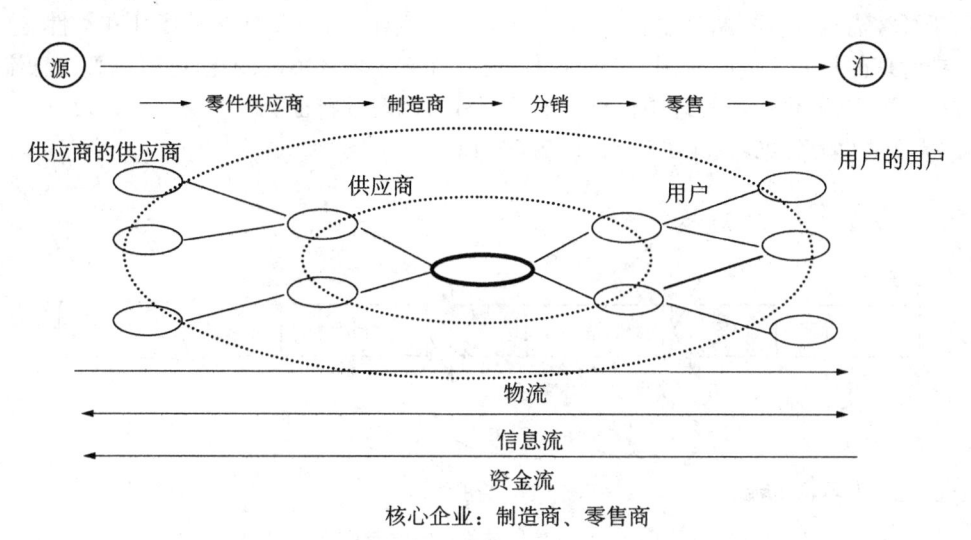

图 5-11 供应链中信息流

(1) 采用信息技术前的信息流特点

信息流滞后于物流;信息加工通常在部门与部门交接处存在着重复加工处理的情况;信息的传递是沿着企业内部的递阶结构(权力结构)传递;信息在层层传递中通常存在着失真的现象;滞后和失真的信息达不到有效地控制和调节物流的效果;企业决策层仅了解结果,而不了解过程。

(2) 采用信息技术后的信息流特点

信息流的采集与物流的过程同时发生;信息采用计算机集中存储,统一加工处理,消除了部门与部门交接处的冗余加工处理;用计算机传递、加工处理信息及时、准确;能够快速反馈信息并由此控制和调节物流;决策层不仅了解结果,而且了解过程,实现信息的可追溯性、能做出准确的判断和实时的决策。

(3) 供应链管理环境下的信息流特点

信息的传递不是沿着企业内部的递阶结构(权力结构),而是沿着供应链不同的节点方向(网络结构)传递。供应链企业之间信息的交互频率也比传统企业信息传递的频率大得多,其信息流模式也是并行的。

3. 供应链(SCM)中信息流控制的特征

(1) 分布性

供应链管理环境下的企业从地理上看是分布在全球的各个地方的,信息资源通过网络连在一起,各个企业根据自己的具体情况对信息流进行控制,因此,从整体上看,供应链管理的信息流控制具有分布式特征。

(2) 群体性

由于供应链企业的决策过程是一种群体协商过程,企业在制定生产计划时不但要考虑企业本身的能力和利益,同时还要考虑合作企业的需求与利益,因此在对信息流进行控制时,也必须考虑到合作企业的需求,从而形成信息流控制的群体性。

(3) 动态性

由于顾客需求是在不断变化着的,为了适应这一变化,使企业具有敏捷性和柔性,这就要求供应链管理的核心企业随时调整合作伙伴,并且随着市场环境的变化,随时调整信息流的内容及方向。所以说,供应链管理中信息流的控制具有动态性特征。

4. 供应链中的物流系统(图 5-12～图 5-13)

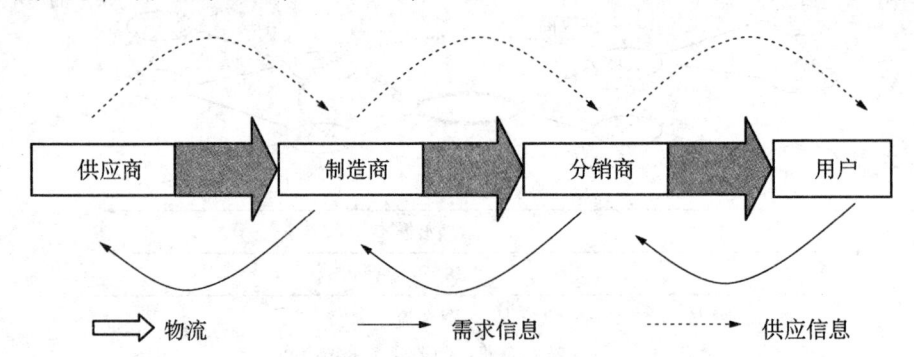

图 5-12 传统的供应链物流系统

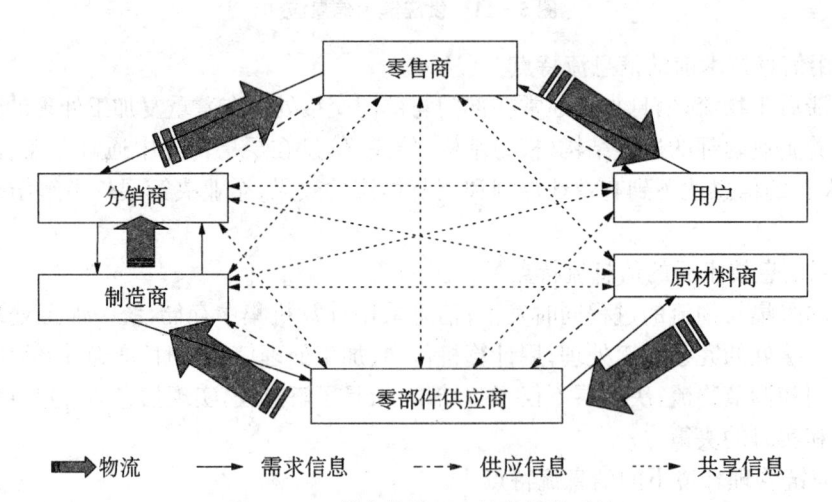

图 5-13 供应链管理环境的物流系统

5. 供应链中管理信息系统的基本结构模型(图 5-14)

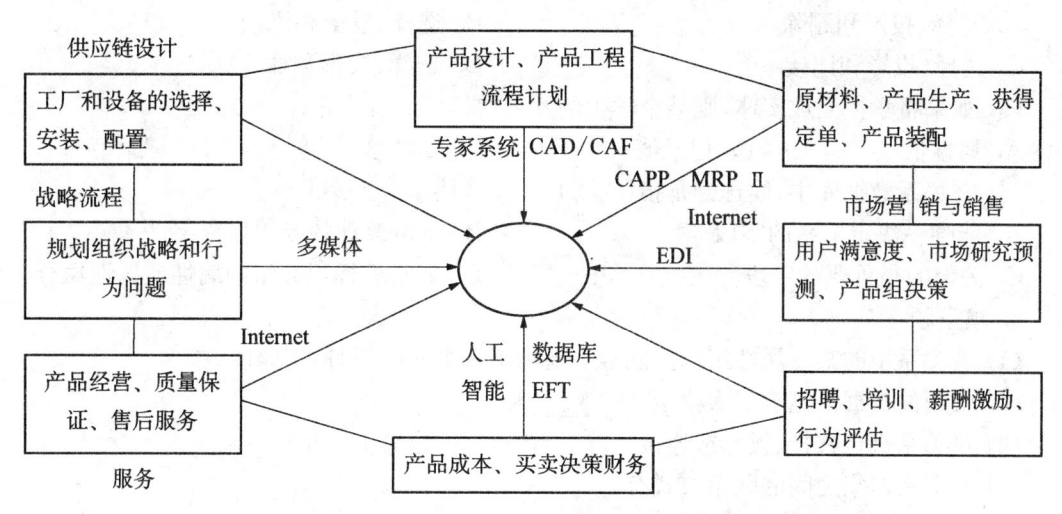

图 5-14　供应链中管理信息系统的基本结构模型

6. 物流信息技术以数据库为核心在供应链管理中的应用(图 5-15)

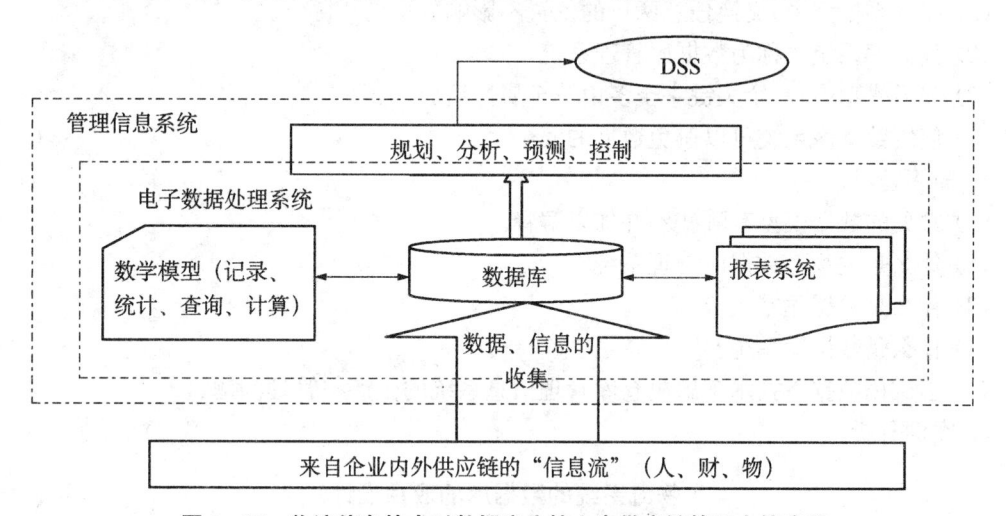

图 5-15　物流信息技术以数据库为核心在供应链管理中的应用

单元小结

本节主要介绍了物流信息存储技术——数据库技术的发展,掌握数据库原理和方法,数据库系统组成,数据库设计方法和过程。实现物流企业数据库系统的设计,完成物流信息的存储。通过学习,能够应用数据库知识,根据物流企业业务需求,设计构建数据库系统,实现物流企业对物流信息存储的要求。

【综合练习】

1. 选择题

(1) 数据模型是(　　)的集合。

A. 文件　　　　　　B. 记录　　　　　　C. 数据　　　　　　D. 记录及其联系

(2) 关系数据库的基本运算有(　　)。
　　A. 选择、投影和删除　　　　　　　　B. 选择、投影和添加
　　C. 选择、投影和连接　　　　　　　　D. 选择、投影和插入
(3) 如果将学生当成实体,则某个学生的姓名"张三"应看成是(　　)。
　　A. 属性值　　　　B. 记录值　　　　C. 属性型　　　　D. 记录型
(4) 在关系数据库中,候选键是指(　　)。
　　A. 能唯一决定关系的字段　　　　　　B. 不可改动的专用保留字
　　C. 关键的很重要的字段　　　　　　　D. 能唯一标识元组的属性或属性集合

2. 填空题
(1) 若关系中的某一属性组的值能唯一地标识一个元组,则称该属性组为_____。
(2) 常用的数据模型有层次模型、_____和_____。
(3) 对关系进行选择、投影或连接运算之后,运算的结果仍然是_____。
(4) 两个实体集之间的联系方式有_____、_____、_____。
(5) 在关系数据库中,一个属性的取值范围称为_____。

3. 判断题
(1) 在关系模型中,交换任意两行的位置不影响数据的实际含义。　　(　　)
(2) 数据库系统也称为数据库管理系统。　　　　　　　　　　　　(　　)
(3) 关系模型中,一个关键字至多由一个属性组成。　　　　　　　　(　　)
(4) 使用数据库系统可以避免数据的冗余。　　　　　　　　　　　(　　)

4. 简答题
(1) 常见的数据模型有哪些?并加以解释。
(2) 什么是关系型数据库管理系统?
(3) 什么是数据库?
(4) 什么是数据库系统?
(5) 尝试用数据库技术来解决仓库管理信息系统的生产与管理问题。

5. 案例分析

物流系统的数据库的应用设计

　　物流的概念最早是在美国形成的,当初被称为 Physical Distribution(PD),译成汉语是"实物分配"或货物配送。现代物流是以满足消费者的需求为目标,把制造、运输、销售等市场情况统一起来考虑的一种战略措施,这与传统物流把它仅看作是"后勤保障系统"和"销售活动中起桥梁作用"的概念相比,在深度和广度上又有进一步的含义。基于此,一个成熟的、完善的数据库在物流系统中发挥重要的作用。下面,将按物流的各个环节具体说明物流组织对数据库的需求。

　　(1) 订单处理(图1)

　　物流中心的交易起始于客户的咨询、业务部门的报表,而后由订单的接收,业务部门查询出货日的存货状况、装卸货能力、流通加工负荷、包装能力、配送负荷等来答复客户,而当订单无法依客户之要求交货时,业务部加以协调。在此,传统的物流组织通过单纯的人工统计并予以调货、分配出货程序及数量,效率低,投资大。我们建立物流数据库,能存储来自不同企业的

生产、销售和库存信息,并且提供灵活的数据采集手段,既可以自动传输和加载数据,也可以手工录入,从而保证数据的准确无误和及时处理。

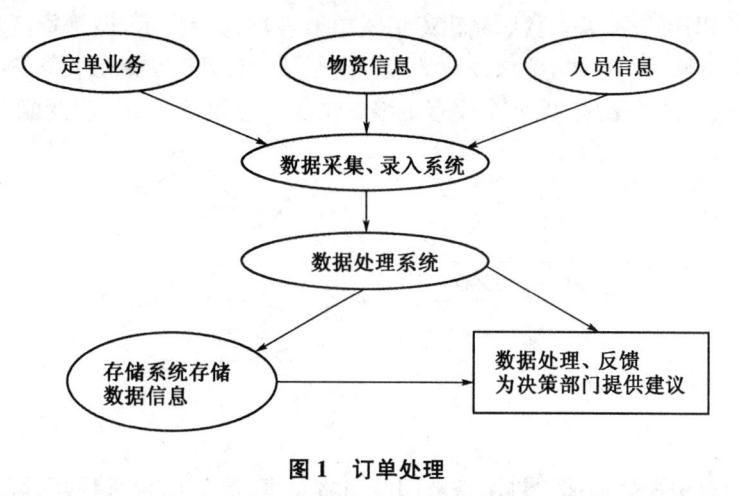

图 1　订单处理

(2) 采购(图 2)

自交易订单接收之后由于供应货品的要求,物流中心要由供货厂商或制造厂商订购商品,采购作业的内容包含由商品数量求统计、对供货厂商查询交易条件,而后依据制订的数量及供货厂商所提供较经济的订购批量,提出采购单。设计的数据库在这个环节上必须具备分析的功能,根据对象的单价、规格、营运成本等多方面数据资料,系统自动处理,为决策者提供最优方案,以达到最大利润化的目的,降低成本。

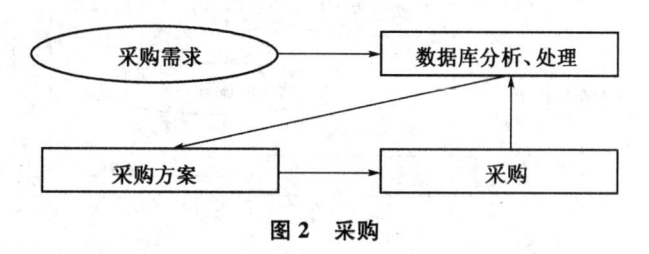

图 2　采购

(3) 进货入库及库存管理(图 3)

这个环节里,我们需要数据库解决三个任务。① 对入库货品进行登记备案,翔实记录时间和货品数量规格等,货品若出现问题时可以提供该货品的所有信息(供货方资料等);② 根据货品规格等资料及仓库具体场地情况,提供存物摆放方案,以达到资源最大利用化;③ 对在库货品进行定期或不定期管理复查,鉴于某些货品存在存放时间影响品质的问题,及时提示主管人员采取必要措施;④ 对每个货品的出库时间或上架时间做预测,方便后边几个环节的进行。

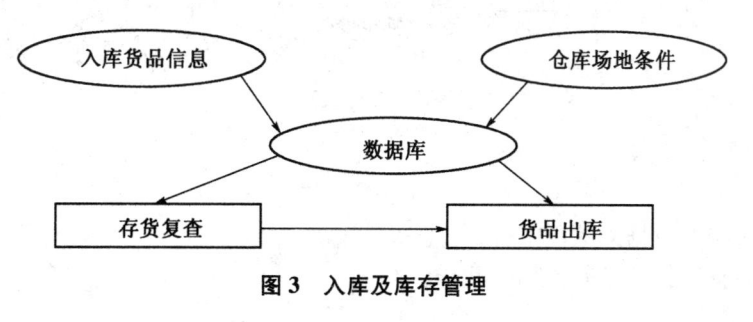

图 3　入库及库存管理

(4) 补货及拣货(图4)

由客户订单资料的统计,即可知道货品真正的需求量,而于出库日,当库存数足以供应出货需求量时,我们即可依据需求数印制出库拣货单及各项拣货指示,做拣货区域的规划布置、工具的选用及人员调派。这里,要求设计的数据库必须保证及时更新数据资料,并对更新的部分做出反应,提供具体的措施,保证企业有足够的供货能力和对市场的应变能力。

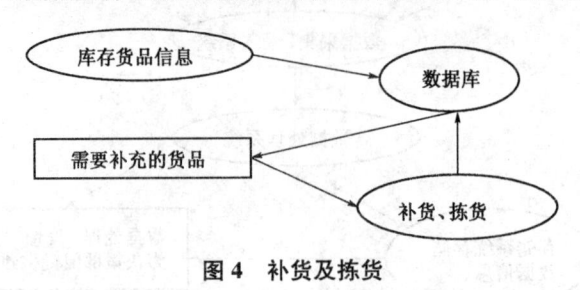

图 4 补货及拣货

(5) 出货(图5)

出货主要内容包含依据客户订单资料印制出货单据,制订出货排程,印制出货批次报表、出货商品上所要的地址标签及出货检核表。由排程人员决定出货方式、选用集货工具、调派集货作业人员,并决定所运送车辆的大小与数量。在现代物流中,这一环节的大部分处理都可以寄托于功能强大的数据库。数据库根据所掌握的客户信息,调整出货时间和方式,准备合理的运输路线。整理货品资料,提供给客户最详尽的产品、服务介绍。最后,有必要记录每次业务对象及其情况,为以后的再次合作奠定基础。这些都可以涵盖在这个数据库方案中。

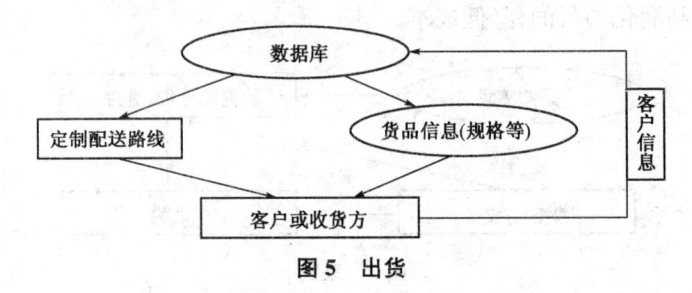

图 5 出货

(6) 会计入账(图6)

对于任何一个企业,会计入账环节必不可少。强大的数据库可以保证会计数据的准确性和灵活机动性,会计数据体现了企业的良好运作状态,是企业的一大资本。所以,数据库应该考虑到这个方面。首先,通过数据库网络,第一时间把各部门会计资料汇总核算;然后,处理过的数据保存备案;最后是调用、修改数据。

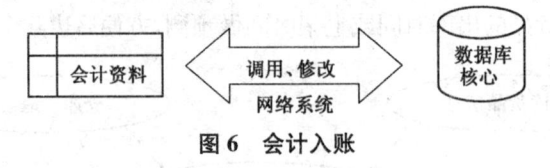

图 6 会计入账

案例思考:

(1) 物流系统对数据库的需求分析过程。

(2) 物流数据库设计步骤包括哪几步?

任务 2　数据挖掘技术

【任务描述】

本任务通过学习数据仓库和数据挖掘技术知识，掌握数据挖掘方法和过程。利用数据仓库和数据挖掘技术对物流企业信息进行挖掘。

【任务目标】

1. 掌握数据仓库体系结构及其应用；
2. 了解数据挖掘的产生与发展；
3. 掌握数据挖掘技术分类及方法及系统机构；
4. 掌握数据挖掘过程，数据挖掘工具；
5. 能够将数据挖掘技术应用到物流企业当中，培养学生独立处理物流信息的能力。

【任务实施】

1. 教师首先讲清该任务实施的目标；
2. 以小组为单位制订调研计划，确定调查的对象、地点、时间、方式，确定要收集的资料；
3. 根据任务安排，学生以小组为单位，对当地物流企业信息进行调研，通过查阅资料，小组讨论，结合教师讲解，形成物流企业物流信息挖掘报告；
4. 学生进入物流企业信息挖掘阶段：挖掘数据源选择、挖掘事例表选择、挖掘技术选择、挖掘事件例关键字选择、挖掘参数选择及挖掘结果浏览等 6 个步骤；
5. 各小组根据所挖掘的企业物流信息进行交流互评；
6. 教师总结讲评，完善设计的数据库系统。

【学习评价】

被考评人			考评组调查对象			
考评时间			考评地点			
考评内容	物流企业信息挖掘报告					
考评标准	内容	分值	自评	小组评议	教师评议	考评得分
	调研过程中遵守纪律，礼仪符合要求，团队合作好	20				
	调研记录内容全面、真实、准确，PPT 制作规范，表达正确	25				
	调研报告格式正确，能正确总结出调研企业的物流信息化程度、物流信息技术应用现状	30				
	调研报告能提出合理化建议	25				

【相关知识点】

随着信息技术的不断推广和应用，许多企业已经在使用管理信息系统处理管理事务和日常业务。这些管理信息系统为企业积累大量的信息。企业管理者开始考虑如何利用这些信息对企业的管理决策提供支持。因此,产生与传统数据库有很大差异的数据环境要求和从这些海洋数据中获取特殊知识的工具的需要。

2.1 数据仓库

1. 数据仓库概述

(1) 数据仓库的产生及发展

随着市场竞争的加剧,信息系统的用户已经不满足于仅仅用计算机去处理每天所发生的事务数据,而是需要信息的决策支持,能够将日常业务处理中所收集到的各种数据转变为具有商业价值信息的技术。传统数据库系统无法提供决策分析支持,主要表现在决策处理中的系统响应、决策数据需求和决策数据操作方面。由于在上述方面,传统数据库不能提供用户的要求,因而近年来出现了数据仓库。

数据库与数据仓库的对比见表5-2。

表5-2 数据库与数据仓库的对比

对比内容	数据库	数据仓库
数据内容	当前值	历史的、存档的、归纳的、计算得到的数据
数据目标	面向业务操作程序,重复处理	面向主题域、管理决策分析应用
数据特性	动态变化,按字段更新	静态,不能直接更新,只定时添加
数据结构	高度结构化、复杂、适合操作计算	简单,适合分析
使用频率	高	中到低
数据访问量	每个事务只访问少量记录	有的事务可能要访问大量记录
对响应时间的要求	以秒为单位计量	以秒、分钟、小时为计量单位

数据仓库(Data Warehouse)的概念最初是由 Bill Inmon 提出的,由于在数据仓库方面的建树,Bill Inmon 被尊称为"数据仓库之父",他在其《Building Data Warehouse》一书中将数据仓库定义为"面向主题的、集成的、不可更新的、随时间变化的数据集合,用以支持企业或组织的决策分析过程"。根据 Bill Inmon 的定义,数据仓库具有如下的特点:

① 数据仓库是面向主题的

数据仓库的数据库是面向主题的,是按主题区域(如销售)进行组织的,与 OLTP 数据库是不同的。主题是一个抽象的概念,它是在较高的层次上将企业或组织信息系统中的数据综合、归并进行分析利用的抽象;从逻辑意义上来讲,主题对应了企业或组织中某一宏观分析领域所涉及的分析对象(如销售)。

② 数据仓库是集成的

用于决策支持的信息是多方面的,因此,数据仓库除了可以包含从 OLTP 系统中定期地传送过来的数据,也可以包含外部数据(如人口统计学数据、心理学数据等)。各种数据源中的数据经过提取、转换集成,最后被加载到数据仓库中。

③ 数据仓库是不可更新的

人们利用数据仓库的主要目的是进行决策分析,对数据仓库的操作主要也是数据查询。因此,各种数据源的数据一经集成进入数据仓库以后,数据仓库的用户是不可以进行数据更新操作的。

④ 数据仓库是随时间变化的

许多决策分析常常需要对发展趋势进行预测,如预测某种产品的销售趋势。对发展趋势的预测需要访问历史数据,一般是多年的历史数据,尤其当商业活动受季节影响较大时更是如此。因此,在数据仓库中必须存放这些历史数据,而且随着时间的推移,应不断增加新的数据到数据仓库中。

2. 相关基本概念

(1) 数据仓库 DW(Data Warehouse):是支持决策支持系统的、面向主题的、集成的、稳定的、与时间相关的、带有商业应用软件的数据库系统,能够更好地支持企业或组织的决策分析处理的环境。目的是为了让用户更快、更方便地查询所需要的信息,提供决策支持。它研究如何从不同的数据源中抽取、综合和加工数据,以适当的形式存储和管理数据,从而为数据的分析处理提供好的环境。数据仓库系统的分类:Web 数据仓库、并行数据仓库、多维数据仓库、压缩数据仓库等。

(2) OLAP:是针对某个特定的主题进行联机数据访问、处理和分析,通过直观的方式从多个维度、多种数据综合程度将系统的运营情况展现给用户。

(3) ETL(Extract Transformation Load):用户从数据源抽取出所需的数据,经过数据清洗、转换,最终按照预先定义好的数据仓库模型,将数据加载到数据仓库中。

(4) 元数据:关于数据的数据,指在数据仓库建设过程中所产生的有关数据源定义、目标定义、转换规则等相关的关键数据。同时元数据还包含关于数据含义的商业信息。

(5) 数据集市(Data Mart):小型的,面向部门或工作组级数据仓库。

(6) 操作数据存储(Operation Data Store):ODS 是能支持企业日常的全局应用的数据集合,是不同于 DB 的一种新的数据环境,是 DW 扩展后得到的一个混合形式。4 个基本特点:面向主题的(Subject-Oriented)、集成的、可变的、当前或接近当前的。

(7) 粒度:数据仓库的数据单元中保存数据的细化或综合程度的级别。细化程度越高,粒度级就越小;相反,细化程度越低,粒度级就越大。

(8) 分割:结构相同的数据可以被分成多个数据物理单元。任何给定的数据单元属于且仅属于一个分割。

3. 数据仓库基本特性

(1) 面向决策主题的:数据仓库围绕一些主题,排除对于决策无用的数据,提供特定主体的简明视图。

(2) 集成的:构造数据仓库是将多个异种数据源集成在一起,确保命名约定,编码结构,属性度量等一致性。

(3) 时变的:数据存储从历史角度提供信息,在数据仓库隐式或显式地包含时间元素。

(4) 非易失的:数据仓库总是物理地分离存放数据,由于这种分离,数据仓库不需要事务处理,恢复和并发控制。通常数据仓库只需要 2 种数据访问:数据的初始化装入和数据访问。

(5) 以读为主的:数据仓库中的数据主要是提供决策进行查询,一般不一定都需要即时更新,可以定期更新或按需更新。

4. 数据仓库体系结构(图 5-16)

数据仓库系统是多种技术的综合体,它由数据仓库(DW)、数据仓库管理系统(DWMS)、数据仓库工具三个部分组成。数据仓库、OLAP 和数据挖掘是作为 3 种独立的信息处理技术出现的。数据仓库用于数据的存储和组织,OLAP 集中于数据的分析,数据挖掘则致力于知识的自动发现,如图 5-17 所示。它们都可以分别应用到信息系统的设计和实现中,以提高相应部分的处理能力,如图 5-18 所示。

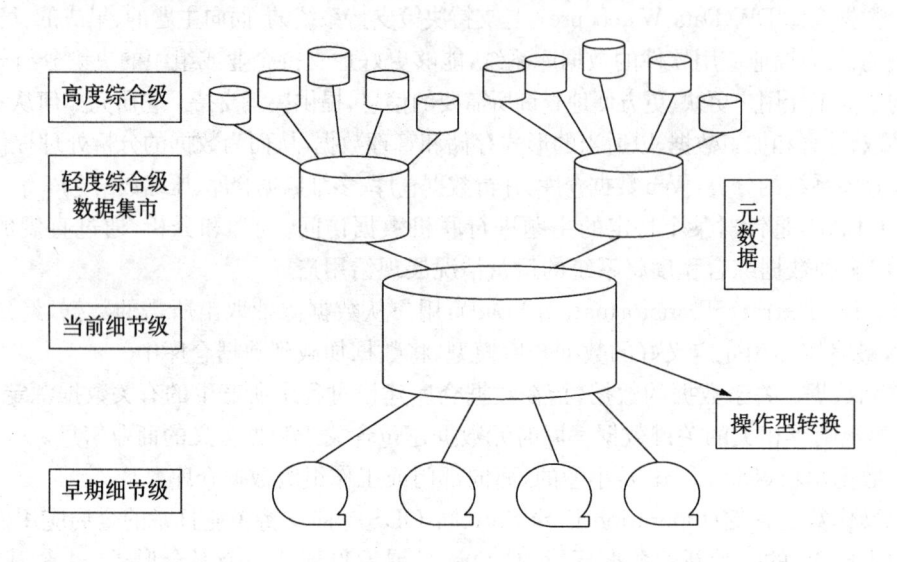

图 5-16 数据仓库体系结构

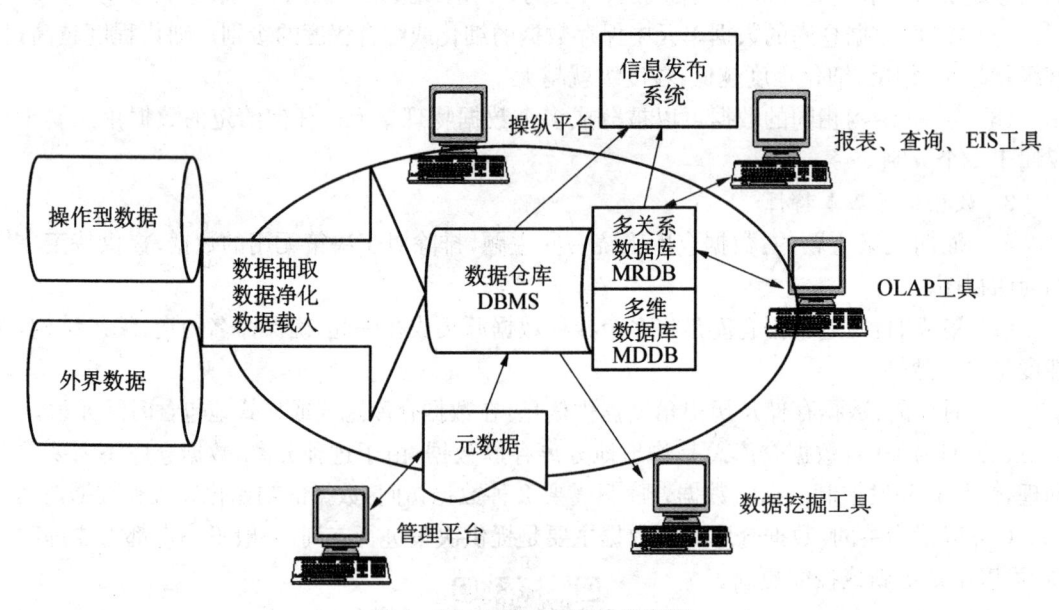

图 5-17 数据仓库平台运行图

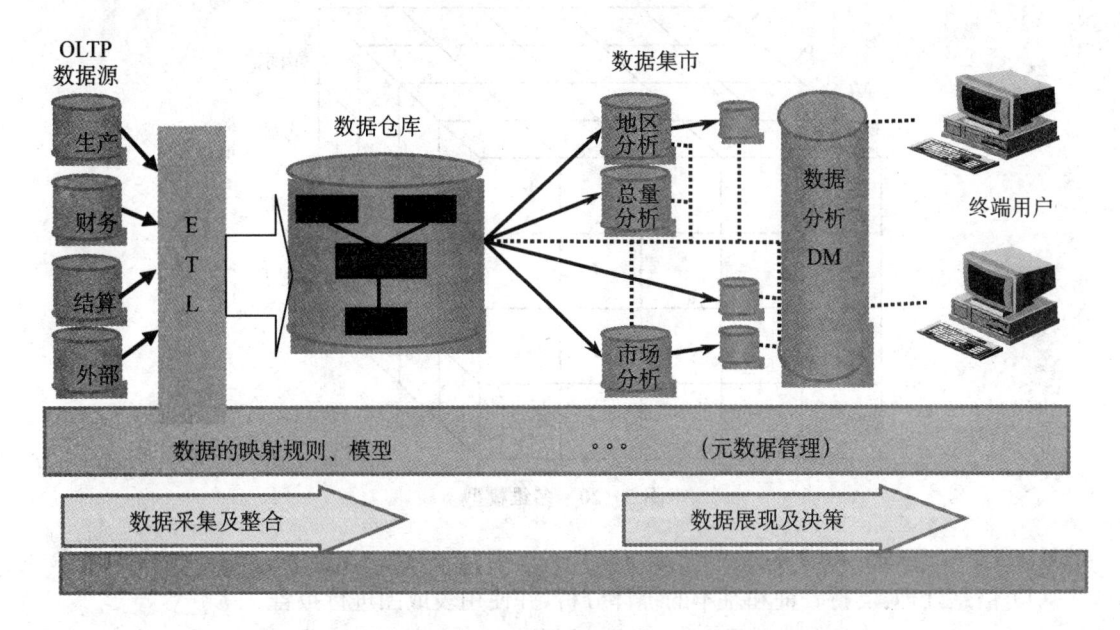

图 5-18 数据仓库项目流程管理及系统性能管理和监控

5. 基本数据模式

(1) 星型模式(图 5-18)

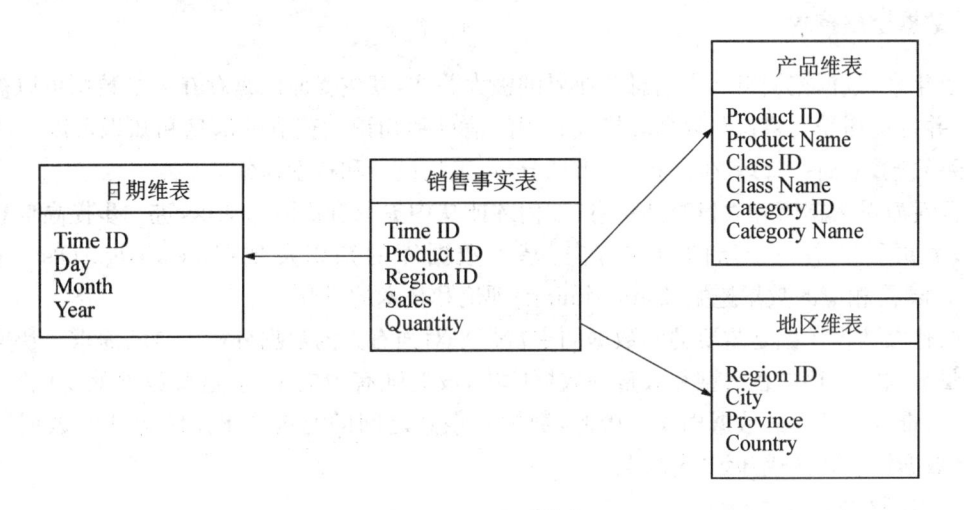

图 5-19 星型模式

(2) 多维模型(图 5-20): Cube($D_1, D_2, \cdots, D_n, M_1, M_2, \cdots, M_m$)

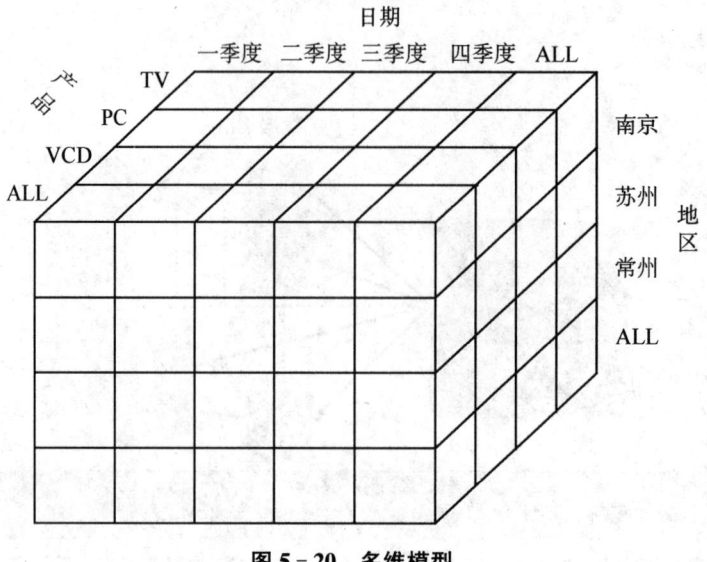

图 5-20 多维模型

6. 数据仓库的主要应用

(1) 信息处理：支持查询和基本的统计分析，并使用表或图进行报告。

(2) 分析处理：支持基本的 OLAP 操作，在汇总的和细节的历史数据上操作。

(3) 数据挖掘：支持知识发现，包括找出隐藏的模式和关联，构造分析模型，进行分类和预测，并用可视化工具提供挖掘结果。

2.2 数据挖掘技术

近年来，数据挖掘引起了信息产业界的极大关注，其主要原因是存在大量数据可以被广泛使用，并且迫切需要将这些数据转换成有用的信息和知识。获取的信息和知识可以广泛应用于各种领域，如商务管理、生产控制、市场分析、工程设计和科学探索等。

面对海量数据库和大量繁杂信息，如何才能从中提取有价值的知识，进一步提高信息的利用率，由此引发了一个新的研究方向：基于数据库的知识发现（Knowledge Discovery in Database）及相应的数据挖掘（Data Mining）理论和技术的研究。

为什么数据挖掘是重要的？数据的丰富带来对强有力的数据分析工具的需求。快速增长的海量数据收集存放在大型和大量的数据库中，没有强有力的工具，这些数据就变成"数据坟墓"——难以再访问的数据档案。因此，数据和信息之间的鸿沟要求系统地开发数据挖掘工具，将数据坟墓转换成知识"金块"。

1. KDD 与数据挖掘

(1) KDD 定义

人们给 KDD 下过很多定义，内涵也各不相同，目前公认的定义是由 Fayyad 等人提出的。

所谓基于数据库的知识发现（KDD）是指从大量数据中提取有效的、新颖的、潜在有用的、最终可被理解的模式的非平凡过程。

(2) KDD 过程

KDD 是一个人机交互处理过程。该过程需要经历多个步骤，并且很多决策需要由用户提供。从宏观上看,KDD过程主要由3个部分组成,即数据整理、数据挖掘和结果的解释评估。

(3) 知识发现(KDD)的过程(图5-21)

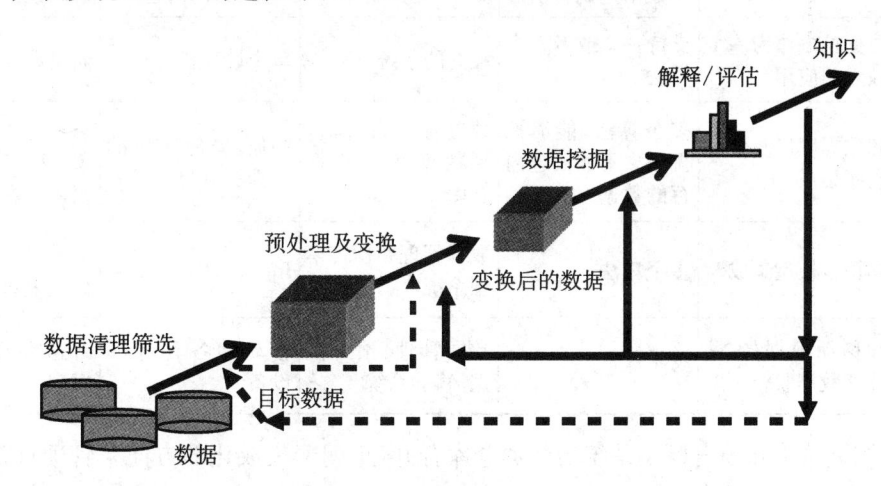

图5-21 知识发现过程

(4) 知识发现(KDD)的步骤

① 数据准备:了解KDD应用领域的有关情况,包括熟悉相关的知识背景,搞清用户需求。

② 数据选取:数据选取的目的是确定目标数据,根据用户的需要从原始数据库中选取相关数据或样本。在此过程中,将利用一些数据库操作对数据库进行相关处理。

③ 数据预处理:对步骤②中选出的数据进行再处理,检查数据的完整性及一致性,消除噪声及与数据挖掘无关的冗余数据,根据时间序列和已知的变化情况,利用统计等方法填充丢失的数据。

④ 数据变换:根据知识发现的任务对经过预处理的数据再处理,主要是通过投影或利用数据库的其他操作减少数据量。

⑤ 确定KDD目标:根据用户的要求,确定KDD要发现的知识类型。

⑥ 选择算法:根据步骤⑤确定的任务,选择合适的知识发现算法,包括选取合适的模型和参数。

⑦ 数据挖掘:这是整个KDD过程中很重要的一个步骤。运用前面的选择算法,从数据库中提取用户感兴趣的知识,并以一定的方式表示出来。

⑧ 模式解释:对在数据挖掘步骤中发现的模式(知识)进行解释。通过机器评估剔除冗余或无关模式,若模式不满足,再返回到前面某些处理步骤中反复提取。

⑨ 知识评价:将发现的知识以用户能了解的方式呈现给用户,其中也包括对知识一致性的检查,以确保本次发现的知识不会与以前发现的知识相抵触。

2. 数据挖掘的产生与发展

与数据仓库不同,数据挖掘(Data Mining, DM)研究如何利用各种技术从数据仓库中存储的大量历史和现实数据中发现隐含的、有效的、以前未知的,并有潜在使用价值的信息的过程。数据挖掘技术涉及数据库技术、人工智能技术、机器学习和统计分析等多种技术,使DSS系统跨入了一个新阶段。

目前,人们将数据挖掘分为四代,见表5-3。

表5-3 数据挖掘发展过程

历程	特征	数据挖掘算法	集成	分布计算模型	数据模型
第一代	数据挖掘作为一个独立的应用	支持一个或者多个算法	独立的系统	单个计算机	向量数据
第二代	和数据库以及数据仓库集成	多个算法,能够挖掘一次不能放进内存的数据	数据管理系统,包括数据库和数据仓库	同质/局部区域的计算机群集	有些系统支持对象,文本和连接的媒体数据
第三代	和预言模型集成	多个算法	数据管理和预言模型系统	Intranet/网络计算	支持半结构化数据和Web数据
第四代	和移动数据/各种计算数据联合	多个算法	数据管理、预言模型、移动系统	移动和各种计算设备	普遍存在的计算模型

数据挖掘技术和预言模型系统与数据仓库合并,正朝着集成化的方向来管理日常的商业过程。

(1) 数据挖掘(从数据中发现知识)

数据挖掘是从大量的数据中抽取潜在的、不为人知的有用信息、模式和趋势。数据挖掘的目的是为了提高市场决策能力、检测异常模式和在过去的经验基础上预测未来趋势等。亦即从海量的数据中抽取感兴趣的(有价值的、隐含的、以前没有用但是潜在有用信息的)模式和知识。

(2) 其他可选择的名字

数据库中知识挖掘、知识提取、数据/模式分析、数据考古、数据捕获、信息获取、事务智能等。

(3) 广义观点

数据挖掘是从存放在数据库、数据仓库中或其他信息库中的大量数据中挖掘有趣知识的过程。数据挖掘技术具有如下的性能:

① 自动预测趋势和行为

数据挖掘可以在大型数据库中自动发现预言性信息。在传统方法下需要大量进行分析的问题现在可以直接从数据挖掘中快速地得到答案。预言性问题的一个典型例子是目标市场营销。例如,利用数据挖掘,可以根据过去利用邮件进行商品推销的数据,来确定那些非常有可能乐意应答将来邮件的目标客户。

② 自动发现以前未知模式

数据挖掘工具可以识别以前隐藏的模式。模式发现的一个例子是分析零售数据来识别看似无关但经常放在一起购买的商品,如婴儿尿布与啤酒。其他模式发现问题包括对信用卡欺诈交易的检测和对由于数据输入错误而造成的异常数据的识别。

对于数据挖掘还有如下几点说明:

数据挖掘可以寻找相关数据,而在一个非常大的数据库中相关数据经常是很难定位的;

一个公司的数据可能是合并在数据仓库或数据集市中的,也有可能是存放在数据库或Internet和Intranet服务器上的,数据挖掘工具可以挖掘出"埋藏"在公司文件或存放在公共记录中的"矿石";

"采矿者"一般是最终用户,他们仅有有限的或完全没有编程能力;

数据挖掘可以发现意想不到的有价值的结果;

数据挖掘工具经常与电子表格软件和其他最终用户软件开发工具结合在一起。因此,挖掘出的数据可以快速而容易地进行分析和处理;

数据挖掘可以产生5种类型的信息:联想、序列、分类、簇、预测。

3. 数据挖掘过程

数据挖掘是从数据到知识的过程,包括确定挖掘对象、准备数据、建立模型、数据挖掘结果分析、知识应用。如图5-22所示。

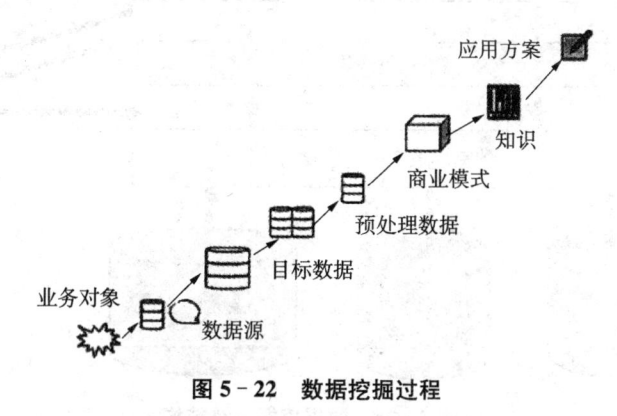

图 5-22 数据挖掘过程

4. 数据挖掘工具

数据挖掘涉及数据库系统、统计学、机器学习、可视化技术、信息技术以及神经网络、模糊/粗糙集理论、知识表示、归纳技术与高性能计算等方面的知识。数据挖掘工具按照使用方式,可以分成决策方案生成工具、商业分析工具和研究分析工具三大类。

(1) 神经计算

神经计算是一种机器学习方法,通过这种方法可以为模型检查历史数据。拥有神经计算工具的用户可以搜索大型数据库,如识别新产品的潜在用户,或搜索那些根据其概况将要破产的公司。

British Telecom 是美国的一家大的通信公司,拥有150万个商业用户,他们每天大约呼叫9 000万次。该公司共提供了4 500种产品和服务,公司一直在寻找一种与每个客户接触的最好方法,最终采用的解决方法是一个客户数据仓库。该数据仓库最初的 RAM 大小是 3GB,并使用了一种称为大规模信息并行处理(Massively Parallel Processing, MPP)的神经计算技术。利用该系统,公司可以分析客户的购物习惯,理解客户的需要和目标市场机会,识别每一产品的采购概况、产品包装和客户,及早掌握那些可能被竞争者夺去的客户。利用数据挖掘也可以很好地了解高销售量产品的趋势。在尚未使用数据挖掘技术时,该公司信息系统产生的与市场有关的分析数据一般是6个月至1年前的数据,而现在销售员可以信任市场信息,因为他们几乎可以得到实时的市场信息。

(2) 智能代理

最有希望从 Internet 或基于 Intranet 的数据库获取信息的方法之一是使用智能代理。

(3) 辅助分析

这种方法使用一系列的算法对大数据集合进行分类整理,并用统计规则表达数据项。

5. 数据挖掘系统结构(图 5-23)

数据库、数据仓库或其他信息库：是一个或一组数据库、数据仓库、电子表格或其他类型的信息库。可以在数据上进行数据清理和集成。

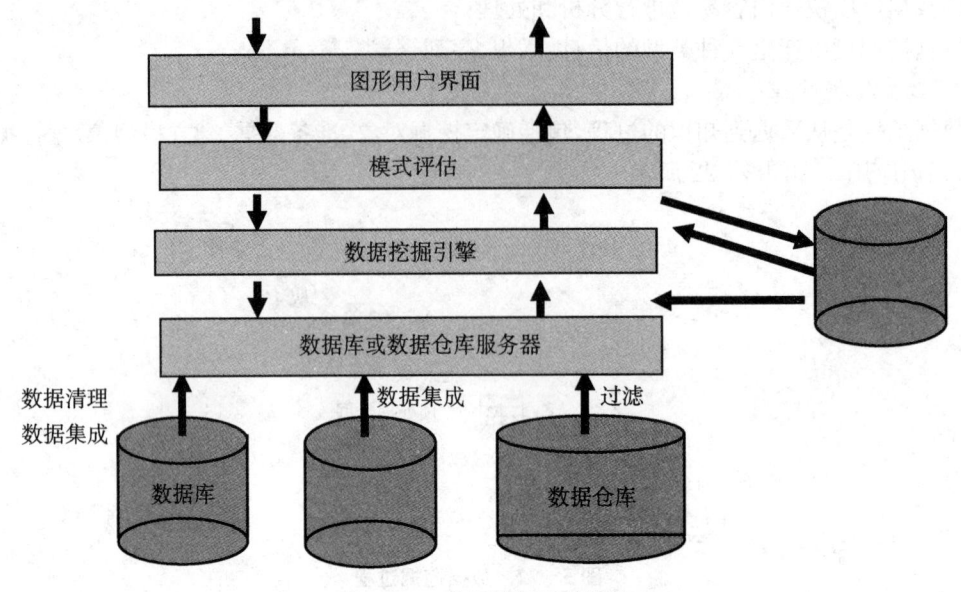

图 5-23 数据挖掘系统结构

数据库或数据仓库服务器：根据用户的挖掘请求，数据库或数据仓库服务器负责提取相关数据。

知识库：是领域知识，用于指导搜索，或评估结果模式的兴趣度。

数据挖掘引擎：数据挖掘系统的基本部分，由一组功能模块组成，用于特征化、关联、分类、聚类分析以及演变和偏差分析。

模式评估模块：使用兴趣度量，并与数据挖掘模块交互，以便将搜索聚焦在有趣的模式上，可能使用兴趣度阈值过滤发现的模式。

图形用户界面：该模块在用户和数据挖掘系统之间通信，允许用户与系统交互，指定数据挖掘查询或任务，提供信息，帮助搜索聚焦，根据数据挖掘的中间结果进行探索式数据挖掘。

7. 数据挖掘技术分类及方法

(1) 三种不同的分类方式

① 按挖掘任务分类：包括分类或预测知识模型发现，数据总结，数据聚类，关联规则发现，时序模式发现，依赖关系或依赖模型发现，异常和趋势发现等。

② 按挖掘对象分类：包括关系数据库，面向对象数据库，空间数据库，时态数据库，文本数据库，多媒体数据库，异构数据库，数据仓库，演绎数据库和 Web 数据库等。

③ 按挖掘方法分类：包括统计方法，机器学习方法，神经网络方法和数据库方法。其中，

a. 统计方法可分为：回归分析(多元回归、自回归等)、判别分析(贝叶斯判别、费歇尔判别、非参数判别等)、聚类分析(系统聚类、动态聚类等)、探索性分析(主成分分析、相关分析等)等。

b. 机器学习方法可分为：归纳学习方法(决策树、规则归纳等)、基于范例学习、遗传算法等。

c. 神经网络方法可以分为：前向神经网络(BP算法等)、自组织神经网络(自组织特征映射、竞争学习等)。

d. 数据库方法可以分为：多为数据分析和OLAP技术，此外还有面向属性的归纳方法。

(2) 数据挖掘技术分类(图5-24)

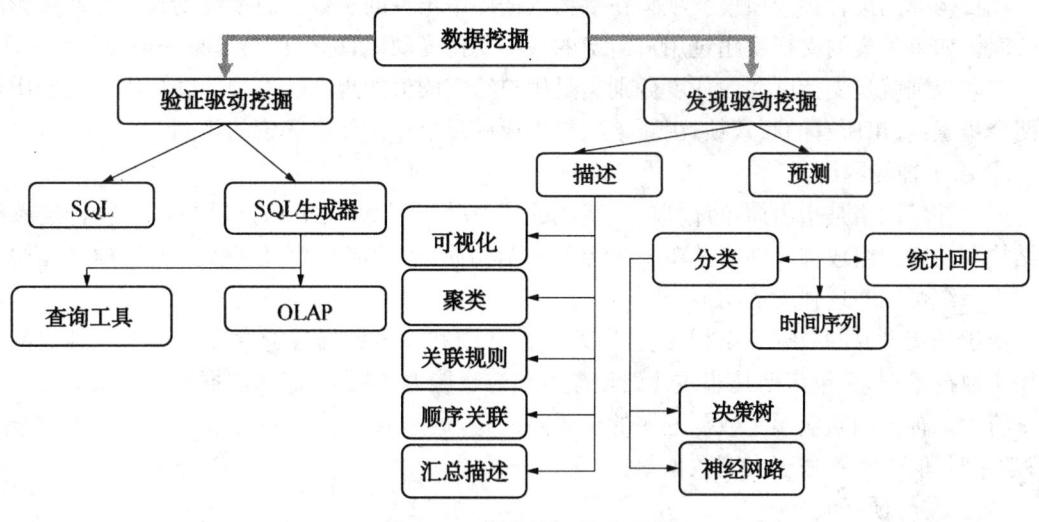

图5-24 数据挖掘技术分类

(3) 数据挖掘方法

① 粗糙集

1982年波兰数学家Z. Pawlak针对G. Frege的边界线区域思想提出了粗糙集(Rough Set)，他把那些无法确认的个体都归属于边界线区域，而这种边界线区域被定义为上近似集和下近似集之差集。

粗糙集理论主要特点在于它恰好反映了人们用粗糙集方法处理不分明问题的常规性，即以不完全信息或知识去处理一些不分明现象的能力，或依据观察、度量到的某些不精确的结果而进行分类数据的能力。

② 模糊集

经典集合理论对应二值逻辑，一个元素属于或不属于给定集合。因此经典集合不能很好地描述具有模糊性和不确定性的问题。美国加利福尼亚大学的扎德教授于1965年提出了模糊集合论，用隶属程度来描述差异的中间过渡，是一种用精确的数学语言对模糊性进行描述的方法。

③ 聚类分析

聚类是对物理的或抽象的对象集合分组的过程。聚类生成的组为簇，簇是数据对象的集合。簇内部任意两个对象之间具有较高的相似度，而属于不同簇的两个对象间具有较高的相异度。

相异度可以根据描述对象的属性值计算，对象间的距离是最常采用的度量指标。在实际应用中，经常将一个簇中的数据对象作为一个整体看待。用聚类生成的簇表达数据集不可避免地会损失一些信息，但却可以使问题得到必要的简化。

主要的数据挖掘聚类方法有：划分的方法、层次的方法、基于密度的方法、基于网格的方

法、基于模型的方法

④ 关联规则

关联规则反映一个事物与其他事物之间的相互依存性和关联性,如果两个事物或者多个事物之间存在一定的关联关系,那么其中一个事物就能够通过其他事物预测到。

项目构成的集合称为项集。项集在事物数据库中出现的次数占总事物的百分比叫项集的支持度。如果项集的支持度超过用户给定的最小支持度阈值,称该项集是频繁项集。

关联规则就是支持度和信任度分别满足用户给定阈值的规则。发现关联规则需要经历如下两个步骤:找出所有的频繁项;由频繁项集生成满足最小信任度阈值的规则。

⑤ 人工神经网络

人工神经网络是指由简单计算单元组成的广泛并行互联的网络,能够模拟生物神经系统的结构和功能。组成神经网络的单个神经元的结构简单,功能有限,但是,由大量神经元构成的网络系统可以实现强大的功能。

由于现实世界的数据关系相当复杂,非线性问题和噪声数据普遍存在。将人工神经网络应用于数据挖掘,希望借助其非线性处理能力和容噪能力,得到较好的数据挖掘结果。

将人工神经网络应用于数据挖掘的主要障碍是,通过人工神经网络学习到的知识难于理解;学习时间太长,不适于大型数据集。

⑥ 分类与预测

分类和预测是两种重要的数据分析方法,在商业上的应用很多。分类和预测可以用于提取描述重要数据类型或预测未来的数据趋势。

分类的目的是提出一个分类函数或分类模型(即分类器)通过分类器将数据对象映射到某一个给定的类别中。数据分类可以分为两步进行。第一步建立模型,用于描述给定的数据集合。通过分析由属性描述的数据集合来建立反映数据集合特性的模型。第二步是用模型对数据对象进行分类。

预测的目的是从历史数据记录中自动推导出对给定数据的推广描述,从而能够对事先未知的数据进行预测。

a. 分类的方法

决策树:决策树内部节点进行属性值测试,并根据属性值判断由该节点引出的分支,在决策树的叶结点得到结论。内部节点是属性或属性的集合,叶节点代表样本所属的类或类分布。

贝叶斯分类:是一种统计学分类方法,可以预测类成员关系的可能性,如给定样本属于一个特征类的概率。贝叶斯方法已在文本分类、字母识别、经济预测等领域获得了成功的应用。

基于遗传算法分类:模拟生物进化过程中的计算模型,是自然遗传学与计算机科学互相结合、互相渗透而形成的新的计算方法。利用选择、交叉、变异等操作对子代进行操作,优点是问题求解与初始条件无关,搜索最优解的能力极强,可以对各种数据挖掘技术进行优化。

b. 预测

预测是构造和使用模型评估无标号样本类,或评估给定样本可能具有的属性值或区间值。预测的目的是从历史数据中自动推导出对给定数据的推广描述,从而能对未来数据进行预测。例如,金融系统可以根据顾客信誉卡消费量预测他未来的刷卡消费量或用于信誉证实。推销人员希望在开拓新客户时,找出顾客一些共同特征,预测出潜在顾客群。

预测的方法主要是回归统计,包括:线性回归、非线性回归、多元回归、泊松回归、对数回归等。分类也可以用来预测。

⑦ 多媒体数据挖掘

多媒体数据库系统由多媒体数据库管理系统和多媒体数据库构成。其中多媒体数据库用于存储和管理多媒体数据,多媒体数据库管理系统负责对多媒体数据库进行管理。多媒体数据库包括结构化的数据、半结构化的数据和非结构化的数据,如音频数据、视频数据、文本数据和图像数据等。

多媒体数据挖掘就是通过综合分析多媒体数据的内容和语义,从大量多媒体数据中发现隐含的、有效的、有价值的、可理解的模式,得出事件的发展趋向和关联关系,为用户提供问题求解层次上的决策支持能力。

多媒体数据是指由多种不同类型多媒体数据组成的,包括文本、图形、图像、声音、视频图像、动画等不同类型的媒体数据。为了挖掘多媒体数据,必须对两种或多种类型的媒体数据进行综合挖掘。

多媒体挖掘的方法有两种:一种是先从多媒体数据数据库中提取出结构化数据,然后用传统的数据挖掘工具在这些结构化的数据上进行挖掘。另一种解决办法是研究开发可以直接对多媒体数据进行挖掘的工具。

7. 数据预处理

(1) 为什么需要数据预处理?

在现实社会中,存在着大量的"脏"数据:

① 不完整性(数据结构的设计人员、数据采集设备和数据录入人员):缺少感兴趣的属性、感兴趣的属性缺少部分属性值、仅仅包含聚合数据而没有详细数据。

② 噪音数据(采集数据的设备、数据录入人员、数据传输):数据中包含错误的信息、存在着部分偏离期望值的孤立点。

③ 不一致性(数据结构的设计人员、数据录入人员):数据结构的不一致性、Label 的不一致性、数据值的不一致性。

数据挖掘的数据源可能是多个互相独立的数据源:关系数据库、多维数据库(Data Cube)、文件和文档数据库。

海量数据的处理:数据归约(在获得相同或者相似结果的前提下)没有高质量的数据,就没有高质量的挖掘结果;高质量的决策必须基于高质量的数据基础上;数据仓库是在高质量数据上的集成。

(2) 数据预处理的主要任务

数据清理:填入缺失数据、平滑噪音数据、确认和去除孤立点、解决不一致性。

数据集成:多个数据库、Data Cube 和文件系统的集成。

数据转换:规范化、聚集等。

数据归约:在可能获得相同或相似结果的前提下,对数据的容量进行有效的缩减。

数据离散化:对于一个特定的连续属性,尤其是连续的数字属性,可以把属性值划分成若干区间,以区间值来代替实际数据值,以减少属性值的个数。

(3) 数据预处理的形式(图 5-25)

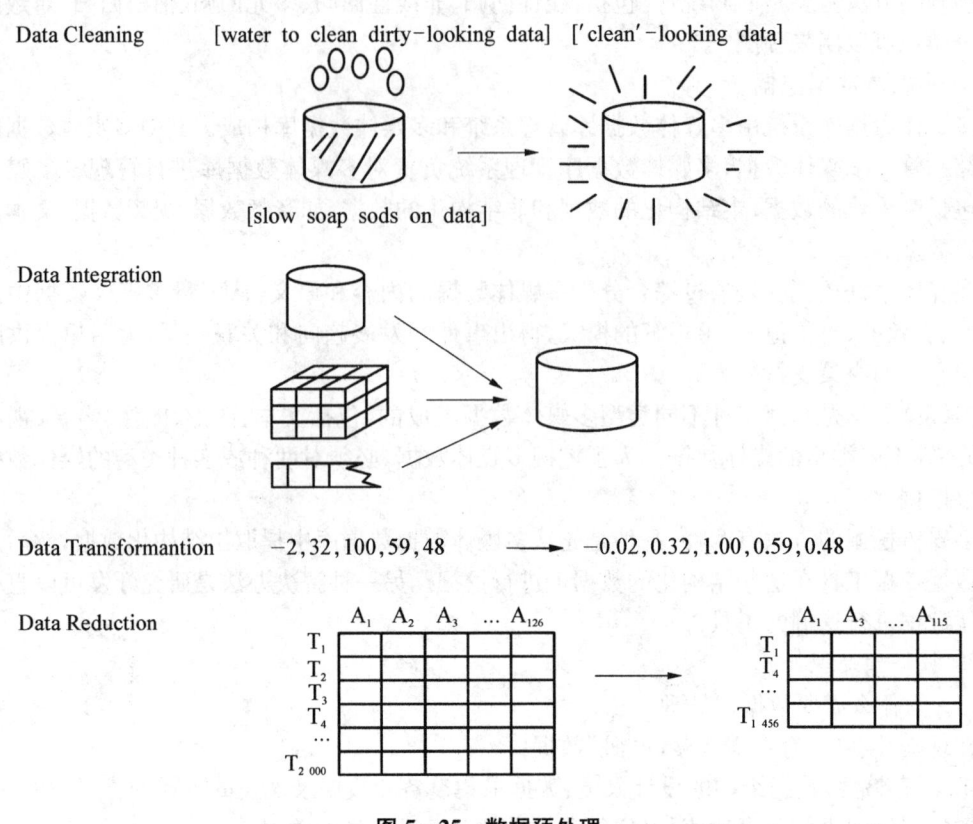

Data Cleaning [water to clean dirty-looking data] ['clean'-looking data]

[slow soap sods on data]

Data Integration

Data Transformantion −2,32,100,59,48 ⟶ −0.02,0.32,1.00,0.59,0.48

Data Reduction

图 5-25 数据预处理

8. 可视化数据挖掘

(1) 可视化

使用计算机图形学创建可视化图像，帮助用户理解复杂，大规模数据。

(2) 可视化数据挖掘

使用可视化技术，从大规模数据集中发现隐含，有用知识的过程，如图 5-26 所示。

图 5-26 可视化数据挖掘

(3) 信息可视化

结合了科学可视化、人机交互、数据挖掘、图像技术、图形学、认知科学等诸多学科的理论和方法，而逐步发展起来的，如图 5-27 所示。

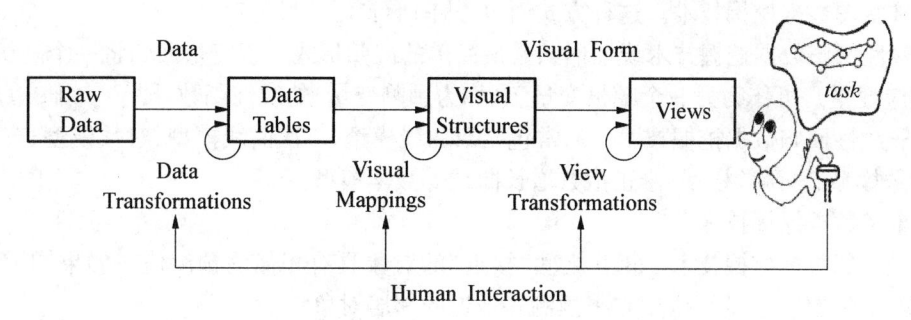

图 5-27 信息可视化

(4) 可视化数据挖掘

可视化的目的:提供对大规模数据集定性的理解;查看数据中的模式,趋势,结构,不规则性,关系等;帮助寻找感兴趣的区域,为进一步定量分析提供合适的参数;为计算机得出的结果提供可视化的证明。

可视化与数据挖掘的结合:数据可视化、数据挖掘结果可视化、数据挖掘过程可视化。

(5) 数据可视化

以下面两种方式观察数据库或数据仓库的数据:

在不同的粒度或抽象层面观察;属性或维度的不同结合;数据可以被表示成不同的格式,柱状图、饼状图、散点图、三维立方体、曲线、数据分布图表等。

(6) 数据挖掘结果可视化

以视图的形式给出由数据挖掘算法得出的结果或知识:例如:决策树、贝叶斯网络、关联规则、聚类、孤立点。

(7) 数据挖掘过程可视化

将数据挖掘各种处理过程用可视化的方式呈现给用户,可以看到:

数据是如何被提取的;是从哪个数据库或数据仓库提取的数据;被选择数据如何被清理,整合,处理和挖掘的;在数据挖掘中采用什么方法;数据被存储在哪里。

(8) 交互式可视化数据挖掘

使用可视化工具在数据挖掘过程中帮助用户做出更加合理的挖掘决定更好的理解数据和样本,用户可以根据理解做出决定,也可以根据领域知识做出决定。可视化结果使用户能够指导下次算法执行。

9. 数据挖掘系统与应用

随着所需管理的数据量(如客户的数据)的不断增加,大公司如电信公司、PC 制造商等都建立数据仓库来存储数据,为了对大量的数据进行筛选(如分析客户的购买习惯),各大公司纷纷开始使用数据挖掘工具进行数据挖掘。

数据挖掘系统的开发工作十分复杂,不仅要有大量的数据挖掘算法,而且其应用领域往往取决于最终用户的知识结构等因素。

(1) 传统的数据挖掘技术

传统的数据挖掘技术包括统计与数据挖掘、统计类数据挖掘技术两类,具体的技术应用包括以下几种方法:

① 数据的聚集与度量技术。常用聚集函数有:count()、sum()、avg()、maxO、min()等。

② 柱状图数据挖掘技术。这种方式简单,从图形看可一目了然。

③ 线性回归数据挖掘技术线性回归是最简单的回归形式。双变量回归将一个随机变量 y(称为响应变量),可作为另一个随机变量工(称为预测变量)的线性函数,即 $y=\alpha+\beta x$。

④ 非线性回归数据挖掘技术。通常包括双曲线模型、二次曲线模型、对数模型、三角函数模型、指数模型、幂函数模型、修正指数增长曲线等数学模型。

⑤ 聚类数据挖掘技术。

⑥ 最近邻数据挖掘技术。相互之间"接近"的对象具有相似的预测值。如果知道了其中一个对象的预测值后,就可以用它来预测其最近的邻居对象。

⑦ 常用的统计类数据挖掘工具是 SPSS。

(2) 现代数据挖掘技术与发展

现代数据挖掘技术主要有神经网络型、遗传算法型、粗糙集型和决策树型。

(3) 数据挖掘技术的应用

数据挖掘技术已经在商业、科技等领域有广泛的应用。为决策制定提供科学的依据,在不同的行业,具体的应用目的也有相应差别。

① 零售和销售业:预测销售、确定库存量和分销计划等。

② 银行业:预测坏账、信用卡欺诈、新信用卡用户等。美国银行家协会(ABA)预测数据仓库和数据挖掘技术在美国商业银行的应用增长率是 14.9%,分析客户使用分销渠道的情况和分销渠道的容量;建立利润评测模型;客户关系优化;风险控制等。

③ 航空公司:捕捉客户经常去的地方和那些中途转机的乘客的最终目的地,这样航空公司就可以识别那些尚未开辟业务但却很受欢迎的地点,并考虑增加班机路线以捕捉商业机会。

④ 广告:预测在黄金时间播放什么广告最好,怎样使插入广告的收效最大。

⑤ 市场营销:对客户的人口统计信息进行分类,以预测哪些客户将对推销商品的邮件做出应答或购买特殊产品。

⑥ 电子商务:网上商品推荐;个性化网页;自适应网站等。

⑦ 生物制药、基因研究:DNA 序列查询和匹配;识别基因序列的共发生性。

⑧ 电信:欺诈甄别;客户流失等。

(4) 下面介绍几个数据挖掘系统:

① SKICAT 是 MIT 喷气推进实验室与天文科学家合作开发的用于帮助天文学家发现遥远的类星体的工具。

② Health-KEFIR 是用于健康状况预警的知识发现系统。

③ TASA 是为预测通信网络故障而开发的通信网络预警分析系统。会产生"如果在某一时间段内发生某些预警信息组合,那么其他类型的预警信息将在某个时间范围内发生"的规则。时间段大小由用户定义。

④ R-MINI 运用分类技术从噪声中提取有价值的信息。由于是在微弱变化中获取信息,该系统也可以应用于证券领域中的股市行情预测。

⑤ KDW 是大型商业数据库中的交互分析系统。包括聚类、分类、总结、相关性分析等多种模式。

⑥ DB Miner 是加拿大 Simon Fraser 大学开发的一个多任务 KDD 系统。能够完成多种知识发现,综合了多种数据挖掘技术。

⑦ Clementine 可以把直观的图形用户界面与多种分析技术结合在一起,包括神经网络、关联规则和规则归纳技术。

⑧ Darwin 包含神经网络、决策书和 K-邻近三种数据挖掘方法,处理分类、预测和预报问题。

⑨ DMW 是一个用在信用卡欺诈分析方面的数据挖掘工具,支持反向传播神经网络算法,并能以自动和人工模式操作。

⑩ Intelligent Miner 是 IBM 开发的包括人工智能、机器学习、语言分析和知识发现领域成果在内的复杂软件解决方案。

单元小结

本节介绍了数据仓库及其应用、数据挖掘技术、数据挖掘方法以及数据挖掘的应用实例。最后利用数据挖掘技术挖掘物流企业信息,使学生通过动手操作来掌握数据仓库及数据挖掘技术。

【综合练习】

1. 选择题

(1) 数据仓库是随时间变化的,下面的描述不正确的是(　　)。
A. 数据仓库随时间变化不断增加新的数据内容。
B. 捕捉到的新数据会覆盖原来的快照。
C. 数据仓库随时间变化不断删去旧的数据内容。
D. 数据仓库中包含大量的综合数据,这些综合数据会随着时间的变化不断进行重新综合。

(2) 下面有关数据力度的描述不正确的是(　　)。
A. 粒度是指数据仓库小数据单元的详细程度和级别。
B. 数据越详细,粒度就越小,级别也就越高。
C. 数据综合度越高,粒度就越大,级别也就越高。
D. 粒度的具体划分将直接影响数据仓库中的数据量以及查询质量。

(3) 有关数据仓库测试,下面说法不正确的是(　　)。
A. 在完成数据仓库的实施阶段中,需要对数据仓库进行各种测试,测试工作中要包括单元测试和系统集成测试。
B. 当数据仓库的每个单独组件完成后,就需要对他们进行单元测试。
C. 系统的集成测试需要对数据仓库的所有组件进行大量的功能测试和回归测试。
D. 在测试之前没必要制定详细的测试计划。

(4) OLAP 技术的核心是(　　)。
A. 在线性　　　　　　　　　　B. 对用户的快速响应
C. 互操作性　　　　　　　　　D. 多维分析

(5) 数据仓库的数据具有四个基本特征,下列不正确的是(　　)。
A. 面向主题的　　　　　　　　B. 集成的
C. 不可更新的　　　　　　　　D. 不随时间变化的

(6) 关于数据仓库元数据的描述,下列不正确的是(　　)。
A. 元数据描述了数据的结构、内容、码、索引等项内容。

B. 元数据内容在设计数据仓库时确定后,就不应该再改变。
C. 元数据包含对数据转换的描述。
D. 元数据是有效管理数据仓库的重要前提。

(7) 开展数据挖掘的基本目的是(　　)。
A. 建立数据仓库　　　　　　　　B. 帮助用户做决策
C. 从大量数据中提取有用信息　　D. 对数据进行统计和分析

(8) 产生数据挖掘的根本原因是(　　)。
A. 数据统计分析　　　　　　　　B. 技术的发展
C. 商业推动　　　　　　　　　　D. 数据仓库的产生

(9) 数据挖掘工具按照使用方式分类,可以分为(　　)。
A. 基于神经网络的工具,基于规则和决策树的工具,基于模糊逻辑的工具和综合性数据挖掘工具等。
B. 决策方案生成工具,商业分析工具和研究分析工具三类。
C. 专用型数据挖掘工具和通用型数据挖掘工具两大类。
D. 基于神经网络的工具和研究分析工具。

2. 填空题

(1) 数据仓库是_____、_____、_____、_____有组织的数据集合,支持管理的决策过程。

(2) 一般来说,可将数据仓库的开发和应用过程细分为_____、_____、_____、_____。

(3) 数据仓库的接口技术多技术接口技术、_____和数据的高效率加载技术。

(4) 数据仓库中数据的组织方式与数据库不同,通常采用_____、分级的方式进行组织,一般包括早期细节数据、_____、轻度综合数据_____以及_____五部分。

(5) 数据仓库的需求分析根据不同领域可以划分为_____、设计的需求、_____、和最终用户的需求等方面。

(6) 数据仓库主要是供决策分析用的,所涉及的数据操作主要是_____,一般情况并不进行_____。

(7) 数据仓库创建后,首先从_____中抽取所需要的数据到数据准备区,在数据准备去中经过_____的净化处理,再加载到数据仓库数据库中,最后根据用户的需求将数据发布到_____。

3. 简答题

(1) 数据仓库及数据挖掘是什么?
(2) 数据挖掘研究内容是什么?
(3) 数据挖掘提取出的知识主要由哪些类型?
(4) 简述数据仓库的组成。
(5) 数据挖掘技术在物流企业中的应用。

4. 案例分析

数据挖掘技术在沃尔玛的应用

总部位于美国阿肯色州的世界著名商业零售连锁企业沃尔玛(WalMart)拥有世界上最大

的数据仓库系统。为了能够准确了解顾客在其门店的购买习惯，沃尔玛对其顾客的购物行为进行购物篮分析，想知道顾客经常一起购买的商品有哪些。沃尔玛数据仓库里集中了其各门店的详细原始交易数据。在这些原始交易数据的基础上，沃尔玛利用 NCR 数据挖掘工具对这些数据进行分析和挖掘。一个意外的发现是："跟尿布一起购买最多的商品竟是啤酒!"

这是数据挖掘技术对历史数据进行分析的结果，反映数据内在的规律。那么这个结果符合现实情况吗？是否是一个有用的知识？是否有利用价值？

于是，沃尔玛派出市场调查人员和分析师对这一数据挖掘结果进行调查分析。经过大量实际调查和分析，揭示了一个隐藏在"尿布与啤酒"背后的美国人的一种行为模式：在美国，一些年轻的父亲下班后经常要到超市去买婴儿尿布，而他们中有 30%～40% 的人同时也为自己买一些啤酒。产生这一现象的原因是：美国的太太们常叮嘱她们的丈夫下班后为小孩买尿布，而丈夫们在买尿布后又随手带回了他们喜欢的啤酒。

既然尿布与啤酒一起被购买的机会很多，于是沃尔玛就在其一个个门店将尿布与啤酒并排摆放在一起，结果是尿布与啤酒的销售量双双增长。

按常规思维，尿布与啤酒风马牛不相及，若不是借助数据挖掘技术对大量交易数据进行挖掘分析，沃尔玛是不可能发现数据内在这一有价值的规律的。

数据的含义很广，不仅指 321、897 这样一些数字，还指"abc""李明""96/10/11"等符号、字符、日期形式的数据。我们讨论的数据是指存放在计算机系统中的任何东西，如："数字""字符""声音""图像""照片"……甚至处理数据的计算机程序本身也作为计算机的"数据"。随着国民经济和社会信息化的发展，人们在计算机系统中存放的数据量越来越大。我们发现这些数据是人们工作、生活和其他行为的记录，是企业和社会发展的记录，也是人与自然界本身的描述。这就是说在计算机系统中形成了庞大的"数据资源"。因此，发现这些数据所含的规律也就是发现我们工作、生活和社会发展中的规律，发现人与自然界的规律，就相当于在数据资源中发现金矿。这就是数据资源的开发利用，是非常有价值的工作。而数据挖掘是目前最先进的数据资源开发利用技术。

什么是数据挖掘？"尿布与啤酒"的故事是关于数据挖掘最经典和流传最广的故事。那么数据挖掘是什么样的技术呢？

数据挖掘是从大量数据中寻找其规律的技术，主要有数据准备、规律寻找和规律表示三个步骤。数据准备是从各种数据源中选取和集成用于数据挖掘的数据；规律寻找是用某种方法将数据中的规律找出来；规律表示是用尽可能符合用户习惯的方式（如可视化）将找出的规律表示出来。

但在具体实施数据挖掘应用时，还有一个步骤就是结果评价。这是因为数据算法寻找出来的是数据的规律，其中有些是人们感兴趣且有用的，还有一些可能是不感兴趣且没有用的。这就要对寻找出的规律进行评估。例如："跟尿布一起购买最多的商品是啤酒"这样一条规律是否有用呢？这就需要市场调查和评估工程师根据实际情况做出评估判断。这是一个人工步骤，还难以自动化。

数据挖掘在自身发展的过程中，吸收了数理统计、数据库和人工智能中的大量技术。

案例思考：
沃尔玛对哪些方面的信息进行了数据挖掘分析？

项目六 第三方物流管理信息系统

项目描述

物流信息系统是由人员、计算机硬件、软件、网络通信设备及其他办公设备组成的人机交互系统,其主要功能是进行物流信息的收集、存储、传输、加工整理、维护和输出,为物流管理者及其他组织管理人员提供战略、战术及运作决策的支持,以达到组织的战略竞优,提高物流运作的效率与效益。目前,很多物流企业都在通过第三方物流管理系统对物流业务进行管理。

项目的目的是通过第三方物流管理系统的使用,熟练掌握物流管理软件的操作。

项目目标

1. 掌握物流管理系统的概念和体系结构;
2. 熟悉处理仓储、配送和运输等物流作业信息所涉及的功能模块及其功能;
3. 能够利用第三方物流管理系统处理物流业务。

任务1　仓储管理信息系统

【任务描述】

仓储管理信息系统是一个实时的计算机软件系统,能够按照仓储运作的业务规则,对信息、资源、行为、存货和分销运作进行更完善的管理,能够最大限度地提高仓储业务的效率,降低管理成本。

本任务的目的是通过软件操作,掌握仓储信息流程,会使用仓储管理软件。具体任务如下:

1. 甲方(华联超市)委托(易通物流公司)乙方于×年×月×日入库货品到易通物流公司1号库。货品1,餐饮油500件,出厂批号:2009BHFZG3,搬卸费用800元,入库费用2 000元,其他费用800元;货品2,ARO调和油600件,出厂批号:2009BHTHY3,搬卸费用1 000元,入库费用3 000元,其他费用1 000元;

2. 次日,甲方委托乙方从1号库出货。货品1,餐饮油360件,出厂批号:2009BHFZG3,搬卸费用600元,出库费2 100元,其他费用600元;货品2,ARO调和油300件,出厂批号:2009BHTHY3,搬卸费用500元,出库费用2 000元,其他费用800元。

3. 因易通物流公司库房业务调整需要,对甲方的货物进行移库作业后,进行盘库管理;

4. 按乙方要求对甲方仓储应收、应付款项进行结算。

【任务目标】

1. 理解物流管理信息系统的相关概念;
2. 了解几种典型物流管理系统;
3. 了解物流管理系统在企业中的运用现状和发展趋势;
4. 能够掌握仓储管理信息系统的入库、出库、移库和盘点操作流程。

【任务实施】

1. 根据任务安排,对学生进行分组,3～5人一组;
2. 教师讲清该任务实施的目标和相关知识要点;
3. 学生根据任务目标,按照学习任务书的要求,进行上机模拟训练;具体步骤见《第三方物流管理系统》指导手册仓储管理部分;
4. 撰写任务报告;
5. 小组间任务报告交流互评;
6. 教师讲评。

【学习评价】

被考评人		考评组调查对象	
考评时间		考评地点	
考评内容		仓储管理系统的使用	

(续表)

	内容	分值	自评	小组评议	教师评议	考评得分
考评标准	能够正确描述仓储作业的流程	20				
	单证填写完整、正确	25				
	能够独立完成出库、入库、移库、盘点和结算操作	30				
	遵守纪律，爱护设备，讨论积极，有队合作精神	25				

【相关知识点】

1.1 仓储管理信息系统的概念

仓储管理信息系统（Warehouse Management System，WMS）是用来管理仓库内部的人员、库存、工作时间、订单和设备的应用软件。这里所称的"仓库"，包括生产和供应领域中各种类型的储存仓库。仓储作业过程是指以仓库为中心，从仓库接收货物入库开始，到按需要把货物全部完好地发送出去的全部过程。

WMS按照常规和用户自行确定的优先原则，优化仓库的空间利用和全部仓储作业。对上，通过EDI（电子数据交换）等电子媒介与企业的计算机主机联网，由主机下达收货和订单的原始数据；对下，通过无线网络、手提终端、条码系统等信息技术与仓库的员工联系，上下相互作用，传达指令、反馈信息、更新数据库并生成所需的条码标签和单据文件、工作实时监管等。更先进的WMS还能连接自动导向车（AGV）、输送带、回转货架和高架自动存取系统（AS/RS）等。最近的趋势则是与企业的其他管理信息系统相结合，使之融入企业的整体管理系统之内。

一个WMS的基本软件包支持仓储作业中的全部功能。处理过程见表6－1。

表6－1　WMS支持功能和处理过程

支持功能	处理过程
收货	货到站台，收货员将到货数据由射频终端（RF Terminal）传到WMS，WMS随即生成相应的条码标签，粘贴（或喷印）在收货托盘（或货箱），经扫描，这批货物即被确认收到，WMS指挥进货储存。
储存	WMS按最佳的储存方式选择空货位，通过叉车上的射频终端通知叉车司机，并指引最佳途径。抵达空货位，扫描货位条码，以确保正确无误。货物就位后，再扫描货物条码，WMS即确认货物已储存在这一货位，可供以后订单发货。
订单处理	订单到达仓库，WMS按预定规则分组，区分先后，合理安排。
拣选	WMS确定最佳的拣选方案，安排订单拣选任务。拣选人由射频终端指引到货位，显示拣选数量。经扫描货物和货位的条码，WMS确认拣选正确，货物的库存量也同时减除。
发货	WMS制作包装清单和发货单，交付发运。称重设备和其他发货系统也能同时与WMS联合工作。
站台直调	货到收货站台，如已有订单需要这批货，WMS会指令叉车司机直送发货站台，不再入库。

1.2　仓储管理信息系统的目标

1. 保证作业流程标准化

仓储管理信息系统运用实时数据采集和数据库技术,为物流仓储环节提供了从订单开始到收货、分配仓位、盘点、货物出库和货物装运全过程的信息处理和管理功能,保证了作业流程的标准化和统一化。

2. 提高作业准确度

仓储管理信息系统可以控制错发货、错配货、漏配送的事故,通过订货、发货业务的自动化,提高了作业准确性和工作精确度,缩短了从订货到发货的时间。

3. 提供信息咨询

仓储管理信息系统要为客户提供信息咨询及有关资料的查询和统计,满足用户对信息的实时需求。

总之,通过使用仓储管理信息系统要提高对客户的服务水平、实现物流合理化、降低物流总成本。

1.3　仓储管理信息系统的特点

仓储管理信息系统是物流信息系统的一个子系统,它首先具备物流信息系统的特征,除此之外,它还具有自身的特点。

1. 支持零库存管理

仓储管理的终极目标是实现零库存,这种零库存是某个组织的零库存,是组织把自己的库存转移给其上游供应商或下游零售商,从而实现自己的零库存。在信息技术发展的今天,通过仓储管理信息系统准确收集与传递库存信息,零库存是完全可以实现的。

2. 支持物流信息采集设备及自动化设备

仓储管理信息系统与先进物流技术,如手持终端、RF、GPS/GIS 等均设有接口,能够与电子标签、自动化物流设备系统相连接。系统通过应用先进的图形技术,实现"可视化"管理。

3. 支持离散仓储作业管理。

系统采用先进的体系结构,利用最新的网络技术,支持处于离散状态的仓储/物流作业,同时确保系统的安全。

1.4　仓储管理信息系统的作用

使用仓储管理信息系统会在以下方面带来切实的效果。

(1) 为仓库作业全过程提供自动化和全面记录的途径。

(2) 改变传统的固定货位,实现全库随机储存,最大限度利用仓容。

(3) 提高发货的质量和正确性,减少断档和退货,提高顾客的满意度。

(4) 为仓库的所有活动、资源和库存提供即时的正确信息。

通过应用仓储管理信息系统,配送能力一般能提高 20%～30%,库存和发货正确率超过 99%;仓库利用率提高,数据输入误差减少;库存和短缺损耗减少;劳动、设备、消耗等费用降低,这些最终都为企业带来巨大的经济效益。

1.5 仓储管理信息系统功能

仓储管理信息系统主要包含以下功能模块：基本信息管理、入库管理、库内管理、出库管理、查询管理。仓储管理信息系统的总体功能如图 6-1 所示。

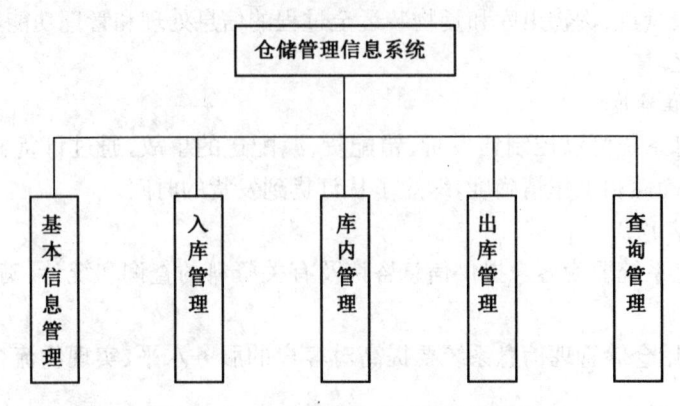

图 6-1 仓储管理信息系统总体功能

仓储管理信息系统对于入库、库内、出库等一系列工作提供了全面的条形码技术和无线射频(RF)技术支持，可以有效地收集有关货品、储位以及作业状态，信息可以由无线传输方式送到系统的数据库中。同时，系统可以将调度或自动分配给操作人员的任务传输给 RF 持有人。用户在友好的界面下任何时间、任何地点都可以操作和检查显示资料，实时性地收集和传输数据，从而极大地提高了工作效率。

1. 基本信息管理

基本信息管理模块主要是对仓库信息、货品信息、人员信息、客户信息、合同信息的管理。

(1) 仓库信息管理

仓库信息管理包括仓库类型、仓库基本信息、仓库区域信息和储位信息等。系统初始化时设置的顺序为：仓库类型、仓库信息、区域信息、储(货)位信息。仓库类型指仓库所属的类别，主要包括普通仓库、冷冻仓库、化学仓库、危险品仓库等。

(2) 货品信息管理

货品信息管理包括货品类型、计量单位信息、货品信息等。系统初始化时设置的顺序是：货品类型、计量单位、货品信息。货品类型是指货品所属的类别，如电器、食品、药品等。货品信息是指条码信息、货品编号、货品种类、规格、型号、单位、重量、体积、尺寸、价值、保质期、最高库存、最低库存等。

(3) 人员信息管理

人员信息管理是对企业内部的人力资源进行管理，包括员工编号、员工姓名、所属部门、岗位、工作年限、联系方式等基本信息。

(4) 客户信息管理

客户信息管理包括客户编号、客户名称、联系电话、传真、地址、E-mail 及联系人等客户的基本信息。

(5) 合同管理

合同管理信息包括合同号、甲方名称、甲方代表人、乙方名称、乙方代表人、签订合同日期、租仓地点、租仓面积、租仓标准、结算方式、保管商品名称等。

2. 入库管理

入库管理主要包括对货品数量的管理,如箱数、件数;对货品的储位管理;对货品的管理,如客户、到期日、重量、体积、批次(号),并可结合条码管理;对运输工具的管理,如运输公司、车辆号、司机名管理;对验收的确认,根据入库通知单的数量和实际入库数量比较分析,解决少货、多货、窜货等情况。操作顺序为:入库通知单、卸货及验收管理、入库储位分配。

(1) 入库通知单(订仓单)

入库通知单是在货品到达之前,货主通知在何时进入什么货品,仓库可以根据这些信息制订入库作业计划,如安排和调度装卸货的工具、清理装卸货区域等。入库通知单主要包括客户信息、收货信息和货品明细等,并为安排卸货工具、指定卸货区和处理区提供信息。

入库通知单主表的数据项有:入库单号、客户名称、合同号、预计入库时间、制单人等信息。入库通知单明细表的数据项有:货品的名称、条码、批次、数量等信息。

(2) 卸货及验收管理

卸货及验收管理是收到入库通知单后,指定货品的装卸区及验收处理区等业务。相对应的实际操作是货品到达仓库后,仓管员指定卸货区域,在卸货区装卸货品,检查数量和质量验收等工作。系统根据入库通知单编号自动产生"验收单编号",显示入库通知单中货品的详细列表信息。指定卸货区和验收区时,选择仓库号和区域号。验收结束后,如果发现有不合格品,应该进行登记记录。在"不合格数量""不合格原因""处理意见"3个字段中录入具体的信息。

(3) 入库储位分配

入库储位分配就是为入库货品安排货位的操作。选中某一入库货品,选择合适的仓库号、区域号,在排号、列号、层号中输入分配的数值,确认"分配"即可完成,并依次为每一种货品分配货位。

3. 库内管理

库内管理具体包括仓库储存货品的盘点作业、仓库内部货品在储位间的转储作业、货品在不同仓库间的转库作业、保管货品的报废管理、不合格品的退库管理等业务。

(1) 盘点管理

盘点管理提供对货品的全面盘点、随机抽盘与指定盘点等功能。其中指定盘点根据储位盘点和货品盘点的功能,可分区、分类进行盘点。盘点作业,首先要生成盘点单,确定要盘点货品的编号、名称、储存位置、系统结存数量的信息清单,然后录入盘存数据,审核盘点单,盘点差异结转。

(2) 转储管理

转储管理主要对货品在同一仓库内不同储位之间转移的作业进行管理。转储单号由系统自动产生,选择要转移货品的所在"仓库""转储部门"等,并填写"制单人""转储时间""制单时间"。在"转储货品及存储货位清单"中选择库物,输入数量及选择目的区域,完成转储货品的选择。

(3) 转库管理

转库管理主要对货品在不同仓库之间转移的作业进行管理,即提出转仓申请,指定货品的转出仓库、区位及储位,并指定转入仓库的区域和储位等。系统自动产生转库单号,选择要转移货品的所在"转出仓库""转入仓库""转仓部门",填写"转仓时间""制单时间"填写"制单人""备注"等信息。在"转仓货品及存储货位清单"中选择货品,输入数量及选择目的区域,并完成整个转仓的过程。

(4) 报废管理

报废管理主要对仓库中报废货品的名称、编号、位置等进行管理,即提出报废申请,录入报废货品的信息,指定报废货品的所在仓库、区域及储位,以及对上述报废信息进行维护。

(5) 退货管理

退货管理主要对被退回货品的编号、名称、数量、存放位置、处理方法等信息进行管理,主要处理退货申请、审批、结转等相关事务。

4. 出库管理

出库管理包括对出库货品数量管理,如箱数、件数;对出货方式的选择,如先进先出(FIFO)、后进先出(LIFO)、保质期管理、批次(号);对出货运输工具的管理,如运输公司、车辆号、司机名管理。

(1) 出库通知单管理

出库通知单管理,就是处理收货方要求的出库信息,包括收货方名称、编码信息、出库货品明细等,为确定备货区提供信息。将库存表中货品、数量、批次信息,自动生成到出库通知单的出库货品列表中。

(2) 出库备货

出库备货,指操作员收到出库通知单后,录入出库备货货品信息、指定备货区和安排出库货品的货位等事务。

系统根据出库通知单编号自动产生"备货单号",填写"出库备货时间""制单人""制单时间"等出库备货信息。

根据"出库备货货品清单",显示出货仓库和区域指定窗口,选中某一出库备货货品,即可指定出货仓库和区域。针对"出库备货货品信息清单"表中的每一种货品,重复上述的指定工作,可为每一种出库货品指定出库仓库和区域。

(3) 出库单管理

出库单管理是指完成出库备货后,对出库货品的信息进行登记、查询等管理。如采用先进先出的出库原则,可根据入库单的时间自动生成出库单,也可以根据需要,选择指定的入库单来生成出库单。

5. 查询管理

(1) 在任何时间和地点都可以通过终端进行查询。查询内容包括:货主信息、商品信息、库存情况、订单状态等。

(2) 每次查询可以包括各项信息的逐一核对,并将有效结果反馈给系统,使得现场实时查询和实时指挥工作变得方便、容易。

1.6 仓储管理系统的结构

仓储管理系统的结构如图 6-2 所示。

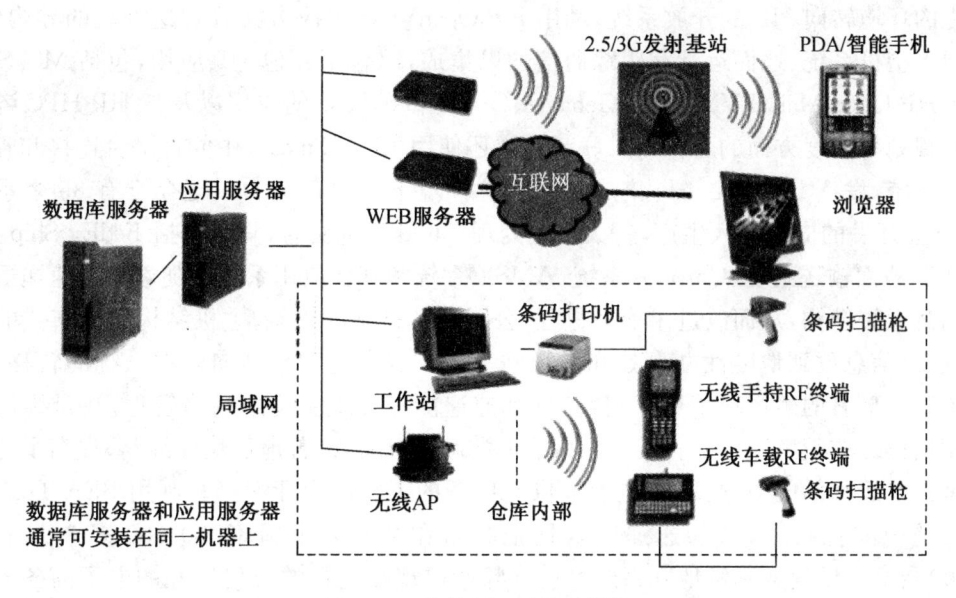

图 6-2　仓储管理系统的结构

单元小结

　　仓储管理信息系统（Warehouse Management System，WMS）是用来管理仓库内部的人员、库存、工作时间、订单和设备的应用软件。这里所称的"仓库"，包括生产和供应领域中各种类型的储存仓库。仓储作业过程是指以仓库为中心，从仓库接收货物入库开始，到按需要把货物全部完好地发送出去的全部过程。

　　仓储管理信息系统主要包含以下功能模块：基本信息管理、入库管理、库内管理、出库管理、查询管理。

【综合练习】

　　1. 简答题

　　（1）简述仓储管理系统的定义和特点。

　　（2）描述仓储管理系统的结构。

　　2. 案例分析

为什么美国联邦速递（FedEx 快递）公司能称霸全球？

　　美国联邦速递（FedEx）是世界上最大的邮件速递服务公司之一，业务分布在全球200多个国家。联邦速递能在激烈的竞争中大而不僵，保持着一个跨国公司每一个细胞的活力，其中最大的原因就是，联邦速递公司把自己的业务与先进的信息技术结合在一起，不断地根据自己的业务需求完善自己的管理系统，使整个公司业务在有条不紊的环境下不断发展。联邦速递在发展中也确实遇到过问题。1992年开始，联邦速递业务量增长速度超高，集中式的计算模型无法跟上发展的速度。另外，由于联邦速递对技术和服务进行不断的投资，也因此拥有了庞大而复杂的企业信息结构，由很多不同种类和厂商的硬件和软件所组成。这些对业务的发展带来了挑战。为了解决上述问题，联邦速递采用了 HP 提供的方案，由原先的环境转向 HP 的开放系统,利用 HP OpenView 解决方案管理这种新的异构环境,对遗留大型机系统、地面运行和跟踪通信加以集成,综合了其他 HP 应用,包括 MC/Service Guard、HP Open Mail、LVM,来自 Genasys、Oracle 和 Sybase 的应用以及与 HP HPC 咨询人员进行规划和调度方面的合作等。联邦速递还使用 BEA Tuxedo 中间件平台连接和管理各个应用系统,发挥 BEA Tuxedo 集成异构系统环境下的出色能力。至今已有 35 个系统在 Tuxedo 上开发的应用投入生产,每天平均处理 3 600 亿笔交易,其中包括 FedEx Ship 系统、AGT&T 地面输送系统、Chronos 系统、AMSX 系统和其他应用系统。随着联邦速递适当地调整信息系统结构,从而改进了业务进程,公司也从传统的终端/主机结构向分布式的计算模式改变,信息放到地区性办事处和快递站手中。这个进程包括向开放系统的转移,尤其是目前正在部署的生产环境中。目前,联邦速递能够提供主动式网络管理,在最终用户报告发生错误之前就解决故障;系统提高了正常运行时间,改善地面快递线路,提高了处理更大量客户发运件的能力,公司有能力提供更广泛的因特网商业选择。利用 BEA Tuxedo 成熟可靠的中间件技术,联邦速递有效地把分布在 200 多个国家、30 000 多个办事处的 110 000 余员工用信息紧密地联系起来。联邦速递现在运行的有代表性的电子商务系统主要有邮件跟踪和查询系统,地面运行系统。目前,其他的快运公司都没有对邮件包裹进行百分之百的跟踪,并在邮件包裹快递途中的每个点上提供单据查询服务。目前,联邦速递能够完全提供这两种服务。联邦速递在包裹投递途中对包裹扫描超过 10 次以上,每一次都将数据从运货车传送到 600 个美国城市快递站点中的一个站点,使用无线信号将数据传送到 HP 9000 服务器和工作站上。呼叫中心和 POWERSHIP 程序是联邦速递帮助客户实现查询和跟踪的两大渠道。在美国有 16 个呼叫中心提供客户服务,为进行查询的客户提供实时的包裹状态报告。呼叫中心的工作人员通过应用服务器和终端,访问运行在 HP 9000 G50 服务器上的数据库系统。POWERSHIP 程序已经为将近 100 000 个在 Internet 上的客户提供服务。POWERSHIP 使这些客户能够从邮件收取到交货,一直跟踪其联邦速递邮件包裹的状态,实现每天自行制作单据(Self-invoicing),制备专门化的管理报告。地面运行系统以美国为例。联邦速递每天在美国承担的投递任务大约有 2 500 000 个包裹。快递站运行管理人员运行数字协助派遣系统(DADS)传送最新的快件路线计划表,使其显示分布在全国各地的 40 000 辆联邦速递运货车的个人电脑上。有 300 多个 HP 9000 E25 服务器,连同 75 个型号为 715/100 的工作站用于地址定位和计划应用。联邦速递在美国有 600 个城市快递站点收取和交付这些邮件包裹。600 个站点中的每一个站点雇佣平均大约 75 名快递员。快递站经营管理人员肩负着预测、计划和安排这些路线,随后进行分析和报告的繁重任务。联邦速递为他们提供了业界性能最优的工具,包括由 Gena sys 所推出的称为 Gena Map 的地理信息系统。利用 Gena Map 的帮助,线路计划人员可以安排联邦快递的快递员途经的所有地点。Gena Map 在地图上极为详细地显示途经的实际地点,并根据具体的参数用彩色代码表示。管理人员可以评估他们是否有效地安排了线路,并在必要的时候重新计划线路。联邦速递计划以后扩充国际海关应用系统。这些应用使海关能够在实际运载货物的飞机到达之前,就能看到进入其报关港的货物的单据。许多包裹在实际到达之前就可以被清关,节省了手工清关的费用,使包裹能够更快地到达目的地。联邦速递还推出"国际领航"项目,如巴黎快递路线计划,新加坡服务工作站程序,充分利用美国环境中的解决方案,在全球扩充其专门技术。此外,联邦速递还将继续扩展网上客户服务系统。现在联邦速递投递业务的70%都通过采用POWERSHIP应用程序的网络,以电子方式请求服务,而不是通过书面形式安排路线,如果有任何服务问题时,客户能够使用网络通知快递公司采取适当的行动。联邦速递正在研究一种新的应用,向客户显示10个距离最近的联邦速递邮件包裹交付地点,以及抵达这些地点的路线。

案例思考:
联邦速递是如何通过现代物流信息技术打造自己的核心竞争优势的?

任务 2 运输管理信息系统

【任务描述】

运输管理信息系统是一个实时的计算机软件系统,能够按照运输运作的业务规则,对信息、资源、行为、存货和分销进运作进行更完善的管理,能够最大限度地提高运输业务的效率降低管理成本。华联超市从五一农贸市场采购 100 吨大米、100 吨面粉,委托易通物流公司 2 天后运到超市。

1. 完成承运报价、合约的制作;
2. 采用自主接单的方式将货物运到客户处。

本任务的目的是通过软件操作,掌握运输信息流程和运输管理通软件的使用。

【任务目标】

1. 能够掌握运输管理信息系统的操作流程;
2. 按照要求,通过运输管理信息系统完成相应的作业。

【任务实施】

1. 根据任务安排,对学生进行分组,3~5 人一组,设组长 1 人;
2. 教师讲清该任务实施的目标和相关知识要点;
3. 学生根据任务目标,按照学习指导书要求,进行上机模拟训练;具体操作步骤,见《第三方管理系统》指导书运输管理部分;
4. 撰写任务报告;
5. 小组间任务报告交流互评;
6. 教师讲评。

【学习评价】

被考评人			考评组调查对象			
考评时间			考评地点			
考评内容			运输管理信息系统的使用			
考评标准	内容	分值	自评	小组评议	教师评议	考评得分
	能够正确描述运输作业的流程	20				
	单证填写完整、正确	25				
	能够独立通过运输管理信息系统完成相应的作业操作	30				
	遵守纪律,爱护设备,讨论积极,有队合作精神	25				

【相关知识点】

我国生产企业在物流运输环节支付费用占总成本30%～40%,货运空载率高达60%,大量产品滞留在运输环节,每年造成的损失惊人。运输费用占物流成本很大的比例,如果运输能有效运作,会给企业节约大量的费用,带来丰厚的利润。运输信息准确、及时、畅通,是物流运输发展的基本条件。运输管理信息系统可以帮助企业进行日常运输工作的管理,实现运输管理信息化,运输服务最优化,运输利润最大化。

2.1 运输管理信息系统概述

1. 运输管理信息系统概念

运输管理信息系统(Transportation Management System,TMS)是基于运输作业流程的管理系统,它利用计算机网络等现代信息技术,对运输计划、运输工具、运送人员及运输过程进行跟踪、调度、指挥。

运输管理信息系统提高了物流运输的服务水平,具体作用表现在以下4个方面。

(1) 查询便利化

当顾客需要对货物的状态进行查询时,只要输入货物的发标号码,立刻知道有关货物状态的信息。查询作业简便迅速,信息及时准确。

(2) 服务及时化

通过货物信息可以确认货物是否将在规定的时间内送到顾客手中,及时发现没有在规定的时间内把货物交付给顾客的情况,以便马上查明原因并及时改正,从而提高运送货物的准确性和及时性,提高顾客服务水平。

(3) 竞争优势化

运输管理信息系统可以帮助企业提高物流运输效率、提供差别化物流服务,从而使企业获得有利的竞争优势。

(4) 信息共享化

运输管理信息系统提供货物运送状态的信息,丰富了供应链的信息分享源,有利于下游用户预先做好接货及后续工作的准备。

2. 运输管理信息系统的目标和特点

(1) 目标

① 运输作业流程实现标准化、统一化;

② 运输作业信息高度透明化;

③ 降低空驶率,提高运载效率;

④ 对货品进行全程跟踪。

(2) 特点

① 运输管理信息系统是基于网络环境开发的支持多网点、多机构、多功能作业的立体网络运输软件;

② 运输管理信息系统是在全面衡量、分析、规范运输作业流程的基础上,运用现代物流管理方法设计的先进、标准的运输软件;

③ 运输管理信息系统采用先进的软件技术实现计算机优化辅助作业,特别是对于机构庞大的运输体系,此系统能够协助管理人员进行资源分配、作业分配、路线优化等操作;

④ 运输管理信息系统与现代信息采集技术及物流技术无缝连接，在基于条码作业的系统内可以实现全自动接单、配载、装运、跟踪等。

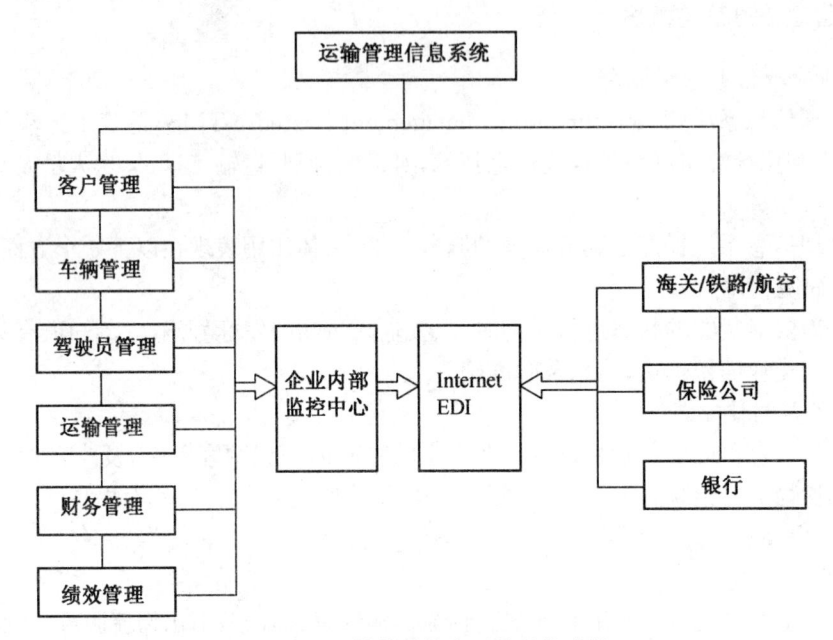

2.2 运输管理信息系统功能

运输管理信息系统主要包含以下功能模块：客户管理、车辆管理、驾驶员管理、运输管理、财务管理、绩效管理、海关/铁路/航空系统对接管理、保险公司和银行对接管理。运输管理信息系统的总体功能如图 6-3 所示。

图 6-3 运输管理信息系统总体功能

1. 客户管理

客户管理模块可以实现订单处理、合同管理、客户查询管理和投诉理赔管理功能。

(1) 订单处理

订单处理可以提供多种订单受理方式。客户可通过电话、传真提交订单，同时系统在 Internet 环境中实现安全的、标准的 EDI 数据交换，接受网上直接下单，根据客户的指令进行订单的录入，主要包括受理日期、订单号（可人工输入或自动生成）、起运地址、货物名称、重量、体积、数量、货主及其电话、收货单位、联系人到达地址及各种费用等订单信息。对下达的订单进行分析审核，经双方确认后签订运输合同。支持多种发运订单，主要包括车辆运单、散户运单、合同运单和货物运单等。

(2) 合同管理

① 对签订的合同进行统一管理。主要包括受理日期、合同编号、订单号、起运地址、货物名称、重量、体积、数量；货主、联系人及其电话；收货单位、联系人、到达地址、车辆种类、车辆数量、签订人、审核人、起始时间、到达时间、预付费用计算和结算方式等信息。

② 合同破损记录。主要指对装车、发货时发生的破损记录情况进行登记、修改工作。理赔部门按照事先双方签订的合同协议进行理赔处理，系统自动将金额转入财务结算。

(3) 客户查询管理

客户通过输入货物代码,就可以得知货物在库情况、在途状况和预计到达时间等。

(4) 投诉理赔管理

① 处理客户投诉。对客户的投诉进行分析和统计,做出投诉处置并进行相关记录,向上汇报。

② 对客户反馈的信息进行分析、记录,提高服务水平。

2. 车辆管理

车辆管理模块可以帮助管理人员对运输车辆(包括企业自用车辆和外用车辆)的信息进行日常管理维护,随时了解车辆的运行状况,确保在运输任务下达时,有车辆可供调配。

(1) 管理每天的出车记录,输入运单号,显示出车日期、出车车辆、客户名称、工作内容、吨位、单价、提货地和目的地等。

(2) 输入车辆编号,查看车辆维修与保养计划、车辆维修情况、添加零件情况、车辆违章情况、车辆事故情况等多项信息。

(3) 查看出车的车辆、待命车辆、维修车辆。

3. 驾驶员管理

通过驾驶员管理模块可以了解驾驶员的个人信息和工作状况。

(1) 驾驶员档案管理。主要包括驾驶员姓名、家庭详细住址、家庭电话、手机、身份证号码、所属公司、驾驶证主证号、驾驶证副证号、驾龄、上岗证、准营证和劳动合同情况等信息。

(2) 驾驶员查询。分日常和月度对不同驾驶员的业绩、费用等情况进行统计查询;显示驾驶员月度或年度的业务量情况;对某一驾驶员发生的费用进行统计,显示驾驶员所用的运杂费、人工费、工资等费用。

(3) 支持驾驶员刷卡功能,对驾驶员进行考勤监督,实行绩效管理。

4. 运输管理

运输管理模块包括运输计划安排、运输方式选择和运输路线优化3个环节。

(1) 根据客户的要求制订运输计划并生成运输计划书。

(2) 根据货物的性质、特点、运输批量及运输距离等实际情况,在保证按时到货及运费不超出预算的前提下,选择合适的运输方式。

(3) 根据客户输入的起点和目的地,自动设计最佳行驶路线,包括最快的路线、最简单的路线、通过高速公路分段次数最少的路线等。线路规划完毕后,显示器自动在电子地图上显示设计线路,同时显示汽车运行路径。

5. 财务管理

财务管理模块具有以下功能:

(1) 可提供全国各地运输价格和所需时日的查询。

(2) 可设置联盟运输商的价格信息数据库。

(3) 可依据合同分客户制定运输价格表。

(4) 可生成费用结算报表和费用明细的列表。

(5) 成本核算每趟运输出行的过桥过路费、油费、人工费和资产折旧等费用。

(6) 支持多种结算方式及利率统计。

6. 绩效管理

绩效管理模块具有以下功能：

(1) 辅助高层管理者对业务管理和经营事务进行控制、优化和决策。

(2) 帮助进行事前、事中和事后的管理和控制。

(3) 支持经营决策。例如，要不要进行外包车辆等，系统都会根据数据给出一个分析和参考的指标。

7. 海关/铁路/航空系统对接管理

这个对接管理模块的主要功能如下：

(1) 涵盖所有的运输方式，包括水路运输、公路运输、铁路运输和航空运输，并提供对多式联运业务的支持。

(2) 实现对不同运输方式的衔接互补。当某种运输任务牵涉到多种运输方式时，能实时提出运输组织的策略，以合理的组织方式完成运输任务。

(3) 通过与海关部门的对接，为外贸交易提供系统的报关服务，方便了客户也扩大了企业的业务。

8. 保险公司和银行对接管理

这个模块和保险公司/银行相关部门对接，保证了运输业务的保险便捷。

(1) 为物流运输部门的车辆和员工提供保险业务。

(2) 承接网上投保业务，为物流公司承接的运输货物随时办理保险业务。

(3) 分担了物流企业的风险。

(4) 通过与银行接口实现网上支付和结算业务，缩短了作业时间，减少了费用。

在物流运输作业活动中，由于运输车辆处于分散运动状态中，因此，对物流运输车辆的管理有着其他作业管理不能比拟的困难。随着无线技术、地理信息系统和全球卫星定位系统的发展，车辆运行信息管理系统被应用到物流运输作业中，为客户提供迅速、准确、安全、经济的运输服务，满足货主多样化、个性化、多频度、小数量和及时运达的需求。

2.3 运输信息系统流程

1. 运输信息系统的总体流程图（图6-5）

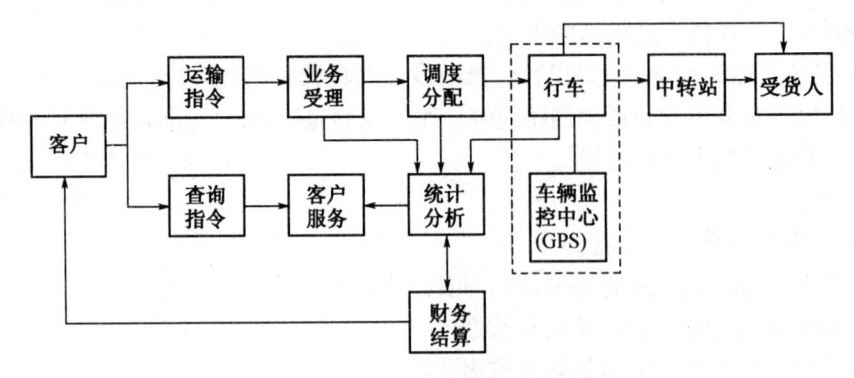

图6-4 运输信息系统的总体流程图

2. 公路运输业务流程图(图 6-5)

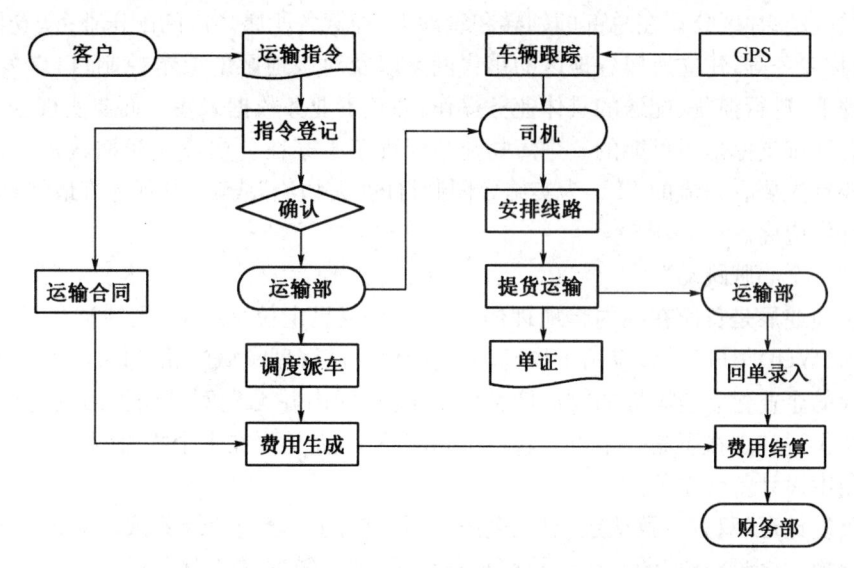

图 6-5 公路运输业务流程图

单元小结

运输管理信息系统(Transportation Management System，TMS)是基于运输作业流程的管理系统，它利用计算机网络等现代信息技术，对运输计划、运输工具、运送人员及运输过程进行跟踪、调度、指挥。

运输管理信息系统主要包含以下功能模块：客户管理、车辆管理、驾驶员管理、运输管理、财务管理、绩效管理、海关/铁路/航空系统对接管理、保险公司和银行对接管理。

【综合练习】

1. 简答题

(1) 简述运输管理信息系统的概念。

(2) 简述运输管理的业务模块的功能。

2. 案例分析

中海：完善的物流信息化系统

在中海物流分管营销和信息化业务的总经理助理肖国梁看来，中海物流能在与中远物流、中外运、招商局、宝供物流等公司的激烈角逐中脱颖而出，很大程度上是缘于先人一步建立了比较完善的信息化系统。

转型：实现三级管理

中海集团与中远集团、中外运被称为中国航运市场的三巨头，在集装箱运量取得突飞猛进的 2002 年，中海物流应运而生。按照中海集团的发展规划，物流业是发展重点和支柱性产业，并形成以航运为核心，船代、货代、仓储堆场、集卡、驳船、空运、海铁联运等业务并举的大物流发展框架。

肖国梁介绍说，调整后的中海物流采用三级管理的业务模式，总部管片区、片区管口岸。

总部代表集团领导、管理、计划、协调中海的物流业务,加强对整个物流业务的总成本的控制,建立物流供应链;片区公司在总部的领导和管理下,经营各所属片区的配送业务、仓储业务、车队业务、揽货业务等,建立所属各地区的销售网点以及对该地区的成本控制;口岸公司在片区公司的管理下,进行揽货、配送的具体业务操作,并负责业务数据采集。而要实现这一点,没有强大的信息系统支撑是不可能的。中海物流总经理茅士家在公司成立初期就指出,要做一流的物流企业首先要有一流的IT。为实施集团制订的"大物流"战略,中海物流最终选择了招商迪辰为软件供应商。

模式:"一个心脏跳动"

虽说招商迪辰是首家在国内将地理信息(GIS)、卫星定位(GPS)、无线通信(Wireless)与互联网技术(Web)集成一体,应用于物流、交通和供应链管理领域的软件供应商。但为中海物流这样规模的企业建立全国性的物流信息化系统,在国内并无先例可循。招商迪辰上海公司总经理曾辉军说:"现在不是一个点上看单个物流系统,而是要在整个物流网络的高度,从供应链衔接的角度设计整套系统。"

经过反复论证,双方一致认定,要在全国范围内应用一套企业级集成的系统,能实现信息的共享与交换,并保持数据的一致。曾辉军介绍说,该系统的核心就是以市场需求为驱动,以计划调度为核心,使物流各环节协同运作。它需要集成管理企业的计划、指标、报表、结算等,可层层细化与监控,并有统一的企业单证、报表、台账格式,而且有良好的扩展性和开放结构。而更为关键的是,系统建成后应当是一套面向订单流的信息系统,从接受客户委托订单开始,到订单管理,围绕订单制订物流方案、落实相关运力或仓储等物流资源、调度直至物流作业、质量监控等环节,都要有一个平滑共享的信息流。

曾辉军坦言,软件项目最大的困难在于业务变更。中海物流的业务繁杂、需求众多且不断变化,信息系统也必须随之改进。他清楚地记得,项目开始时做调研主要是为了海运业务,关注的主要是货物从这个港拖到那个港,真正涉及的项目物流非常少,在经过去年的战略转型后,中海物流已经将海运、货代业务剥离出去,专做第三方物流。

"一个心脏跳动",曾辉军用了一个形象的比喻来描述中海现有的业务模式。他解释说:"中海物流集团总部是一个利润中心,底下八大片区视为成本中心,资源统一调配,全国一盘棋。现在拿到第三方物流单子,多少货发到什么城市、什么仓库,完全由中海物流自己来决策。仓储资源、运输资源、人力资源统一调配。当前中海物流完全按这种模式运作,第三方物流强调一个心脏跳动,集中式管理、集中式调度,统一核算,客户进来不是面对你单个分公司,而是面对你整个物流体系,整个体系通过一套信息系统协同作业。"

令肖国梁自豪的是,目前国内还没有同类物流企业能够做到这一点。

海信:初战告捷

从某种意义上来说,中海之所以要做战略调整,就是因为签了海信这样的项目物流大单。2002年年底,海信电器进行首次第三方物流的招标,中海集团物流在经过为期一个月的投标、调研、实施方案制订后,凭借着"中海"的强势品牌和完善的物流方案,一举击败国内数家知名物流企业,中标海信电器股份电视机产品的全国配送物流服务项目。

肖国梁不无得意地说:"我们之所以能拿下海信将近45%份额,超过中远、中外运,关键就是IT系统。目前这套系统全部无纸化操作,海信所有的客户需求,发送到当地销售公司,再到总部的销售中心,再转到总部的物流部,接着到我们的物流中心,继而到我们的操作点,整个过程可以说是全部无纸化,实现无缝连接。从他们的系统到我们的系统,整个过程是非常完美的。我们给海信的承诺是两小时,但实际上最快只需几分钟,而过去从客户指令发出到我们单子打出来,都是传真操作,几个来回半天时间就过去了。"

与此同时,招商迪辰作为中海物流的战略伙伴,也不时出现在中海的客户那里,为他们打单完成 IT 部分的"亲密接触"。而招商迪辰,又不失时机地将中海物流请到一些物流信息化的研讨会上"现身说法"。于是,一个有趣的现象出现了,就是很多客户选择中海物流做第三方物流供应商,又选择招商迪辰做物流系统供应商,比如健力宝、椰树集团。

扩张:以柔克刚

海信项目的运作成功增强了中海人的信心,目前中海物流正尝试以一流的网络服务和先进的电子商务为手段,积极发展国内、国外物流合作,整合社会资源,构筑供应链一体化经营模式。

肖国梁介绍说,随着信息系统应用的不断深入,中海将逐步向客户提供通过 Internet 订单操作、货物追踪以及其他个性化的增值服务,并能根据 VIP 客户的需要,建立和客户自身管理系统的电子数据交换系统,确保信息交换的及时性和准确性。

业务扩张带来的是对系统柔性要求越来越强,由物流层面提升到对供应链层面,成为客户业务模式的一部分。曾辉军说:"这当然需要优化,其中包括物流运输的优化、仓储的优化、人力的优化。系统最高层面的信息库,更要上升到决策分析层面,通过数据比较我做什么类型的货物配送最赚钱,做什么样的货物是合理的,单车利润率、仓储周转率等数据,都要成为决策层参考的重要依据。"

肖国梁也认为中海目前应用的系统具备了较好的柔性,整套系统通用性比较强,饮料类企业能使用,家电类企业也能使用,系统的平台能力很强,只不过要和客户系统搭一座桥接起来。

应当说,中海物流的系统到现在来说还并不是一个非常完整的系统,从去年开发至今,已经有仓储管理系统、运输系统、集卡管理系统、GPS 跟踪系统等陆续投入使用。肖国梁透露说,目前中海物流的 IT 项目已经投入 2000 多万,接下来还会源源不断地投入,近期要开发的有集团总部管理模块、集装箱运作模块、财务商务增强性模块、自动配载系统等。就在前不久,中海物流新开发的 GPS 系统已经在全国投入运营。

CIO 之痛

物流企业信息系统的开发不是一朝一夕的,要立足长远,就中海而言,整个过程是相当痛苦的,我们的需求再改变,开发商也要跟着改变。大的物流企业必须开发自己的信息系统,而规模稍小的公司,可以采用租赁的形式,例如租用 GPS 系统或者可以跟大物流公司合作。物流企业实施信息化应该根据自己的资金实力、开发商的能力等具体情况,一步步地走。选择物流开发商的过程尤为重要,千万不要选择资金实力小、人员流动频繁的公司。

案例思考:
简述中海物流管理信息系统的组成和作用。

任务 3　配送管理信息系统

【任务描述】

配送管理信息系统是一个实时的计算机软件系统，能够按照配送运作的业务规则，对信息、资源、行为、存货和分销进运作进行更完善的管理，能够最大限度地提高配送业务的效率降低管理成本。华联超市东风路店急需 10 台海尔冰箱，让易通物流公司迅速配送到位，易通物流接到客户需求后，立即进行了配送作业，利用配送管理系统完成配送作业。

本任务的目的是通过软件操作，掌握配送管理信息系统的主要功能模块。应掌握配送管理的总体业务流程操作。

【任务目标】

1. 理解物流管理信息系统的相关概念；
2. 能够掌握配送管理信息系统的操作流程。

【任务实施】

1. 根据任务安排，对学生进行分组，3~5 人一组，设组长 1 人；
2. 教师讲清该任务实施的目标和相关知识要点；
3. 学生根据任务目标，按照学习指导书要求，进行上机模拟训练。

具体步骤如下：

(1) 打开主页，注册成为会员，成功后，输入 Password 进入配送管理信息系统，登录软件系统首页，进入操作界面，如图 6-6 所示。

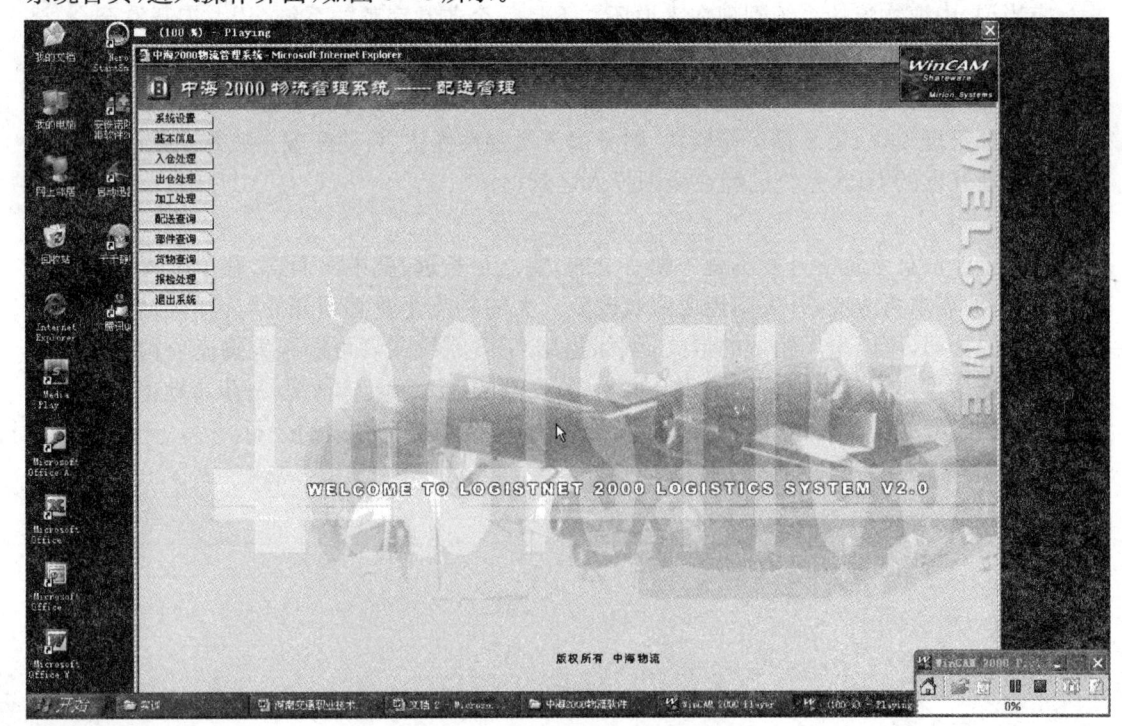

图 6-6　配送管理系统界面

（2）根据所需要的功能选择功能菜单，如：查询所配送的客户信息，可点击"基本信息"功能菜单，会出现"客户信息"等子菜单，点击"客户信息"子菜单，可对所需要的客户信息进行查询，如图6-7所示。

图6-7 客户信息查询界面

（3）此外可进行调度管理，包括：车辆查询、订车处理、调度配载等功能，如图6-8所示。

图6-8 调度管理界面

4. 撰写任务报告;
5. 划分10个小组,小组间进行任务报告交流互评;
6. 教师讲评。

【学习评价】

被考评人			考评组调查对象			
考评时间			考评地点			
考评内容			配送管理系统的使用			
考评标准	内容	分值	自评	小组评议	教师评议	考评得分
	能够正确描述配送作业的流程	20				
	单证填写完整、正确	20				
	能够独立完成客户订单配送作业	40				
	遵守纪律,爱护设备,讨论积极,有队合作精神	20				

【相关知识点】

配送信息是配送活动的神经中枢,配送活动的计划、决策、组织、指挥、调度、协调、控制均依靠准确、通畅、高效的信息传递,可以说,配送信息的传递与利用是物流配送业务运作成功的关键所在。因此,物流配送企业或企业物流部门在物流系统中如何有效构建配送管理系统,对搞好企业物流管理有着十分重要的意义。

3.1 认识配送中心

1. 配送的分类

配送可以根据不同的标准划分为不同的类型,由配送的不同类型决定配送信息系统。表6-2是根据不同标准划分的配送分类表。

表6-2 配送的分类

分类标准	配送主体	配送商品种类及数量	配送时间及数量	配送组织的经济功能	配送企业的专业化程度
类型	(1) 配送中心配送 (2) 生产企业配送 (3) 仓库配送 (4) 商店配送	(1) 少品种大批量配送 (2) 多品种少批量配送 (3) 配套配送	(1) 定时配送 (2) 定量配送 (3) 定时定量配送 (4) 定时定路线配送 (5) 即时配送	(1) 销售配送 (2) 供给配送 (3) 销售-供应一体化配送 (4) 代存代供配送	(1) 综合配送 (2) 专业配送

2. 配送中心的定义和作用

(1) 配送中心的定义

国家质量技术监督局颁布的国家标准《物流术语》中,对配送中心的定义是:"从事配送业务的物流场所或组织,符合下列基本要求:主要为特定的用户服务;配送功能健全;具有完善的信息网络;辐射范围小;多品种,小批量;以配送为主、储存为辅。"

(2) 配送中心的作用

在现代物流活动中,配送中心的作用可以归纳为以下几个方面。

① 使供货适应市场需求变化。各种商品的市场需求量由于季节、时间的不同存在大量随机性,配送中心通过集散和存储功能,调节平衡供求,解决季节性货物的产需衔接问题,适应生产与消费之间的矛盾与变化。

② 经济高效地组织储运。配送的核心是配货,配送中心要根据客户的需求,通过批量分装货物,组织成组、成批直达运输和集中储运,将货物按时按量送达用户。这种方式降低了物流系统成本,提高了物流系统效率。

③ 提供优质的保管、包装、加工、配送、信息服务。现代物流活动中由于物资的物理、化学性质的复杂,交通运输的多方式、长距离、长时间,地理与气候的多样性等,对物资保管、加工、配送信息提出了很高的要求。而配送中心具有存储、加工、配送、信息等功能,能提供更加专业化、更加优质的服务。

④ 促进地区经济的快速增长。配送中心和交通运输设施一样,是经济发展的保障,是吸引投资的环境条件之一,也是拉动经济增长的内部因素。配送中心的建设可从多方面带动经济的健康发展。

⑤ 服务于连锁店的各项经营活动。配送中心可以帮助连锁店实现配送作业的经济规模,使流通费用降低;减少分店库存,加快商品周转,促进业务的发展和扩散。批发仓库通常需要零售商亲自上门采购,而配送中心解除了分店的后顾之忧,使其专心于店铺销售额和利润的增长,不断开发外部市场,拓展业务。此外,配送中心还加强了连锁店和供方的关系。

3. 配送中心的一般作业流程

配送中心作业流程如图 6-9 所示。

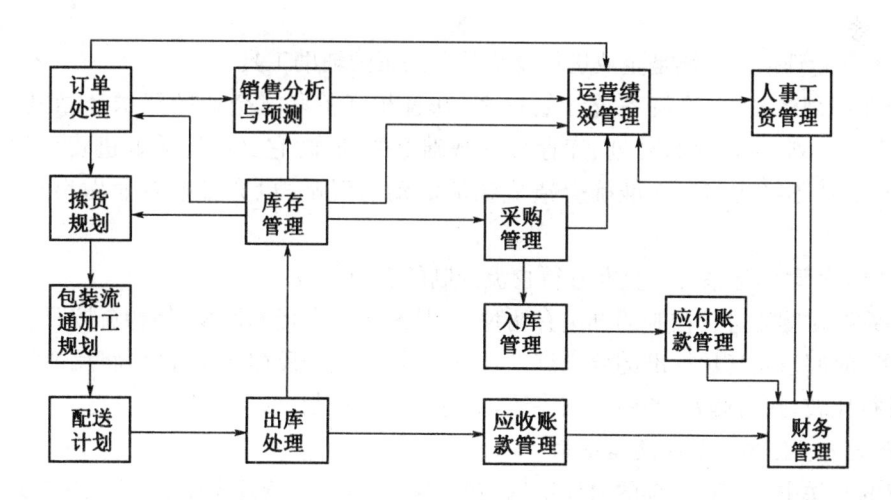

图 6-9 配送中心作业流程图

(1) 供应商根据配送中心的订单将货物送至配送中心,配送中心确认货物后将货物入库储存。

(2) 为了实时掌握库存信息,配送中心要对在库物品进行有效的管理,定期或不定期地进行盘点。

(3) 收到用户订单后,将订单按性质进行处理,根据处理后的订单信息,依次进行出库拣选作业。拣选完成后,如果拣选区剩余的存货量过低时,要由储存区补货;而当储存区的存货量低于规定标准时,配送中心则向供应商下订单订货采购。

(4) 从仓库拣选出的物品,经过集货和包装后,准备发货。

(5) 等一切工作准备就绪,将物品装上货车,向各用户进行配送交货作业。

3.2 配送管理信息系统概述

在物流业务中,以配送中心为配送主体的配送方式将会成为主流,因此本节介绍典型的配送中心管理信息系统。

1. 配送管理信息系统概念

配送管理信息系统(Distribution Management System,DMS)是以计算机和通信技术为基础,处理企业的现行配送业务,控制企业的物流管理活动,预测企业的购销趋势,为制定企业物流配送决策提供信息,给决策者提供一个分析问题、构造模型和模拟决策过程的人机系统的集成。

配送管理信息系统是企业物流管理现代化的重要标志之一,目标是通过系统的思想优化配送环节,实现配送作业流程的信息化处理,从而提高配送作业效率、增强配送服务水平和降低配送成本。具体作用表现在以下三个方面。

(1) 配送管理信息系统是企业组织物流活动的坚实基础

企业整个物流过程是一个多环节的复杂系统,物流系统中的各个子系统通过物资实体的运动联系在一起,子系统的相互衔接是以信息为纽带的,基本资源的调度也是通过信息的传递来实现的。因此,为了保证配送活动正常而有序地进行,企业必须建立符合实际的配送管理信息系统。

(2) 配送管理信息系统是企业进行物流计划决策的辅助工具

在企业计划体系中,物流系统计划很多,并且相互关联。企业的配送计划是建立在销售计划、生产计划、生产用料计划、库存计划基础上的,同时它又决定采购进货计划的制订。因此,信息流通不畅或信息不准确会造成物流活动的混乱,也会影响企业做出正确的计划决策。

(3) 配送管理信息系统是企业进行物流控制的有力手段

利用系统对物流进行控制的办法有两种:一是利用信息指挥调度,使物流按照信息规定的路线、任务、时间以及各项标准的要求流动;二是利用信息的反馈作用,随时将反馈的信息与标准信息进行比较,找出偏差,调整计划决策,对过程进行控制。

2. 配送中心信息系统的总体结构

一般的配送中心信息系统的总体结构主要包括采购入库管理系统、销售出库管理系统、经营绩效管理系统和财务会计管理系统等四大管理系统。现代配送中心信息系统功能结构如图 6-10 所示。

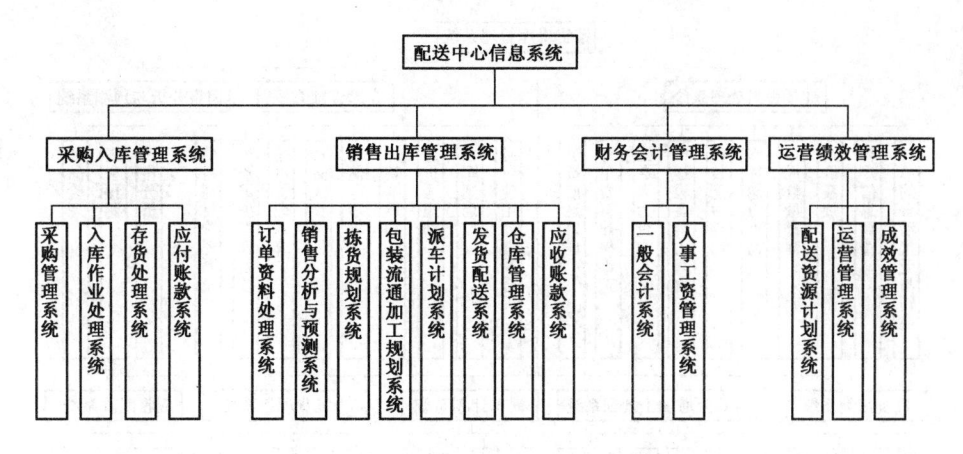

图 6-10 配送中心信息系统功能结构

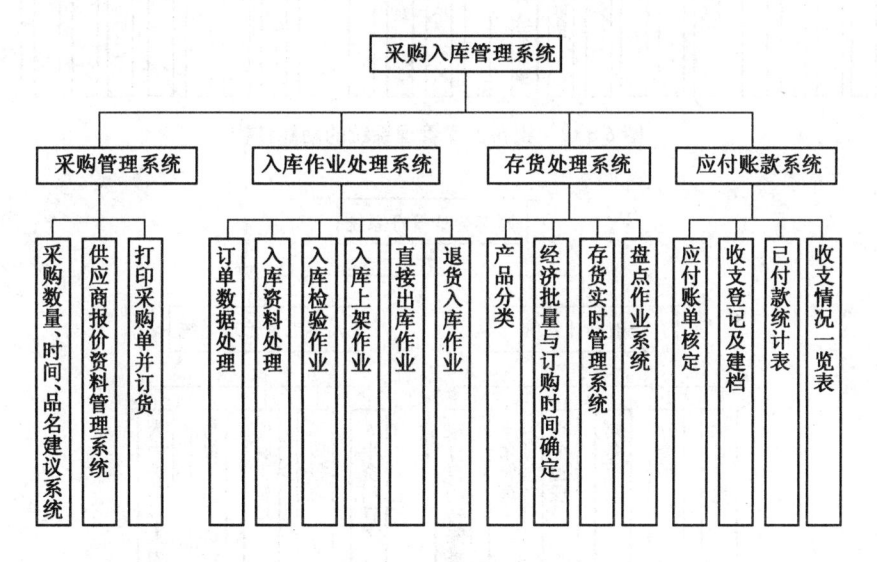

(1) 采购入库管理系统

采购入库管理系统的功能结构主要包括：入库作业处理系统、采购管理系统、库存控制系统和应付账款系统。采购入库管理系统的功能结构如图 6-11 所示。

图 6-11 采购入库管理系统的功能结构

(2) 销售出库管理系统

销售出库管理系统的功能结构主要包括：订单处理系统、仓库管理系统、销售分析与预测、拣货规划系统、包装流通加工规划系统、派车系统、发货配送系统和应收账款管理系统。销售出库管理系统的功能结构如图 6-12 所示。

(3) 财务会计管理系统

财务会计管理系统主要包括一般的会计系统和人事工资管理系统两个部分。财务会计管理系统的功能结构如图 6-13 所示。

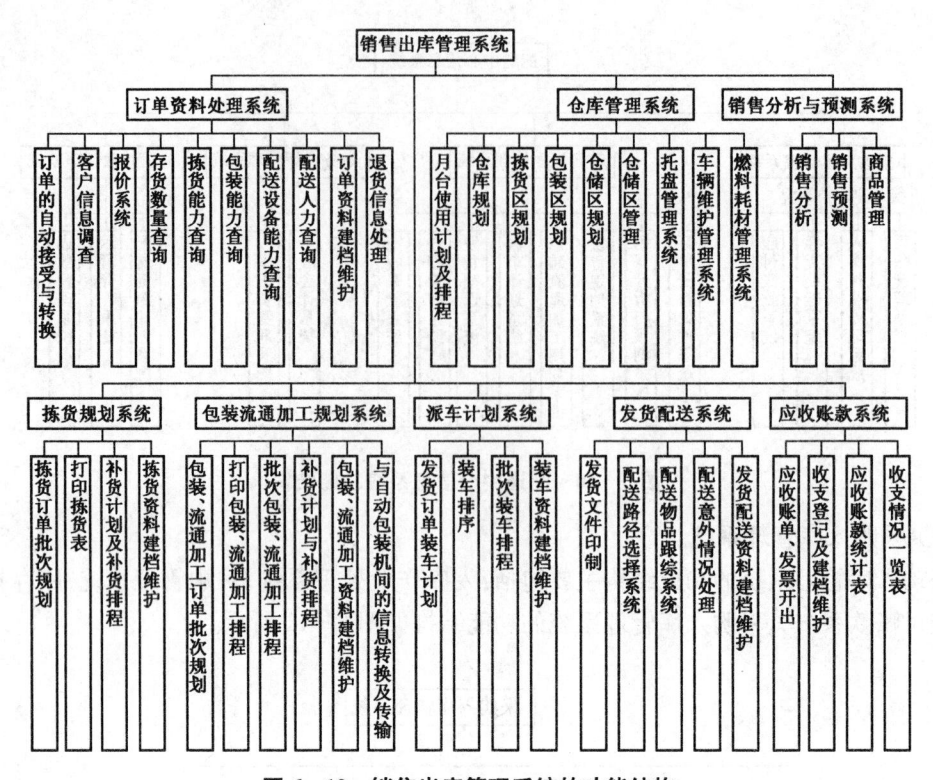

图 6-12 销售出库管理系统的功能结构

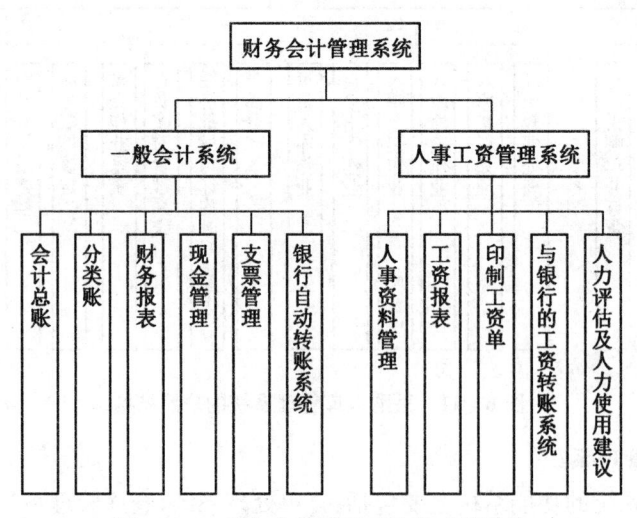

图 6-13 财务会计管理系统的功能结构

(4) 运营绩效管理系统

运营绩效管理系统的功能结构主要包括：配送资源计划系统、运营管理系统、绩效管理系统。经营绩效管理系统的功能结构如图 6-14 所示。

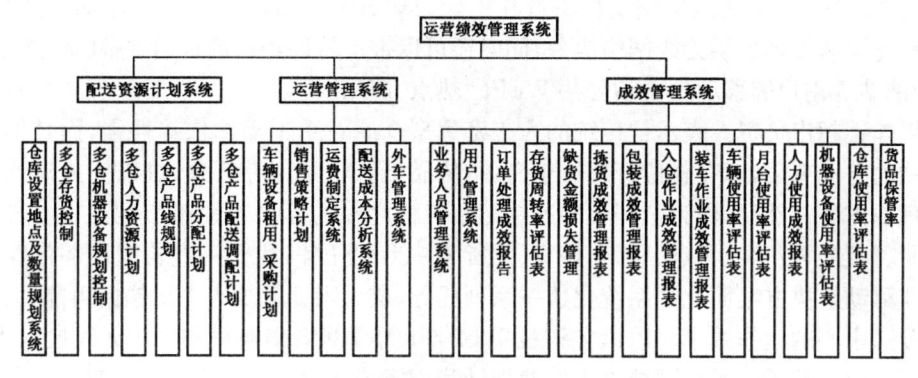

图 6‑14 经营绩效管理系统的功能结构

单元小结

物流管理信息系统是企业信息化的基础,可以帮助企业提高物流效率、降低物流成本、保障物流安全、提升物流品质。按照不同的分类方法,物流管理信息系统可以从不同的角度分类。

仓储管理信息系统、运输管理信息系统和配送中心管理信息系统是三种主要的物流业务信息系统,这些信息系统通过特定的功能模块协同完成任务,帮助实现了物流业务的信息化、标准化、精确化和高效化。

【综合练习】

1. 简答题

(1) 简述配送管理信息系统的概念。

(2) 简述配送管理的业务模块的功能。

2. 案例分析

苏果配送中心物流信息化管理

全球企业移动解决方案领域的领导者——美国讯宝科技公司(Symbol Technologies, Inc.)近日为江苏省最大的超市零售流通企业——苏果连锁超市占地 38 000 平方米的配送中心部署 Wi-Fi 无线局域网络,帮助苏果连锁超市配送中心提升仓库管理系统运作效率,以满足来自苏、皖、鲁、豫、鄂、冀等六省份超过 1000 家的苏果连锁超市门店的实时需要。此次讯宝科技部署的无线网络设备包括 3 台 WS2000 无线网络交换机、37 台 PPT8846 手持式数据采集终端以及 18 台 MC9060 移动数据终端。数据收集是苏果连锁超市配送中心面临的首要问题,讯宝科技手持数据采集终端 PPT8846 以及移动数据终端 MC9060 能够很好地解决这一问题;而 WS2000 无线局域网络交换机配以无线接入点 AP,则可在无线网络环境下实现物流数据的实时移动和后台管理,极大地方便了苏果连锁超市配送中心以及从苏果总部到各分支机构的管理。讯宝 Wi-Fi 无线局域网络建成后,苏果连锁超市配送中心预计 2005 年存储商品总量将达到 150 万箱,配送商品总额有望达到 52 亿元;日零散拣选货量将达 1.4 万箱,日配送门店数量则将超过 600 家。

讯宝科技的 WS2000 无线网络交换机作为融合安全、管理和移动功能以企业级 Wi-Fi 无线网络于一体的系统,允许网络运营中心进行集中管理,并且可以跨多站点复制以保持网络设计的一致性。WS2000 无线网络交换机旨在构建公司分部办事处的无线应用,为零售业的销售网点和连锁店管理提供无线网络服务,同时还可以推广特许经营的饭店、咖啡店、书店、便利商店、加油站等用户的移动收费和公共 Wi-Fi "热点"应用。

苏果连锁超市负责人表示:"传统的人工密集型仓库对手工操作依赖性强,而且操作以及整理货物的空间有限,库存仓位管理过于简单,依靠纸张记录库存管理,难以完成现代化零售企业管理的需要。然而,作为全国大型连锁超市机构之一的苏果连锁超市配送中心日常需要完成收货、包装、再包装、盘点、移库、拣货、发货等一系列任务,我们一直希望能够借助全球领先的企业移动解决方案简化并系统化这一系列任务,最大限度减少人工出错的可能性,最终有效提高配送中心的运作效率。以讯宝科技 WS2000 无线网络交换机和 AP 无线接入点、移动数据终端为中心的无线局域网技术很好地帮助我们完成了这一系列任务,有效简化了大型配送中心的管理。我对讯宝科技企业移动解决方案很满意。"

苏果连锁超市成立于 1996 年 7 月,2003 年销售规模达到 95.8 亿元,已连续六年位居中国连锁企业前十名,连锁超市业态第五位,并跻身中国 500 强企业第 200 强。今年,苏果连锁超市又被国家商务部确定为全国重点扶持的 15 个大型流通企业集团。在南京,苏果连锁超市占据着超市业态 50% 以上的市场份额,是江苏省超市零售业最大的商贸流通企业。

在我国,Symbol 企业移动解决方案正对大型零售物流供应链的构建发挥着巨大的作用:包括从制造商到运输服务商、批发商、零售商和客户这一流程以及同样的反向流程;在业务活动的每个关键点,如交货码头、制造产地仓库、起运码头、货车乃至商店、合作者、经理和客户端,Symbol 的企业移动解决方案无处不在:它将人群和流程与他们所需的实时信息连接起来,管理移动资产,推动生产力发展、提高效率、提升客户满意度和销售水平。所有这一切都降低了运行费用,为投资资本释放现金并增强企业的竞争优势。

案例思考:
(1) 简述苏果配送中心作业流程。
(2) 苏果配送中心管理系统有何特点?

项目七 物流信息平台的应用

项目描述

物流公共信息平台是指基于计算机通信网络技术,提供物流信息、技术、设备等资源共享服务的信息平台。具有整合供应链各环节物流信息、物流监管、物流技术和设备等资源,面向社会用户提供信息服务、管理服务、技术服务和交易服务的基本特征。

项目目标

1. 掌握物流公共信息平台的定义;
2. 熟悉物流公共信息平台的功能;
3. 掌握公共物流信息平台的关键技术;
4. 熟练使用公共物流信息平台开展物流业务。

任务1 生产物流信息系统(ERP)

【任务描述】

企业生产物流管理与控制过程中充满许多不定因素,及时而准确的信息系统能减少这些不确定因素的影响,随着企业生产规模和经营范围的扩大,信息收集、处理和传递的工作量大幅增加,数据处理也更趋于复杂化,没有生产物流管理系统的现代化企业是不可想象的。

【任务目标】

1. 掌握生产物流的概念;
2. 理解生产物流的特点;
3. 掌握MRP、ERP的含义和特点。

【任务实施】

1. 教师讲清该学习任务的目标;
2. 根据任务安排,对学生进行分组,5~10人一组,设组长一名;
3. 以小组为单位制定调查计划,确定调查的企业、地点、时间、方式;
4. 搜集资料之前,明确小组各成员的任务;
5. 组长在资料搜集过程中,及时跟进,记录各成员的表现,并及时向教师反馈。

【学习评价】

被考评人		考评组调查对象					
考评时间		考评地点					
考评内容		ERP系统实例调研					
考评标准	内容		分值	自评	小组评议	教师评议	考评得分
	调研过程中遵守纪律,礼仪符合要求,团队合作好		20				
	调研记录内容全面、真实、准确,PPT制作规范,表达正确		25				
	调研报告格式正确,能正确总结出调研企业的物流信息化程度、物流信息技术应用现状		30				
	调研报告能提出合理化建议		25				

【相关知识点】

生产物流是企业物流的关键环节,从物流的范围分析,企业生产系统中,物流的边界源于原材料、外购件的投入,止于成品仓库。它贯穿生产全过程,横跨整个企业(车间、工段),其流经的范围是全厂性的、全过程的。物料投入生产后即形成物流,并随着时间进程不断改变自己的实物形态,如加工、装配、储存、搬运、等待状态和场所位置(各车间、工段、工作地、仓库)。首先介绍企业生产物流的基本概念,在此基础上阐述企业生产物流信息管理。

1.1 生产物流概述

1. 生产物流的概念

生产物流一般是指原材料、燃料、外购件投入生产后,经过下料、发料,运送到各个加工点和存储点,以在制品的形态,从一个生产单位(仓库)流入另一个生产单位,按照规定的工艺过程进行加工、储存,借助一定的运输装置,始终体现着物料实物形态的流转过程。这样就构成了企业内部物流活动的全过程。所以,生产物流的边界源于原材料、外购件的投入,止于成品仓库,贯穿生产全过程。

物流过程要有物流信息服务,即物流信息要支持物流的各项业务活动。通过信息传递,把运输、储存、加工、装配、装卸、搬运等业务活动联系起来,协调一致,以提高物流整体作业效率。如图 7-1 所示为企业生产物流活动的流程图。

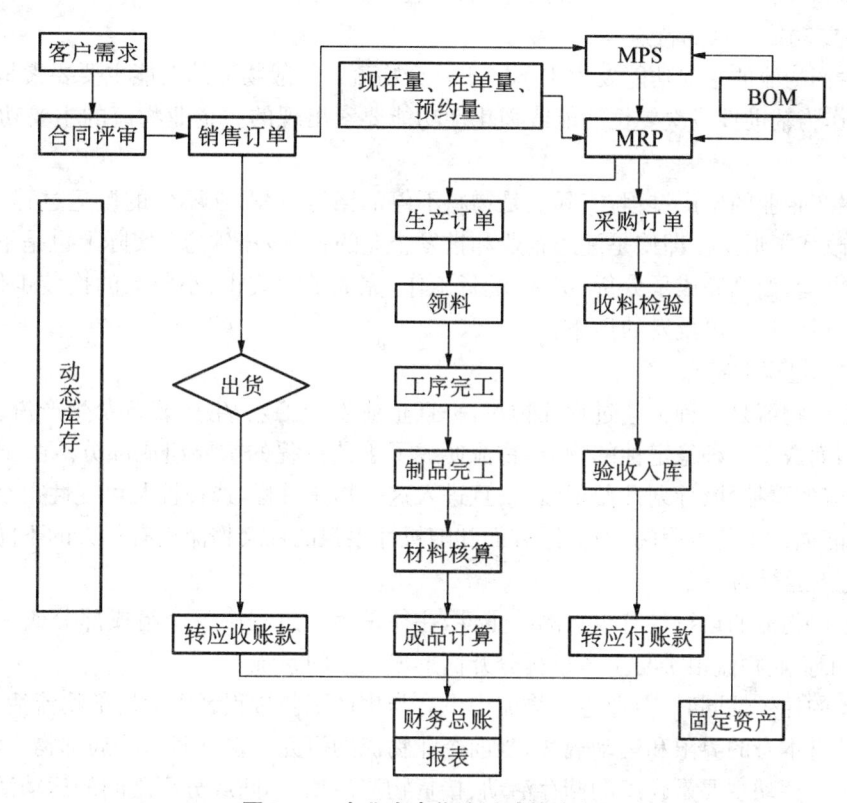

图 7-1 企业生产物流活动的流程图

2. 影响生产物流的主要因素

不同的生产过程有着不同的生产物流构成,生产物流的构成取决于下列因素:

(1) 生产类型。不同的生产类型,它的产品品种、结构的复杂程度、精度等级、工艺要求以及原料准备不尽相同。这些特点影响着生产物流的构成以及相互间的比例关系。

(2) 生产规模。生产规模是指单位时间内的产品产量,通常以年产量来表示。生产规模越大,生产过程的构成越齐全,物流量越大,如大型企业铸造生产中有铸铁、铸钢、有色金属铸造之分。反之生产规模小,生产过程的构成就没有条件划分得很细,物流量也较小。

(3) 企业的专业化与协作水平。社会专业化和协作水平提高,企业内部生产过程就趋于简化,物流流程缩短。某些基本的工艺阶段的半成品,如毛坯、零件、部件等,就可由厂外其他专业工厂提供。

3. 生产物流的特点

(1) 实现价值的特点

企业生产物流和社会物流的一个最本质不同之处,即企业物流最本质的特点,主要不是实现时间价值和空间价值的经济活动,而主要是实现加工附加价值的经济活动。

企业生产物流一般是在企业的小范围内完成,当然,这不包括在全国或世界范围内布局的巨型企业。因此,空间距离的变化不大,在企业内部的储存,和社会储存的目的也不相同,这种储存是对生产的保证,而不是一种追求利润的独立功能,因此,时间价值不高。

企业生产物流伴随加工活动而发生,实现加工附加价值,即实现企业主要目的。所以,虽然物流空间、时间价值潜力不高,但加工附加价值却很高。

(2) 主要功能要素的特点

企业生产物流的主要功能要素也不同于社会物流。一般物流的功能主要要素是运输和储存,其他是作为辅助性或次要性功能或强化性功能要素出现的。企业物流的主要功能要素则是搬运活动。

许多生产企业的生产过程,实际上是物料不停的搬运过程,在不停的搬运过程中,物料得到了加工,改变了形态。即使是配送企业和批发企业的企业内部物流,实际上也是不断的搬运过程,通过搬运,商品完成了分货、拣选、配货工作,完成了大改小、小集大的换装工作,从而使商品形成了可配送或可批发的形态。

(3) 物流过程的特点

企业生产物流是一种工艺过程性物流,一旦企业生产工艺、生产装备及生产流程确定,企业物流也因而成了一种稳定性的物流,物流便成了工艺流程的重要组成部分。由于这种稳定性,企业物流的可控性、计划性便很强,一旦进入这一物流过程,选择性及可变性很小。对物流的改进,只能通过工艺流程的优化,这方面和随机性很强的社会物流也有很大的不同。

(4) 物流运行的特点

企业生产物流的运行具有极强的伴生性,往往是生产过程中一个组成部分或一个伴生部分,这决定了企业物流很难与生产过程分开而形成独立的系统。

在总体的伴生性同时,企业生产物流中也有与生产工艺过程区别的局部物流活动,这些局部物流活动有本身的界限和运动规律,当前企业物流的研究大多针对这些局部物流活动而言。这些局部物流活动主要是仓库的储存活动、接货物流活动、车间或分厂之间的运输活动等。

1.2 生产物流计划

1. 生产物流计划概述

生产物流计划的核心是生产作业计划的编制工作,即根据计划期内规定的出产产品的品种、数量、数量、期限和实际情况,具体安排产品及其零部件在各工艺阶段的生产进度。与此同时,为企业内部各生产环节安排短期的生产任务,协调前后衔接关系。生产物流计划的作用如下:

(1) 保证生产计划的顺利完成。为了保证按计划规定的时间和数量出产各种产品,要研究物料在生产过程中的运动规律,以及在各工艺阶段的生产周期,以此来安排经过各工艺阶段的时间和数量,并使系统内各生产环节中的在制品的结构、数量和时间相协调。总之,通过物流计划中的物流平衡以及计划执行过程中的调度、统计工作,来保证计划的完成。

(2) 为均衡生产创造条件。均衡生产是指企业及企业内的车间、工段、工作地等生产环节,在相等的时间阶段内,完成等量或均增数量的产品。均衡生产的要求为:① 每个生产环节都要均衡地完成所承担的生产任务;② 不仅要在数量上均衡生产和产出,而且各阶段物流要保持一定的比例性;③ 要尽可能缩短物料流动周期,同时要保持一定的节奏性。

(3) 加强在制品管理,缩短生产周期。保持在制品、半成品的合理储备是保证生产物流连续进行的必要条件。在制品过少,会使物流中断而影响生产;反之,又会造成物流不畅,加长生产周期。因此,对在制品的合理控制,既可减少在制品占用量,又能使各生产环节衔接协调,按物流作业计划有节奏地、均衡地组织物流活动。如图 7-2 所示为企业生产物流计划示意图。

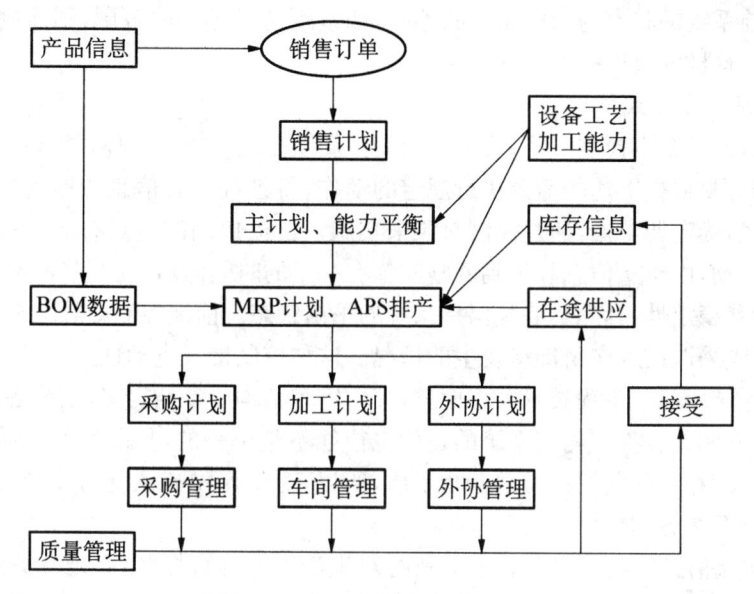

图 7-2 企业生产物流计划示意图

2. 期量标准

期量标准是生产物流计划工作的重要依据,因此,也称为作业计划标准,是对加工对象在生产过程中的运动进行科学分析和计算,从而确定时间和数量标准。期表示时间,如生产周期、提前期等;量表示数量,如一次投入生产的在制品数量、仓库应存储的在制品数量等。

期和量是构成生产作业计划的两个方面。为了合理地组织生产活动,有必要科学地规定生产过程中各个环节之间在生产时间和生产数量上的内在联系。合理地确定期量标准,为编制生产计划和生产作业计划提供科学的依据,从而提高计划编制的质量,使它真正起到指导生产的作用。同时,按期量标准组织生产,有利于建立正常的生产秩序,实现均衡生产。

【微信扫码】小知识

1.3 生产物流系统控制

1. 控制系统的组成要素

一个控制系统必须由若干个要素组成,主要包括:

(1) 控制对象。控制对象可由人、设备组成一个基本系统单元,通过施加某种控制或指令,能完成某种变化。在生产物流中物流过程是主要的控制对象。

(2) 控制目标,控制本身并不是目的,系统必须有一个事先设定的目标。控制的职能是随时或定期进行检查,发现偏差,然后进行调整,以利于目标的完成。

(3) 控制主体,在一个控制系统里面,目标已定,收集控制信息的渠道也已畅通,需要一个机构来比较当前系统的状态与目标状态的差距,如差距超过允许的范围,则需制定纠正措施,下达控制指令。这样的机构称为控制主体。

2. 物流系统控制方式

物流系统有两种基本控制方式:反馈与前馈。反馈控制是控制主体根据设立的目标,发布控制指令,控制对象根据下达的命令执行规定的动作,将系统状态信息传递到控制主体,经过与目标进行比较,确定调整量,通过控制对象来实施。反馈控制的特点有二:一是根据当前状态决定下一步行动,由于从信息收集到调整实施有一定的时间滞后,在某些情况下可能会影响目标的达到;二是稳定性,其总趋势是保持系统的平衡状态。前馈控制则着眼于对系统的未来状态的预测,事先采取措施应付即将发生的情况。这种控制带有主动性。

生产物流系统相对于工程技术系统而言,其内容和结构要复杂得多,系统各部分之间的联系极为密切,相互制约。生产物流系统的目标也往往不是单一的,如既要保证满足生产要求,又要减少在制品库存。这些目标常常互相矛盾,所以,对生产物流系统的控制也比较复杂,这主要表现在以下几个方面:

(1) 生产物流信息的收集问题。为了及时对生产系统进行控制,必须掌握生产系统的各种信息。但生产物流系统涉及范围广,采集周期、衡量尺度等不一致,所以需建立统一完善的数据采集系统。

(2) 生产物流系统对反馈信息响应速度慢。由于物流系统中的许多问题是非结构化的,控制决策复杂。在实际应用中主要依赖于管理人员的判断,这使生产物流系统对反馈信息的响应速度比工程技术系统要慢。

(3) 生产物流控制系统设计难度大。物流系统往往是大规模复杂系统,简单地直接使用反馈控制,不一定能取得预想的效果。在物流系统中,为了正确设置控制目标,要充分估计系统当前的以及潜在的能力,要充分考虑系统中的多目标问题。通常将计划看作是控制的前提,即制定了计划以后,为了实施计划而采用控制手段。在这个控制过程中,收集计划的完成情况以及系统状态,经控制主体分析比较之后,采取调整措施,以便使计划完成。

3. 生产物流控制的内容和程序

物流控制的具体内容有:

(1) 进度控制。物流控制的核心是进度控制,即物料在生产过程中的流入、流出控制,以及物流量的控制。

(2) 在制品管理。在生产过程中对在制品进行静态、动态控制以及占有量的控制。在制品控制包括在制品实物控制和信息控制。有效地控制在制品,对及时完成作业计划和减少在制品积压具有重要意义。

（3）偏差的测定和处理。在进行作业过程中，按预定时间及顺序检测执行计划的结果，掌握计划量与实际量的差距，根据发生差距的原因、差距的内容及严重程度，采取不同的处理方法。首先，要预测差距的发生，事先规划消除差距的措施，如动用库存、组织外协等；其次，为及时调整产生差距的生产计划，要及时将差距的信息向生产计划部门反馈；再次，为了使本期计划不做或少做修改，将差距的信息向计划部门反馈，作为下期调整的依据。

物流控制的程序对不同类型的生产方式来说，基本上是一样的，与控制的内容相适应，物流控制的程序一般包括以下几个步骤：

（1）制定期量标准。物流控制从制定期量标准开始，所制定的标准要保持先进与合理的水平，随着生产条件的变化，标准要定期或不定期地进行修改。

（2）制订计划。依据生产计划制订相应的物流计划，并保持生产系统能够正常运转。

（3）物流信息的收集、传送、处理。

（4）短期调整。为了保证生产的正常进行，及时调整偏差、保证计划顺利完成。

1.4 企业生产物流信息系统的应用

企业生产物流管理与控制过程中充满许多不定因素，及时而准确的信息系统能减少这些不确定因素的影响，随着企业生产规模和经营范围的扩大，收集信集、处理和传递的工作量大幅增加，数据处理也更趋于复杂化，没有生产物流管理信息系统的现代化企业是不可想象的。

生产物流管理信息系统（Produce Logistics Management Information System，PLMIS）是以管理信息系统为骨架，重点放在生产物流的组织、计划、管理、控制和监督上，是对一个组织进行全面管理的人和计算机相结合的系统，它综合运用计算机技术、信息技术、管理技术、决策支持系统，同现代化的管理试验和现代化的管理方法、手段结合起来，辅助管理工艺，进行生产管理、物流调配、计划布置、决策分析。生产物流信息流程如图7-3所示。

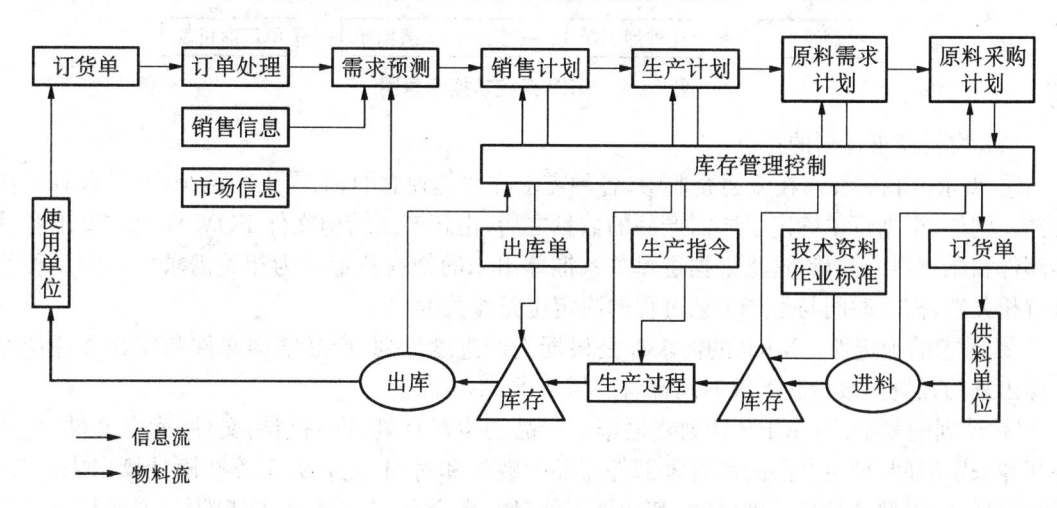

图7-3 生产物流信息流程图

生产物流管理系统的基本功能有：

（1）立体仓库的管理控制：包括入库管理、出库管理、出/入库协调。

（2）作业管理：根据生产加工的需求，计划和调度各种运输设备，规范运输路线。包含作业计划和作业控制。

(3)物流系统状态的监控:包括物流系统状态的采集和检测、异常情况的处理、人机交互。

(4)系统运行情况的统计分析:包含仓库允许情况的统计分析、运输情况的统计分析、工件工序的统计分析。

(5)系统数据的维护。

1. 物流需求计划(MRP)

(1)物流需求计划的概念

物料需求计划(Material Requirement Planning, MRP)是指根据产品结构各层次物品的从属和数量关系,以每个物品为计划对象,以完工时期为时间基准倒排计划,按提前期长短区别各个物品下达计划时间的先后顺序,是一种工业制造企业内物资计划管理模式。其主要内容包括客户需求管理、产品生产计划、原材料计划以及库存纪录。其中客户需求管理包括客户订单管理及销售预测,将实际的客户订单数与科学的客户需求预测相结合,即能得出客户需要什么,以及需求什么。MRP系统功能如图7-4所示。

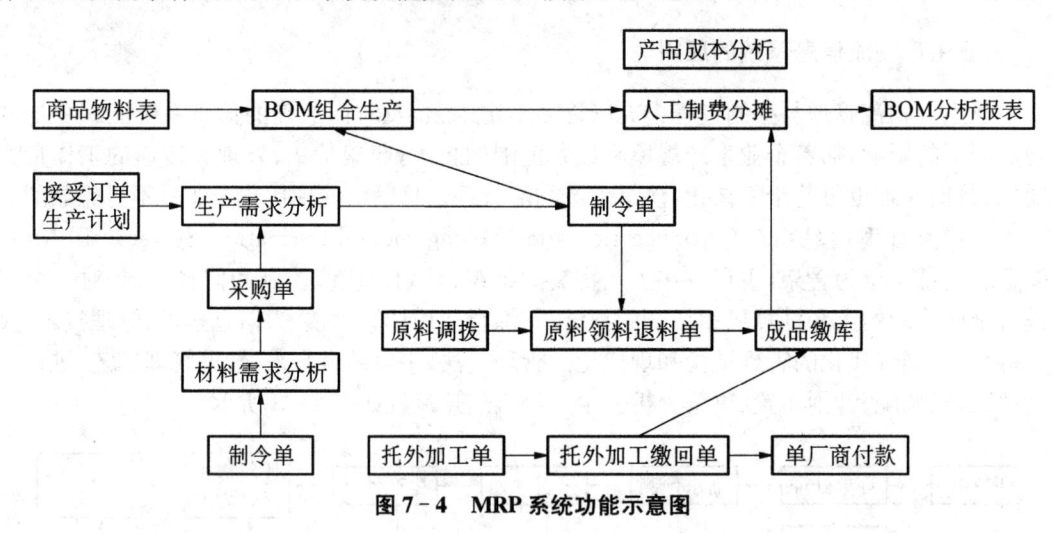

图7-4 MRP系统功能示意图

(2)物料需求计划的特点

① 需求的相关性。在流通企业中,各种需求往往是独立的,而在生产系统中,需求具有相关性。例如,根据订单确定了所需产品的数量之后,由新产品结构文件BOM即可推算出各种零部件和原材料的数量,这是根据逻辑关系推算出来的物料数量称为相关需求。不但品种数量有相关性,需求时间与生产工艺过程的决定也是相关的。

② 需求的确定性。MRP的需求都是根据生产进度计划、产品结构文件和库存文件精确计算出来的,品种、数量和需求时间都有严格要求,不可改变。

③ 计划的复杂性。MRP计划要根据主产品的生产计划,产品结构文件,库存文件,生产时间和采购时间,把主产品的所有零部件需要的数量和时间,先后关系等准确计算出来,当产品结构复杂,零部件数量特别多时,其计算工作量非常庞大,人力根本不能胜任,必须依靠计算机实施这项工程。

2. 分销需求计划(DRP)

(1)DRP的概念

分销需求计划(Distribution Requirement Planning, DRP),是一种既保证有效地满足市

场需要,又使得物流资源配置费用最少的计划方法,是把 MRP 原理与方法在物品配送中的运用。它是流通领域中的一种物流技术,是 MRP 在流通领域应用的直接结果。它主要解决分销物资的供应计划和调度问题,达到保证有效地满足市场需要又使得配置费用最省的目的。

(2) DRP 的原理

DRP 主要应用于两类企业,一类是流通企业,如储运公司、配送中心、物流中心、流通中心等;另一类是具有流通部门承担分销业务的企业。这两类企业的共同之处是:

① 以满足社会需求为自己的宗旨;
② 依靠一定的物流能力(储、运、包装、搬运能力等)来满足社会的需求;
③ 从制造企业或物资资源市场组织物资资源。

DRP 这种新的模式借助互联网的延伸性及便利性,使商务过程不再受时间、地点和人员的限制,企业的工作效率和业务范围都得到了有效的提高。企业也可以在兼容互联网时代现有业务模式和现有基础设施的情况下,迅速构建 B2B 电子商务的平台,扩展现有业务和销售能力,实现零风险库存,降低分销成本,提高周转效率,确保获得领先一步的竞争优势。

分销需求计划是一种更加复杂的计划方法,它要考虑多个配送阶段以及各阶段的特点。DRP 在逻辑上是制造需求计划的扩展。DRP 是在一种独立的环境下运作,由不确定的顾客需求来确定存货需求,是由顾客需求引导,企业无法加以控制。

3. 企业资源计划(ERP)

(1) 基本概念

企业资源计划(Enertprise Resource Planning,ERP)是指建立在信息技术基础上,以系统化的管理思想,为企业决策层及员工提供决策运行手段的管理平台。它是从物料需求计划(MRP)发展而来的新一代集成化管理信息系统,它扩展了 MRP 的功能,其核心思想是供应链管理。它跳出了传统企业边界,从供应链范围去优化企业的资源。ERP 系统集成信息技术与先进管理思想于一身,成为现代企业的运行模式,反映时代对企业合理调配资源,最大化地创造社会财富的要求,成为企业在信息时代生存、发展的基石。它对于改善企业业务流程、提高企业核心竞争力具有显著作用。

(2) ERP 系统特点

ERP 是将企业所有资源进行整合集成管理,简单地说是将企业的三大流:物流、资金流、信息流进行全面一体化管理的管理信息系统。它的功能模块以不同于以往的 MRP 或 MRPII 的模块,它不仅可用于生产企业的管理,而且在许多其他类型的企业也可导入 ERP 系统进行资源计划和管理。

① 企业内部管理所需的业务应用系统,主要是指财务、物流、人力资源等核心模块。
② 物流管理系统采用了制造业的 MRP 管理思想;FMIS 有效地实现了预算管理、业务评估、管理会计、ABC 成本归集法等现代基本财务管理方法;人力资源管理系统在组织机构设计、岗位管理、薪酬体系以及人力资源开发等方面同样集成了先进的理念。
③ ERP 系统是一个在全公司范围内应用的、高度集成的系统数据。数据在各业务系统之间高度共享,所有源数据只需在某一个系统中输入一次,保证了数据的一致性。
④ 对公司内部业务流程和管理过程进行了优化,主要的业务流程实现了自动化。
⑤ 采用了计算机最新的主流技术和体系结构:B/S、Internet 体系结构,Windows 界面。在能通信的地方都可以方便地接入到系统中。

⑥ 集成性、先进性、统一性、完整性、开放性。

4. 物流资源计划 LRP

(1) 基本概念

物流资源计划的实质是把物料需求计划(MRP)和配送需求计划(DRP)结合起来应用,在生产厂内部实行 MRP,在生产厂外部实行 DRP,它最显著的特点是在计划时考虑物流的因素,把物流作为联系二者的纽带。因此它是一种联系产、供、销,既适时适量保障相互之间物资供应又使总费用最省的物流资源计划方法。

(2) LRP 的原理

LRP 实际上是把 MRP 和 DRP 结合起来应用,在生产厂系统内部实行 MRP,在生产厂外部实行 DRP,而把物流作为联系二者的纽带。物流之所以能成为联系纽带,是因为二者虽然在原理上有许多不同之处,但在物流上有共同之处,即它们都包含物资时间、空间位置的转移。它输入社会需求主文件、产品结构文件、生产能力文件、物流能力文件、生产成本文件和供应商货源文件等,形成产品投产计划、生产能力需求计划、送货计划和订货进货计划、运输计划、物流能力需求计划等,并进行成本核算。而社会需求主文件(即社会订货),总是先由 DRP 从库存中予以供应,仓库中不够的再向 MRP 订货进货。与一般 MRP 不同之处在于,这里的 MRP 输入是 DRP 生成的订货进货计划 P(t)的一部分,即向生产部门的订货,其输出除了一般 MRP 生成的产品投产计划 T(t)之外,还加上了向 DRP 输入的外购计划 D2(t)。MRP 根据 DRP 的生产订货进货计划进行 MRP 处理,制定生产任务单,产生加工任务单交给生产部门加工,外购件又加入 DRP 系统的需求文件,进入 DRP 处理。DRP 仍然先从仓库供应,仓库不够的,由订货进货计划到资源市场去采购进货。LRP 处理原理如图 7-5 所示。

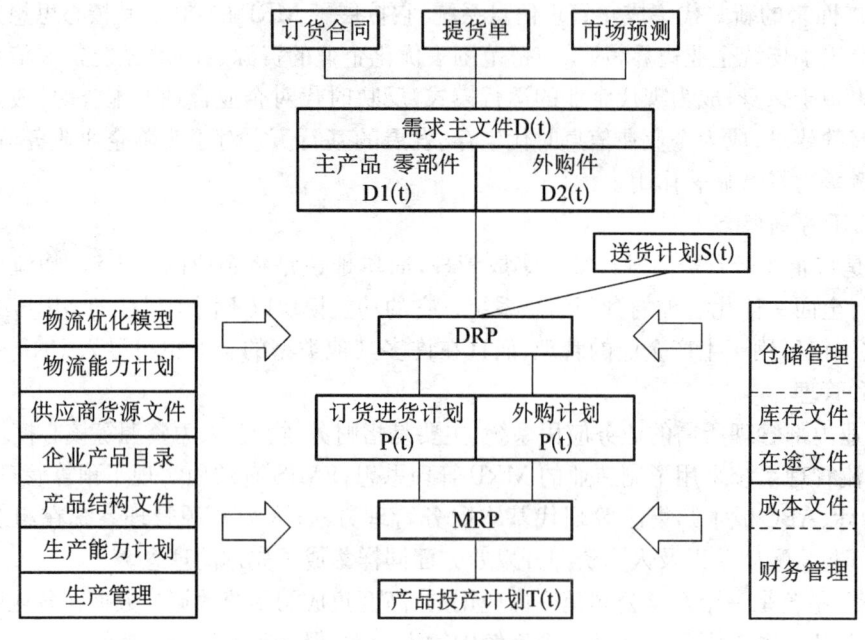

图 7-5 LRP 处理原理图

单元小结

本节通过对生产物流的概念、特点的讲述，使学生对生产物流有一个基本认识。而生产物流中，生产物流计划的编制又是非常重要的，生产物流计划的编制涉及的因素是多方面的，编制时需要考虑多方因素。物流信息系统的实际应用中，ERP、MRP 的概念及运行原理需要深刻理解与掌握。

【综合练习】

1. 判断题

(1) ERP 的核心目的就是实现对整个生产过程的有效管理。　　　　　　　　( )

(2) 设计 LRP 的基本动机是既想适用于生产领域，又适用于流通领域，以利于既搞生产又搞流通的企业来制定物流资源计划。　　　　　　　　( )

2. 选择题

(1) 生产物流的边界源于(　　)，止于成品仓库，贯穿生产全过程。

A. 原材料、外购件的投入　　　　　　B. 生产计划的制定

C. 原材料的购买　　　　　　　　　　D. 整体战略的制定

(2) 企业物流是由供应物流、生产物流、销售物流、回收物流与废弃物流组成的。其中(　　)处于中心地位，它是和生产同步进行的，是企业内部所能控制的，实现合理化的条件最成熟。

A. 供应物流　　　　　　　　　　　　B. 生产物流

C. 销售物流　　　　　　　　　　　　D. 回收物流与废弃物流

(3) 回收物流与废弃物流的意义不包括(　　)。

A. 回收物流是社会物资大循环的组成部分

B. 回收物流与废弃物流合理化具有很好的经济意义

C. 回收物流与废弃物流合理化具有很好的社会意义

D. 回收物流是生产物流的源头

3. 简答题

(1) 简述生产物流管理信息系统的含义。

(2) 简述企业资源计划(ERP)。

(3) 简述物料需求计划(MRP)。

(4) 简述物流资源计划(LRP)。

任务 2 物流决策支持系统

【任务描述】

　　物流决策支持系统是物流信息系统的一个子系统,也是采集、整理、分析物流信息的一个产出系统。物流决策支持系统的运转离不开条码技术、RFID 技术、EDI 技术、GPS、GIS 等技术的支撑,同时,物流决策支持系统的不断发展也要求物流信息基础技术的不断发展。

【任务目标】

　　1. 掌握物流决策支持系统的含义;
　　2. 了解物流决策支持系统的特点;
　　3. 理解物流决策支持系统的应用。

【任务实施】

　　1. 教师讲清该学习任务的目标;
　　2. 根据任务安排,对学生进行分组,5~10 人一组,设组长一名;
　　3. 以小组为单位制定调查计划,确定调查的企业、地点、时间、方式;
　　4. 搜集资料之前,明确小组各成员的任务;
　　5. 组长在资料搜集过程中,及时跟进,记录各成员的表现,并及时向教师反馈。

【学习评价】

被考评人		考评组调查对象				
考评时间		考评地点				
考评内容	物流决策支持系统实例调研					
考评标准	内容	分值	自评	小组评议	教师评议	考评得分
	调研过程中遵守纪律,礼仪符合要求,团队合作好	20				
	调研记录内容全面、真实、准确,PPT 制作规范,表达正确	25				
	调研报告格式正确,能正确总结出调研企业的物流信息化程度、物流信息技术应用现状	30				
	调研报告能提出合理化建议	25				

【相关知识点】

　　随着经济的发展,国内物流业近几年也有了长足的进步。确切地说,物流是国家经济的血脉,对经济建设起到了重要作用。国内的部分物流公司迅速崛起,业务能力越来越强,经验也有所积累。但与此同时带来的是管理难度的加大,为了能得到进一步的发展,必须做到对客户更完善的服务,增加企业的竞争力。

2.1 物流决策支持系统的概念

信息科学应用于制造业、服务业管理的一大领域就是决策支持系统 DSS(Decision Support System)。DSS 是 MIS 的一种逻辑推广,在模型化与决策制定过程中起到辅助作用。它并不仅仅提供信息,还允许管理者在给定资金或管理参数的情况下进行"如果怎么样,就……"的分析。一个决策支持系统也能联合多种多样的管理科学模型和图解。一个用来检验各种选择的一览表模型就是一种决策支持系统。

2.2 物流决策支持系统的特性

决策支持系统具有如下几个基本特点:
(1) 决策支持系统的目的是提高决策的效果,即以决策的有效性作为主要目标。
(2) 决策支持系统要按照决策者的意向,在不同决策阶段提供不同的支持。
(3) 决策支持系统对决策者只能起"支持"和"辅助"的作用,它永远不能代替决策者的重要思维和最终判断。
(4) 决策支持系统是一种用户驱动的动态系统,用户应当参与系统开发和使用的全过程。
(5) 决策支持系统含有大量的不确定因素,人们对这类问题只能部分地描述和求解。
(6) 决策支持系统是一种模型驱动系统,模型库和模型库管理系统是其核心。
(7) 决策支持系统是一种智能化系统,它不仅能有效地利用原有的数据、模型、方法和知识,还可以生成系统,生成新的数据、模型和方法。

2.3 决策支持系统的组成结构

决策支持系统的组成结构,如图 7-6 所示。

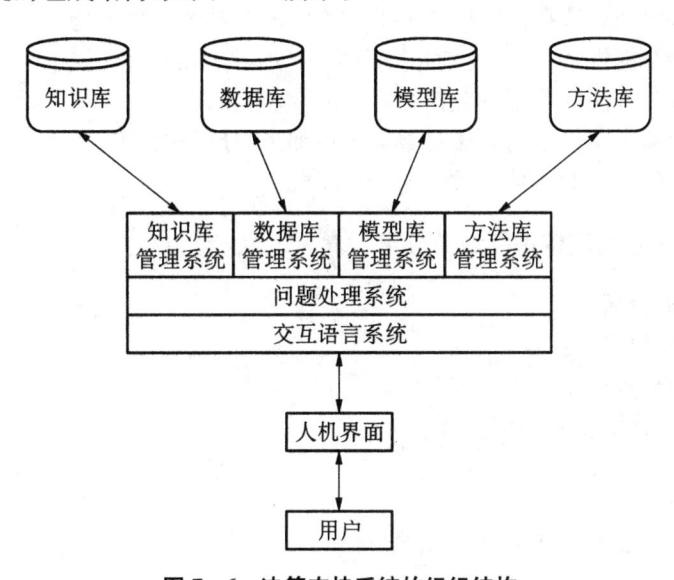

图 7-6 决策支持系统的组织结构

1. 数据库系统

数据库系统包括数据库和数据库管理系统,它可以存储和管理决策所需的内部数据;提供对数据库的各种操作,如查询、修改、删除等;收集、提取和合理组织各类数据,建立生成程序,构造新的数据。数据库和数据库管理是决策支持系统的重要组成部分,是建立决策支持系统的先决条件。

2. 模型库系统

模型库系统包括模型库及其管理系统,它的作用是为决策者提供强大的分析问题的能力。正是由于模型的引入,才推动信息管理系统发展到决策支持系统,模型库系统是决策支持系统的核心。模型库包括战略模型、战术模型、操作模型及模型生成系统等,还包括模型的附属数据库。模型的存取操作最终还得转化为对数据的操作,这要通过数据库管理软件实现。因此,模型库系统和数据库系统有着密切的关系。

模型库系统作为决策者在完成决策过程中的有力分析工具,主要是对设计和选择阶段活动的支持。支持活动包括目标识别和问题的表述、分析、规划、建议、提出备选方案和推论,以及对备选方案进行比较、评价、优化和模拟试验等。

3. 对话生成管理系统

决策支持系统的很多功能是通过对话生成管理系统,由用户和系统之间的相互作用产生的。对话系统的功能包括:在用户和系统间提供通信联系,是用户和系统的接口界面;向用户提供各种对话方式,并能迅速响应;提供系统与输入、输出设备的接口;协调数据库系统和模型库系统之间的联系;为用户提供各种获取信息的渠道。

2.4 决策支持系统的基本功能

(1) 整理并及时提供本系统与本决策问题有关的各种数据。
(2) 尽可能收集、存储并及时提供系统之外的,与本决策问题有关的各种数据。
(3) 及时收集、提供有关各项活动的反馈信息。
(4) 能够用一定的方法存储与所研究的决策问题有关的各种模型。
(5) 能够存储及提供常用的,特别是数理统计与运筹学的分析方法。
(6) 数据、模型、方法的管理都应该很容易改变、增添。
(7) 能够灵活地运用模型与方法对数据进行加工、分析和预测。
(8) 提供方便的人机对话接口或图形输出功能。

2.5 决策支持系统在物流管理领域的应用

(1) 市场预测、分析。
(2) 运输路线优化论证。
(3) 配送中心地点分布优化。
(4) 优化配载,运输工具调度。
(5) 仓储库存优化决策支持。
(6) 效益分析。

下面以物流活动中的配送和库存为例,简要介绍一下决策支持系统在这两个方面的应用。

1. 物流配送决策支持系统

物流配送是指按用户的订货需求,在配送中心进行分货、配货,并将配好的货物及时送交收货人。物流配送问题是一个多种物流、多种运输方式、有严格时限和众多外部约束的超大型的、复杂的、并行的计划调度问题。特别是随着物流网络规模的扩大和物流量的巨大增长,企业在进行物流配送时面临着一系列的问题,如:如何经济合理地组织送货、如何有效保证配送系统高效及低成本运作、如何为客户提供传统物流业务之外的增值物流服务等。为了解决这些问题,就必须从整体出发,全面考虑各种物品的特点、要求及运输方式之间的关系,实现物流配送的总体最优调度。为了顺应这一要求,综合人为和计算机两者优势的物流配送决策支持系统便应运而生。

(1) 系统简要说明

物流配送决策支持系统,主要包括数据库系统和模型库系统两大部分。

① 数据库系统。数据库系统主要包括以下基础信息系统:

配送对象管理系统。配送对象通常是货物,不仅包括仓储中心所库存的货物,还包括一次配送过程中可能捎带的货物。配载方案与运输路径的主要基础数据是配送对象,所以配送对象的信息都应详细收集管理。

仓储中心管理系统。仓储中心通常是物流配送的起点或终点,其位置对于运输路线的选择是很重要的。仓储中心管理系统包括其地理位置、基本设施、资产经营和劳动力资源等基本信息。

车辆管理信息系统。车辆是物流配送系统中的主要资源,对车辆采取合理调配和利用,是物流配送研究的重要环节。通过全球定位系统(GPS)对车辆进行实时定位,有助于物流控制中心优化车辆配载和调度,有效利用资源。

电子地图系统。电子地图是物流配送系统中的基础数据。电子地图系统包含的基本信息中,最重要的是道路信息和区位信息。电子地图为系统提供路网信息,而配送系统最终产生的路径也是基于电子地图的。

交通信息系统。交通信息包括电子地图所描述的路网的统计信息和经验估计的交通状况。

用户信息系统。用户信息系统除了包括用户的基本信息外,还应该尽可能地收集用户的需求信息,历史服务信息等。

② 模型库系统。在物流配送决策支持系统中,数据库系统所包含的信息资源多为模型库服务。模型库中,所包含的主要模型有以下两种:

配载模型。针对具体的配送需求,根据在配送过程中货物的属性、车辆情况,对哪辆车运送哪些货物做出决策。

路径选择。通过制定合理的配送路径,快速经济地将货物送达用户手中。配送路径的选择是否合理,对加快配送速度、提高服务质量、降低配送成本及增加经济效益,都很有好处。

(2) 系统基本功能

系统的主要模块及其功能如下:

① 配载分析和处理模块。针对具体的配送需求,根据在配送中货物的属性、车辆情况,对哪辆车运送哪些货物做出分析和决策。

② 路径分析和处理模块。针对具体的配送需求和仓储中心的位置设置,并根据配送对象本身的属性等,制定合理的配送路径。

③ 数据库管理模块。对配送对象管理系统、仓储中心管理系统、车辆管理信息系统等各个管理系统的信息进行收集和管理,提取有用的信息。

④ 系统管理模块。包括用户管理、系统参数表、登录和修改密码等。

⑤ 人机交互模块。利用 Web 技术及多媒体技术,提供友好的人机交互界面,并具有联机帮助功能。

通过建立物流配送决策支持系统,决策者在各信息管理系统所提供数据的基础上,采用模型和算法交互式地进行决策,大大提高了决策的科学程度,最终实现资源利用效益的最大化。

2. 库存信息管理及决策支持系统

库存是物流活动中不可或缺的环节,库存过程包括订货、进货、保管、销售(或供应)等过程。库存信息就是伴随着库存过程,根据实际库存的需求,对库存行为进行控制时产生的信息,建立库存信息管理及决策支持系统的目的就是以满足客户服务为前提,对库存水平进行控制,力求在尽可能降低库存水平的情况下,提高对市场的快速反应能力和物流系统的效率,优化企业资源配置,强化企业的竞争力。

(1) 系统的建立原则和目标

支持库存的整个过程,包括订货过程、进货过程、保管过程、销售过程(或供应过程);支持整个供应链系统中不同地域的组成部分的信息共享,实现企业间的信息集成;及时获取并集成外部环境信息,使库存对外界环境反应更敏捷,具有充分的柔性;具有安全保密机制。

(2) 系统结构模型

随着网络技术及互联网/局域网在企业中的应用,利用互联网/局域网所带来的资源共享和信息传递的优势,将遍及世界各个角落的制造厂、组装厂、供货方、配送中心等连成一体,组成一个统一的库存控制系统。不仅能及时查看到各地的库存资料,同时还能为企业提供实时的决策支持。

库存信息管理系统及其决策支持系统的功能体现在生产到用户的全过程中,通过计划需求,为合理、有效库存的实现提供决策服务。其预测模块预测每个配送中心的顾客对产品的需求,有助于存货分布和管理,尽可能降低存货;决策支持功能指导库存计划人员决定何时订货、订多少货,通过对当前的库存水平的反应做出补充订货决策,根据预测推测未来需求;存货信息、入库信息、出库信息,包括物品的库存位置、库存数量、库存时间、物理移动、销售、交货及库存指标,为预测和决策支持提供资料和数据。

(3) 系统的主要模块及其功能

① 问题分析和处理模块(核心模块)。根据各种信息以及用户的服务需求,对当前库存管理进行分析并形成决策,其中可以建立基于知识的智能决策系统。

② 信息管理模块。包括库存信息、出库信息、入库信息的管理,提供库存反应模型。

③ 系统管理模块。包括用户管理、系统参数设置和数据库管理。

④ 人机交互模块。利用 Web 技术及多媒体技术,提供友好的人机交互界面,并具有联机帮助功能。

⑤ 电子通信模块。实现库存管理系统与供应链其他管理系统间的资源共享和信息交换,其中电子协调板在决策过程中起消解冲突的作用。

库存信息管理及决策支持系统是一个网络化的管理信息系统,需采用 Web 技术和 COM/DCOM 标准,实现跨平台异构系统之间的信息共享。系统可以采用客户机浏览器、Web 服务器、数据库服务器构成一种开放式的 B/C 应用体系。

单元小结

本节主要学习了物流决策支持系统的定义、特点等内容,重点是理解并掌握物流决策支持系统的两个应用——配送决策支持系统和库存信息管理决策支持系统,以便于在实训课程中能够理解相应软件的原理。

【综合练习】

简答题

(1)物流决策支持系统有哪些特点？
(2)决策支持系统在物流领域有哪些应用？
(3)物流配送决策支持系统基本功能有哪些？
(4)库存信息管理及决策支持系统的主要模块有哪些？

任务3　电子商务下的物流信息系统

【任务描述】

本节主要讲述了电子商务物流系统建设的必要性、电子商务物流系统的含义,电子商务环境下物流信息系统的功能,以及电子商务物流信息系统应用的目标。通过这些内容的学习,是学生对电子商务物流系统有一个基本了解,对于现实生活中的电子商务现象有一个理论上的认知。

【任务目标】

1. 理解电子商务物流信息系统的必要性;
2. 理解电子商务环境下物流信息系统的功能;
3. 了解电子商务物流信息系统应用的目标。

【任务实施】

1. 教师讲清该学习任务的目标;
2. 根据任务安排,对学生进行分组,5~10人一组,设组长一名;
3. 以小组为单位制定调查计划,确定调查的企业、地点、时间、方式;
4. 搜集资料之前,明确小组各成员的任务;
5. 组长在资料搜集过程中,及时跟进,记录各成员的表现,并及时向教师反馈。

【学习评价】

被考评人		考评组调查对象				
考评时间		考评地点				
考评内容	电子商务物流信息系统实例调研					
考评标准	内容	分值	自评	小组评议	教师评议	考评得分
	调研过程中遵守纪律,礼仪符合要求,团队合作好	20				
	调研记录内容全面、真实、准确,PPT制作规范,表达正确	25				
	调研报告格式正确,能正确总结出调研企业的物流信息化程度、物流信息技术应用现状	30				
	调研报告能提出合理化建议	25				

【相关知识点】

近年来,物流领域是现代信息技术应用比较普遍和成熟的领域,许多国家和地区都在物流信息系统的应用上取得了巨大的成功。例如,美国的戴尔公司和沃尔玛百货有限公司都利用物流信息技术和电子商务使企业获得了飞速的发展。目前,在我国物流领域中,也有一些企业成功地使用了物流信息系统,例如,宝供物流企业集团和海尔集团,但总体上物流信息系统应用和普及的程度不高,且发展不平衡。

3.1 电子商务下物流信息系统概述

1. 电子商务物流信息系统的必要性

传统的企业物流信息系统以本企业的运输、保管、装卸、包装等环节为对象,以自身企业的物流管理为中心,与外界信息交换很少,是一种闭环管理模式。

在电子商务环境下,企业间通过电子商务手段使信息沟通得以加强,减少了物流信息传递的扭曲和时滞,增加了企业与外界的信息交换和信息获得的及时性、透明性和稳定性,信息流由闭环变为开环。

企业物流信息系统可借助 Internet 平台与供应商、财会人员、结算服务机构、政府机构建立业务联系,甚至通过收发和管理电子邮件与客户之间建立起虚拟沟通的渠道,取得企业的竞争优势。借助于电子商务手段,可以使在不同组织之间的数据快速响应彼此的需求。因此,要求企业的物流信息系统具有更好的相容性和集成性,便于不同软件系统的兼容和各个业务系统的沟通。

物流企业在电子商务环境下,无论是文件、合同、样品、信用账单等物件,客户可以随时通过 Internet 进行查询,使跨企业的信息系统实现集成。

在互联网的应用引发的信息流、资金流、物流的新经济浪潮里,电子商务环境下的物流信息系统为物流客户的业务提供更适当的软件平台和执行软件的应用集成,突出以信息流整合商流、物流、资金流的思想,面向业务需求和企业间协同作业,建立多数据源的数据交换能力、数据接口和组件应用技术,其核心技术是大型企业数据交换与处理平台。

2. 电子商务环境下物流信息系统的功能

(1) 可以实现和其他商业伙伴的系统对接,以实现减少人工数据录入和提高信息传递效率。

(2) 可以通过条形码及扫描技术,根据其全球信息网络对每日来往于世界各地的货物进行实际电子跟踪。

(3) 可以实现订单执行状态的跟踪,提供适时的货物跟踪信息,可以提供货物的仓储、运输情况,并且可以根据客户的需求定义,提供 E-mail、SMS 等手段的通知和警报功能。

(4) 可以实现在线订单下达,接受通过身份校验客户的网上下达订单,实现通过互联网进行订单的下达、订单的审核、订单的确认。

(5) 可以通过虚拟仓库提供网上的库存查询,提供多个异形的 WMS 系统的动态库存数据,提供一致的库存查询界面,可以根据要求提供单点库存查询,或多个仓库汇总查询。可以提供不同的库存状态查询,例如在途库存、已订存货等。

(6) 可以实现在线客户管理。客户对于任何公司都是珍贵的财产,当客户登录该电子商务平台后,针对不同的客户提供个性化的服务,提供客户相关的企业信息,可以在线修改客户的档案,提供客户和企业的交流平台,从而拉近客户和企业之间的距离。

3.2 电子商务环境下物流信息系统的应用

1. 电子商务物流信息系统的组成

在电子商务环境下,制造商、供应商和现代物流企业在电子商务平台上完成交易作业,其业务流程是物流、资金流、商流、工作流的一个错综复杂的集合,其业务流程可以分为认证、交易、支付和物流四大类。

电子商务的物流信息系统的组成如下：

(1) 综合门户

综合门户的建立基于开放性技术和标准的门户框架，用于提供用户界面的定制服务，通过个性化、交互式、多渠道的访问方式，为电子商务中商户、客户、物流服务商、认证机构、银行和政府机构提供访问信息的集中门户，实现不同系统的复合应用。

(2) 电子商务与物流信息动态集成

对电子商务与现代物流金融业务中所涉及认证信息、支付信息、交易信息、物流信息的要素、属性、行为和彼此关系进行建模，动态集成和协调对业务执行和决策至关重要的信息，屏蔽底层数据源的位置、类型等物理特性，以统一的视图和接口提供给上层应用，使跨系统的业务流程能够基于一致的信息和知识来运行。

(3) 业务流程管理与监控

对业务协同过程的主要环节，如采购、管理、运输与配送、库存、订单处理和销售、供应商关系、认证以及支付等，分析逻辑运行关系，控制流程运行，实现业务流程管理，在业务流程执行过程中，提供各流程节点的操作提示和系统通知，预警等信息。

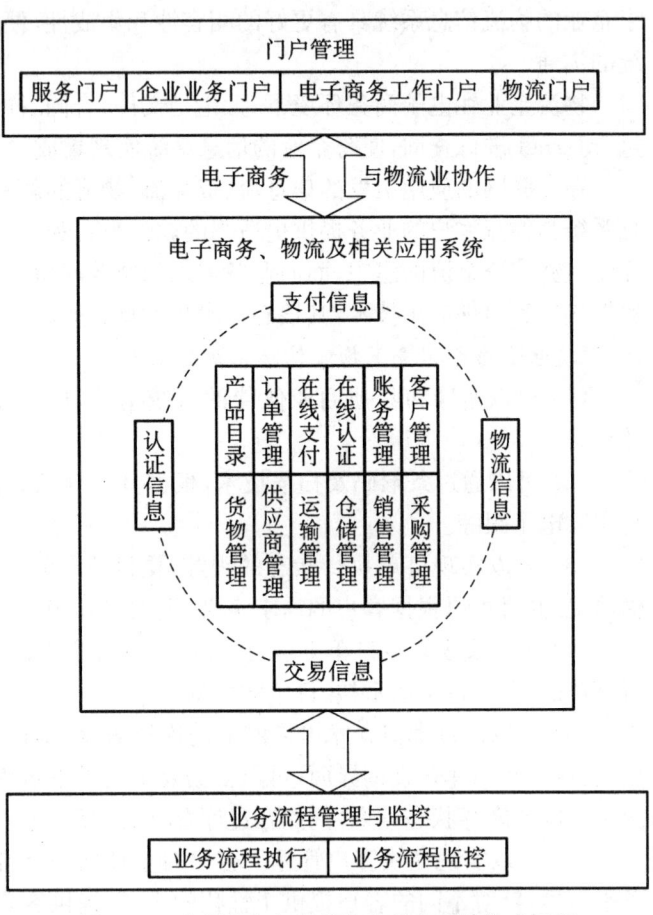

如图7-7所示为电子商务与物流信息系统集成框架，其支持跨系统、跨平台、跨区域甚至跨行业的不同类型的电子商务与物流信息服务。框架不仅有服务平台的通用协同功能，如电子商务、货物跟踪、电子支付、信息认证，实现统一的信息发布、及时的业务作业点信息查询、透明的单证跟踪外，同时也将电子商务交易中客户、商户、物流服务商、认证机构、银行和政府机构的数据业务有机地集成到一个统一的平台上，支持交易信息、物流信息、支付信息、认证信息的交换与集成，支持电子商务、物流服务及相关业务系统与信息资源的综合集成与业务协同。在此基础上，实现对业务流程的管理和监控方法。

图7-7 电子商务与现代物流信息系统集成框架

2. 电子商务物流信息系统的核心技术

(1) EDI

EDI即为电子数据交换，是指对各种商业单证，通过电子方式进行交换，如订单、回执、发货通知、运单、装箱单、收据发票、保险单、进出口申报单、报税单、缴款单等。

(2) GPS技术

如今随着人们对GPS认识的加深,GPS不仅在测量、导航、测速、测时等方面得到广泛应用,而且还被应用于汽车自定位、跟踪调度、陆地救援、内河及远洋船最佳航程和安全航线的实时调度,还有大量测量、工程变形监测、资源勘查、地球动力学等。

(3) 防火墙技术

防火墙(Firewall)是Internet上广泛应用的一种安全措施,是指设置在不同网络(如可信任的企业内部网和不可信的公共网)或网络安全域之间的一系列部件的组合。它是不同网络或网络安全域之间信息的唯一出入口,能根据企业的安全政策控制(允许、拒绝、监测)出入网络的信息流,且本身具有较强的抗攻击能力。它是提供信息安全服务,实现网络和信息安全的基础设施,如图7-8所示。

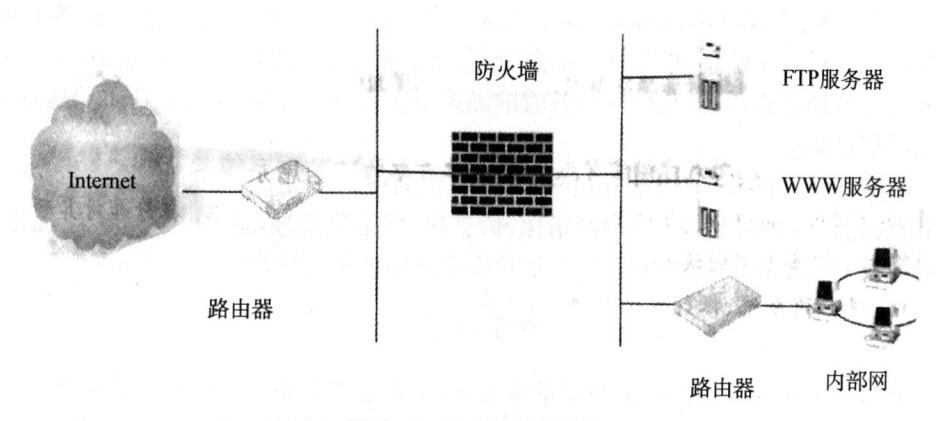

图7-8 防火墙拓扑结构

防火墙是在两个网络之间设置障碍,以阻止外界对内部资源的非法访问,也可以防止内部对外部的不安全访问,是Internet和Intranet间设置的一种过滤器、限制器,如图7-9所示。

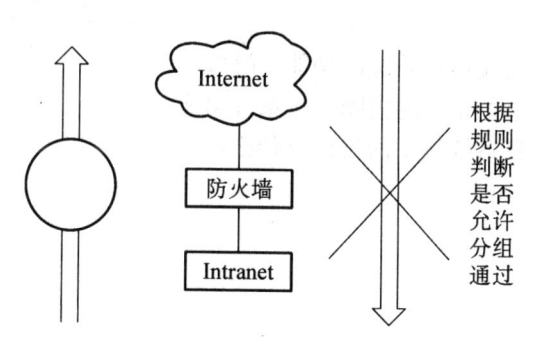

图7-9 防火墙工作原理图

3. 电子商务物流信息系统应用的目标

电子商务环境下物流信息系统的总体目标是:缩短物流通路的长度,增加系统的透明度和规范化,并促进供应链中各环节的有效整合,建立供应链的快速响应机制,从而提高物流效率及服务品质,控制并降低物流成本。具体包括以下几个目标:

(1) 利用信息技术使数据在本物流作业网络内实现共享并相互传输,并可利用电子商务手段,实现与其他企业物流信息系统间的相互传输。

（2）通过网络传输、激光扫描、人工输入等方式的结合来实现原始物流数据信息的采集作业。

（3）建立相对应的数据库，对不同性质数据信息进行数据库管理，同时具有定期备份、集中存储、统一处理、联机查验等功能。

（4）将采集到的数据作为基础数据源，用不同的统计分析工具进行分析，进而得到上级决策的科学依据。

（5）利用电子商务手段进行物流业务情况查询、跟踪、协调等工作。

（6）通过多种手段，对物流作业的信息流程、作业流程、表格样式、单据样式进行规范管理。

（7）对物流作业中的待运信息、车辆信息、发货计划、物品库存状态、指令状态等各种数据信息进行监测管理，并针对不同的情况采取不同的解决措施等等。

（8）库存方面，实现迅速查询企业的各项未进行、正进行、待进行的库存业务，为企业库存业务管理提供大量库存信息，根据这些信息分析、了解商品在存储过程中的状态，并分别采取不同的处理与监控措施，具备与供应商及时准确地交换信息的功能，实现企业不同地点仓库间和企业间的信息集成。

（9）运输方面，通过电子信息方式，采用标准化的格式，利用计算机网络进行全平台的数据交换和数据共享，实现车辆运输的网络化、信息化、数字化管理，达到车辆和货物优化配置，提高车辆载重利用率和容积利用率，从而加快企业运输业务的运作效率。

单元小结

本节通过对电子商务物流信息系统基本含义、系统建设必要性等内容的学习，使学生加强了对于电子商务，尤其是电子商务物流的认识，更加深刻地理解物流信息系统在电子商务领域的应用。

【综合练习】

简答题

(1) 电子商务环境下物流信息系统的功能有哪些？

(2) 电子商务的物流信息系统的由哪些子系统组成？

(3) 电子商务物流信息系统应用的目标是什么？

任务4 物流公共信息平台

【任务描述】

"八挂来网"成立于2006年8月8日,它是一家面向全国提供免费货运物流信息的专业网站,该系统对于改变传统物流信息的传输方式,无缝对接物流行业的各个环节,有效优化和集成供应链,有着不可或缺的作用。"八挂来网"对提高车辆的运载率和"节能减排"方面发挥着重要作用,是道路运输业管理现代化的一种体现。有100吨货物从郑州运到广州,有5台20吨卡车寻找货源。请在八挂来网信息平台上完成车找货,货找车以及其他业务操作。

本任务的目的是通过浏览"八挂来网"和其他公共物流信息平台,认识公共物流信息平台的主要功能模块,掌握相关业务流程的操作。

【任务目标】

1. 认知公共物流信息系统平台,理解公共物流信息系统平台的相关概念;
2. 掌握在物流信息平台上得注册、信息发布、信息查询等操作;
3. 会应用公共物流信息系统平台的主要功能模块处理物流业务。

【任务实施】

1. 根据任务安排,对学生进行分组,3~5人一组,设组长1人;
2. 教师讲清该任务实施的目标和公共物流信息平台知识要点,列出 http://www.8glw.com;
3. 学生根据任务目标,按照学习指导书要求,进行上机模拟训练;
(1) 登录"八挂来"网站,并了解该系统的模块构成;
(2) 浏览其他公共物流信息系统平台,比较平台功能的异同性;
(3) 注册为会员,并能够借助系统来模拟实际的物流业务作业。
4. 撰写任务报告;
5. 每四个小组划分一个大组,各小组进行任务报告交流互评;
6. 教师讲评。

【学习评价】

被考评人		考评组调查对象				
考评时间		考评地点				
考评内容	八挂来网物流公共信息平台的使用					
考评标准	内容	分值	自评	小组评议	教师评议	考评得分
	能够正确描述物流公共信息平台的定义、功能	20				
	掌握物流公共信息平台的应用环境,能够安装软件	20				
	能够独立完成注册、信息发布、信息查询等相关业务操作	40				
	遵守纪律、爱护设备、讨论积极、有队合作精神	20				

【开篇案例】

安阳科技:"八挂来网"公路平台

一、河南物流信息系统——"八挂来网"介绍

"八挂来网"成立于2006年8月8日,在河南省交通运输厅、省道路运输局和安阳市委、市政府的正确领导下,由安阳市市委常委、副市长李宏伟提议和策划,在安阳市交通系统成立了安阳市现代物流信息发展有限责任公司,同时建立"八挂来网"物流信息系统。它是一家面向全国提供免费货运物流信息的专业网站,网站运营两年多来,树立了"货找车、车找货,'八挂来网'当媒婆"的理念。该系统建设得到了国家交通运输部、河南省交通运输厅、省道路运输局和安阳市委、市政府的关心和支持。2008年4月,该系统被河南省交通运输厅确定为河南物流信息系统,向全省18地市全面推广。

河南物流信息系统——"八挂来网"自成立以来,投入了大量的物力和财力,已经发展成为以网站数据库为基础,包含网站、物流客户端、物流手机WAP、物流手机短信、集成型GPS卫星定位系统和网络通话六个功能模块为一体的综合性物流信息系统,如图1所示。

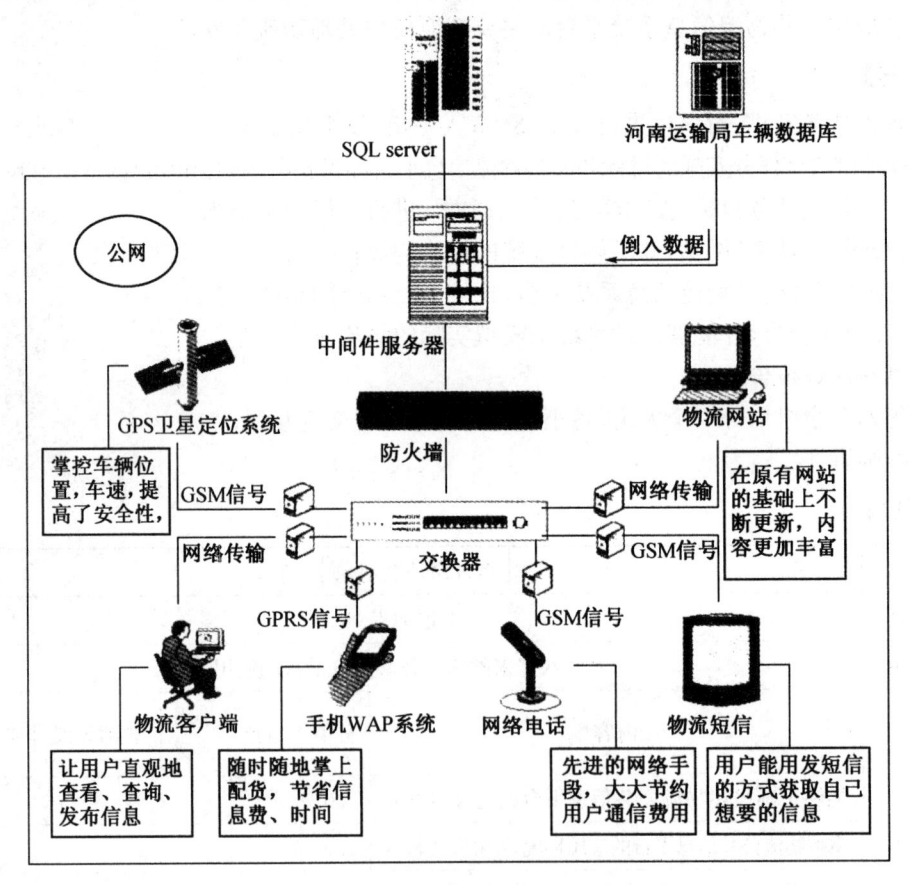

图1 "八卦来网"物流一库六平台系统

该系统对于改变传统物流信息的传输方式,无缝对接物流行业的各个环节,有效优化和集成供应链,有着不可或缺的作用。为做大做强"八挂来网",使之真正走出河南、覆盖全国,我们

不断开发更加适合物流市场的应用软件平台,利用中国移动的网络技术,为"八挂来网"注入了新的设计元素和理念,提高了系统平台的运行效率。

二、依托政策及区位优势,加快发展现代物流业

河南物流信息系统的建设实施,是涉及面广、综合性强、高科技的系统工程,直接关系到货运物流的管理现代化、流程透明化、效率高效化水平的提高,而且还是货运物流信息化、标准化的实施、应用和发展的基础。

根据交通运输部《关于促进道路运输业又好又快发展的若干意见》,按照河南省交通运输厅、省道路运输局建设全省公共物流信息平台的要求,以提高物流行业信息化、标准化水平,提升全省物流行业服务水平,服务质量,满足全省物流行业对物流信息的实际需求,确定建设河南物流信息系统。河南物流信息系统建设目标是通过建设公共物流信息平台,利用网络连接各地市物流信息平台,促进物流信息化、标准化建设,降低物流运输成本,实现节能减排,提高物流运行效率。

1. 宏观背景

进入21世纪,随着经济全球化和信息技术的迅速发展,企业生产资料的获取与产品营销范围日趋扩大,社会生产、物资流通、商品交易及其管理方式正在并将继续发生深刻变革。与此相适应,被普遍认为企业在降低物质消耗、提高劳动生产率以外"第三利润源"的现代物流业正在世界范围内广泛兴起。在今后很长一段时间,世界物流业务总量将保持持续较快的增长速度,现代物流成为拉动世界经济增长的重要力量。

现代物流是个跨部门、跨行业、跨地域的,以现代科技管理和信息技术为支撑的综合性物流服务体系。在现代物流运行环节中,物流信息已成为提高营运效率、降低成本、增进客户服务质量的核心因素。在物流信息平台上,信息流的处理和利用水平决定整个物流过程的运作水平。现代物流公共信息平台的建设,一方面是发展现代物流的核心和关键,另一方面通过建设现代物流公共信息平台又极大地推动着现代物流向前发展。

2. 区位优势

河南物流信息系统的建设充分考虑到河南省作为中原大省所具有的得天独厚的区位优势:

(1) 承东西、联南北,有良好的通达性能。河南地处中原,位于中国内地的偏东南,与东北除外的其他经济区域相邻,经济发展水平在国内居中,是从东部沿海发达地区到西北部经济开发地区过渡的中间地带,全国重要的交通大动脉和通信干线贯穿河南,是我国东部、西部、南方与北方商品流通的中枢地带。

(2) 接近原料地与消费地的双向优势。东南沿海地区的工业中心具有靠近消费地的优势,西北开发地区的工业中心具有靠近原料地的优势,而河南在接近原料地方面优于东南,在接近高收入、高消费地方面优于西北。拥有丰富的自然资源及接近原料供给地,巨大的市场潜力及接近高收入、高消费地区,这种双向优势有利于发展物流中心及配送中心,并有望成为全国乃至国际物流系统的重要基地。

(3) 四通八达的交通运输网。我国多条交通大动脉贯穿中原,刺激了河南省区域内交通运输网的形成和发展,特别是铁路运输比东南沿海还要发达,纵贯南北的有京广、京九、焦柳铁路干线,横贯东西的有陇海等铁路干线,陇海线是欧亚大陆桥的组成部分,京九线是内地与香港联系的通道。河南的省会郑州被誉为中国铁路的"心脏",拥有亚洲最大的铁路编组站。另

外有多条南北和东西向的国道公路及高速公路通过河南,整个河南高级与次高级的公路里程占全国近10%。

3. 符合当前我国节能减排社会建设要求

节能减排是贯彻落实科学发展观、构建社会主义和谐社会的重大举措,也是建设节约型和环境友好型社会的必然选择,对于调整经济结构,转变经济增长方式,推进新型工业化道路,具有重要而深远的意义。

当前,我国所有能耗行业中,货运物流能耗占很大一部分,约1/3左右,在全国各行业大力提倡降低能耗的大背景下,货运物流行业如何降低货运能耗迫在眉睫。交通运输部2007年发布的《关于促进道路运输业又好又快发展的若干意见》中明确提出,"要优化配置,提高运输组织化程度,提高里程利用率和实载率,全面推进货运节能减排工作"。

建设河南物流信息系统,落实了节能减排的各项政策,达到了节能减排的目的,有效推动了节约型社会建设。通过挖掘整合物流信息,实现信息的共享,从而减少生产环节,降低生产成本,提高生产企业效益,同时提高运输企业的车辆实载率,减少相向空驶率,提高车辆利用率,降低能源消耗,减少废气排放量和噪声污染,改善城市交通等。

三、大力发展物流信息化,服务经济社会发展建设

目前,"八挂来网"正式注册用户达16 551户,网站每日平均发布有效信息100多万条,单日信息量最高达160多万条,网站日点击率达5万余次。据统计,截至目前,通过该系统减少空载行驶里程约47亿公里,共计节省9 400万升燃油,相当于节省了5.6亿元燃油费。根据环境部门《机动车大气污染排放表》测算,共计减少二氧化硫298吨,一氧化碳2 484吨,铅化合物143.5吨,节能减排效果十分显著。

2008年8月12日中央电视台新闻联播以"河南建立全国首家货运信息平台,破解赁车'空驶'难题"为题进行了报道;9月14日中央电视台"焦点访谈"又对"八挂来网"进行了专题报道;在河南省首届"十佳"网站评选中,"八挂来网"获得"河南省首届十佳网站"称号。

河南物流信息系统——"八挂来网"已被交通运输部列为第二批"全国交通运输行业节能减排示范项目"。2008年10月20日至24日,以交通运输部体改法规司行业体制改革处处长李树栋为组长的节能减排示范项目专家组一行对该系统进行了考察和评估。专家组对河南物流信息系统——"八挂来网"给予充分肯定,表示向交通运输部汇报后,建议尽快在全国推广应用,使其进一步做大、做强、做优,在节能减排、促进物流业又好又快发展中做出新的更大的贡献。11月5日,国家交通运输部冯正霖副部长亲自带队莅临"八挂来网"视察指导工作,冯部长称,"八挂来网"对提高车辆的运载率和"节能减排"方面发挥着重要作用,是现代科学技术发展的一种重要方式,是道路运输业管理现代化的一种体现。国家运输部将建议全国推广应用,争取使"八挂来网"立足河南,走向全国,成为全国知名品牌。2009年4月22日,交通运输部科教司副司长张延华一行莅临河南物流信息系统——"八挂来网"。张延华副司长表示希望"八挂来网"在赢得更多市场的同时,为道路运输企业争取更多的利益。2009年5月19日,"全国推进甩挂运输发展和物流信息平台建设工作研讨会"在安阳隆重召开。会议期间,国家发改委资源节约和环境保护司副司长谢极、国家交通运输部道路运输司副司长徐亚华莅临河南物流信息系统——"八挂来网"视察指导工作。两位副司长一致表示,将通过了解"八挂来网"的建设来讨论如何指导全国的物流信息平台建设,作为提高运输效率的一项重要的节能环保措施来向全国推广。

四、升级业务体系,科学规划发展

该项目是以市场需求为导向,以企业市场运作为主体,以信息技术应用为支撑,以嵌入工商客户企业物流供应链管理为途径,统筹规划建设现代物流信息系统,通过3~5年的努力,逐步建成网络结构合理、功能完善、运作高效的现代物流信息服务网络,实现交通运输资源的优化配置,扩展传统道路运输产业的发展空间,提高交通运输业的市场竞争力,加快交通运输向现代服务业转变提供服务。

1. 增值业务体系升级改造

为了增强河南物流信息系统——"八挂来网"在物流信息行业中的竞争力。完善河南物流信息系统,使其结构更完整、功能更健全、通用性更强,未来的"八挂来网"将创新系统服务模式,实现系统增值业务体系流程升级,构建系统增值业务体系,以客户需求为中心,充分发挥物流电子商务的优势,为物流供需双方搭建一个物流信息平台及物流管理系统,打造一个真正的全国领先的综合性物流信息系统,实现河南物流信息系统和用户的双赢。其增值业务体系构成如图2所示。

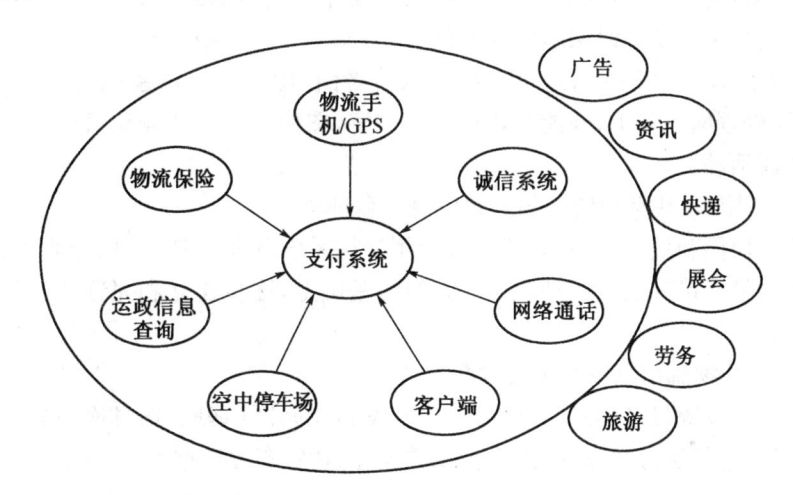

图2 河南省物流信息系统——"八挂来网"增值业务体系构成

(1)"八挂来网"物流手机。物流手机是一套运行在手机上的物流信息系统程序、终端设备、物流服务的总和。通过使用物流手机,能配货、能定位、能管车、能导航。即包括信息发布及搜索、卫星定位、卫星导航、现场视频、照片及录音上传等多种功能,实现了物流信息系统的移动化,突破了时间和空间限制,增强了物流各环节的沟通协作,具有传统的物流管理方式无法比拟的优异特性。

(2)空中停车场。依托移动运营商提供的基础通信服务,通过物流手机或GPS定位终端,即时获取车辆所在地的地理信息,利用手机短信和呼叫中心服务方式,随时获取车辆的需求(包括空车信息、途径信息、欲达信息等)信息。它的建立,可面向物流行业提供诚信车辆查询,提供集资源管理、调度管理、定位管理及货物追踪为一体的专业化物流信息管理系统,实现运力资源的社会共享。

(3)诚信系统。诚信系统即"八挂来网"为用户从事网上贸易提供的网上信誉档案。结合传统信誉认证和网络互动的特点,多角度、及时、持续、动态地展现"八挂来网"用户在贸易过程中的信誉情况。诚信系统的建立,一方面可以规范企业和个人的诚信经营;另一方面也方便了会员之间互相评价与监督。

（4）运政数据查询系统。运政数据查询系统是"八挂来网"提供的优势服务，通过与河南省交通管理部门的运政系统对接，使用户能够通过河南物流信息系统查询车辆真实信息的营运车辆信息核查服务为物流行业提供了核实承运方身份信息真伪的有效方法，避免"飞货"现象发生，减少损失，从而在根本上杜绝虚假车辆信息对物流行业造成的危害。

（5）在线支付。在线支付是通过国内各大银行的支付网关进行操作，为会员提供便捷的支付方式。为了保障网上支付的安全可靠性，系统采用PKI（公钥基础设施）作为在线E支付系统的安全架构，并由银行方面全面负责此系统安全性，为"八挂来网"用户提供随需而设、灵活多样、稳健周全的在线支付系统。

（6）网络保险系统。"八挂来网"用户通过网络保险系统可为车辆、货物或其他可以保险的物品在网站购买保险。"八挂来网"与保险公司合作共同维护网络保险系统的运营。会员在输入投保所需的相关信息并选择保险公司后在支付系统的支持下结算保费。网上投保轻松便捷，省钱省时省力，为物流行业的保险保障提出了操作性更强的解决方案，同时解决了保险公司无法为分散的货主提供即时保险服务的问题。

（7）即时通信系统。即网络通话系统，"八挂来网"用户通过该系统可发布、管理网上信息，实时获取和处理网上订单，并能与客户进行文字、图像、电话、视频交流等，方便用户即时、高效地开展物流活动。

2. 建立易于接入、共享和使用的公共信息平台环境

为实现业务协同和信息共享，要研究并应用异构系统的兼容技术，以兼容多标准、多格式的技术方法建立易于接入的应用环境。在兼容的基础上，逐步建立和完善我国物流信息技术标准体系。

3. 建立与公共物流信息平台配套的数据库

建立物流信息资源目录体系与交换体系，开发物流园区（基地）信息库、物流企业信息库、运输资源数据库、仓储资源数据库、地理信息数据库、物资资源数据库等，为公共物流信息平台提供信息资源支撑。

4. 建立物流信息安全保障与服务体系

建立物流信息平台网络安全和信息安全保障体系，逐步完善安全管理机制；确定各类信息共享的范围与权限，推广电子认证应用，建设公共物流信息平台运行的信任体系；加强关键性安全技术产品的研究和开发，建立应急支援和数据灾难备份系统。

5. 共享资源，推进发展

在国家相关政策指导下，研究形成现代物流行业信息化的协调、合作机制，并在不影响各部门、行业和企事业单位的现行正常工作和信息系统运行的前提下，研究确定有限开放信息系统接口和相关数据、信息，通过各类系统及技术间的兼容，共享相关的数据资源，推进公共物流信息平台建设。

6. 接轨国际，努力发展第四方物流模式

与物流业发达国家相比，我国的物流模式，尤其是第四方物流的发展还处于摸索阶段，机遇和挑战并存，只有借助信息化的管理手段，敏捷的通信方式，第四方物流才能有效地对供应链的各个环节进行集成，从而实现供应链的优化管理。通过免费可视通信网络，运用智能软件建立以河南物流信息系统和"96520热线"电话为载体的实时接线平台，对已有数据库优化、整

合,以强大的具有物流各方面知识的团队为后盾,提供并实施整个供应链的个体解决方案。

案例思考:
八挂来网的作用是什么?为什么它具备这样的作用?

【相关知识点】

物流公共信息平台是指基于计算机通信网络技术,提供物流信息、技术、设备等资源共享服务的信息平台。具有整合供应链各环节物流信息、物流监管、物流技术和设备等资源,面向社会用户提供信息服务、管理服务、技术服务和交易服务的基本特征。物流公共信息平台的信息服务需要大量权威的政务信息,管理服务是物流相关管理部门的政府职责,这两项功能应由相关政府管理部门负责建设提供;物流公共信息平台的技术服务和交易服务则完全可以采用市场化的机制建设和运行。

4.1 物流公共信息平台的现状及发展

1. 物流公共信息平台的现状

(1) 国内现状

我国物流公共信息平台的建设目前虽然刚处于起步阶段,但我国各级政府非常重视,很多城市和地区正在着手进行物流公共信息平台的规划建设,如广州、厦门、深圳、上海等地已相继出台《物流公共信息平台建设规划》,并已启动,浙江、四川、山东已经起步,所有省市出台的物流规划纲要都涉及物流公共信息平台,有些省市甚至在进行省际物流公共平台规划。省际共建物流信息平台的建立,将做到物流信息互联互通和信息共享,有利于实现省际、区域间的横向整合,优化资源配置,降低社会物流成本。

2009年7月,山东、浙江、上海、江苏、黑龙江、安徽、福建、青海、四川、内蒙古、宁夏等11省(市、区)道路运输部门负责人在杭州签订《省际物流公共信息平台共建协议》。

此后,湖南等五省也与浙江省签订了共建协议。十六省(市、区)将建立联席会议制度、成立共建办公室、开展项目试点、联合建设和推广等共建机制,共同推进省际物流信息平台建设。在省级公共信息平台发展到一定的程度,全国性的物流公共信息平台将应运而生。

(2) 国外现状

20世纪90年代以来,信息技术的不断提高,互联网与电子商务应用的广泛普及,改变了传统物流由于缺乏信息反馈跟踪只能实施粗放管理的状态,为在全球范围内实现数字化精确管理的高效现代物流提供了技术可能。发达国家的物流公共信息平台一般由信息中间商搭建经营,物流服务商要和客户之间实现供应链一体化,自己没有办法来做这么大的信息平台,因此通过信息中间商来进行这样的服务。如美国的Capstan公司,通过建立一个公共信息平台,把采购商、供应商、物流服务商、承运人、海关、金融服务等机构都放到上面,通过这个平台,大家来交换数据,完成国际物流服务,服务商通过会员制来提供服务。目前世界上,日本、美国和欧洲三大地区的物流信息化最为发达。

2. 我国物流公共信息平台的发展

(1) 物流规划促进了物流公共信息平台的发展

为了加快物流公共信息平台的建设,《物流业调整和振兴规划》(国发〔200938号〕)明确提出:"加快行业物流公共信息平台建设,建立全国性公路运输信息网络和航空货运公共信息系统,以及其他运输与服务方式的信息网络。推动区域物流公共信息平台建设,鼓励城市间物流平台的信息共享。加快构建商务、金融、税务、海关、邮政、检验检疫、交通运输、铁路运输、航空运输和工商管理等政府部门的物流管理与服务公共信息平台,扶持一批物流信息服务企业成长。"

(2) 物流公共信息平台与供应链进行融合

物流公共信息平台的长期发展逐步与供应链进行融合,它除了逐步完善市场交易秩序,减小潜在的交易风险外,物流公共信息平台与供应链管理系统之间逐渐建立起动态的、标准化的集成模式,以便能够从一些"点"需求的服务开始,逐步发展为更高层次的、集成化、综合性的服务。

4.2　物流公共信息平台的类型

根据物流公共信息平台的应用主体、服务范围、运作方式,物流公共信息平台可划分为:行业性物流公共信息平台、区域性物流公共信息平台、省级物流公共信息平台、国家级物流公共信息平台、企业级和园区物流公共信息平台、特定物流服务的物流公共信息平台。

1. 行业性物流公共信息平台

主要用于企业内部以及企业供应链上下游之间的信息共享,协调各行业间信息的处理平台,负责提供具有行业特点的物流监管、供求信息以及相关的商业化开发和增值服务。

2. 区域性物流公共信息平台

区域性物流公共信息平台是国家对区域内平台的协调和地方性信息的处理平台,从应用角度来讲,应该与国家级物流信息平台的角色类似,只是范围要小些,但管理上不是由各具体的机构直接管理,可以考虑由区域内省市联合管理。它的具体功能可以包括以下内容:

(1) 区域内各省市政府监管的信息;

(2) 区域内物流需求信息;

(3) 可以有针对性地建立东北、华北、华南、西北、华东等物流频道,各区域物流频道负责协调相应区域内的物流资源;

(4) 相关商业化开发和增值服务。

它是区域物流活动的神经中枢,是利用现代计算机技术和通信技术,把物流活动中的供、需双方和运输业者以及管理者有机联系起来的一个信息系统支撑体系。

3. 省级物流公共信息平台

省级物流公共信息平台是省级政策支撑信息和省物流需求的平台,省级物流公共信息平台负责提供:

(1) 省市政府监管的信息;

(2) 省内各大物流园区和企业用户之间的物流资源和信息,如地方政府的通关信息、口岸信息、企业诚信信息等及跨省市的联运信息;

(3) 相关商业化开发和增值服务。

全国首个省级公共物流信息平台在济南正式启动。为打破各个部门和行业各自独立的"信息孤岛"现象,山东省公共物流信息平台昨天在济南正式开通,如图 7-10 所示。该平台在全国率先开辟"运营商＋IT 企业"的物流信息服务模式,是全国第一个由政府牵头、多个省级政府部门联合共建的省级公共物流信息服务平台,是全国第一个由示范园区带动全省物流园区联盟体系的支撑平台。全省 14 个试点园区的代表与平台承建单位签署了跨园区信息共享和交换的战略合作协议,建立了全国第一个物流信息共享和互联互通园区联盟。

平台致力于打造全省跨部门、跨行业、跨地域的物流信息共享和交换体系。首批选定济南盖世物流、临沂金兰物流等 14 个园区,试点成立全省物流园区联盟,实现园区间资源共享、数据共用、信息互通。

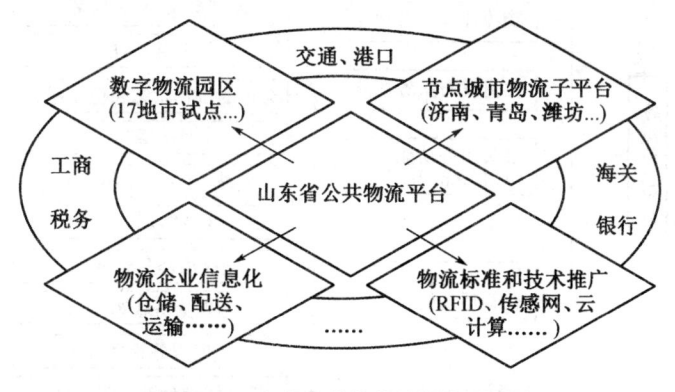

图 7-10 山东省公共物流平台示意图

4. 国家级物流公共信息平台

国家级物流公共信息平台是国家政策支撑信息和国际物流需求的平台,负责提供:

(1) 汇集和发布中央级政府监管的信息;

(2) 国际物流需求信息,可以根据物流量有针对性地建立通往美国、欧洲、澳洲等物流中心频道,以便有效地利用国际物流的海、陆、空通道,协调国际间、国内各区域间的物流资源。

国家级物流公共信息网络处于整个公共物流信息平台的顶层,通过标准接口或网络与国外物流公共信息平台相连,并进行相互间的数据交换;省级物流公共信息平台和行业性物流公共信息平台通过 IP 通信网络与国家级物流公共信息平台相连,并进行相互间的数据交换。

5. 企业级和园区物流公共信息平台

企业级物流公共信息平台为物流主体,即最终客户(货主)、代理、分拨和仓储物流企业,是现代物流公共信息管理系统的终端。

各个物流园区信息平台、加工区物流平台汇集园区内企业集团的物流信息,同省级物流公共信息平台相连,交换信息,提供本园区内企业的仓储、装卸、加工、包装、客户等物流信息。

6. 特定物流服务的物流公共信息平台

(1) 按运输方式分类:全国铁路物流公共信息系统、航空货运公共信息系统、水运公共信息系统、公路运输公共信息平台。

(2) 按产业分类:钢铁物流、医药物流、农产品物流、家电物流等以及其他运输与服务方式的公共信息平台。

(3) 按服务对象分类:① 公共型,提供单纯的信息服务;② 商务型,有业务支撑,以信息服务为手段,提供相关实体物流服务;包括公路货运、国际海运货代等信息平台。

4.3 物流公共信息平台的功能和体系结构

1. 物流公共信息平台的主要功能

物流公共信息平台的基本功能,如图 7-11 所示。

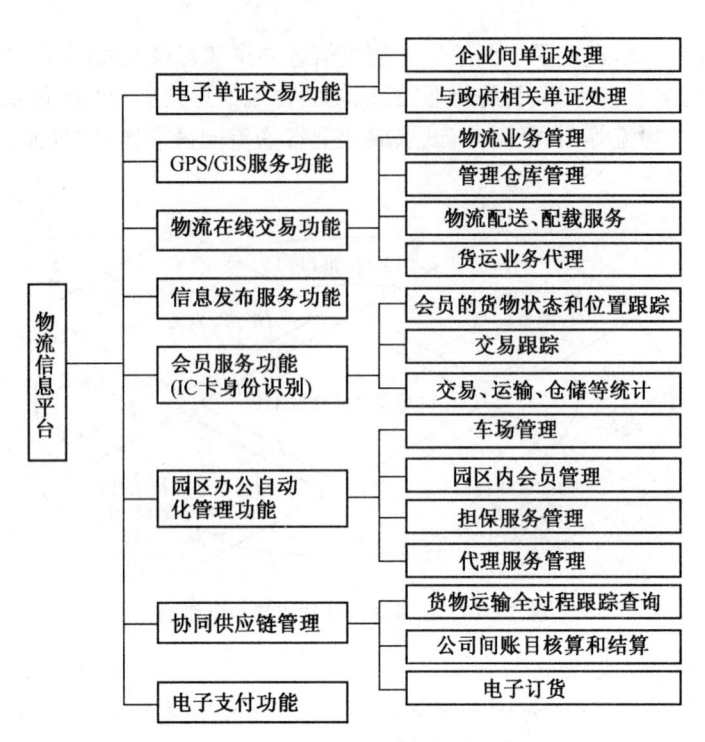

图 7‑11　公共物流平台功能示意图

2. 物流公共信息平台的体系结构
(1) 物流公共信息平台的体系结构参考模型
物流公共信息平台分三层，如图 7‑12 所示。

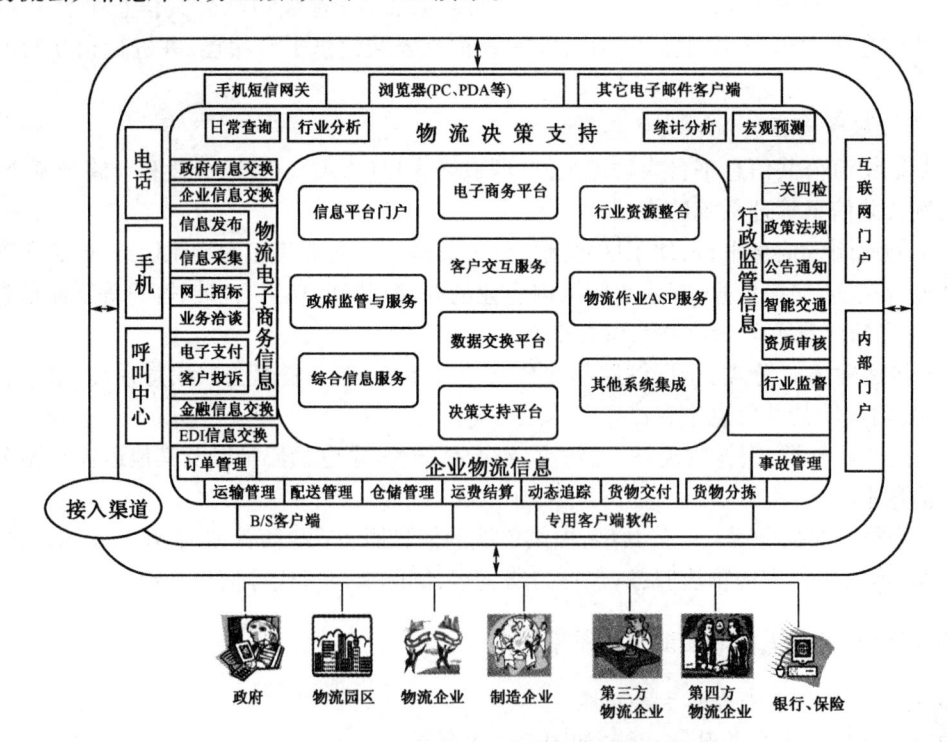

图 7‑12　公共物流平台体系结构参考模型

第一层:平台基础层,即数据标准化整合和数据交换层;第二层:服务支持层;第三层:应用扩展层,也是用户层。

(2) 物流公共信息平台的体系结构层次

物流公共信息平台应实现的应用体系结构从纵向分为四个层面:国家级、省级、地市级和园区企业级,如图7-13所示。

横向联系主要侧重于同一层面上的各级政府机关和业务系统之间的行政管理和协作;纵向联系各政府职能部门分别经各自的物流公共信息平台系统互通互联,侧重于同一职能的各级政府部门和业务系统之间的业务处理。

物流公共信息平台体系结构按物流信息的流向由两个层次构成:底层是政府的公共服务或监管平台,是为有关政府部门的行政职能服务的,主要依靠国家财政性投资完成,如铁道运输管理信息系统。顶层是物流枢纽的公共信息平台和各种商业性物流信息平台,商业性物流信息平台是由企业建设、进行商业化运作的物流信息平台,包括各种行业性、功能性物流信息平台。

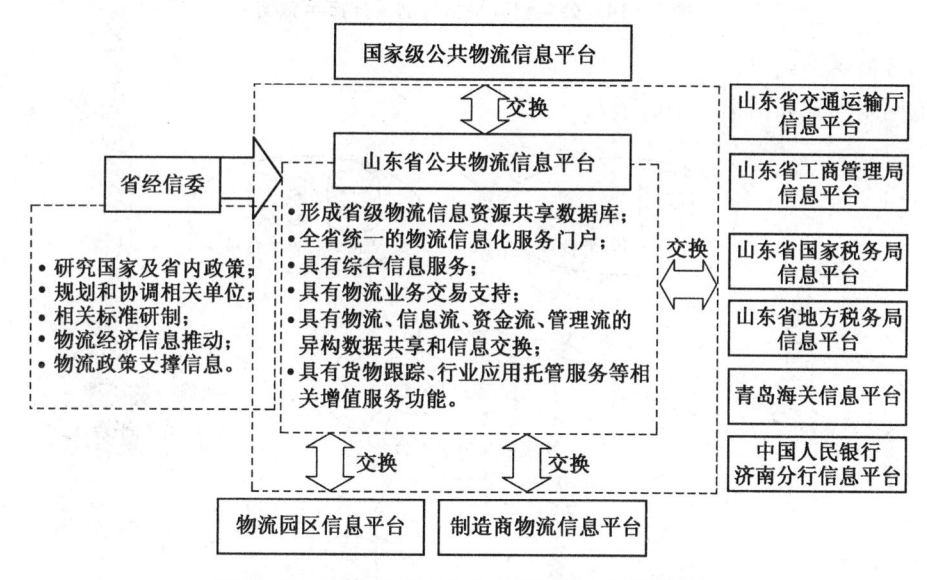

图7-13 公共物流平台体系结构纵向划分示意图

4.4 物流公共信息平台的实现

物流公共信息平台的实现主要依靠 Internet 和 Web 技术,平台宜采用 Browser/Web Server 结构模式,Web Server 的后台由数据库提供数据支持。

物流公共信息平台涉及多主体、多部门,如何保证信息流正确、及时、高效、通畅是保证物流大系统高效运行的关键。基于目前的网络构建模式,物流公共信息平台中多系统互连可以采用互通式连接、基于 C/S(客户端/服务器)网络结构和多级式网络结构等三种形式。

1. 互通式连接

互通式连接如图7-14所示。

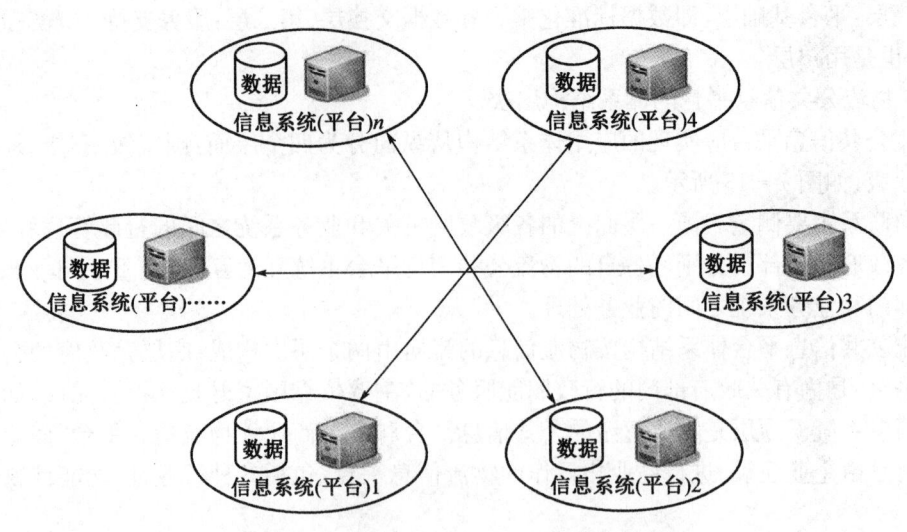

图 7-14　公共物流平台互通式连接示意图

2. C/S 网络形式

C/S 网络形式如图 7-15 所示。

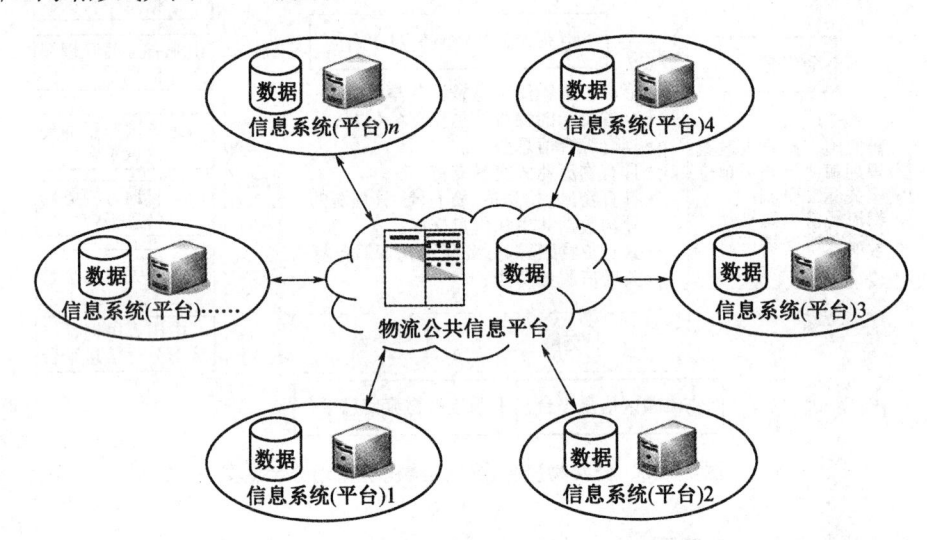

图 7-15　公共物流平台 C/S 网络形式示意图

3. 多级式网络形式

多级式网络形式如图 7-16 所示。

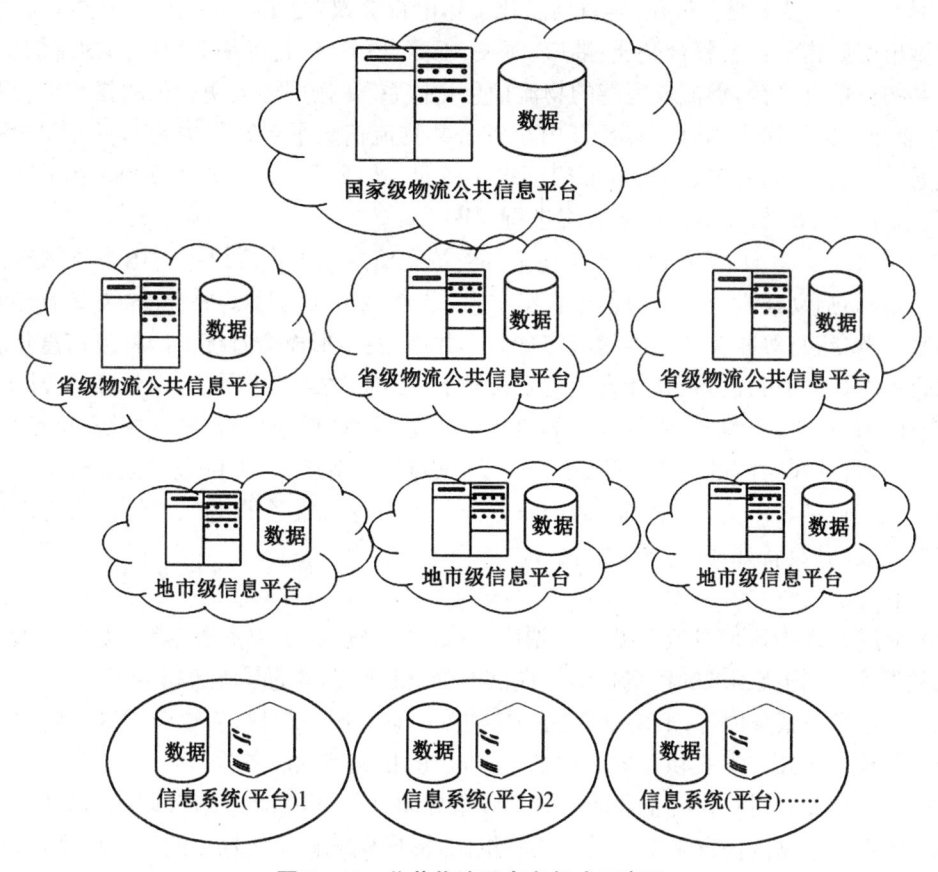

图 7-16 公共物流平台多级式示意图

单元小结

物流公共信息平台是指基于计算机通信网络技术，提供物流信息、技术、设备等资源共享服务的信息平台。具有整合供应链各环节物流信息、物流监管、物流技术和设备等资源，面向社会用户提供信息服务、管理服务、技术服务和交易服务的基本特征。

【综合练习】

1. 简答题

(1) 简述公共物流信息系统平台的定义和特点。

(2) 公共物流信息系统平台系统包括哪些部分？

(3) 公共物流信息系统平台能为物流企业带来哪些利益？

2. 案例分析

山东省公共物流信息平台

一、平台背景

2009年2月，国务院通过了《物流业调整振兴规划》，将物流公共信息平台的建设列为九大重点工程之一；2009年5月，我省出台的《现代物流业振兴发展规划》，也将建立"省级公共物流信息平台"作为我省物流信息化的三个重点工程之一。

2008年9月,姜大明省长在"全省信息化工作电视会议"上的讲话中,对公共物流信息平台建设做出明确指示:"要整合交通、港口、海关、工商、税务、银行等相关部门的物流信息资源,建设公共物流信息平台,形成较完善的物流信息化体系"。按照姜大明省长的指示结合对有关部门、企业和园区的深入调研,制定了《山东省公共物流信息平台建设方案》,并于2008年12月向交通、海关、工商、税务、银行等部门征求了意见,达成了共识。并于2009年9月协调交通、海关、工商、税务、银行等部门对方案进行评审论证。

2009年12月23日,王军民副省长在全省经济和信息化工作会议上对山东省物流信息化发展做出指示:启动建设公共物流信息省级平台、节点城市及园区子平台,加快交通、港口、海关、工商、税务、银行等相关部门的物流信息共享共用,逐步形成全省统一的物流信息化服务体系。结合王军民副省长的指示,在省经信委指导下,中创、联通建设单位,由省经信委牵头组织协调,交通、海关、工商、税务、银行等七部门联合共建,采取"政府引导、整合资源、市场化运作"的思路,经过近一年时间的需求调研、平台开发、试点接入等工作,由山东中创软件工程股份有限公司组织建设和技术支持、中国联通山东分公司提供运营服务的山东省公共物流信息平台顺利完成建设,并具备开通运营的条件。

二、平台定位

(1) 形成省级物流信息资源共享数据库,形成政务资源、运力资源、物资资源三大物流基础信息数据库,为物流领域的信息化活动提供准确、权威、丰富的基础数据。

(2) 丰富平台服务内容,形成全省统一的物流信息化服务门户,为物流园区、港口枢纽、物流企业及物流个人用户等提供不同层次的、全方位的物流信息服务。

(3) 便于有关部门对物流企业的监管和政策导向,同时也是政府服务职能的具体体现。

(4) 建立区域物流信息采集、交换、共享机制,形成区域物流信息化的行业标准,实现省内物流资源及信息的共享,并辐射周边,便于跨省物流信息的交换,同时实现与国家级公共物流平台的数据共享和信息交换。

(5) 提高社会大量闲置物流资源的利用率,起到调整、调配社会物流资源,理顺经济链的重要作用。

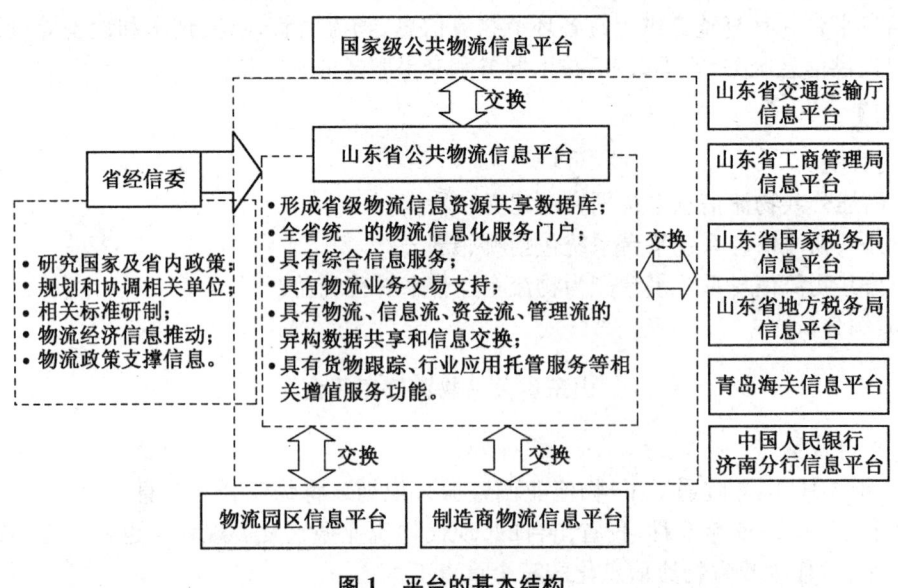

图1 平台的基本结构

（6）助力物流企业发展壮大，加强物流企业与上下游企业之间的合作，形成并优化供应链，便于物流产业链的形成。

（7）通过平台专家资源的支持，指导平台用户物流业务发展及相应的信息化建设。挖掘物流行业人才，形成物流行业人才的有效流动，发挥物流人才在物流产业发展中的积极作用。

（8）提高山东省物流信息化的整体发展水平，降低企业的市场风险，提高企业的经营管理效率，推进山东省物流产业的跨越式发展，形成较完善的物流信息化服务体系。

三、平台介绍

山东省公共物流信息平台是国内首个由政府牵头、多个省级政府部门联合共建的省级公共物流信息服务平台；平台打造全省物流信息资源共享资源库，建成全省物流信息枢纽，为物流企业、制造企业、商贸企业提供诚信可靠物流信息共享平台；平台打造全省统一的信息化服务门户，建立全新"物流园区联盟"推广接入体系，实现园区间资源共享、数据共用、信息互通；面向全省物流行业，通过SAAS模式提供全流程信息化支持，有效整合物流上下游关联企业相关资源；平台支持物流供应链全过程整合，支持网上交易、电子支付等电子商务功能，是面向物流产业全流程的信息化服务平台。

该平台以现代物流理论和供应链管理理论为指导，按照"资源重用、信息共享、易于管理、提高效率、统一标准"的规划原则，以提高公共信息服务能力和水平为重点，运用RFID、传感网、云计算、3G/3S等最新技术，建设全省统一的、综合的公共物流信息平台，助力全省物流产业振兴发展。

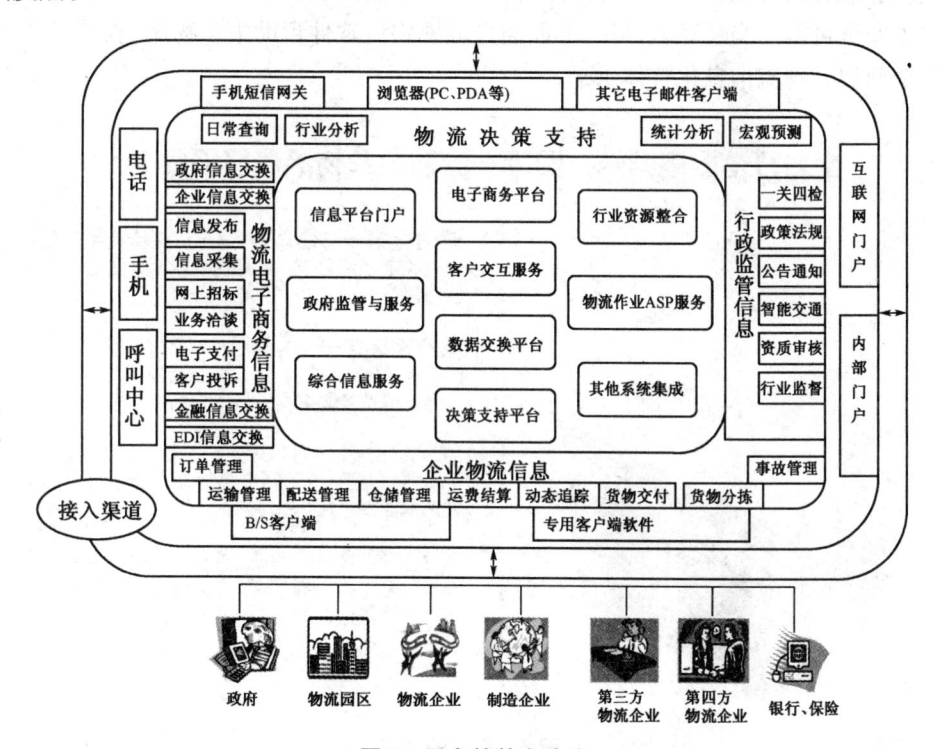

图2　平台的基本功能

四、平台创新及亮点

该平台项目在全国率先开辟了在公共物流平台信息化服务方面"政企互动、资源整合"运营模式和"运营商＋IT企业"服务模式的创新结合,在全省乃至全国公共物流平台信息化建设发展进程中具有里程碑意义。平台具有以下亮点：

一是"第一个政府性质的省级公共物流信息平台开通"。山东省公共物流信息平台是全国第一个由省政府牵头,多部门联合共建的政府性省级公共物流平台,平台对全省政务资源信息进行整合,面向社会提供综合政务信息服务,体现"政府引导、资源整合"的思路。

二是"第一个全省信息共享、互联互通的物流园区联盟成立"。建立全新全省"物流园区联盟"推广接入体系,实现园区间资源共享、数据共用、信息互通。通过公共物流信息平台,可实现山东省内区域间、区域内物流园区、配送中心、物流中心、交易中心、物流企业等之间的横向整合,做到区域物流资源信息的共享,最大限度地优化配置社会物流资源、降低社会物流成本、提升物流全过程的整体运作水平。

三是"第一个七部门联合共建的物流市场诚信体系"。平台为全国第一个整合共享七部门物流相关信息资源的平台,市场诚信体系的建立为平台运行提供了安全、诚信、可靠的交易环境。

四是"第一个'运营商＋IT'企业的物流信息服务体系"。平台由山东中创软件工程股份有限公司组织建设和技术支持、中国联通山东分公司提供运营服务,双方在政府引导下,优势互补,市场化运作,合作共赢。

五是"第一个全省性的面向物流企业的电子商务平台"。平台运用 SaaS 技术提供功能强大的全套成熟物流软件服务,一方面保障资金安全,缩短交易链、减少交易环节,大幅下降交易成本,提供安全可靠的交易环境；另一方面通过成熟物流软件帮助中小物流企业提升信息化应用水平,全面提升物流信息化整体水平。

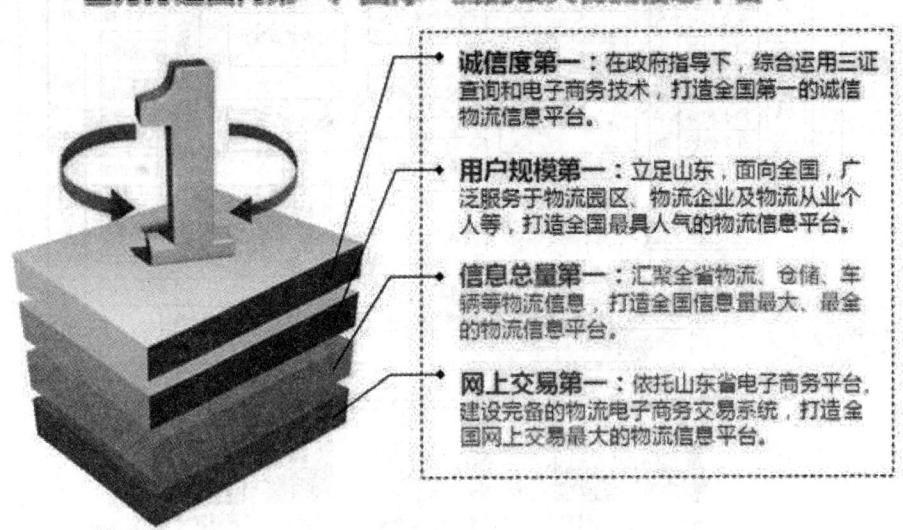

图3　平台的亮点

平台运行后,将为政府部门、物流企业及上下游相关企业和社会公众提供以下服务：

对政府部门来说,通过平台发布相关政策和信息,对物流产业发展进行引导；对政务资源信息进行整合,面向社会,综合政务信息服务;加强物流信息资源的开发利用,信息交换共享,及时掌握省内物流状态,方便统计和调控;推进信息技术在物流领域应用的深度和广度,推进物流电子商务发展;推进物流标准化和新技术的应用;提供应急物流响应,突发事件,重要战略物资的紧急调配及信息支撑;有助于培养、发现物流人才,推进物流人才产业发展。

对物流企业来说,平台可提供物流数据、信息,强化第三方物流竞争力,易于实现产业联盟;提高运力效率,避免回程空驶,方便整并柜安排,降低物流成本;提高物流整体解决方案能力,强化联运计划安排,发展多式联运;诚信核查,降低损失,同时方便货况掌握和异常货况处理;借助货源、运力相关的数据指数分析,优化运营管理;提高客户服务水平。

对物流上下游企业来说,通过平台可拓展经销渠道,寻找可信的物流服务提供商;实时掌握物流承运商的整体状况,及时查询和跟踪;快速响应异常货况和货物安全;依照实际到货安排生产,降低库存,节省物流成本,提高资金利用率;依据行业指标统计,指导企业生产,提高企业竞争力。

对社会公众来说,通过平台可浏览信息、发布信息、寻找可靠物流企业、动态追踪货物;三证查验,获得物流咨询,选择最优的物流解决方案;进行权益保障,获得可靠服务,必要时可进行服务投诉;促进物流人才就业。

五、深远影响

山东公共物流信息平台的全面运行后将充分发挥平台在现代物流领域的物流信息枢纽、公共服务和带动支撑功能,全力打造"国内第一、国际一流"的公共物流平台。平台的开通运行对我省现代物流业振兴发展产生深远影响:

(1)平台开通运行进一步发挥平台全省物流资源跨区域、跨领域物流信息交换服务中心的聚集效应和辐射效应作用,消除区域间、领域间信息技术标准差异,促进政府部门、企业、园区、市场等群体之间的信息交换,同时支持政府与监管部门对物流企业监管和政策导向,体现政府服务职能,最大化发挥信息价值。

(2)通过平台电子商务信息交易,可为社会运输经营户节约营销成本50%以上,加快信息交易的效率,使空车配货时间从原来的平均72小时缩减到目前的平均6小时,从而促进物流交易链缩短、交易环节减少,交易成本大幅下降。

(3)通过整合政府诚信资源、电子商务信用等级评价等资源,支持"政府性质+电子商务"双保险诚信交易模式的建立,以诚信交易模式确保物流企业信誉,提供安全可靠的交易环境。

(4)通过对平台所积累的全省物流运营数据进行行业统计、分析和挖掘,将为行业管理、发展与规划提供信息化的决策支持手段。

(5)促进物流、物联网等新技术的全省推广使用,发挥示范作用,提高我省物流信息化的整体发展水平。

(6)通过"物流园区推广联盟"企业示范应用,扶持带动一批物流企业做大做强。

(7)省平台物流资源的集聚将为物流企业与制造企业之间构建结实的桥梁,促进制造企业和物流企业联动发展。

六、平台示意图（图4～图5）

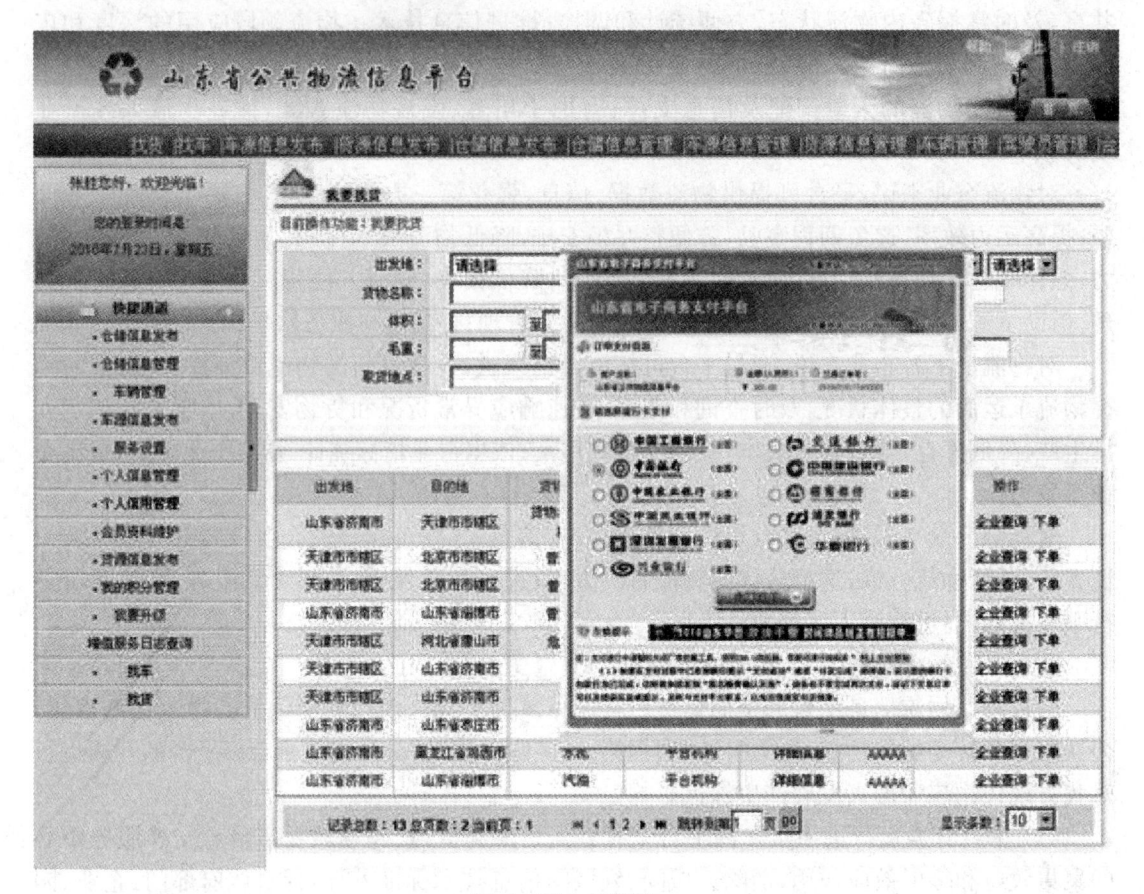

图4　平台示意图一

图5 平台示意图二

案例思考:
(1) 试述物流公共信息平台的定义和功能。
(2) 该物流信息平台有哪些创新和亮点?

项目八 物流信息安全保护体系的构建

项目描述

物流信息安全技术是指现代信息技术在物流各个作业环节中的应用,是物流现代化的重要标志,是提高物流运作效率,降低物流总成本,提供物流优质服务的重要工具和保障。

本项目的目的是通过学习常见的信息安全技术,了解目前物流企业的信息安全的重要性,以及信息安全技术在物流中的应用。

【项目目标】

1. 掌握信息安全技术的基础知识;
2. 了解物流企业信息安全需求;
3. 能够运用典型物流信息安全技术。

任务1 物流信息安全保护技术

【任务描述】

易通物流公司已经向电子商务方向发展,企业各种信息的处理基本上都在网上进行,网络和信息安全越来越重要。公司决定全面排查信息管理工作中的隐患,建立信息安全管理制度,为公司重新构建信息安全体系。

本任务的目的是为易通物流公司构建信息安全体系。

【任务目标】

1. 明确物流信息安全涉及的范围;
2. 熟悉保护信息安全的各项技术,并尝试使用;
3. 熟悉安全体系建设的内容和要求;
4. 能够为企业构建信息安全体系。

【任务实施】

1. 根据任务安排,对学生进行分组;
2. 教师讲清该任务实施的目标;
3. 学生根据任务目标通过搜集相关资料并进行整理;
4. 以小组为单位整理认知和搜集的相关材料,撰写物流信息安全保护体系报告,同时进行交流互评;
5. 教师讲评。

【学习评价】

被考评人			考评组调查对象			
考评时间			考评地点			
考评内容		物流信息安全保护体系的构建				
考评标准	内容		分值	自评	小组评议	教师评议	考评得分
	能够明确物流信息安全设计的范围		20				
	熟悉保护信息安全的各项技术		25				
	熟悉安全体系建设的内容和要求		30				
	能够为企业构建信息安全体系		25				

【相关知识点】

由于计算机网络具有联结形式多样性,终端分布不均匀性和网络的开放性、互联性等特征,致使网络易受黑客、恶意软件和其他不轨的攻击,特别是人们在观念上的误区,致使网络安全受到严重的威胁,网络安全形势日益严峻。

1.1 网络信息安全的基本概念

1. 网络信息安全的定义

信息安全是使信息避免一系列威胁,保障商务的连续性,最大限度地减少商务的损失,最大限度地获取投资和商务的回报。凡是涉及网络信息的保密性、完整性、可用性、真实性和可控性的相关技术和理论,都是网络安全的研究领域。

通俗地说,网络安全的主要目标是保护网络信息系统,使其没有危险,不受威胁,不出事故。在这里,我们用五个通俗的说法,来形象地描绘网络安全的目标:进不来;看不懂;改不了;拿不走;跑不掉。从技术角度来说,网络安全的目标可归纳为四个方面:可用性;机密性;完整性;不可抵赖性。图8-1给出了这两种目标之间的对应关系。

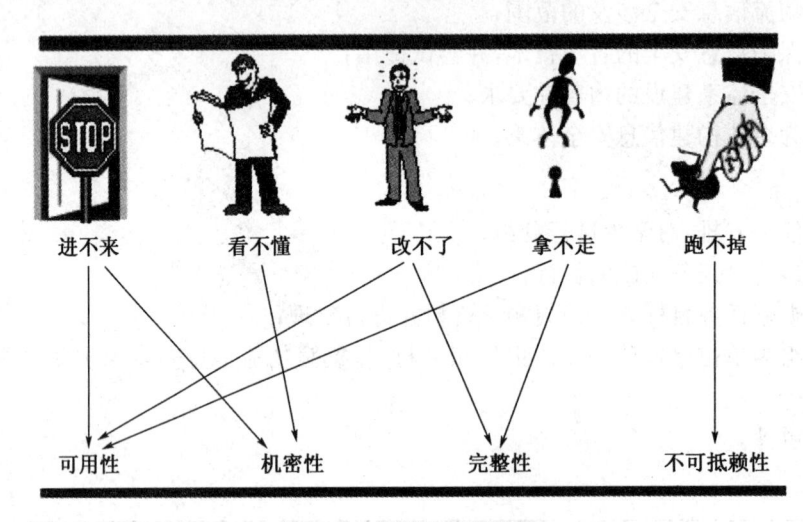

图8-1 网络安全的目标

(1) 可用性

可用性指信息或者信息系统可被合法用户访问,并按其要求运行的特性。如图8-1所示,"进不来""改不了"和"拿不走"都实现了信息系统的可用性。

人们通常采用一些技术措施或网络安全设备来实现这些目标。例如:使用防火墙,把攻击者阻挡在网络外部,让他们"进不来"。即使攻击者进入了网络内部,由于有加密机制,会使他们"改不了"和"拿不走"关键信息和资源。

(2) 机密性

机密性将对敏感数据的访问权限制在那些经授权的个人,只有他们才能查看数据。机密性可防止向未经授权的个人泄露信息,或防止信息被加工。如图8-1所示,"进不来"和"看不懂"都实现了信息系统的机密性。

人们使用口令对进入系统的用户进行身份鉴别,非法用户没有口令就"进不来",这就保证了信息系统的机密性。即使攻击者破解了口令,而进入系统,加密机制也会使得他们"看不懂"关键信息。例如,甲给乙发送加密文件,只有乙通过解密才能读懂其内容,其他人看到的是乱码。由此便实现了信息的机密性。

(3) 完整性

完整性指防止数据未经授权或意外改动,包括数据插入、删除和修改等。为了确保数据的完整性,系统必须能够检测出未经授权的数据修改。其目标是使数据的接收方能够证实数据没有被改动过。

如图 8-1 所示,"改不了"和"拿不走"都实现了信息系统的完整性。使用加密机制,可以保证信息系统的完整性,攻击者无法对加密信息进行修改或者复制。

(4) 不可抵赖性

不可抵赖性也叫不可否认性,即防止个人否认先前已执行的动作,其目标是确保数据的接收方能够确信发送方的身份。例如,接受者不能否认收到消息,发送者也不能否认发送过消息。

如图 8-1 所示,"跑不掉"就实现了信息系统的不可抵赖性。如果攻击者进行了非法操作,系统管理员使用审计机制或签名机制也可让他们无处遁形。

2. 计算机网络不安全因素

随着计算机网络的不断扩张、计算机应用知识和应用技术的普及化,网络用户群体日益扩大,但这个群体来自各个阶层,其复杂程度也在日益增加,会对网络造成危害的各类人物有增无减,显然,网络中的安全问题已日趋严重。网络的不安全因素是不法分子入侵的主要方面,因此,对计算机网络有威胁的不安全因素进行分析尤为重要。

(1) 网络硬件方面的不安全因素

① 非法终端

偷偷并接在合法终端通信接口上进行通信的终端。或当合法用户从网上断开时,非法用户乘机接入并操纵该计算机通信接口,或由于某种原因使信息传到非法终端。应选择符合实际需要的技术和先进的端口保护专用设备,使终端不易受破坏。

② 搭线窃听

随着信息传递的不断增加,传递数据的密级也在不断提高,不法分子为了获取大量经济、政治和军事等机密情报,往往会在通信线路上安装监听设备,非法窃听他人信息。当窃听到他们感兴趣的密级信息时,就非法接收下来。这种行为,虽然不影响通信线路上所传信息的传输,但该信息已被不法分子所获取。这种行为具有隐蔽性,通信双方不易觉察。因此通信线路应尽可能埋在地下,各连接点应放置在受监视的地方,以防外连的企图,并要定期检查,以检测是否有被窃听。

③ 注入非法信息

通过通信线路有预谋地注入非法信息,截获所传信息,再删除原有信息,或注入非法信息再发出,使接收者收到错误信息。应进行信息流安全控制,防止不法分子通过流量和流向分析手段确定攻击的目标。

④ 非法入侵

不法分子通过技术渗透或利用通信线路入侵网络,非法使用、破坏和获取数据及系统资源。目前的网络系统大多数采用口令来防止非法访问,一旦口令被窃,很容易侵入网络。

⑤ 电磁泄漏

网络端口、传输线路和处理机都有可能因屏蔽不良而造成电磁泄漏。传送的信息将会被他人有意或无意地接收到,因而造成信息的泄漏。应尽可能采用光缆,因为光缆不存在因各种电磁辐射引起的电磁泄漏,而且抗干扰性能极好。

⑥ 线路干扰

当公共载波转接设备陈旧或通信线路质量低劣时,会产生线路干扰,导致数据传输出错。

调制解调器会随着传输速率的上升,迅速增加错误。

（2）网络软件方面的不安全因素

网络软件方面经常遇到的不安全因素主要有以下几点：

① 所采用的病毒监控软件

所采用的病毒监控软件功能不强或版本未及时升级,使计算机病毒有孔可入,侵入内部网络,不断繁殖并扩散到网上的各计算机来破坏系统。轻者使系统出错或处理能力下降,重者可使整个系统瘫痪或崩溃。应定期清理病毒、及时升级防病毒软件版本、及时通报病毒入侵信息。同时,将网络系统中易感染病毒的文件的属性、权限加以限制,对各终端用户,只允许他们具有只读权限,断绝病毒入侵的渠道,从而达到预防的目的。

② 所安装的防火墙功能

所安装的防火墙功能欠佳,会导致"垃圾"泛滥,造成系统资源紧缺,严重影响到正常信息的储存、流通和交换,有时还影响到部分网络用户的身心健康。应安装高性能的防火墙,以防止网络系统受到攻击。同时,系统软件选择不当,特别是操作系统选择不当,将会给不法分子有孔可钻,侵入系统,可能造成极大危害。

③ 系统的访问控制功能

系统的访问控制功能不强,或者对用户的分类和标识不合理,或者访问控制策略制定不当等,都会对系统或数据的安全造成威胁。应加强网络节点、网络基本系统、网络应用系统的访问控制,以提高计算机系统的处理能力对信息的保护。

④ 应用软件

应加安全措施的应用软件可能未予标识和保护,要害的程序可能没有安全措施,使软件非法使用或破坏,或产生错误结果,要害程序一定要制定严密的安全措施。

⑤ 不妥当的标定资料

不妥当的标定资料,会导致所修改的程序构成版本错误。所用加密软件的技术或方法不够先进,加密信息就很容易被人破解并获取,将会造成重大损失。网络中的数据加密,除了选择加密算法和密钥外,主要是加密方式以及实现加密的网络协议层和密钥的分配及管理,数据加密可在网络协议体系结构的多个层次上实现。

⑥ 数据库系统的选择

数据库系统选择不当,就有数据保护能力低下等缺陷,一旦遭受攻击,容易引起数据出错、丢失等现象,严重时,甚至可使整个数据库系统瘫痪或崩溃。有些软件开发包文档的表述不够清楚,可能会在软件安装、调试,以及对软件移植或更改的过程中留下后遗症,而导致软件错误或数据错误,等等。

（3）工作人员方面的不安全因素

工作人员方面的不安全因素大致有以下几点：

① 工作责任心

工作责任心不强,没有良好的工作态度,经常擅自离开工作岗位,使不法分子有机可乘,入室盗窃机密信息和破坏系统。工作态度不良的人员,还往往懒于检查和维护系统,或者不遵守操作规程等,这很有可能引发出重大事故,使信息无法挽回地丢失。应建立人员管理制度,加强职业道德教育,对责任心不强、不守纪律的人员绝对不能留在与网络安全有关的岗位上。对特别重要的岗位要实行多人负责制,任何人不得拥有过大的访问权限。

② 保密观念

保密观念不强或不懂保密守则,随便让无关人员进入机房重地,或随便向无关人员泄露机密信息,或随便乱放打印和复印的机密信息资料、记有系统口令和系统运行状态跟踪等方面内容的工作笔记、载有重要信息的系统磁盘和磁带等,都会酿成严重后果。健全保密制度,对各类保密都需要慎重考虑,根据轻重程度划分好不同的保密级别,并制定出相应的保密措施。

③ 管理素质

如果负责人的管理意识淡薄或管理能力和业务素质较差,那么规章制度一般不会健全,这对网络安全来说,存在着很多隐患。同时,业务不训练,将会出现操作失误,而使文件出错或误发,由此造成数据丢失或信息泄密等。

④ 职业道德

缺乏职业道德的工作人员有时也会以超越权限的非法行为擅自更改、删除他人的信息内容,或利用专业知识和职务之便通过窃取他人的口令字和用户标识符来非法获取并出卖机密信息。并且,警惕性不高而利欲又较重的工作人员,很容易被不法分子利用,而充当他们窃取机密信息的工具。

1.2 信息安全的主要技术

1. 信息安全技术的分类

信息安全的技术主要包括两大类:

(1) 主动防御技术

① 密码技术,包括加密技术和数字签名技术。

② CA 认证,CA 中心是具有权威性和公正性的第三方信任机构,提供网络身份认证服务。

③ 访问控制,分为自主访问控制和强制访问控制。即通过控制用户对资源的访问和通过规定主体对客体的操作权限来保证信息的安全。

④ 虚拟网络技术。

⑤ 入侵检测,使用软件(或硬件)技术监视和分析网络信息系统中发生的事件,当系统受到攻击时,它可检测并做出积极响应。

(2) 被动防御技术

① 防火墙技术。置于可信与不可信网络之间的安全防身系统,用于控制非授权的访问进出。

② 安全扫描。可自动检测远程或本地主机安全弱点的程序,用于观察网络的工作情况,收集主机信息。

③ 密码检查器。口令验证程序检查薄弱的口令。

④ 安全审计。记录与安全相关事件的日志文件,可供日后查看,发现系统安全弱点和漏洞。

⑤ 路由过滤。对所接收的数据包根据过滤规则做出允许或拒绝的决定。

⑥ 安全管理技术。制定安全规章制度和条例。

2. 加密技术

加密技术是网络安全的核心,现代密码技术发展至今二十余年,其技术已由传统的只注重保密性转移到保密性、真实性、完整性和可控性的完美结合。加密技术是解决网络上信息传输安全的主要方法,其核心是加密算法的设计。加密算法按照密钥的类型,可分为非对称密钥加密算法和对称密钥加密算法。

(1) 对称加密技术

对称加密采用了对称密码编码技术,它的特点是文件加密和解密使用相同的密钥,即加密密钥也可以用作解密密钥,这种方法在密码学中叫作对称加密算法,对称加密算法使用起来简单快捷,密钥较短,且破译困难。除了数据加密标准(DNS),另一个对称密钥加密系统是国际数据加密算法(IDEA),它比 DNS 的加密性好,而且对计算机功能要求也没有那么高。IDEA 加密标准由 PGP(Pretty Good Privacy)系统使用。

(2) 非对称密钥加密

1976 年,美国学者 Dime 和 Henman 为解决信息公开传送和密钥管理问题,提出一种新的密钥交换协议,允许在不安全的媒体上的通信双方交换信息,安全地达成一致的密钥,这就是"公开密钥系统"。相对于"对称加密算法",这种方法也叫作"非对称加密算法"。与对称加密算法不同,非对称加密算法需要两个密钥:公开密钥(publickey)和私有密(privatekey)。公开密钥与私有密钥是一对,如果用公开密钥对数据进行加密,只有用对应的私有密钥才能解密;如果用私有密钥对数据进行加密,那么只有用对应的公开密钥才能解密。因为加密和解密使用的是两个不同的密钥,所以这种算法叫作非对称加密算法。

3. 防火墙技术

(1) 防火墙的概念

防火墙的原始概念是为了防止火灾从建筑物的一侧传播到另一侧而设置的防御设施。从理论上讲,防火墙的作用也与之类似,它是一种将内部网和公众访问网分开的方法,它实际上是一种隔离技术。防火墙是在两个网络通信时执行的一种访问控制尺度,它能允许你"同意"的人和数据进入你的网络,同时将你"不同意"的人和数据拒之门外,最大限度地阻止网络中的黑客来访问你的网络,防止他们更改、拷贝、毁坏你的重要信息。

网络安全上所说的防火墙,是指在两个网络之间加强访问控制的一整套装置,是内部网络与外部网络的安全防范系统通常安装在内部网络与外部网络的连接点上,如图 8-2 所示。从图中看出,所有来自 Internet(外部网)的传输信息或从内部网络发出的信息都必须穿过防火墙。

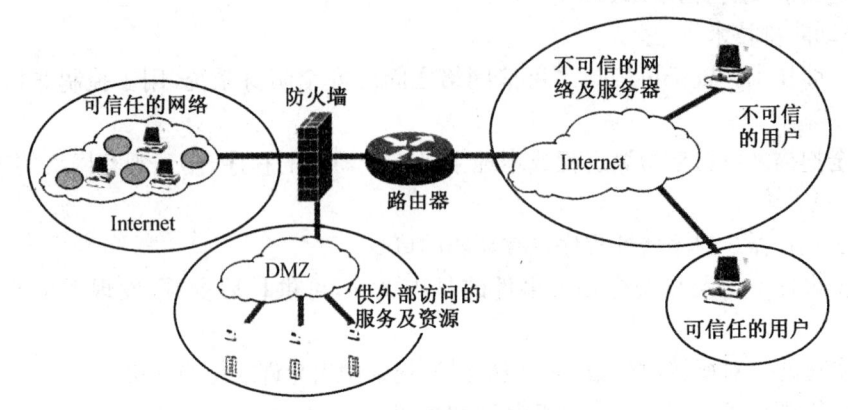

图 8-2 防火墙的防范功能示意图

从逻辑上讲,防火墙是分离器、限制器、分析器,而防火墙的物理实现方式又有所不同,通常一个防火墙由一套硬件(一个路由器或路由器的组合,一台主机)和适当的软件组成。

(2) 防火墙的基本类型

网络防火墙技术是一种用来加强网络之间访问控制,防止外部网络用户以非法手段进入内部网络,访问内部网络资源,保护内部网络的特殊网络互联设备。它对两个或多个网络之间传输的数据包按照一定的安全策略来实施检查,以决定网络之间的通信是否被允许,并监视网络运行状态。根据防火墙所采用的技术不同,我们可以将它分为 4 种基本类型:包过滤型(Packet Filtering)、应用层代理型(Application Proxy)、状态包过滤型(Stateful Packet Filtering)和网络地址转换型。

① 包过滤型

包过滤型产品是防火墙的初级产品,其技术依据是网络中的分包传输技术。网络上的数据都是以"包"为单位进行传输的,数据被分割成为一定大小的数据包,每一个数据包中都会包含一些特定信息,如数据的源地址、目标地址、TCP/UDP 源端口和目标端口等。防火墙通过读取数据包中的地址信息来判断这些"包"是否来自可信任的安全站点,一旦发现来自危险站点的数据包,防火墙便会将这些数据拒之门外。系统管理员也可以根据实际情况灵活制订判断规则。

包过滤技术的优点是简单实用,实现成本低。它是一种完全基于网络层的安全技术,只能根据数据包的源、目标端口等网络信息进行判断,无法识别基于应用层的恶意侵入,有经验的黑客很容易伪造 IP 地址,骗过包过滤型防火墙,达到入侵网络的目的。

② 网络地址转换型

网络地址转换是一种用于把 IP 地址转换成临时的、外部的 IP 地址标准。它允许具有私有 IP 地址的内网访问因特网。在内网通过安全网卡访问外网时,将产生一个映射记录。系统将外出的源地址映射为一个伪装的地址,让这个伪装的地址通过非安全网卡与外网连接,这样对外就隐藏了真实的内网地址。在外网通过非安全网卡访问内网时,它并不知道内网的连接情况,而只是通过一个开放的 IP 地址来请求访问。防火墙根据预先定义好的映射规则来判断这个访问是否安全。当符合规则时,防火墙认为是安全的访问,可以接受访问请求。当不符合规则时,防火墙认为该访问是不安全的,就屏蔽外部的连接请求。网络地址转换的过程对于用户来说是透明的,不需要用户进行设置,用户只要进行常规操作即可。

③ 代理型

代理型防火墙也可以被称为代理服务器,它的安全性要高于包过滤型产品,并已经开始向应用层发展。代理服务器位于客户机与服务器之间,完全阻挡了二者间的数据交流。当客户机需要使用服务器上的数据时,首先将数据请求发给代理服务器,代理服务器再根据这一请求向服务器索取数据,然后由代理服务器将数据传输给客户机。由于外部系统与内部服务器之间没有直接的数据通道,外部的恶意侵害也就很难伤害到企业内部网络系统。

代理型防火墙的优点是安全性较高,可以针对应用层进行侦测和扫描,对付基于应用层的侵入和病毒都十分有效。其缺点是对系统的整体性能有较大的影响,而且代理服务器必须针对客户机可能产生的所有应用类型逐一进行设置,大大增加了系统管理的复杂性。

④ 监测型

监测型防火墙是新一代的产品,这一技术实际已经超越了最初的防火墙定义。监测型防火墙能够对各层的数据进行主动、实时的监测,在对这些数据加以分析的基础上,监测型防火墙能够有效地判断出各层中的非法侵入。同时,这种检测型防火墙产品一般还带有分布式探测器,这些探测器安置在各种应用服务器和其他网络的节点中,不仅能够检测来自网络外部的攻击,同时对自内部的恶意破坏也有极强的防范作用。虽然监测型防火墙安全性上已超越了包过滤型和代理服务器防火墙,但由于监测型防火墙技术的实现成本较高,也不易管理,所以目前在实用中的防火墙产品仍然以代理型产品为主,但在某些方面也已经开始使用监测型防火墙。

(3) 防火墙的配置

防火墙配置有三种:Dual-homed 方式、Screened-host 方式和 Screened-subnet 方式。Dual-homed 方式最简单。Dual-homed Gateway 放置在两个网络之间,这个 Dual-homed Gateway 又称为 Bastionhost。这种结构成本低,但是它有单点失败的问题。这种结构没有增加网络安全的自我防卫能力,而它往往是"黑客"攻击的首选目标,它自己一旦被攻破,整个网络也就暴露了。

Screened-host 方式中的 Screeningrouter 为保护 Bastion host 的安全建立了一道屏障。它将所有进入的信息先送往 Bastionhost,并且只接受来自 Bastionhost 的数据作为出去的数据。这种结构依赖 Screeningrouter 和 Bastionhost,只要有一个失败,整个网络就暴露了。

Screened-subnet 包含两个 Screeningrouter 和两个 Bastionhost。在公共网络和私有网络之间构成了一个隔离网,称之为"停火区"(Demilitarized Zone,DMZ),Bastionhost 放置在"停火区"内。这种结构安全性好,只有当两个安全单元被破坏后,网络才被暴露,但成本也很高。

(4) 防火墙的选择方案

防火墙是一类防范措施的总称,简单的防火墙,可以只用路由器实现,复杂的要用一台主机甚至一个子网来实现,它可以在 IP 层设置屏障,也可以用应用层软件来阻止外来攻击,所以我们要根据实际需要,对防火墙进行选择,应用技术人员的任务是权衡利弊,在网络服务高效灵活、安全保障和应用成本之间找到一个"最佳平衡点",通过对防火墙的安全性分析和成本估算来决定防火墙的实施策略。

从趋势上看,未来的防火墙将位于网络级防火墙和应用级防火墙之间,也就是说,网络级防火墙将变得更加能够识别通过的信息,而应用级防火墙在目前的功能上则向"透明""低级"方面发展。最终防火墙将成为一个快速注册稽查系统,可保护数据以加密方式通过,使所有组织可以放心地在节点间传送数据。

① 常用的防火墙品牌

a. 国外防火墙的产品,如图 8-3 所示。

图 8-3 国外防火墙的产品

b. 国内防火墙的产品,如图 8-4 所示。

图 8-4 国内防火墙的产品

4. 网络防病毒技术

(1) 病毒预防技术

计算机病毒的预防技术是指通过一定的技术手段防止计算机病毒对系统的破坏。计算机病毒的预防应包括对已知病毒的预防和对未知病毒的预防。预防病毒技术包括:磁盘引导区保护、加密可执行程序、读写控制技术、系统监控技术等。

(2) 病毒检测技术

计算机病毒的检测技术是指通过一定的技术判定出计算机病毒的一种技术。计算机病毒的检测技术有两种:一种是判断计算机病毒特征的监测技术。病毒特征包括病毒关键字、特征程序段内容、传染方式、文件长度的变化等。另一种是文件自身检测技术,这是一种不针对具体病毒程序的特征进行判断,而只是通过对文件自身特征的检验技术,如出现差异,即表示该文件已感染上了病毒,达到了检测病毒存在的目的。

(3) 病毒消除技术

计算机病毒的消除技术是计算机病毒检测技术发展的必然结果,是计算机病毒传染程序的一种逆过程。但由于杀毒软件的更新是在病毒出现后才能研制,有很大的被动性和滞后性,而且由于计算机软件所要求的精确性,致使某些变种病毒无法消除,因此应经常升级杀毒软件。

(4) 防病毒产品的选择原则

① 病毒查杀能力;
② 对新病毒的反应能力;
③ 病毒实时监测能力;
④ 快速、方便地升级;
⑤ 智能安装、远程识别;
⑥ 管理方便,易于操作;
⑦ 对现有资源的占用情况;
⑧ 系统兼容性;
⑨ 软件的价格;

⑩ 软件商的企业实力。

(5) 常见的防病毒产品

常见的防病毒产品如图 8-5 所示。

图 8-5　常见的防病毒产品

5. VPN 网关

(1) VPN 简介

虚拟专用网(Virtual Private Network,VPN)是一种"基于公共数据网,给用户一种直接连接到私人局域网感觉的服务"。VPN 极大地降低了用户的费用,而且提供了比传统方法更强的安全性和可靠性,如图 8-6 所示。

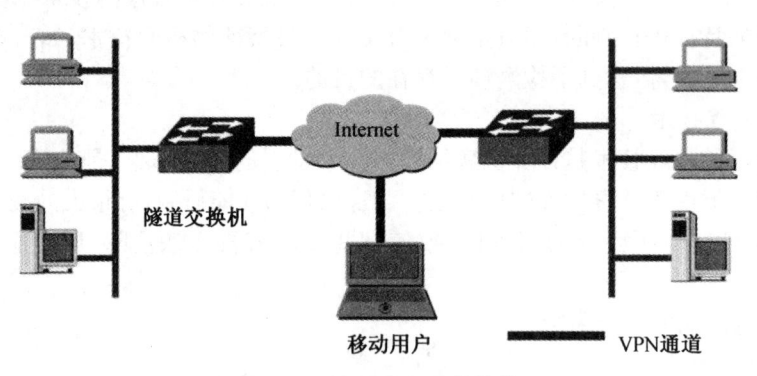

图 8-6　虚拟专用网的结构

VPN 可分为三大类：

① 企业各部门与远程分支之间的 Intranet VPN；

② 企业网与远程(移动)雇员之间的远程访问(Remote Access)VPN；

③ 企业与合作伙伴、客户、供应商之间的 Extranet VPN。

(2) VPN 的要求

① 安全性

VPN 提供用户一种私人专用(Private)的感觉,因此建立在不安全、不可信任的公共数据网的首要任务是解决安全性问题。VPN 的安全性可通过隧道技术、加密和认证技术得到解决。在 Intranet VPN 中,要有高强度的加密技术来保护敏感信息;在远程访问 VPN 中要有对远程用户可靠的认证机制。

② 性能

VPN 要发展其性能至少不应该低于传统方法。尽管网络速度不断提高,但在 Internet 时代,随着电子商务活动的激增,网络拥塞经常发生,这给 VPN 性能的稳定带来极大的影响。因此 VPN 解决方案应能够让管理员进行通信控制来确保其性能。通过 VPN 平台,管理员定义管理政策来激活基于重要性的出入口带宽分配。这样既能确保对数据丢失有严格要求和高优先级应用的性能,又不会"饿死"低优先级的应用。

③ 管理问题

由于网络设施、应用不断增加,网络用户所需的 IP 地址数量持续增长,对越来越复杂的网络管理,网络安全处理能力的大小是 VPN 解决方案好坏的至关重要的因素。VPN 是公司对外的延伸,因此 VPN 要有一个固定管理方案以减轻管理、报告等方面的负担。管理平台要有一个定义安全政策的简单方法,将安全政策进行分布,并管理大量设备。

④ 互操作

在 Extranet VPN 中,企业要与不同的客户及供应商建立联系,VPN 解决方案也会不同。因此,企业的 VPN 产品应该能够同其他厂家的产品进行互操作。这就要求所选择的 VPN 方案应该是基于工业标准和协议的。这些协议有 IPSec、点到点隧道协议(Point to Point Tunneling Protocol,PPTP)、第二层隧道协议(Layer 2 Tunneling Protocol,L2TP)等。

(3) VPN 的功能

VPN 必须具备如下功能:

① 保证数据的真实性,通信主机必须是经过授权的,要有抵抗地址冒认(IP Spoofing)的能力。

② 保证数据的完整性,接收到的数据必须与发送时的一致,要有抵抗不法分子篡改数据的能力。

③ 保证通道的机密性,提供强有力的加密手段,必须使偷听者不能破解拦截到的通道数据。

提供动态密钥交换功能,提供密钥中心管理服务器,必须具备防止数据重演(Replay)的功能,保证通道不能被重演。

④ 提供安全防护措施和访问控制,要有抵抗黑客通过 VPN 通道攻击企业网络的能力,并且可以对 VPN 通道进行访问控制(Access Control)。

(4) VPN 的实现技术

VPN 实现的两个关键技术是隧道技术和加密技术,同时 QoS 技术对 VPN 的实现也至关重要。

首先提供一个 VPN 访问点功能组成模型图作为参考。其中 IPSec 集成了 IP 层隧道技术和加密技术。

① 隧道技术

隧道技术简单地说就是:原始报文在 A 地进行封装,到达 B 地后把封装去掉还原成原始报文,这样就形成了一条由 A 到 B 的通信隧道。目前实现隧道技术的有一般路由封装

(GenericRoutingEncapsulation,GRE)、L2TP 和 PPTP。

a. GRE

GRE 主要用于源路由和终路由之间所形成的隧道。例如,将通过隧道的报文用一个新的报文头(GRE 报文头)进行封装然后带着隧道终点地址放入隧道中。当报文到达隧道终点时,GRE 报文头被剥掉,继续原始报文的目标地址进行寻址。GRE 隧道通常是点到点的,即隧道只有一个源地址和一个终地址。然而也有一些实现允许点到多点,即一个源地址对多个终地址。这时候就要和下一跳路由协议(Next-Hop Routing Protocol,NHRP)结合使用。NHRP主要是为了在路由之间建立捷径。

GRE 隧道用来建立 VPN 有很大的吸引力。从体系结构的观点来看,VPN 就像是通过普通主机网络的隧道集合。普通主机网络的每个点都可利用其地址以及路由所形成的物理连接,配置成一个或多个隧道。在 GRE 隧道技术中入口地址用的是普通主机网络的地址空间,而在隧道中流动的原始报文用的是 VPN 的地址空间,这样反过来就要求隧道的终点应该配置成 VPN 与普通主机网络之间的交界点。这种方法的好处是使 VPN 的路由信息从普通主机网络的路由信息中隔离出来,多个 VPN 可以重复利用同一个地址空间而没有冲突,这使得 VPN 从主机网络中独立出来,从而满足了 VPN 的关键要求;可以不使用全局唯一的地址空间。隧道也能封装数量众多的协议族,减少实现 VPN 功能函数的数量。还有,对许多 VPN 所支持的体系结构来说,用同一种格式来支持多种协议同时又保留协议的功能,这是非常重要的。IP 路由过滤的主机网络不能提供这种服务,而只有隧道技术才能把 VPN 私有协议从主机网络中隔离开来。基于隧道技术的 VPN 实现的另一特点是对主机网络环境和 VPN 路由环境进行隔离。对 VPN 而言主机网络可看成点到点的电路集合,VPN 能够用其路由协议穿过符合 VPN 管理要求的虚拟网。同样,主机网络用符合网络要求的路由设计方案,而不必受 VPN 用户网络的路由协议限制。

虽然 GRE 隧道技术有很多优点,但用其技术作为 VPN 机制也有缺点,例如管理费用高、隧道的规模数量大等。因为 GRE 是由手工配置的,所以配置和维护隧道所需的费用和隧道的数量是直接相关的——每次隧道的终点改变,隧道要重新配置。隧道也可自动配置,但有缺点,如不能考虑相关路由信息、性能问题以及容易形成回路问题。一旦形成回路,会极大恶化路由的效率。除此之外,通信分类机制是通过一个好的粒度级别来识别通信类型。如果通信分类过程是通过识别报文(进入隧道前的)进行的话,就会影响路由发送速率的能力及服务性能。

GRE 隧道技术是用在路由器中的,可以满足 Extranet VPN 以及 Intranet VPN 的需求。但是在远程访问 VPN 中,多数用户是采用拨号上网。这时可以通过 L2TP 和 PPTP 来加以解决。

b. L2TP 和 PPTP

L2TP 是 L2F(Layer 2 Forwarding)和 PPTP 的结合。但是由于 PC 机的桌面操作系统包含着 PPTP,因此 PPTP 仍比较流行。隧道的建立有两种方式,即"用户初始化"隧道和"NAS初始化"(Network Access Server)隧道。前者一般指"主动"隧道,后者指"强制"隧道。"主动"隧道是用户为某种特定目的的请求建立的,而"强制"隧道则是在没有任何来自用户的动作以及选择的情况下建立的。

L2TP 作为"强制"隧道模型是让拨号用户与网络中的另一点建立连接的重要机制。建立过程如下：用户通过 Modem 与 NAS 建立连接；用户通过 NAS 的 L2TP 接入服务器身份认证；在政策配置文件或 NAS 与政策服务器进行协商的基础上，NAS 和 L2TP 接入服务器动态地建立一条 L2TP 隧道；用户与 L2TP 接入服务器之间建立一条点到点协议（Point to Point Protocol，PPP）访问服务隧道；用户通过该隧道获得 VPN 服务。

与之相反的是，PPTP 作为"主动"隧道模型允许终端系统进行配置，与任意位置的 PPTP 服务器建立一条不连续的、点到点的隧道。并且，PPTP 协商和隧道建立过程都没有中间媒介 NAS 的参与。NAS 的作用只是提供网络服务。PPTP 建立过程如下：用户通过串口以拨号 IP 访问的方式与 NAS 建立连接取得网络服务；用户通过路由信息定位 PPTP 接入服务器；用户形成一个 PPTP 虚拟接口；用户通过该接口与 PPTP 接入服务器协商、认证建立一条 PPP 访问服务隧道；用户通过该隧道获得 VPN 服务。

在 L2TP 中，用户感觉不到 NAS 的存在，仿佛与 PPTP 接入服务器直接建立连接。而在 PPTP 中，PPTP 隧道对 NAS 是透明的，NAS 不需要知道 PPTP 接入服务器的存在，只是简单地把 PPTP 流量作为普通 IP 流量处理。

采用 L2TP 还是 PPTP 实现 VPN 取决于要把控制权放在 NAS 还是用户手中。L2TP 比 PPTP 更安全，因为 L2TP 接入服务器能够确定用户从哪里来的。L2TP 主要用于比较集中的、固定的 VPN 用户，而 PPTP 比较适合移动的用户。

② 加密技术

数据加密的基本思想是通过变换信息的表示形式来伪装需要保护的敏感信息，使非受权者不能了解被保护信息的内容。加密算法有用于 Windows 95 的 RC4、用于 IPSec 的 DES 和三次 DES。RC4 虽然强度比较弱，但是保护免于非专业人士的攻击已经足够了，DES 和三次 DES 强度比较高，可用于敏感的商业信息。

加密技术可以在协议栈的任意层进行，可以对数据或报文头进行加密。在网络层中的加密标准是 IPSec。网络层加密实现的最安全方法是在主机的端到端进行。另一个选择是"隧道模式"：加密只在路由器中进行，而终端与第一跳路由之间不加密。这种方法不太安全，因为数据从终端系统到第一条路由时可能被截取而危及数据安全。终端到终端的加密方案中，VPN 安全粒度达到个人终端系统的标准，而"隧道模式"方案，VPN 安全粒度只达到子网标准。在链路层中，目前还没有统一的加密标准，因此所有链路层加密方案基本上是生产厂家自己设计的，需要特别的加密硬件。

③ QoS 技术

通过隧道技术和加密技术，已经能够建立起一个具有安全性、互操作性的 VPN。但是该 VPN 性能上不稳定，管理上不能满足企业的要求，这就要加入 QoS 技术。实行 QoS 应该在主机网络中，即 VPN 所建立的隧道这一段，这样才能建立一条性能符合用户要求的隧道。

不同的应用对网络通信有不同的要求，这些要求可用如下参数给予体现：

a. 带宽：网络提供给用户的传输率；

b. 反应时间：用户所能容忍的数据包传递延时；

c. 抖动：延时的变化；

d. 丢失率：数据包丢失的比率。

网络资源是有限的，有时用户要求的网络资源得不到满足，通过 QoS 机制对用户的网络资源分配进行控制以满足应用的需求。QoS 机制具有通信处理机制以及供应（Provisioning）

和配置（Configuration）机制。通信处理机制包括 802.1p、区分服务（Differentiated Service，DiffServ）、综合服务（Integrated Services，IntServ）等等。现在大多数局域网是基于 IEEE 802 技术的，如以太网、令牌环、FDDI 等，802.1p 为这些局域网提供了一种支持 QoS 的机制。802.1p 对链路层的 802 报文定义了一个可表达 8 种优先级的字段。802.1p 优先级只在局域网中有效，一旦出了局域网，通过第三层设备时就被移走。DiffServ 则是第三层的 QoS 机制，它在 IP 报文中定义了一个字段称 DSCP（DiffServ Code Point）。DSCP 有六位，用作服务类型和优先级，路由器通过它对报文进行排队和调度。与 802.1p、DiffServ 不同的是，IntServ 是一种服务框架，目前有两种：保证服务和控制负载服务。保证服务许诺在保证的延时下传输一定的通信量；控制负载服务则同意在网络轻负载的情况下传输一定的通信量。典型地，IntServ 与资源预留协议（Resource ReserVation Protocol，RSVP）相关。IntServ 服务定义了允许进入的控制算法，决定多少通信量被允许进入网络中。

供应和配置机制包括 RSVP、子网带宽管理（Subnet Bandwidth Manager，SBM）、政策机制和协议以及管理工具和协议。这里供应机制指的是比较静态的、比较长期的管理任务，如：网络设备的选择、网络设备的更新、接口添加删除、拓扑结构的改变等等。而配置机制指的是比较动态、比较短期的管理任务，如：流量处理的参数。

RSVP 是第三层协议，它独立于各种的网络媒介。因此，RSVP 往往被认为介于应用层（或操作系统）与特定网络媒介 QoS 机制之间的一个抽象层。RSVP 有两个重要的消息：PATH 消息，从发送者到接收者；RESV 消息，从接收者到始发者。RSVP 消息包含如下信息：网络如何识别一个会话流（分类信息）；描述会话流的定量参数（如数据率）；要求网络为会话流提供的服务类型；政策信息（如用户标识）。RSVP 的工作流程如下：

　　a. 会话发送者首先发送 PATH 消息，沿途的设备若支持 RSVP 则进行处理，否则继续发送；

　　b. 设备若能满足资源要求，并且符合本地管理政策的话，则进行资源分配，PATH 消息继续发送，否则向发送者发送拒绝消息；

　　c. 会话接收者若对发送者要求的会话流认同，则发送 RESV 消息，否则发送拒绝消息；

　　d. 当发送者收到 RESV 消息时，表示可以进行会话，否则表示失败。

SBM 是对 RSVP 功能的加强，扩大了对共享网络的利用。在共享子网或 LAN 中包含大量交换机和网络集线器，因此标准的 RSVP 对资源不能充分利用。支持 RSVP 的主机和路由器同意或拒绝会话流，是基于它们个人有效的资源而不是基于全局有效的共享资源。结果，共享子网的 RSVP 请求导致局部资源的负载过重。SBM 可以解决这个问题：协调智能设备，包括：具有 SBM 能力的主机、路由器以及交换机。这些设备自动运行一选举协议，选出最合适的设备作为 DSBM（Designated SBM）。当交换机参与选举时，它们会根据第二层的拓扑结构对子网进行分割。主机和路由器发现最近的 DSBM 并把 RSVP 消息发送给它。然后，DSBM 查看所有消息来影响资源的分配并提供允许进入控制机制。

网络管理员基于一定的政策进行 QoS 机制配置。政策组成部分包括：政策数据，如用户名；有权使用的网络资源；政策决定点（Policy Decsion Point，PDP）；政策加强点（Policy Enforcement Point，PEP）以及它们之间的协议。传统的由上而下（Top Down）的政策协议包括简单网络管理协议（Simple Network Management Protocol，SNMP）、命令行接口（Command Line Interface，CLI）、命令开放协议服务（Command Open Protocol Services，

COPS)等。这些 QoS 机制相互作用使网络资源得到最大化利用,同时又向用户提供了一个性能良好的网络服务。

常见 VPN 产品如图 8-7 所示。

图 8-7 常见 VPN 产品

6. 认证技术

(1) 认证技术的定义

认证是最重要的安全服务之一,因为所有其他的安全服务都依赖于该服务。认证就是指用户必须提供他是谁的证明,他是某个雇员,某个组织的代理或某个软件过程(如股票交易系统或 Web 订货系统的软件过程)。认证的标准方法就是弄清楚他是谁,他具有什么特征,他知道什么可用于识别他的东西。比如说,系统中存储了他的指纹,他接入网络时,就必须在连接到网络的电子指纹机上提供他的指纹(这就防止他以假的指纹或其他电子信息欺骗系统),只有指纹相符才允许他访问系统。更先进的是通过视网膜血管分布图来识别,原理与指纹识别相同,声波纹识别也是商业系统采用的一种识别方式。网络通过用户拥有什么东西来识别的方法,典型的是用智能卡或其他特殊形式的标志,这类标志可以从连接到计算机上的读出器读出来。至于说"他知道什么",最普通的就是口令。口令具有共享秘密的属性。例如,要使服务器操作系统识别要入网的用户,那么用户必须把他的用户名和口令送服务器。服务器就将它与保存在数据库里的用户名和口令进行比较,如果相符,就通过了认证,可以上网访问。这个口令就由服务器和用户共享。更保密的认证可以是几种方法组合而成。例如用 ATM 卡和 PIN 卡。

网络认证技术是网络安全技术的重要组成部分之一。认证指的是证实被认证对象是否属实和是否有效的一个过程。其基本思想是通过验证被认证对象的属性来达到确认被认证对象是否真实有效的目的。被认证对象的属性可以是口令、数字签名或者像指纹、声音、视网膜这样的生理特征。认证常常被用于通信双方相互确认身份,以保证通信的安全。

(2) 基于 CA 的认证体系

① 关于 CA 的基本知识

CA,又称为证书授权(Certificate Authority),作为电子商务交易中受信任和具有权威性的第三方,承担公钥体系中公钥的合法性检验的责任。它负责产生、分配并管理所有参与网上信息交换各方所需的数字证书,因此是安全电子信息交换的核心。

为保证客户之间在网上传递信息的安全性、真实性、可靠性、完整性和不可抵赖性,不仅需要对客户的身份真实性进行验证,也需要有一个具有权威性、公正性、唯一性的机构,负责向电子商务的各个主体颁发并管理符合国内、国际安全电子交易协议标准的安全证书。

数字证书管理中心是保证电子商务安全的基础设施。它负责电子证书的申请、签发、制作、废止、认证和管理,提供网上客户身份认证、数字签名、电子公证、安全电子邮件等服务。

CA 为电子商务服务的证书中心,是 PKI(Public Key Infrastructure)体系的核心。它为客户的公开密钥签发公钥证书、发放证书和管理证书,并提供一系列密钥生命周期内的管理服务。它将客户的公钥与客户的名称及其他属性关联起来,为客户之间电子身份进行认证。是电子商务存在和发展的基础。

CA 认证中心负责为客户发放数字证书(Digital Certificate),数字证书是一个经证书授权中心签名的包含公开密钥拥有者信息以及公开密钥的文件。以机构的数字签名使得第三者不能伪造和篡改证书。数字证书拥有者可以将其证书提供给其他人、WEB 站点及网络资源以证实他的合法身份,并且与对方建立加密的、可信的通信。

认证中心颁发的数字证书均遵循 ITU-TX.509 标准。基于 X.509 证书的认证技术适用于开放式网络环境下的身份认证,该技术已被广泛接受,许多网络安全程序都可以使用 X.509 证书(如:IPSec,SSL,SET,S1 MINE 等)。

一个标准的 X.509 数字证书包含以下一些内容:

a. 证书的版本信息;
b. 证书的序列号,每个用户都有一个唯一的证书序列号;
c. 证书所使用的签名算法;
d. 证书的发行机构名称;
e. 证书的有效期,现在通用的证书一般采用 UTC 时间格式,它的计时范围为 1950～2049;
f. 证书所有人的名称;
g. 证书所有人的公开密钥(关于公开密钥的信息详见非对称密码算法的有关内容);
h. 证书发行者对证书的签名。

此外,X.509 证书格式还预留了扩展,用户可以根据自己的需要进行扩展。基于 X.509 证书的认证实际上是将人与人之间的信任转化为个人对组织机构的信任,因此这种认证系统需要有 CA 的支持。当用户向某一服务器提出访问请求时,服务器要求用户提交数字证书。收到用户的证书后,服务器利用公开密钥对签名进行解密,获得信息的散列码。然后服务器用与以相同的散列算法对证书的信息部分进行处理,得到一个散列码,将此散列码与对签名解密所得到的散列码进行比较,若相等则表明此证书确实是 CA 签发的,而且是完整的未被篡改的证书。这样,用户便通过了身份认证。服务器从证书的信息部分取出用户的公钥,以后向用户传送数据时,便以此公钥加密,对该信息只有用户可以进行解密。

由于这种认证技术中采用了非对称密码体制,CA 和用户的私钥都不会在网络上传输,避免了基于口令的认证中传输口令所带来的问题。攻击者即使截获了用户的证书,但由于无法获得用户的私钥,也就无法解读服务器传给用户的信息。因此有效地保证了通信双方身份的真实性和不可抵赖性。

② 常见的 CA 认证体系

CA 认证体系从功能模块来划分,大致可分为以下几部分:接收用户证书申请的证书受理者 RS、证书发放的审核部门、证书发放的操作部门 CP(一般称这部门为 CA)以及记录作废证书的证书作废表 CRL(黑名单库)。

RA(Registration Authority)即证书发放审核部门,它负责对证书申请者进行资格审查,并决定是否同意给该申请者发放证书,并承担因审核错误引起的、为不满足资格的证书申请者发放证书所引起的一切后果,因此它应由能够承担这些责任的机构担任。

CP(Certificate Processor)即证书发放的操作部门,负责为已授权的申请者制作、发放和管理证书,并承担因操作运营错误所产生的一切后果,包括失密和为没有获得授权者发放证书等,它可以由审核授权部门自己担任,也可委托给第三方担任。

RS(Registry Server)即证书受理者,它接收用户的证书申请请求,转发给 CP 和 RA 进行相应的处理。

CRL(Certificate revocation list)证书作废表/黑名单库中记录尚未过期但已声明作废的用户证书序列号,供证书使用者在认证与之通信的对方证书是否作废时查询。

业务受理点作为 CA 系统对外提供服务的窗口,为用户提供面对面的证书申请和发放服务,同时业务受理点可以担任用户证书发放的审核部门,当面审核用户提交的资料,决定是否为用户发放证书。

总的说来,基于认证中心的安全方案很好地解决了网上用户身份认证和信息安全传输问题。它的建立对 Internet 电子商务与政府上网应用的开展具有非常重要的意义。

(3) 认证技术的构成

认证是实现网络安全的重要机制之一。在安全的网络通信中,涉及的通信各方必须通过某种形式的身份验证机制来证明他们的身份,验证用户的身份与所宣称的是否一致,然后才能实现对于不同用户的访问控制和记录。

以密码技术为基础的认证技术提供了辨认真假机制,在计算机系统、网络环境中得到了广泛的应用,为信息的安全发挥着日益重要的作用。认证主要包括数字签名、身份认证以及公开密钥证明等。数字签名机制提供了一种鉴别方法,身份认证机制提供了判明和确认通信双方真实身份的方法,作为访问控制的基础,公开密钥证明机制对密钥进行验证。

① 身份认证技术

身份识别(Identification)是指用户向系统出示自己的身份证明过程。身份认证(Authentication)是指系统查核用户的身份的过程,实质上是查明用户是否具有他所请求资源的存储和使用权。人们常把这两项工作统称为身份认证(或称身份鉴别或称身份验证),它是判明和确认通信双方真实身份的两个重要环节。身份认证是实现网络安全的重要机制之一。

在单机状态下的身份认证概括起来有三种:

a. 基于口令的认证方式

基于口令的认证方式是最常用的一种技术,但它存在严重的安全问题。它是一种单因素的认证,安全性仅依赖于口令,口令一旦泄露,用户即可被冒充。更严重的是用户往往选择简单、容易被猜测的口令,如:与用户名相同的口令、生日、单词等。这个问题往往成为安全系统最薄弱的突破口。口令一般是经过加密后存放在口令文件中,如果口令文件被窃取,那么就可以进行离线的字典式攻击,这也是黑客最常用的手段之一。

b. 基于智能卡的认证方式

智能卡具有硬件加密功能，有较高的安全性。每个用户持有一张智能卡，智能卡存储用户个性化的秘密信息，同时在验证服务器中也存放该秘密信息。进行认证时，用户输入 PIN（个人身份识别码），智能卡认证 PIN 成功后，即可读出智能卡中的秘密信息，进而利用该秘密信息与主机之间进行认证。

基于智能卡的认证方式是一种双因素的认证方式（PIN-Ⅰ-智能卡），即使 PIN 或智能卡被窃取，用户仍不会被冒充。智能卡提供硬件保护措施和加密算法，可以利用这些功能加强安全性能，例如：可以把智能卡设置成用户只能得到加密后的某个秘密信息，从而防止秘密信息的泄露。

c. 基于生物特征的认证方式

这种认证方式以人体唯一的、可靠的、稳定的生物特征（如指纹、虹膜、脸部、掌纹等）为依据，采用计算机的强大功能和网络技术进行图像处理和模式识别。该技术具有很好的安全性、可靠性和有效性，与传统的身份确认手段相比，无疑产生了质的飞跃。近几年来，全球的生物识别技术已从研究阶段转向应用阶段，对该技术的研究和应用如火如荼，前景十分广阔。

② 网络环境下的身份认证

在网络环境下，身份认证更为复杂，考虑到验证身份的双方一般都是通过网络而非直接交互，像根据指纹等手段就无法实现。同时，大量的黑客随时随地都可能尝试向网络渗透。截获合法用户口令并冒名顶替以合法身份入网。

目前在 Internet 上主要使用基于公共密钥的安全策略进行身份认证，具体而言，使用符合 X.509 的身份证明，使用这种方法必须有一个第三方的证明授权（CA）中心为客户签发身份证明，客户和服务器各自从 CA 获取证明。在会话和通信时首先交换身份证明，其中包含了将各自的公钥交给对方，然后才使用对方的公钥验证对方的数字签名、交换通信的加密密钥等。在确定是否接受对方的身份证明时，还需要查看有关服务器，以确认该证明是否有效。

③ 公开密钥证明

在公开密钥加密体制下，由于解密密钥是完全保密的，只有知道解密密钥的合法解密者才能正确解密以将密文还原成明文。从另一角度讲，保密的解密密钥代表解密者的身份特征，可以作为身份识别参数。因此可以用解密密钥进行数字签名。其工作方式如下：信息发出之前如需签名，则先用发信方的私人解密密钥对信息进行解密运算，再发给对方。接收者接收到信息后，只要利用发信方的公开密钥进行加密运算，如能还原出明文来，就可证明接收到的信息是经过发信方签名的。接收者和第三者不能伪造签名的文件，因为只有发信方才知道自己解密密码钥，其他的人是不可能推导出发信方的私人解密密钥的。这就符合签名的唯一性、不可仿冒、不可否认三大特征和要求。

公钥的证实技术有下述几种方法：

a. 通过可信赖信道实现点与点之间递送。通过个人直接交换或直通信道直接得到有关用户的可靠公钥，适用于小的封闭系统或不经常用的（如一次性用户注册）场合。通过不安全信道交换公钥和有关信息要经过认证和完整性检验，这一方法的缺点是不太方便、耗时，每个新成员都要通过安全信道预先分配公钥，不易自动化，可信赖信道成本高等。

b. 直接访问可信赖公钥文件（公钥注册本）。利用一个公钥数据库记录系统中每一用户名和相应的可靠的公钥。可信赖者管理公钥的注册,用户通过访问公钥数据库获取有关用户的公钥,在远程访问时可能要经过不安全信道,所以须防范窃听,并且为了防范主动攻击需要利用认证技术实施公钥库的注册和访问。

c. 利用联机可信赖服务器。可信赖服务器可以受用户委托查询公钥库中存储的可用公钥,并在签署后传送给用户,用户用服务器的公钥证实其所签的消息。此方法的缺点是要求可信赖服务器联机工作,从而在业务忙时成为瓶颈,而且每个用户要先与可信赖服务器通信后再与所要的用户通信。

④ CA 的框架结构

CA 系统由六个子系统构成,分别负责收发、登记、审核、签发、管理、存储和审计。

收发服务器:负责 CA 系统与外界的联系。具有接收、发送、分派的功能。当接到外界的申请时,将其传给登记服务器处理,当证书签好后负责将证书发送给用户,当接到外界的查询时将其传给管理服务器处理,并将查询结果发送给用户。

登记服务器:登记用户的申请。核查用户身份的真伪,核对后批准颁发,将申请转给签发服务器。

签发服务器:根据校准确无误的申请来申请签发电子证书并传给管理服务器。此服务器是 CA 的安全核心,负责保管 CA 密钥,并和此密钥成为电子证书签名公证。

管理服务器:负责证书的管理和查询。

审计服务器:负责对存储、备份及 CA 系统的操作历史和现状进行即时监察和审计。

存储服务器:负责证书备份和操作日志的存储,采用 LDAP 协议。

(4) CA 的安全机制

单机外联:由收发服务器单一负责与外界联系,减少系统对外界的暴露。

多层防火墙保护:第一层防火墙置于收发服务器与互联网之间,第二层防火墙置于收发服务器与其他服务器之间。

签发服务器的隔离保护:此服务器是整个 CA 系统的安全核心,负责 CA 的密钥管理与使用。此服务器与其他服务器物理隔离,只有具有签证权限的人员可以进入。此服务器只与登记服务器和管理服务器相连,只接受这两个服务器的访问。

CA 密钥的管理:CA 密钥是核心机密,密钥的使用采取机密分享的方法,只有具有签证权限的多人同时操作时密钥才能被使用。

备份和审计:CA 系统各个服务器进入信息操作和产生结果都在存储服务器存储备份,所有备份及各服务器的即时操作都由审计服务器随机监控和查询。

(5) CA 的主要功能及特点

① 功能

CA 技术:为了保证电子商务安全因素的顺利实现,在电子商务中使用了基于公钥体系的安全系统。基于公钥体系的加密系统是按对生成的,每对密钥由公钥和私钥组成,实际应用中,公钥是以证书性质存放的。一个最基本而又是最关键的问题是公钥的分发,也就是证书的分发,如果证书不能得到有效安全的分发,所有的上层应用软件就不能得到安全的保障,解救问题方法就是建立一些不直接从电子商务中获利的受法律承认的可信任的权威机构,负责发放和管理电子证书,使网上通信的各方能互相确认身份。认证机构体系的基本功能有:接收注册请求、处理、批准/拒绝请求、颁发证书。在实际应用中,CA 可由各方都信任的一方担当。

公钥/私钥的生成：采集系统的随机信号产生随机数，由此按照一定的加密算法算出公钥和私钥，并将私钥加密保存。

申请表的填写：由申请人或登记员输入 RKCS♯10 的内容。并将其与申请人的公钥按 RKCS♯10 规定格式填表写成文，最后使用申请人的私钥进行签字。

申请表的审核：登记审核员接到证书申请表后首先用申请人的公钥验证签字，接着查对申请人的身份是否属实并确定申请的用途是否合适，最后使用审核员的私钥签字。

证书签发和包装：签发员接到经过审核的证书申请表后签发证书。证书的内容格式按照 X.509.V3 标准。证书的用途在扩充项中标明。最后使用发证机关的私钥签字。证书一般与申请人的私钥分开存放。如需合并存放，则按 RKCS♯12 规定的方法做合并包装。

证书的修改：此系统可对其颁发的证书的用途和有效期进行修改。

证书的吊销：可吊销本系统签发的证书并产生便于查询的黑名单，并通过服务器查找有效证书的数据库和吊销证书的黑名单。

② 特点

标准化：应严格遵守 X.509 标准，使之在目前和将来标准上都能正常使用。电子证书系统中，应可兼容其他 CA 系统的电子证书。此种设置既可满足小范围专项 CA 认证中心的需求，亦可满足大范围多种 CA 互认的公网系统的需求。

安全性：加密明钥和暗钥长度分别设置为一定的长度位数，以确保算法的不可破解性。公钥/私钥对的生成和互运算采用可靠性极高的加密算法。数字签名可采用目前可靠性最好和应用最为广泛的算法。在用户密钥管理上具有硬盘存放口令锁定机制，软盘存放在口令锁定机制，并具有标准接口。

完整性：系统应具有公钥/私钥的生成，用户申请、申请审核、证书签发、证书吊销、证书验证、证书查找、证书修改、证书包装等各项功能，应能够满足具有世界水平的 CA 认证中心的需求。

(6) SSL 的功能和体系结构

安全套接层协议(Security Socket Layer，SSL)是网景(Netscape)公司提出的基于 Web 应用的安全协议，SSL 使用多种密码技术和 PKI 数字证书技术来保护信息传输的真实性、机密性和完整性，主要适用于点对点之间的信息传输，常用于 Browser 和 Web Server 之间的安全通信方式。SSL 是介于传输层协议 TCP 和应用层协议 HTTP 之间的协议，用以提供以下三种服务：

① 通过用数字证书来实现客户与服务器之间身份的互相确认；

② 通过对消息加密来保证消息传送的保密性；

③ 通过用 Hash 函数计算和验证消息摘要来保证消息的完整性。

SSL 协议栈与其他 Internet 通信协议层的关系如下：

SSL 协议包括两层，在其最低层位于一些提供可靠传输的传输层协议上如 TCP，叫"SSL"记录协议(SSL Record Protocol)，"SSL 记录协议"为各种高层协议提供基本的数据安全服务，对高层协议传送来的数据进行分段/组合，压缩，附加消息摘要，加密等处理，然后再把数据传送给低层的传输层协议发送。

SSL 其他三个高层协议建立在"SSL 记录协议"上，它们与其他 Internet 上的应用层协议如 HTTP，FTP 等处于同等地位，这三个高层协议是：握手协议(Handshake Protocol)、更改密码规则协议（Change Cipher Spec Protocol）和警告协议（Alert Protocol）。这些特定的 SSL 高层协议用以管理 SSL 的会话和连接。"SSL 握手协议"用以建立 CIient 和 Server 间的 SSL 会话，在握手过程中，通信双方通过协商方式选定 SSL 连接的加密算法组合，"SSL 警告协议"用以传输 Client 和 Server 间的报错信息，这些协议与 HTTP 等其他应用层协议所传送的数据都被"SSL 记录协议"作为服务数据一样看待。

SSL 有两个重要的概念，SSL 会话和 SSL 连接。

连接（Connection）：应用程序在通信前必须先建立连接，类似 TCP 通过 Socket 机制建立逻辑通信通道，数据通过这个逻辑通道传送，这样的连接是对等的，也是暂时的，连接与通信进程相关。

会话（Session）：SSL 在 TCP 的基础上，还要实现例如通信双方的身份认证，对数据进行保密性、完整性处理等安全功能服务，这就需要定义一系列的密码安全参数来进行数据安全服务，对高层协议传送来的数据进行分段/组合、压缩、附加消息摘要、加密等处理，然后再把数据传送给低层的传输层协发送。每一个连接都属于一个会话，一个 SSL 会话可以包含多个安全连接，而且，在理论上，通信的双方机器也可以同时建立多个会话，但实践上一般没有使用这个特性。安全参数的当前取值情况我们可以称为状态（State），会话参数的当前值称为会话状态，连接参数的当前值称为连接状态。握手协议的责任是使 SSL 客户机和 SSL 服务器的会话状态同步，建立 SSL 会话是建立 SSL 连接的前提。一旦建立了会话，就有一个读和写的当前操作状态（Current Operationstate），在握手的过程中，会话处于未决状态（Pending State），当成功的握手协议结束后，未决定状态就会变成当前的操作状态。

SSL（Secure Socket Layer）安全套接层协议主要是使用公开密钥体制和 X.509 数字证书技术保护信息传输的机密性和完整性，它不能保证信息的不可抵赖性，主要适用于点对点之间的信息传输，常用 Web Server 方式。

SSL 包括：服务器认证、客户认证（可选）、SSL 链路上的数据完整性和 SSL 链路上的数据保密性。对于电子商务应用来说，使用 SSL 可保证信息的真实性、完整性和保密性。但由于 SSL 不对应用层的消息进行数字签名，因此不能提供交易的不可否认性，这是 SSL 在电子商务中使用的最大不足。有鉴于此，网景公司在从 Communicator1.01 版开始的所有浏览器中引入了一种被称作表单签名（Form Signing）的功能，在电子商务中，可利用这一功能来对包含购买者的订购信息和付款指令的表单进行数字签名，从而保证交易信息的不可否认性。综上所述，在电子商务中采用单一的 SSL 协议来保证交易的安全是不够的，但采用"SSL＋表单签名"模式能够为电子商务提供较好的安全性保证。

单元小结

网络信息安全的定义：从狭义的保护角度来看，计算机网络安全是指计算机及其网络系统资源和信息资源不受自然和人为有害因素的威胁和危害，从广义来说，凡是涉及计算机网络上信息的保密性、完整性、可用性、真实性和可控性的相关技术和理论都是计算机网络安全的研究领域。

【综合练习】

简答题

（1）网络攻击和防御分别包括哪些内容？

(2) 计算机网络安全面临的主要威胁有哪些?
(3) 简述网络安全管理的意义和主要内容。
(4) 简述对称加密算法的基本原理及对称加密算法的优缺点。
(5) 简述非对称加密算法的基本原理及非对称加密算法的优缺点。
(6) 常见的防火墙系统有哪几种？比较他们的优缺点。
(7) 选购防火墙产品时有哪些注意事项？
(8) 设置防火墙需要考虑哪些因素？

任务 2　物流信息网络安全管理与前沿技术

【任务描述】

　　物流信息网络安全是物流信息系统顺畅运行的保证，本节主要学习物流信息网络安全的一些策略、方法，同时，了解目前信息网络安全的一些前沿技术。

【任务目标】

　　1. 了解物流信息网络安全策略；
　　2. 了解物流信息网络安全前沿技术。

【任务实施】

　　1. 教师讲清该学习任务的目标；
　　2. 根据任务安排，对学生进行分组，5～10 人一组，设组长一名；
　　3. 以小组为单位制定资料搜集计划，确定搜集的对象、地点、时间、方式；
　　4. 搜集资料之前，明确小组各成员的任务；
　　5. 组长在资料搜集过程中，及时跟进，记录各成员的表现，并及时向老师反馈。

【学习评价】

被考评人			考评组调查对象			
考评时间			考评地点			
考评内容			物流信息网络安全前沿技术			
考评标准	内容	分值	自评	小组评议	教师评议	考评得分
	调研过程中遵守纪律，礼仪符合要求，团队合作好	20				
	调研记录内容全面、真实、准确，PPT 制作规范，表达正确	25				
	调研报告格式正确，能正确总结出调研企业的物流信息化程度、物流信息技术应用现状	30				
	调研报告能提出合理化建议	25				

2.1　信息（网络）安全策略

　　信息（网络）安全策略主要有网络安全策略、应用系统全策略、部门安全策略、设备安全策略、总体安全策略等。一个信息网络的总体安全策略，可以概括为"实体可信，行为可控，资源可管，事件可查，运行可靠"，总体安全策略为其他安全策略的制定提供总的依据。

　　1. 实体可信

　　实体指构成信息网络的基本要素，主要有网络基础设备、软件系统、用户和数据。

　　软硬设备可信：没有预留后门或逻辑炸弹等。

　　用户可信：防止恶意用户对系统的攻击破坏。

数据可信：数据在传输、处理、存储等过程中是可信的，防止搭线窃听、非授权访问或恶意篡改。

2. 行为可控

用户行为可控：即保证本地计算机的各种软、硬件资源（例如：内存、中断、I/O 端口、硬盘等硬件设备，文件、目录、进程、系统调用等软件资源）不被非授权使用或被用于危害本系统或其他系统的安全。

网络接入可控：即保证用户接入网络应严格受控，用户上网必须得到申请登记并许可。

网络行为可控：即保证网络上的通信行为受到监视和控制，防止滥用资源、非法外联、网络攻击、非法访问和传播有害信息等恶意事件的发生。

3. 资源可管

保证对软、硬件及数据等网络资源进行统一管理。主要资源有：路由器、交换机、服务器、邮件系统、目录系统、数据库、域名系统、安全设备、密码设备、密钥参数、交换机端口、IP 地址、用户账号、服务端口等。

4. 事件可查

保证对网络上的各类违规事件进行监控记录，确保日志记录的完整性为安全事件稽查、取证提供依据。

5. 运行可靠

保证网络节点在发生自然灾难或遭到硬摧毁时仍能不间断运行，具有容灾抗毁和备份恢复能力。保证能够有效防范病毒和黑客的攻击所引起的网络拥塞、系统崩溃和数据丢失，并具有较强的应急响应和灾难恢复能力。

2.2 信息（网络）安全管理

1. 组成

信息网络安全管理包括管理组织机构、管理制度和管理技术三个方面，要通过组建完整的信息网络安全管理组织机构，设置安全管理人员，制定严格的安全管理制度，利用先进的安全管理技术对整个信息网络进行管理。

2. 内容

信息网络安全管理的主要内容有：

主要领导负责的逐级安全保护管理责任制，配备专职或兼职的安全员，各级职责划分明确，并有效开展工作；

明确运行和使用部门或岗位责任制，建立安全管理规章制度；

普及安全知识，对重点岗位职工进行专门培训和考核；

采取必要的安全技术措施；

对安全保护工作有档案记录和应急计划；

定期进行安全检测、风险分析和安全隐患整改。

3. 信息网络安全保护体系

信息网络安全保护涉及人员、技术和法规三个方面，因此，信息网络安全防护体系从总体上可分为三大部分。即技术防护体系、组织管理体系和法规标准体系，它们以信息网络的总体安全策略为核心，共同保护信息网络安全运行。

2.3 信息安全等级保护制度

信息网络安全管理工作要坚持从实际出发、保障重点的原则,区分不同情况,分级、分类、分阶段进行信息网络安全建设和管理。按照《计算机信息系统安全保护等级划分准则》的规定,我国实行五级信息安全等级保护。

第一级:用户自主保护级。由用户来决定如何对资源进行保护,以及采用何种方式进行保护。

第二级:系统审计保护级。本级的安全保护机制支持用户具有更强的自主保护能力。特别是具有访问审计能力,即它能创建、维护受保护对象的访问审计跟踪记录,记录与系统安全相关事件发生的日期、时间、用户和事件类型等信息,所有和安全相关的操作都能够被记录下来,以便当系统发生安全问题时,可以根据审计记录,分析追查事故责任人。

第三级:安全标记保护级。具有第二级系统审计保护级的所有功能,并对访问者及其访问对象实施强制访问控制。通过对访问者和访问对象指定不同安全标记,限制访问者的权限。

第四级:结构化保护级。将前三级的安全保护能力扩展到所有访问者和访问对象,支持形式化的安全保护策略。其本身构造也是结构化的,以使之具有相当的抗渗透能力。本级的安全保护机制能够使信息系统实施一种系统化的安全保护。

第五级:访问验证保护级。具备第四级的所有功能,还具有仲裁访问者能否访问某些对象的能力。为此,本级的安全保护机制不能被攻击、被篡改,具有极强的抗渗透能力。

计算机信息系统安全等级保护标准体系包括:信息系统安全保护等级划分标准、等级设备标准、等级建设标准、等级管理标准等,是实行等级保护制度的重要基础。

网络安全的问题不仅仅是技术问题,还有网络的管理问题,包括对网络犯罪的治理和执法。不可否认的是,当今的网络安全与往日相比,已经有了很大程度的提高,但"道高一尺,魔高一丈",网络犯罪的技术也在"不断升级",这也加大了网络治理的难度。截至目前,各国的网络管理立法工作几乎都处于起始阶段,使得许多问题的网上执法至今无法可依。

维护全球网络安全是一项牵涉到政府、企业、个人和国际合作的复杂工程,需要各方面的共同努力。其中,各国政府负有对网络使用环境加以保护和管理的不可推卸的责任,提供网络服务的各企业有健全和强化网络安全措施的责任,个人使用者有自觉接受规范约束和保护网络的责任,而相关国际组织有组织国际协商和建立全球网络规则并加以实施的责任。只有各方都能尽责,全球网络安全的改善才有可能。

2.4 实施信息安全管理体系的步骤

信息安全管理管理体系 ISMS 是一个系统化、程序化和文件化的管理体系,属于风险管理的范畴,体系的建立基于系统、全面、科学的安全风险评估,ISMS 体现预防控制为主的思想,强调遵守国家有关信息安全的法律法规及其他合同方要求,强调全过程和动态控制,本着控制费用与风险平衡的原则合理选择安全控制方式保护组织所拥有的关键信息资产,确保信息的保密性、完整性和可用性,保持组织的竞争优势和商务运作的持续性。

组织内部成功实施信息安全管理的关键因素为:
(1) 反映商务目标的安全方针、目标和活动;
(2) 与组织文化一致的实施安全的方法;
(3) 来自管理层的有形支持和承诺;

(4) 对安全要求、风险评估和风险管理的良好理解；
(5) 向所有管理者及雇员推行安全意识；
(6) 向所有雇员和承包商分发有关信息安全方针和标准的导则；
(7) 提供适当的培训和教育；
(8) 用于评价信息安全管理绩效及反馈改进建议的综合平衡的测量系统。

不同的组织在建立与完善信息安全管理体系时，可根据自己的特点和具体情况，采取不同的步骤和方法。但总体来说，建立信息安全管理体系一般要经过下列四个基本步骤：
(1) 信息安全管理体系的策划与准备；
(2) 信息安全管理体系文件的编制；
(3) 信息安全管理体系运行；
(4) 信息安全管理体系审核与评审。

如果考虑认证过程其详细的步骤如下：
(1) 现场诊断；
(2) 确定信息安全管理体系的方针、目标和范围；
(3) 对管理层进行信息安全管理体系基本知识培训；
(4) 信息安全体系内部审核员培训；
(5) 建立信息安全管理组织机构；
(6) 信息资产分类；
(7) 风险评估；
(8) 选择确定风险控制手段；
(9) 制定信息安全方针手册；
(10) 制定各类控制程序；
(11) 制定适用性声明；
(12) 制定商业可持续性发展计划；
(13) 审核文件、发布实施；
(14) 体系运行；
(15) 内部审核；
(16) 外部审核初访；
(17) 外部正式审核；
(18) 颁发证书；
(19) 体系持续运行。

2.5　信息网络安全前沿技术

1. 未来网络技术变化及其存在的问题

(1) 技术变化

从总体角度来看，安全技术不会有大变化，TCP/IP 协议不会发生根本变化。

遍布世界的巨型资产不会轻易退出历史舞台，带宽的提高仅是量的变化，并不会带来技术上面的质的变化，无线网的出现只表明接入方式的变化，等效于以太网时期的广播效应，并不带来安全方面的本质问题，防范对象仍为资源的恶意消耗与业务的盗用。

(2) 新技术带来的困惑

IPv6 为网络安全的保护带来了灾难性的影响。Ipv6 的倡导者将着重点放在了保护数据安全之上,将网络安全问题交付给终端用户。Ipv6无法解决一些目前存在的网络安全问题,无法完全解决目前广泛存在的DoS(拒绝服务)攻击,更无法有效地防止DDoS攻击。无法有效防止针对协议本身的攻击。无法解决口令攻击,也无法防止利用缓冲区溢出进行的攻击。

注:DDoS是英文Distributed Denial of Service的缩写,意即"分布式拒绝服务"。

2. 安全策略前沿技术

(1) 风险分析、安全评估

评估系统处于用户自主、系统审计、安全标记、结构化、访问验证等五个保护级的哪一级。

(2) 漏洞扫描技术

① 基于关联的弱点分析技术;
② 基于用户权限提升的风险等级量化技术;
③ 网络拓扑结构的发现,尤其是Peer to Peer网络拓扑结构的发现;
④ 拓扑结构综合探测技术(发现黑洞的存在);
⑤ 基于P2P的拓扑结构发现技术(解决局域性问题)。

注:Peer to Peer(P2P):可以理解为"伙伴对伙伴"的意思,或称为对等网络计算机,通俗地讲就是端到端。当对等计算机在客户机/服务器模式下作为客户机进行操作时,它还包含另外一层可使其具有服务器功能的软件。对等计算机可对其他计算机的要求进行响应。请求和响应范围和方式都根据具体应用程序不同而不同。P2P计算简单地定义为通过直接交换共享计算机资源和服务,不同PC用户之间不经过中继设备直接交换数据或服务的技术,它允许互联网用户直接使用对方的文件,使得网络上的沟通变得更容易、更直接,真正地消除了中间商。每个人可以直接连接到其他用户的计算机交换文件,而不是像过去那样连接到服务器去浏览与下载。

3. 系统防护前沿技术

病毒防护,侧重于网络制导、移动终端防护。

病毒将始终伴随着信息系统而存在。随着移动终端的能力增强,病毒必将伴随而生。

(1) 隔离技术;
(2) 基于协议的安全岛技术:协议的变换与解析;
(3) 单向路径技术:确保没有直通路径;
(4) DoS(拒绝服务)是个致命的问题,需要有解决办法;
(5) 访问控制技术;
(6) 家庭网络终端(电器)、移动终端的绝对安全;
(7) 多态访问控制技术。

4. 入侵检测前沿技术

(1) 基于IPv6的入侵检测系统,侧重于行为检测;
(2) 向操作系统、应用系统中进行封装;
(3) 分布式入侵检测;
(4) 入侵检测信息交换协议;
(5) IDS(入侵检测)的自适应信息交换与防攻击技术;
(6) 特洛伊木马检测技术;
(7) 守护进程存在状态的审计;
(8) 守护进程激活条件的审计;

(9) 预警技术;
(10) 基于数据流的大规模异常入侵检测。
5. 应急响应前沿技术
(1) 快速判定、事件隔离、证据保全;
(2) 紧急传感器的布放,传感器高存活,网络定位;
(3) 企业网内部的应急处理;
(4) 企业网比外部网更脆弱,强化内部审计;
(5) 蜜罐技术(蜜罐就是诱捕攻击者的一个陷阱);
(6) 漏洞再现及状态模拟应答技术;
(7) 沙盒技术,诱捕攻击行为;
(8) 僚机技术;
(9) 动态身份替换,攻击的截击技术;
(10) 被攻系统躲避技术,异常负载的转配。
6. 灾难恢复前沿技术
(1) 基于 structure-free 的备份技术;
(2) 构建综合备份中心 IBC(Internet Backup Center);
(3) 远程存储技术;
(4) 数据库体外循环备份技术;
(5) 容侵(Intrusion-Tolerant)技术;
(6) 受到入侵时甩掉被攻击部分;
(7) 防故障污染;
(8) 生存(容忍)技术;
(9) 可降级运行,可维持最小运行体系。

单元小结

网络安全是一个系统的工程,不能仅仅依靠防火墙等单个的系统,而需要仔细考虑系统的安全需求,并将各种安全技术结合在一起,才能更有效地维护自己的计算机网络及信息的安全,生成一个高效、通用、安全的网络系统。

【综合练习】

1. 简答题
(1) 如何评价一份网络安全解决方案的质量?
(2) 网络安全方案框架包含哪些内容?编写网络解决方案时需要注意什么?
2. 案例分析

重庆冠忠新城公司的 VPN 方案

企业需求:重庆冠忠(新城)公共交通有限公司(以下简称重庆冠忠新城公司)现有 10 个下属单位,从各单位的网络布局看,均采用 ISP 所提供的基础网络连接到互联网。为了实现统一管理,现要建一个企业专用网络,将 10 个下属单位纳入专用网络平台统一管理,以便于协同开展工作,提高管理的水平。如果采用专线的方式搭建企业专用网络,则需要很大一笔开销,为了解决这一问题,公司打算通过采取基于 Internet 的 VPN(虚拟专用网)解决。从该公司的下属单位来看,除个别初具规模的单位已建设了独立的内部局域网外,大部分单位采用的是单机拨号接入,个别负责人则采用移动方式拨号入网。要建立起统一的企业专用网接入平台,必须保证 VPN 应用多种方式接入的兼容性。另一方面,对于公交公司等非专业 IT 机构来说,IT 从业人员电脑操作水平不高,要求在每个下属单位、机构中安排高级别的 IT 管理人员是不明智的,越是智能化,操作越简单的 VPN 方案对运输企业来说越容易普及。

方案分析:根据重庆冠忠新城公司的网络环境特征,以冰峰网络 ICEFLOW F 系列 VPN 产品作为中心设备,凡具备局域网的下属单位,推荐采用 ICEFLOW R 系列 VPN 产品与总公司互连,其他有移动办公需求的工作点,则采用 ICEFLOW VPN 客户端连接到总公司(如图 1 所示)。

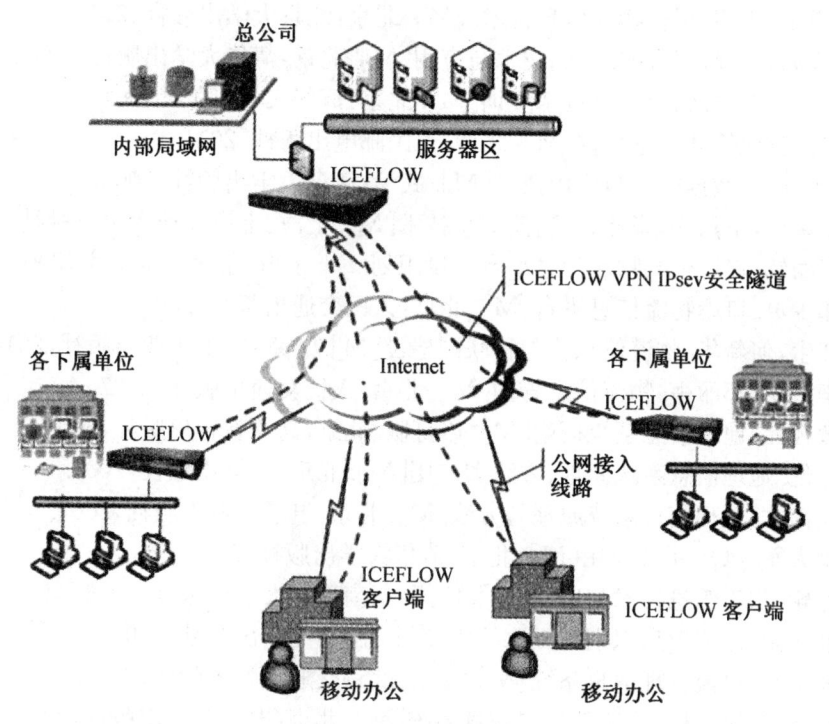

图 1　VPN 方案实施

该方案的实施,前提是必须完成公交公司下属单位的统一管理工作,通过 VPN 的互联管理,对用户组资源合理分配、建立规范组策略、安排监管监控负责人等。由于冰峰 VPN 产品与原有网络结构兼容,不必对现有的网络进行改造。通过对下属单位的远程互联,重庆冠忠新城公司轻松具备了多网段接入的统一平台,对于各种应用软件、管理系统、远程应用服务等都能轻松接驳。通过 VPN 接入平台与各项系统的完善搭配,在各应用节点上的工作人员都能够在不改变原始授权的情况下,轻松执行安全操作。

案例思考:
(1)简述 VPN 的实现过程。
(2)VPN 技术使用的条件是什么?

参考文献

[1] 李家齐,缪立新. 现代物流信息技术[M]. 北京:中国物资出版社,2008.
[2] 张劲珊. 物流信息技术应用[M]. 北京:清华大学出版社,2009.
[3] 高春津,杨从亚. 物流信息技术[M]. 天津:天津大学出版社,2008.
[4] 米志强,邓子云. 物流信息技术与应用[M]. 北京:电子工业出版社,2010.
[5] 王道平,王煦. 现代物流信息技术.[M]. 北京:北京大学出版社,2010.
[6] 张成海,张铎,张志强. 条码技术与应用[M]. 北京:清华大学出版社,2010.
[7] 尚福久,金科. 物流信息技术实训[M]. 北京:清华大学出版社,2011.
[8] 刘健. 物流管理信息系统[M]. 北京:人民邮电出版社,2011.
[9] 李颖. 电子数据交换与应用技术[M]. 武汉:武汉大学出版社,2007.
[10] 刘单忠,王昌盛,张玲新. 物流信息技术[M]. 上海:上海交通大学出版社,2007.
[11] 车丽娜. 口岸公共物流信息平台建设规划[D]. 上海:上海交通大学,2007.
[12] 邓少灵. 口岸物流信息平台[M]. 北京:人民交通出版社,2007.
[13] 邹生,何新华. 物流信息化与物联网建设[M]. 北京:电子工业出版社,2010.
[14] 李淤洪,郑丽梅. 物流信息管理[M]. 北京:人民交通出版社,2007.
[15] 黄杏元. 地理信息系统概论[M]. 修订版. 北京:高等教育出版社,2004.
[16] 邬伦. 地理信息系统原理、方法和应用[M]. 北京:科学出版社,2001.
[17] 吴信才. 地理信息系统原理与方法[M]. 北京:电子工业出版社,2002.
[18] 李大军. POS系统应用[M]. 北京:清华大学出版社,2004.
[19] 方轮. 物流信息技术与应用[M]. 广州:华南理工大学出版社,2006.
[20] 郝向阳. 地图信息识别与提取技术[M]. 北京:测绘出版社,2000.
[21] 邵举平. 物流管理信息系统[M]. 北京:北京交通大学出版社,2005.
[22] 蔡淑琴,夏火松. 物流信息与信息系统[M]. 北京:电子工业出版社,2005.
[23] 周全申. 现代物流技术与装备[M]. 2版. 北京:中国物资出版社,2007.
[24] 何阿毑. 物流信息技术[M]. 北京:知识产权出版社,2006.
[25] 游战清,李苏剑. 无线射频技术理论与应用[M]. 北京:电子工业出版社,2004.
[26] 鲍吉龙,江锦祥. 物流信息技术(第二版)[M]. 北京:机械工业出版社,2009.
[27] 姚志英. 物流信息技术与信息系统[M]. 上海:上海交通大学出版社,2009.